BADI PANAHI

Die wissenschaftlichen und philosophischen Grundlagen der Tiefenpsychologie und der modernen Psychotherapie

ERFAHRUNG UND DENKEN

Schriften zur Förderung der Beziehungen zwischen Philosophie und Einzelwissenschaften

Band 59

Die wissenschaftlichen und philosophischen Grundlagen der Tiefenpsychologie und der modernen Psychotherapie

Von

Dr. Badi Panahi

DUNCKER & HUMBLOT / BERLIN

Gedruckt 1980 bei Buchdruckerei A. Sayffaerth - E. L. Krohn, Berlin 61
Printed in Germany

ISBN 3 428 04652 8

Inhaltsverzeichnis

I. Einführung 11

1. Philosophische und wissenschaftliche Probleme der Tiefenpsychologie 11

2. Die Integration von Tiefenpsychologie und Philosophie 13

II. Die Psychoanalyse Sigmund Freuds 15

1. Sigmund Freud 15

2. Ursprünge der psychologischen Grundkonzeptionen Freuds 18

3. Die Entstehung und Entwicklung der Psychoanalyse während der Breuer-Periode 25
   a) Die Hysterie und Hypnose 25
   b) Die kathartische Methode 28
   c) Von der Katharsis zur Technik der freien Assoziation 32
   d) Die ersten Grundlagen der psychoanalytischen Theorie 38

4. Die theoretische Entwicklung der Psychoanalyse in der Fließ-Periode .. 43
   a) Der Briefwechsel mit Wilhelm Fließ 43
   b) Die Selbstanalyse 51
   c) Versuch einer Darstellung der wissenschaftlichen Psychologie 54
   d) Traumdeutung 60

5. Die Psychopathologie des Alltagslebens 67
   a) Die Fehlleistungen 67
   b) Die Symptom- und Zufallshandlungen 71

6. Die Theorie der Sexualität 73
   a) Die drei Abhandlungen zur Sexualtheorie 73
   b) Die Libidotheorie 74
   c) Der Begriff der Sexualität 76
   d) Die Entwicklung der Sexualtheorie 77
   e) Die sexuellen Abirrungen 80
   f) Die infantile Sexualität 83
   g) Die orale Phase und frühkindliche Autoerotik 84
   h) Die anale Phase 85
   i) Die frühe genitale Phase 87

k) Die Sublimierung und Latenzperiode ... 88
l) Die Pubertät und Objektfindung ... 89

7. Die metapsychologischen Konstruktionen der Freudschen Ichpsychologie .. 90
a) Die Ansätze einer Ichpsychologie ... 90
b) Das Lustprinzip und das Realitätsprinzip ... 92
c) Die Einführung des Narzißmus ... 94
d) Die neue Fundierung der Trieblehre ... 98
e) Die Systeme „Unbewußt", „Vorbewußt" und „Bewußt" ... 100
f) Das Ich und das Es ... 103
g) Das Über-Ich ... 105

8. Die allgemeine Theorie der Neurosen ... 106
a) Die Angstlehre ... 106
b) Die Aktual- und Psychoneurosen ... 108
c) Die Übertragungsneurosen ... 110
d) Die narzißtischen Psychoneurosen ... 113
e) Die Psychosen ... 114

9. Einige Betrachtungen über die Grundgedanken Freuds zur Kultur und Religion ... 115
a) Totem und Tabu ... 115
b) Religion als Illusion ... 118
c) Zur Kulturanalyse Freuds ... 120
d) Moses und der Monotheismus ... 121

III. Die Grundprobleme der Tiefenpsychologie (Adler, Jung, Rank, Ferenczi, Reich) ... 124

1. Die Individualpsychologie Alfred Adlers ... 124
a) Das Minderwertigkeitsgefühl und der Machtwille ... 124
b) Der Lebensstil ... 125
c) Die Neurosentheorie ... 126
d) Die Psychotherapie ... 128

2. Die Jungsche analytische Psychologie ... 129
a) Der Libidobegriff ... 129
b) Das persönliche und das kollektive Unbewußte ... 132
c) Das Wesen der Archetypen ... 134
d) Die psychologischen Typen ... 137
e) Die Psychotherapie ... 140

3. Die Psychologie Otto Ranks ... 144
a) Das Trauma der Geburt ... 144

b) Die typologischen Konstruktionen 145
c) Die Kritik des Ödipuskomplexes 146

4. Die Stellung Sandor Ferenczis in der Geschichte der Psychoanalyse 148
a) Ferenczi und Freud 148
b) Die neue Behandlungsmethode 149
c) Die Entspannungstherapie 150
d) Die Dramatisierung 151

5. Wilhelm Reichs biofunktionale Therapie 151
a) Charakteranalyse 151
b) Die Funktion des Orgasmus 153

IV. Die Grundlagen der Neopsychoanalyse (Horney, Fromm, Sullivan) 155

1. Karen Horneys Theorie der Neurose 155
a) Kritik an der Libidotheorie 155
b) Gesellschaft, Kultur und die Entstehung der Neurose 159

2. Die Persönlichkeitstheorie Erich Fromms 161
a) Die Charakterologie 161
b) Individuum und soziale Umwelt 164

3. Harry Stack Sullivans Psychologie der zwischenmenschlichen Beziehungen 168
a) Parataxische Verzerrungen 168
b) Die Psychotherapie 169
c) Die Psychoneurosen 170
d) Neurose, Psychose und interpersonelle Beziehungen 173

V. Zur Situation der Daseinsanalytik (Existenzphilosophie von Husserl, Heidegger, Jaspers, Sartre, Binswanger, Boss und Frankl) 175

1. Husserls Phänomenologie 175
a) Philosophie der Wissenschaft 175
b) Nomologische und eidetische Wissenschaften 176

2. Heideggers Existenzialontologie 178
a) Dasein und Existenz 178
b) Das In-der-Welt-sein 181
c) Die Wissenschaft vom Sein 183

3. Jaspers Ontologie der Transzendenz 184
a) Philosophische Weltorientierung 184
b) Existenzerhellung 187
c) Metaphysik 188

d) Daseinsanalyse 190
e) Kritik an der Psychoanalyse 191

4. Sartres Existenzphilosophie 193
a) Die existentielle Psychoanalyse 193
b) Das Unbewußte und das präreflexive cogito (Descartes, Sartre, Freud) 195
c) Die Absurdität des Seins (Das Subjekt und die Kontingenz der Situation) 197
d) Für-sich-Sein und An-sich-Sein (Pour-soi und En-soi) 198

5. Die empirisch-phänomenologische Daseinsanalyse von Ludwig Binswanger 199
a) Einleitung (Binswanger, Freud, Heidegger, Husserl) 199
b) Kritik an dem naturalistisch-positivistischen Menschenbild (homo natura) 199
c) Die apriorische und transzendentale Struktur des Daseins 201

6. Die Daseinsanalytik von Medard Boss 202
a) Kritik an der bio-deterministischen Persönlichkeitstheorie Freuds 202
b) Die Integration von psychoanalytischer Praxis und daseinsanalytischem Menschenverständnis (Freud, Heidegger) 205

7. Die Existenzanalyse und Logotherapie (Viktor E. Frankl) 206
a) Existenzanalyse als anthropologische Explikation personaler Existenz 206
b) Existenzanalyse als Therapie kollektiver Neurosen 207
c) Das existentielle Vakuum 209
d) Logotherapie als spezifische Therapie noogener Neurosen 210
e) Die leiblich-seelisch-geistige Einheit des Menschen (Dimensionalontologie) 212

VI. Die Integration von philosophischen, anthropologischen, soziologischen und tiefenpsychologischen Erkenntnissen und Theorien 213

1. Das Leib-Seele-Problem in der modernen Philosophie 213
a) Wesen und Begriff der geistigen Akte (Jaspers, Husserl) 213
b) Akt-Psychologie: Synthese zwischen naturwissenschaftlichen und philosophisch-psychologischen Erkenntnissen (Brentano) 214
c) Das Sein des Geistes und der Logos der Wesenheiten (Husserl, Scheler, Klages) 215
d) Subjekt und Objekt (Ichpunkt, Espunkt) 217
e) Intermittenz der geistigen Akte (Palagyi kontra Kant) 218
f) Zeitlosigkeit oder Überzeitlichkeit geistiger Akte 220

2. Psychoanalyse, Wissenschaft und Philosophie 222
a) Psychoanalyse und Akt-Psychologie (Freud, Brentano) 222
b) Metapsychologie und philosophische Erkenntnistheorie (Freud, Kant) 223
c) Das Unbewußte, der Apriorismus, die Metaphysik und Wissenschaft (Freud, Kant, Heisenberg, Planck, Einstein, Russell) 227

3. Psychoanalyse, Soziologie und Sozialphilosophie 232
a) Der Einfluß Freuds auf die moderne Soziologie 232
b) Das Über-Ich und die moralischen Werte (Freud, Durkheim) 235
c) Die Theorie der sozialen Objektbeziehungen (Freud, Parsons) 236
d) Das Problem der sozialen Ordnung (Hobbes, Rousseau, Locke) 237

VII. Schluß 241

Literaturverzeichnis 244

I. Einführung

1. Philosophische und wissenschaftliche Probleme der Tiefenpsychologie

Die Unterscheidung zwischen Bewußtem und Unbewußtem ist die Grundvoraussetzung der Psychoanalyse. Die Kritiker der Tiefenpsychologie Freuds gehen von der Überzeugung aus, daß die Einführung des Postulats unbewußter seelischer Vorgänge in die Psychologie völlig überflüssig sei, und eine präzise Beschreibung psychischer Erscheinungen und Prozesse nur im Bereich der Hirnpsychologie gesucht werden müsse. Die Vertreter einer solchen extrem gehirn-anatomisch orientierten Psychiatrie sind also der Ansicht, daß alles Seelengeschehen auf Gehirngeschehen zurückgeführt werden müsse.

Ein hervorragender Vertreter des modernen Behaviorismus namens Skinner unternimmt in seiner wissenschaftlichen Abhandlung „Critique of Psychoanalytic Concepts and Theories" den Versuch, die Freudschen Erkenntnisse und Hypothesen einer kritischen Überprüfung zu unterziehen. Skinner wirft zunächst Freud vor, daß dieser den „psychischen Apparat" als real akzeptiert und ihn nicht als wissenschaftliches Konstrukt in Betracht gezogen habe. Skinner glaubt nachgewiesen zu haben, daß der Begriff des psychischen Apparates sich schädlich auf die Analyse des Verhaltens als abhängige Variable auswirkt. Er führt vor allem die Rückständigkeit der Psychologie darauf zurück, daß Psychologen und Psychoanalytiker bis heute noch keine naturwissenschaftliche Methode bei der Erforschung seelischer Phänomene angewandt haben.

Skinner und einige andere Behavioristen vertreten die Auffassung, Freud habe den psychischen Apparat nicht entdeckt, sondern erfunden. Der psychische Apparat sei von ihm nicht als ein System von Postulaten aufgefaßt worden, von dem die Theoreme deduktiv abgeleitet werden können. Wenn dieser Apparat ein empirisch feststellbares System wäre, so müßte er dem Kriterium der Falsifizierbarkeit standhalten.

Ähnlich wie Behavioristen argumentieren auch die Positivisten und Wissenschaftslogiker. Sie äußern Zweifel an dem wissenschaftlichen Wert der psychoanalytischen Theorien. Ihnen zufolge ist das Kriterium für den wissenschaftlichen Status einer Theorie ihre Prüfbarkeit oder Falsifizierbarkeit. Karl R. Popper, ein führender Vertreter der modernen Wissenschaftslogik und -philosophie, versucht in seinem grundlegenden Werk „Conjectures and Reputations" nachzuweisen, daß die psychoanalytischen Theorien niemals den wissenschaftlichen Status solcher Theorien wie die der modernen Physik erreicht haben. Bei den letzteren handelt es sich um Hypothesen, die den Prinzipien der Falsifizierbarkeit oder Widerlegbarkeit folgen.

In diesem Zusammenhang wollen wir flüchtig auch das Problem der Verifikation berühren, das in der modernen Wissenschaftsphilosophie die zentrale Rolle spielt. Nach Rudolf Carnap hat ein Satz nur dann einen Sinn, wenn er verifizierbar ist. Die Verifikation muß immer *intersubjektiv* sein, d. h., sie muß von mindestens zwei Beobachtern vollzogen werden können. Da aber jede intersubjektive Verifikation eine sinnliche Verifikation ist, können nur solche Sätze verifiziert werden, die sich nicht auf innere, sondern auf äußere Erfahrungen beziehen. Alle Sätze der Metaphysik, der klassischen Philosophie und der introspektiven Psychologie sind nicht verifizierbar und müssen als sinnlose Scheinprobleme aus der wissenschaftlichen Diskussion verbannt werden.

Alle übrigen Exponenten des Wiener Kreises argumentieren etwa wie Carnap. Obwohl viele von ihnen sich mit der Psychoanalyse nicht auseinandergesetzt haben, würden sie dennoch nicht zögern, Zweifel an dem wissenschaftlichen Wert der Psychoanalyse zu äußern. Nach den wissenschaftlichen Kriterien des logischen Positivismus hätte die Psychoanalyse den Wert eines axiomatischen Systems, das nur einige psychologische Tatsachen beschreibt. Die Sätze einer wissenschaftlichen Psychologie müßten sich erstens auf äußere Erfahrung beziehen und zweitens intersubjektiv verifizierbar sein.

Laut logischem Positivismus müssen also nicht nur alle Sätze der Philosophie und Metaphysik, sondern auch die der introspektiven Psychologie und Tiefenpsychologie als nicht verifizierbare Probleme von der wissenschaftlichen Diskussion eliminiert werden.

Die tiefenpsychologischen Theorien dürften aber nicht Opfer des wissenschaftlichen Standpunkts des logischen Positivismus werden, auch wenn sie nicht der Kategorie einer „Scientia transmissibilis" angehören. Wie wir wissen, hat Freud der Bewußtseinspsychologie seiner Zeit eine Psychologie des Unbewußten entgegengesetzt. Mit der Einführung der Konzeption unbewußter seelischer Determination in die Psychologie hat Freud den herrschenden psychologischen Vorstellungen, nach denen die

Motive des Menschen rational aus seinen Handlungen abgeleitet werden können, ein Ende bereitet. Das Wesen des Psychischen läßt sich nach Freud alllein durch das Bewußtsein nicht erfassen. Vielmehr muß das Bewußtsein als eine Qualität des Psychischen betrachtet werden. Die pathologischen Vorgänge im Seelenleben können am besten durch die Unterscheidung zwischen Bewußtem und Unbewußtem erklärt werden. Ganz abgesehen vom Pathologischen lassen sich die Phänomene des Traumes und der Hypnose ohne die Annahme unbewußter Seelentätigkeit nicht schildern.

Selbstverständlich können wir die Existenz des Unbewußten nicht direkt nachweisen. Nur aus gewissen Äußerungen des Seelenlebens können wir auf die Existenz eines solchen das Bewußtsein transzendierenden Bereiches schließen. Die psychischen Energien sind unserer Wahrnehmung nicht zugänglich. Was erkennbar ist, sind lediglich verschiedene Erscheinungsformen dieser Energien.

2. Die Integration von Tiefenpsychologie und Philosophie

Mit seinem Postulat unbewußter seelischer Vorgänge geht Freud einen Schritt weiter und behauptet, daß das Psychische in Wirklichkeit ganz anders ist, als es uns erscheint. In diesem Sinne versteht Freud seine Psychologie der unbewußten Seelentätigkeit als die Fortsetzung der Korrektur, die Kant in bezug auf unsere Wahrnehmung der realen Außenwelt vorgenommen hat.

Freud hat die Philosophie Kants nicht nur bewundert, sondern auch deren Bedeutung für die Psychologie und Anthropologie erkannt. An mehreren Stellen seiner Werke zitiert Freud Kant und in einer der wenigen spezifischen Äußerungen über Philosophie bezeichnet er den psychoanalytischen Begriff des Unbewußten als psychologisches Gegenstück zu Kants philosophischen Auffassungen. „Die psychoanalytische Annahme der unbewußten Seelentätigkeit erscheint uns einerseits als eine weitere Fortbildung des primitiven Animismus, der uns überall Ebenbilder unseres Bewußtseins vorspiegelte, und andererseits als die Fortsetzung der Korrektur, die Kant an unserer Auffassung der äußeren Wahrnehmung vorgenommen hat. Wie Kant uns gewarnt hat, die subjektive Bedingtheit unserer Wahrnehmung nicht zu übersehen und unsere Wahrnehmung nicht für identisch mit dem unerkennbaren Wahrgenommenen zu halten, so mahnt die Psychoanalyse, die Bewußtseinswahrnehmung nicht an die Stelle des unbewußten psychischen Vorganges zu setzen, welcher ihr Objekt ist. Wie das Physische, so braucht auch das Psychische nicht in Wirklichkeit so zu sein, wie es uns erscheint. Wir werden uns aber mit Befriedigung auf die Erfahrung vorbereiten, daß die Korrektur der inneren Wahrnehmung nicht ebenso große Schwierigkeit bietet wie die der äußeren, daß das innere Objekt minder unerkennbar ist als die Außenwelt[1]."

Aus diesen Ausführungen Freuds geht eindeutig hervor, daß der epistemologische Gehalt der Psychoanalyse dem Apriorismus Kants sehr nahe und dem anglo-sächsischen Empirismus fern steht. Die philosophische Grundidee Kants lautet, daß die reale Außenwelt in Wirklichkeit nicht so ist, wie sie uns erscheint. Die durch Erfahrung gegründete Erkenntnis bezieht sich nicht auf die sog. „Dinge an sich", sondern nur auf deren Erscheinungen. Unsere gesamte Erkenntnis, die zwar mit der Erfahrung beginnt aber nicht vollständig aus der Erfahrung entspringt, wird durch apriorische Anschauungsformen geprägt.

Fragt man nun nach dem wissenschaftlichen Wert solcher philosophischen und psychologischen Betrachtungsweisen unter Einschluß von Postulaten über unbewußte psychische Phänomene, so soll besonders in Erwägung gezogen werden, daß gerade durch diese Annahmen ein beträchtlicher Teil des menschlichen Verhaltens, der früher nicht verstanden oder beschrieben werden konnte, jetzt erklärbar ist.

---

[1] Sigmund Freud, Das Unbewußte. Ges. Werke Bd. X, S. 270.

II. Die Psychoanalyse Sigmund Freuds

1. Sigmund Freud

Sigmund Freud wurde am 6. Mai 1856 zu Freiberg in Mähren geboren. Als er das vierte Lebensjahr erreicht hatte, siedelten seine Eltern, durch wirtschaftliche Gründe bewogen, nach Wien über, wo er alle Schulen durchlief. Auf dem Gymnasium war er sieben Jahre lang Primus und wurde kaum je geprüft. 1873 immatrikulierte er sich an der Universität Wien und entschloß sich zum Medizinstudium, obwohl er dafür keine besondere Vorliebe verspürte. 1876 begann er im physiologischen Laboratorium von Ernst Brücke als Volontärassistent zu arbeiten und war dort bis 1882 tätig. In diesem Institut stellte Freud vor allem Untersuchungen über das Nervensystem niederer Fischarten an, deren Ergebnisse er veröffentlichte. Das medizinische Studium führte er 1881 mit ziemlicher Verspätung zu Ende.

S. Freud verließ, den Ratschlägen seines Lehrers folgend und im Hinblick auf seine schlechte materielle Lage, das physiologische Laboratorium und trat dann in das Allgemeine Krankenhaus ein, wo er nach einiger Zeit zum Sekundärarzt befördert wurde. Hier hatte er die Gelegenheit, länger als ein halbes Jahr bei Meynert, dessen Werk und Persönlichkeit ihn schon während seines Studiums tief beeindruckt hatten, beschäftigt zu sein. Seine physiologischen und histologischen Untersuchungen über das Zentralnervensystem der Menschen setzte er fort und publizierte eine Anzahl von neuropathologischen Arbeiten über Medulla oblongata. Meynert, der damalige Ordinarius für Psychiatrie, bot wegen seines fortgeschrittenen Alters Freud die Leitung des gehirn-anatomischen Laboratoriums sowie die Übernahme seiner Vorlesungen an. Dieser aber ging auf Meynerts Vorschlag nicht ein.

1885 erhielt Freud auf Grund seiner histologischen und klinischen Arbeiten die Dozentur für Neuropathologie. Im Herbst des gleichen Jahres reiste er nach Paris und trat als Elève von Charcot in die Salpêtrière ein. Charcot, einer der führenden Neurologen seiner Zeit, nahm ihn auch privat auf. Bei ihm hatte Freud die Möglichkeit, die neuesten Untersuchungen über Hysterie, die zum Teil unter seinen Augen durchgeführt wurden, zu beobachten und sich von der Echtheit und Gesetzmäßigkeit der hysterischen Phänomene zu überzeugen.

Im Herbst 1886 kehrte er nach Wien zurück; dort ließ er sich als Nervenarzt nieder und heiratete. Nach seiner Rückkehr entschied er sich, vor der „Gesellschaft der Ärzte" über seine Erfahrungen bei Charcot Bericht zu erstatten. Er fand aber einen üblen Empfang. Maßgebende Personen protestierten gegen seine Aussagen. Meynert forderte ihn auf, seine Behauptungen zu verifizieren, indem er ihnen einen Fall von männlicher Hysterie mit den typischen Symptomen Charcots vorführe. Als Vertreter einer extrem gehirn-anatomisch orientierten Psychiatrie konnte Meynert die Erzeugung hysterischer Lähmungen in Hypnose nicht akzeptieren. Die Opposition gegen Freud veranlaßte ihn, sich aus dem akademischen Leben zurückzuziehen. Er widmete sich weitgehend der ärztlichen Praxis, um seine materielle Existenz sowie die seiner rasch anwachsenden Familie zu sichern. Im Zeitraum zwischen 1886 und 1891 war er wegen seines Berufes wissenschaftlich wenig tätig und veröffentlichte kaum etwas. Die von ihm gemeinsam mit seinem Assistenten und Freund Oskar Rie geschriebene Arbeit über die Gehirnlähmung der Kinder erschien erst im Jahre 1891. In diesem Jahr wurde auch sein kleines Buch „Zur Auffassung der Aphasien" publiziert.

Es soll jedoch nicht außer acht gelassen werden, daß der oben erwähnte Zeitraum (1886 - 1891) noch mit einigen weiteren Tätigkeiten ausgefüllt war. Im Sommer 1889 reiste Freud nach Nancy, mit der Absicht, seine hypnotische Technik zu verbessern. In Nancy war durch Liébault und Bernheim eine Schule entstanden, die von der Suggestion mit großem Erfolg für therapeutische Zwecke Gebrauch machte. Dort lernte er Liébault und Bernheim kennen und war von der Möglichkeit mächtiger seelischer Vorgänge stark beeindruckt.

Bei dieser kurzen Darstellung der wissenschaftlichen Laufbahn Freuds ist es nicht möglich, eine streng zeitliche Einordnung vorzunehmen. Deshalb soll in diesem Zusammenhang die Breuer-Periode in Betracht gezogen werden. Noch im Brückeschen Physiologischen Institut (1881) machte Freud die Bekanntschaft mit einem der angesehensten Ärzte von Wien, Dr. Josef Breuer. Breuer war nicht nur ein geschätzter Wiener Arzt, sondern auch ein Wissenschaftler von Rang. Er wurde Freuds Helfer und Freund in schwierigen Lebenslagen. Ihre freundschaftlichen Beziehungen wurden aber durch die Entwicklung der Psychoanalyse unterbrochen. Noch vor dem Zusammenbruch ihrer Arbeitsgemeinschaft (1893) ließen sie eine vorläufige Mitteilung: „Über den psychischen

Mechanismus hysterischer Phänomene“ und ihr Buch (1895) „Studien über Hysterie“ erscheinen. 1894 unternahm Freud entscheidende Schritte, Hypnose durch die von ihm entwickelte Methode der freien Assoziation zu ersetzen. Allmählich kam er zu jenen Erkenntnissen, die er Psycho-Analyse nannte. Zehn Jahre lang arbeitete er allein an der Psychoanalyse. Etwa um 1906 schloß sich ihm eine Reihe von Kollegen und Analytikern, wie A. Adler, S. Ferenczi, Ernest Jones, C. G. Jung, Stekel, Rank und andere an. Zu Ostern 1908 fand dann der erste Internationale Kongreß der Psycho-Analyse in Salzburg statt. Auf dem zweiten Kongreß zu Nürnberg 1910 organisierten sich die Vertreter der jungen Wissenschaft auf Anregung von S. Ferenczi zu einer „Internationalen Psychoanalytischen Vereinigung“. Später gründete diese Vereinigung zahlreiche Zweigstellen in den meisten Ländern der Welt.

Es war nach dem zweiten Kongreß, als, im Laufe der nächsten drei Jahre, unter den Männern, die eine bedeutende Rolle in dieser Wissenschaft spielten, Auseinandersetzungen stattfanden. Zwei Abfallbewegungen von der Psychoanalyse vollzogen sich in diesem Zeitraum. Alfred Adler, der Wiener Psychiater und Psychologe, trennte sich vom Freudschen Kreise und nannte seine Lehre Individualpsychologie. Der Schweizer Carl Gustav Jung, ein enger Mitarbeiter Freuds, wich ebenfalls in seinen psychoanalytischen Konzeptionen von ihm ab. W. Stekel schloß sich gleichfalls den frühen Schismatikern des Freudschen Kreises an. Hier aber ist nicht der Ort, auf die ursprünglichen Konflikte zwischen Freud und seinen Schülern einzugehen.

Was die weitere Entwicklung der Psychoanalyse bei Freud anbetrifft, so ist jedoch folgendes in Erwägung zu ziehen. Es wurde oben von zehn mühsamen Jahren gesprochen, in denen er allein an der Psychoanalyse arbeitete. Diese Periode (1896 - 1906) ist, von der kathartischen Vorgeschichte abgesehen, als ein wichtiger Zeitabschnitt in seiner Lebensarbeit anzusehen. Im zweiten Abschnitt, d. h. von 1906 oder 1907 an bis zu den letzten Tagen seines Lebens, sind die Fortschritte der Psychoanalyse mit den Beiträgen seiner Schüler und Mitarbeiter verbunden. Im Laufe dieser Periode mußte er allmählich infolge einer schweren Erkrankung, daran denken, sich aus der praktischen Arbeit zurückzuziehen. Dennoch war er unermüdlich um die Anpassung seines theoretischen Gebäudes an die Erfahrung bemüht. Einige grundlegende Werke, die noch im Rahmen dieser Arbeit betrachtet werden, sind in der zweiten Schaffensperiode entstanden. Von Bedeutung sind auch jene Schriften, die in der vorpsychoanalytischen Zeit niedergelegt wurden. Diese mehr als vierzig wissenschaftlichen Abhandlungen der genannten Zeit wurden aber von Freud nicht in seine gesammelten Werke aufgenommen. Die 17bändigen Gesammelten Werke stellen nur die Gesamtheit seiner psychologischen Arbeiten dar. Hinzu kommt noch ein wichtiger Briefband, der nach seinem Tode erschien. Dieser Band enthält Briefe aus den Jahren 1887 bis 1902, die er an Dr. Wilhelm Fliess geschrieben hatte. Die Fliess-Periode gehört zweifellos zu den bedeutendsten Ereignissen in Freuds Leben. Zu den bedeutsamsten psychologischen Werken, die er während der Fliess- und psychoanalytischen Periode verfaßte, gehören, um einige zu nennen, die „Traumdeutung", die großen Abhandlungen „Zur Psychopathologie des Alltagslebens", „Drei Abhandlungen zur Sexualtheorie" und die Studie „Der Witz und seine Beziehung zum Unbewußten".

Fragt man nach der Bedeutung des gewaltigen Lebenswerkes Sigmund Freuds in der modernen europäischen Geistesgeschichte, so ist sie den Werken der großen Männer der Wissenschaft, wie Kopernikus, Newton, Darwin, Marx und Einstein gleichzustellen. Zu seinen Lebzeiten aber fand sein Schaffen keine entsprechende Würdigung, ja sogar Verneinung und Verachtung. Die strenge Verurteilung durch die wissenschaftliche Welt Wiens hatte zumindest zwei negative Ergebnisse. Einmal die bemerkenswerte Tatsache, daß er keinen Lehrstuhl an der Universität bekam, und zum anderen, daß ihm der Nobel-Preis trotz wiederholter Bemühungen hochgestellter Persönlichkeiten nie zuteil wurde. Seine Auszeichnungen, die er ungeachtet solcher Feindseligkeiten erwarb, sollen jedoch hier nicht unerwähnt bleiben. Der Goethe-Preis der Stadt Frankfurt a. M. wurde ihm im Jahre 1930 verliehen, und seine Aufnahme in die „Royal Society" erfolgte 1936.

Sigmund Freud fand seinen letzten Zufluchtsort in England und starb am 23. September 1939 in London.

2. Ursprünge der psychologischen Grundkonzeption Freuds

Viele Autoren sind den Ursprüngen von Freuds psychologischen Grundkonzeptionen nachgegangen. Hier sei auf die gründlichen Arbeiten von M. Dorer, E. H. Erikson, H. Hartmann, S. Bernfeld, E. Jones und andere hingewiesen. Es ist nun die Aufgabe dieses Abschnittes nachzuweisen, welche Faktoren den Entwicklungsgang der Freudschen Gedanken bestimmt haben. Einflüsse, die bei der Gestaltung und Entwicklung von Freuds Weltbild eine Rolle gespielt haben, sind die jüdische Tradition, der Einfluß Goethes, die Darwinsche Evolutionstheorie, die Brentanosche

Akt-Psychologie, die im Umkreis der Männer um Helmholtz durchgeführten klinischen Forschungsarbeiten auf dem Gebiete der Neurologie und Neuroanatomie, die klinisch-psychiatrische Tätigkeit mit Meynert und letztlich die äußerst wichtigen Studien über Hypnose, Suggestion und Hysterie, angeregt durch Charcot, Bernheim und Breuer[1].

Die Bedeutung der jüdischen Tradition im Denken Sigmund Freuds ist in ihren Einzelheiten noch nicht untersucht worden. Aber daß das Judentum seine Gedankenwelt mitgestaltet und beeinflußt hat, steht heute außer Zweifel. „Es ist durchaus möglich", so schreibt Rapoport, „daß vieles von dem, was wir Freuds literarischem Interesse zuschreiben, aus den Traditionen des ‚Volkes des Buches' stammt. Die Formen des Talmuds sind die Archetypen für so manche assoziativen und interpretierenden Methoden[2]." Der Verfasser ist der Ansicht, daß auch das Christentum[3] für die Entwicklung einiger seiner Ideen von Bedeutung gewesen sein könnte. Man denke dabei an frappante Ähnlichkeiten seiner Gedanken hinsichtlich des kollektiven Schuldgefühls mit der christlichen Version der Geschichte des Sündenfalles.

Der Einfluß Goethes und der Literatur auf Freuds Denken — obwohl er schwer nachzuweisen ist — läßt sich aus den allgemeinen Grundformen der Krankengeschichte, die Freud mit hervorragender literarischer Fähigkeit dargelegt hat, erkennen. Vergleicht man seine Falldarstellungen von Krankengeschichten mit denen anderer Neurologen seiner Zeit (z. B. mit Charcots Darstellungsweisen), so tritt seine literarische Überlegenheit deutlich zutage. Diese zeigt sich vor allem in seiner Überempfindlichkeit gegenüber den Nuancen sprachlicher Kommunikation. Es wäre absolut nicht übertrieben, wenn man ihn als einen Meister des Denkens und Schreibens in der deutschen Sprache bezeichnen würde.

Nun sollen die weiteren oben erwähnten Milieufaktoren, die in Freuds Entwicklung eine Rolle spielten, näher spezifiziert werden. Betrachten wir zunächst die Darwinsche Entwicklungslehre. Darwin, dessen Werk im 19. Jahrhundert in ganz Europa ungeheures Aufsehen erregte, muß einen großen Einfluß auf Freudsche Theorien ausgeübt haben. In seiner „Selbstdarstellung" gesteht Freud selbst ein: „Indes, die damals aktuelle

[1] Vgl. David Rapaport, Die Struktur der psychoanalytischen Theorie: Versuch einer Systematik (The Structure of Psychoanalytical Theory: A Systematizing Attempt). Deutsch von Marianne von Eckardt. (Stuttgart, o. J.), S. 15.

[2] Ebenda, S. 18.

[3] Freud betrachtet das Christentum als die logische Weiterentwicklung des Judentums.

Lehre Darwins zog mich mächtig an, weil sie eine außerordentliche Förderung des Weltverständnisses versprach, ...[4]." Zu beachten ist, daß die neurologischen Forschungsarbeiten Freuds in enger Beziehung zur Darwinschen Entwicklungstheorie stehen. Das Darwinistische oder genetische Modell[5] der Evolution diente Freud vor allem als Bezugsrahmen für die Systematisierung der anamnestischen Angaben seiner Patienten. Dieses Modell wurde also einmal zur Grundlage des genetischen Aspekts seiner Theorieanbildung und zum anderen führte es zur Aufstellung der sog. psychosexuellen Libidotheorie. Die psychosexuelle Entwicklung bildet den Kern der genetischen Konzeption Freuds und ist einer der wichtigsten und bekanntesten Ausschnitte des psychoanalytischen Systems. Bei der Anwendung des Darwinistischen Modells versuchte er stets dieses mit Haeckels biogenetischem Gesetz[6] und mit der Lamarckschen Version der Evolutionstheorie[7] in Verbindung zu bringen. Er benutzte das Lamarcksche Modell, um die Anpassungsvorgänge besser erfassen zu können. Für den Ausbau des Jackson'schen Systems[8] machte er Gebrauch vom biogenetischen Gesetz Haeckels. Obwohl der Einfluß Haeckels und Lamarcks auf Freuds Denken im einzelnen noch nicht erforscht ist, darf er dennoch niemals unberücksichtigt bleiben.

Auch der Einfluß von Helmholtz ist von großer Wichtigkeit und darf nicht außer acht gelassen werden. Dieser zeigt sich vor allem im Postulat des durchgehenden Determinismus, in der zentralen Stellung des Lust-Unlust-Prinzips, das nach dem Begriff der Entropie aufgebaut ist, und im Realitäts- und ökonomischen Prinzip. Das Realitätsprinzip ist nach der Theorie des geringsten Energieaufwands und das ökonomische Prinzip nach dem Begriff der Energieerhaltung konstruiert.

Es ist dennoch zu betonen, daß die Thesen Helmholtz' zusammen mit den Theorien von Herbart und Fechner auf das wissenschaftliche Leben

---

[4] Sigmund Freud, Selbstdarstellung. Ges. Werke Bd. XIV, 4. Aufl. Frankfurt a. M. 1968, S. 34.

[5] Dieses Modell geht von der Annahme aus, daß der Verlauf der Ontogenese den eingeborenen Gesetzen unterworfen ist.

[6] Das biogenetische Gesetz von Haeckel besagt, daß die Ontogenese die Phylogenese wiederholt.

[7] Nach der Evolutionstheorie Lamarcks werden die Umwandlungen der Arten auf jene Verwandlungen zurückgeführt, die sich im Leben des Einzelwesens unter dem Einfluß der Außenwelt vollziehen.

[8] Das Jacksonsche Modell geht von der Voraussetzung aus, daß das Nervensystem aus einer neuralen Integrationshierarchie besteht, in der die übergeordneten Schichten die untergeordneten hemmen oder steuern.

der Wiener Gelehrten zu Zeiten Freuds stark einwirkten. Hier sei auch auf die zentrale Bedeutung der Männer wie Herbart und Fechner für die Theoriebildung Freuds hingewiesen. Luise von Karpinska verwies als erste auf die auffallende Ähnlichkeit einiger Grundgedanken von Freud mit denen Herbarts[9]. Sie stellte besonders den Herbartschen Begriff des Unbewußten in den Vordergrund. Herbart betrachtet das Seelenleben als einen dynamischen Prozeß, in dem die Erlebnisinhalte ständig wechseln. Diese nennt er Vorstellungen und bezeichnet sie als monadenartige „Realen". Seine Psychologie befaßt sich also mit dem dynamischen Kräftespiel dieser Vorstellungen, die quantitativ erklärt werden können. Herbart geht grundsätzlich von der Annahme aus, daß in der Psyche zwei Schwellen existieren. Sie heißen nach ihm „statische" und „mechanische". Die statische Schwelle entspricht dem Vorbewußten Freuds, da eine unterdrückte Vorstellung schnell wieder emporsteigen und von anderen Vorstellungen aufgenommen werden kann. Die mechanische Schwelle hat ebenfalls Ähnlichkeit mit dem Feudschen Unbewußten. Hier arbeiten völlig verdrängte Vorstellungen gegen jene im Bewußtsein und führen indirekte Wirkungen herbei. Hinsichtlich der Dynamik und Topik der Assoziationen lassen sich also bei Herbart und Freud frappante Ähnlichkeiten feststellen.

Was aber die Bedeutung der Affekte angeht, so weichen sie diesbezüglich voneinander ab. Im Laufe der psychoanalytischen Theorie entwickelte Freud eine Affektdynamik. Für ihn ist der Affekt die Erregungssumme der Vorstellungen, während bei Herbart die Entstehung der Affekte auf die quantitative Summierung der Vorstellungen zurückgeführt wird. Im großen und ganzen zielten Herbarts Bemühungen darauf, eine Psychologie nach möglichst mathematischen Gesichtspunkten zu entwerfen. Mit anderen Worten versuchte er, die psychischen Vorgänge den streng naturwissenschaftlichen Gesetzen zu unterstellen. In dieser Richtung unternahm Fechner nach ihm entscheidende Schritte. In seinen psychophysikalischen Untersuchungen bemühte sich Fechner, die psychologischen Theorien Herbarts zu verifizieren. Eines der wichtigsten Ergebnisse war das Weber-Fechnersche Gesetz der Funktion der Schwelle. Auch bei Fechner stand das Wort „Schwelle" im Mittelpunkt seiner Schriften. Die von ihm entwickelte Psychologie basierte vollständig auf derjenigen Herbarts. Er übernahm die Grundthesen der Herbartschen

---

[9] Vgl. dazu Ernest Jones, Das Leben und Werk von Sigmund Freud (The Life and Work of Sigmund Freud). Deutsch von Katherine Jones. Bd. I, Bern/Stuttgart 1960, S. 429.

Psychologie mit Ausnahme deren metaphysischer Aspekte. Diese Psychologie baute er weiter aus, indem er das Prinzip der Energieerhaltung auf lebende Organismen anzuwenden suchte.

Fechner, den Freud — im Gegensatz zu Herbart — nicht selten erwähnt, übte einen starken Einfluß sowohl auf Brücke als auch auf Meynert und Breuer aus. Freud, der die Werke Fechners studierte, schreibt eindeutig über sein Interesse für die Fechnerschen Gedanken: „Ich war immer für die Ideen G. Th. Fechners zugänglich und habe mich auch in wichtigen Punkten an diesen Denker angelehnt[10]."

Wie bereits erwähnt, wurde auch Meynert[11], dessen Werk und Persönlichkeit Freud schon als Studenten gefesselt hatten, von Fechner angeregt. Meynerts Psychologie beruht im wesentlichen auf der Assoziationspsychologie von Herbart und Fechner. Seine atomistisch-mechanistisch orientierte Lehre mißt dem Hirnleben eine große Bedeutung bei. Alles Seelengeschehen sei Gehirngeschehen. Die Struktur des Seelenlebens und die des Gehirns müßten koinzidieren. Anders ausgedrückt, die psychischen Vorgänge, Erlebnisinhalte, Charaktereigenschaften usw. seien nur durch Analogie des räumlichen Gehirngeschehens denkbar[12].

Hinsichtlich der Abhängigkeit Freuds von den Gedanken Meynerts gehen die Meinungen weit auseinander. In ihrem 1932 erschienenen Buch „Historische Grundlagen der Psychoanalyse" vertritt Maria Dorer die Ansicht, daß Meynert die Hauptquelle für Freudsche Konzeptionen sei und daß die soeben angeführte Abhängigkeit im einzelnen bewiesen werden könne[13]. Sie behauptet sogar, Freud rede von Meynert in seinen Schriften nur in einem persönlichen Bezug und verschweige bewußt seine Dankesschuld ihm gegenüber[14]. Es wäre jedoch übertrieben zu sagen,

---

[10] S. Freud, S. 86.

[11] Th. Meynert, dessen Name in der psychoanalytischen Literatur häufig genannt wird, galt zu seiner Zeit als einer der überragendsten Vertreter der Lokalisationstheorie.

[12] Über die Unhaltbarkeit dieser Betrachtungsweise schreibt Karl Jaspers folgendermaßen: „Diese Voraussetzung ist nie bewiesen worden. Sie ist unbeweisbar, weil sie sinnlos ist. Das Heterogene kann nicht koinzidieren, sondern nur füreinander allenfalls als gleichnishafte Redeweise dienen. Jene Voraussetzung entspringt dem Bedürfnis nach faßlicher Gegenständlichkeit im Raum, das bei eigentlich psychologischem Denken und Forschen nicht befriedigt werden kann, vor allem aber den Tendenzen des positivistisch-naturwissenschaftlichen Zeitalters." Karl Jaspers, Allgemeine Psychopathologie. 7. unver. Aufl. Berlin/Göttingen/Heidelberg 1959, S. 403.

[13] Vgl. E. Jones, S. 436.

[14] Ebenda.

daß Meynert die Hauptquelle für die Entwicklung der Freudschen Ideen gewesen ist. Hier schließt sich der Verfasser der Meinung des berühmten Biographen Freuds, Ernest Jones, an, der schreibt:

„Zwei Bemerkungen dürften hier angebracht sein: Wenn man sagt, ein Autor habe eine Idee von einem andern übernommen, so denkt man in der Regel nicht nur an irgendeine bedeutende Idee, sondern an eine, die für die betreffende Person bezeichnend ist. Ist diese jedoch allgemein bekannt, so ist es relativ unwichtig, welcher Lehrer sie einem vermittelt hat. Wenn wir Freuds Hauptideen von diesem Standpunkt aus betrachten, so stellen wir fest, daß sie zur zweiten Kategorie gehören: sie waren Allgemeingut der gebildeten und besonders der wissenschaftlichen Kreise des 19. Jahrhunderts und sind es zum größten Teil heute noch[15]."

Aus gewissen Übereinstimmungen, die zwischen den Theorien von Meynert und Freud existieren, läßt sich aber nicht verallgemeinernd folgern, daß alle psychologischen Konzeptionen des letzteren bis ins Detail auf die Gedanken des ersteren zurückgehen. Die Freudsche Auffassung der Projektion[16] als Abwehrmechanismus sowie seine Übertragung der Meynertschen Gehirntopik auf psychische Vorgänge[17] sind bezeichnend für diese Übereinstimmungen. Als führender Vertreter einer extrem gehirn-anatomisch orientierten Psychiatrie entwickelte Meynert ein umfassendes Bild vom Gehirn- und Seelengeschehen. Seine durchaus wertvollen Beiträge auf dem Gebiete der Gehirnforschung besitzen heute noch Gültigkeit. Aber dadurch, daß er alles Seelische auf das Hirngeschehen zurückgeführt hat, ist er einer pseudonaturwissenschaftlichen Denkweise anheimgefallen. Dazu bemerkt Karl Jaspers: „Meynerts Entwurf war fruchtbar für das Wissen vom Gehirn. Seine Auffassung des Gesamtbaus des zentralen Nervensystems, der sensorischen und motorischen Projektionsfelder, der Assoziationssysteme usw. ist anatomisch gültig geblieben. Auch er hat wie Gall wirkliche Einsichten mit üppig entfalteten Einbildungen verknüpft, jetzt nur ganz anderen Inhalts. Er erklärte alles Seelengeschehen, indem er es in Formen des Gehirnbaus und Gehirngeschehens ansprach, also in naturwissenschaftlichem Gewande ganz unnaturwissenschaftlich phantasierte[18]."

[15] Ebenda.

[16] Besonders kennzeichnend für die Psychologie Meynerts war seine Projektionstheorie, und die Auffassung Freuds geht auf ihn zurück.

[17] Hier sei auf die Freudsche Einteilung des psychischen Apparates in Es, Ich und Über-Ich hingewiesen.

[18] Karl Jaspers.

Zusammenfassend läßt sich im Hinblick auf die Frage der unmittelbaren Abhängigkeit der psychoanalytischen Theorien Freuds von Meynert folgendes klarstellen: Freud wurde während seiner Studienzeit, auch später durch die klinisch-psychiatrische Tätigkeit mit Meynert, stark von ihm beeinflußt. Daß er ihn in seinen Schriften nur in einem persönlichen Zusammenhang erwähnt hat[19], geschah nicht aus Undankbarkeit, sondern deshalb, weil die Meynertschen Gedanken ihm schon seit seiner Studienzeit bekannt waren[20]. Es bestehen allerdings Analogien zwischen einigen Grundgedanken beider Gelehrten. Manche der theoretischen Konstruktionen Freuds, wie Projektionstheorie und die Gliederung des seelischen Apparates, gehen auf Meynert zurück. Daraus kann man aber nicht schließen, daß sich alle psychoanalytischen Konzeptionen des ersteren bis in die Einzelheiten auf die Aussagen des letzteren zurückverfolgen lassen. Durch seine sorgfältigen, auf Erfahrung gestützten Untersuchungen gab er den herrschenden Auffassungen dieses Jahrhunderts erst Sinn und Inhalt.

Abschließend soll auf den maßgebenden Einfluß Breuers auf die Theorien Freuds hingewiesen werden. Breuer, dessen Name unauslöschlich mit den Anfängen der Psychoanalyse verknüpft ist, war der Schöpfer der kathartischen Methode. In der „Selbstdarstellung" und auch in seinen anderen Werken hat Freud die Bedeutung Breuers für die Entwicklung der psychoanalytischen Theorie stets anerkannt. Darüber schreibt er: „Wenn die bisherige Darstellung beim Leser die Erwartung erweckt hat, die ‚Studien über Hysterie' würden in allem Wesentlichen ihres materiellen Inhalts Breuers geistiges Eigentum sein, so ist das genau dasjenige, was ich immer vertreten habe und auch diesmal aussagen wollte. An der Theorie, welche das Buch versucht, habe ich in heute nicht mehr bestimmbarem Ausmaße mitgearbeitet. Diese ist bescheiden, geht nicht weit über den unmittelbaren Ausdruck der Beobachtungen hinaus. Sie will nicht die Natur der Hysterie ergründen, sondern bloß die Entstehung ihrer Symptome beleuchten. Dabei betont sie die Bedeutung des Affektlebens, die Wichtigkeit der Unterscheidungen zwischen unbewußten und bewußten (besser: bewußtseinsfähigen) seelischen Akten, führt einen dynamischen Faktor ein, indem sie das Symptom durch die Aufstauung eines Affekts entstehen läßt, und einen ökonomischen, indem sie dasselbe Symptom als das Ergebnis der Umsetzung einer sonst anderswie verwendeten Energiemenge betrachtet (sog. Konversion). Breuer nannte

---

[19] Außer in seiner 1891 erschienenen der Aphasie gewidmeten Schrift.

[20] Vgl. hierzu E. Jones.

unser Verfahren das kathartische; als dessen therapeutische Absicht wurde angegeben, den zur Erhaltung des Symptoms verwendeten Affektbetrag, der auf falsche Bahnen geraten und dort gleichsam eingeklemmt war, auf die normalen Wege zu leiten, wo er zur Abfuhr gelangen konnte (abreagieren)[21]."

3. Die Entstehung und Entwicklung der Psychoanalyse während der Breuer-Periode

a) Die Hysterie und Hypnose

Es wurde bereits eingangs im Kapitel über Sigmund Freud angeführt, daß Freud nach seiner Rückkehr in Wien sich verpflichtet fühlte, vor der Ärztegesellschaft über seine Beobachtungen und Erfahrungen im Ausland Bericht zu erstatten. In seiner „Selbstdarstellung" spricht er von einer üblen Aufnahme, die er bei dieser Gesellschaft fand[22]. Meynert forderte Freud auf, seine Theorie zu beweisen, indem er einen Fall von männlicher Hysterie mit den typischen Symptomen Charcots zeige. Ferner war für Meynert, einer der Hauptvertreter der extrem gehirnanatomisch orientierten Psychiatrie, die Erzeugung hysterischer Lähmungen in Hypnose überhaupt nicht akzeptabel. Freud bemühte sich, die gleichen von ihm beschriebenen Fälle, die er seinerzeit bei Charcot beobachtet hatte, in Wien aufzusuchen und der Gesellschaft der Ärzte vorzustellen. Es gelang ihm, solche Fälle, die in der Abteilung der „Primarärzte" vorhanden waren, zu finden. Die Ärzte aber verweigerten es ihm, diese zu beobachten. Einer der Chirurgen äußerte sogar Zweifel an Freuds klassischer Bildung: „Aber Herr Kollege, wie können Sie solchen Unsinn reden! Hysteron (sic!) heißt doch der Uterus. Wie kann denn ein Mann hysterisch sein[23]?" Es dauerte jedoch nicht lange, bis Freud außerhalb des Spitals einen Fall von klassischer hysterischer Hemianästhese bei einem geeigneten Patienten entdeckte. Diesen Fall demonstriete er in der oben erwähnten Gesellschaft. „Diesmal klatschte man mir Beifall", so schreibt er in seiner Selbstdarstellung, „nahm aber weiter kein Interesse an mir. Der Eindruck, daß die großen Autoritäten meine Neuigkeiten abgelehnt hätten, blieb unerschüttert; ich fand mich mit der männlichen Hysterie und der suggestiven Erzeugung hysterischer Lähmungen in die Opposition gedrängt. Als mir bald darauf das hirnanatomische Laboratorium versperrt wurde und ich durch Semester kein

[21] S. Freud, S. 46. [22] Ebenda, S. 39. [23] Ebenda.

Lokal hatte, in dem ich meine Vorlesung abhalten konnte, zog ich mich aus dem akademischen und Vereinsleben zurück. Ich habe die ‚Gesellschaft der Ärzte' seit einem Menschenalter nicht mehr besucht[24]."

Trotz der schlechten Aufnahme, die man Freud in der Ärztegesellschaft bereitet hatte, war sein Interesse an der Hysterieforschung nicht erloschen. Es gab aber für ihn keinen Zweifel mehr daran, daß er sich künftig ganz allein bei seinen Forschungen mit allen möglichen Erscheinungsformen der Hysterie befassen mußte. Zunächst bediente er sich bei der Ausforschung seiner Kranken der wenig überzeugenden therapeutischen Mittel, nämlich der Hypnose und Elektrotherapie:

„Mein therapeutisches Arsenal umfaßte nur zwei Waffen, die Elektrotherapie und die Hypnose, denn die Versendung in die Wasserheilanstalt nach einmaliger Konsultation war keine zureichende Erwerbsquelle. In der Elektrotherapie vertraute ich mich dem Handbuch von W. Erb an, welches detaillierte Vorschriften für die Behandlung aller Symptome der Nervenleiden zur Verfügung stellte. Leider mußte ich bald erfahren, daß die Befolgung dieser Vorschriften niemals half, daß, was ich für den Niederschlag exakter Beobachtung gehalten hatte, eine phantastische Konstruktion war. Die Einsicht, daß das Werk des ersten Namens der deutschen Neuropathologie nicht mehr Beziehung zur Realität habe als etwa ein ‚ägyptisches' Traumbuch, wie es in unseren Volksbuchhandlungen verkauft wird, war schmerzlich, aber sie verhalf dazu, wieder ein Stück des naiven Autoritätsglaubens abzutragen, von dem ich noch nicht frei war. So schob ich denn den elektrischen Apparat beiseite, noch ehe Möbius das erlösende Wort gesprochen hatte, die Erfolge der elektrischen Behandlung bei Nervenkranken seien — wo sie sich überhaupt ergeben — eine Wirkung der ärztlichen Suggestion[25]."

Nachdem Freud keinen Gebrauch mehr vom elektrischen Apparat machte, versuchte er hauptsächlich die Hypnose anzuwenden. Noch als Student hatte er die Gelegenheit, sich durch eine öffentliche Darbietung des Magnetiseurs Hansen von der Echtheit hypnotischer Phänomene zu überzeugen. Später in Paris hatte er die Möglichkeit zu beobachten, wie Charcot bei seinen Kranken mit Hilfe der Hypnose Symptome hervorrief und sie dann wieder beseitigte. Auf diesem Gebiet sammelte er bei Charcot Erfahrungen, so daß er seine Patienten vom Beginn seiner ärztlichen Praxis an mit Hypnose[26] behandelte. In den ersten Jahren seiner

[24] Ebenda.

[25] Ebenda, S. 39 f.

[26] Die Ärzte und Psychiater nahmen den Hypnotismus überhaupt nicht ernst; vielmehr betrachteten sie die Hypnose als Schwindel und die Magneti-

Praxis stellte er aber fest, daß erstens nicht alle Patienten hypnotisierbar sind und zweitens selbst bei denjenigen, die in Hypnose versetzt werden können, der hypnotische Zustand die erwünschte Tiefe oft nicht erreicht. Die Unzulänglichkeit seiner therapeutischen Mittel veranlaßte ihn, seine Technik zu verbessern. So beschloß er im Sommer 1889, für einige Wochen nach Nancy zu reisen. In Nancy war durch Liébault und Bernheim eine Schule entstanden, die die Suggestion mit oder ohne Hypnose als therapeutisches Mittel anwandte.

„Ich sah den rührenden alten Liébault bei seiner Arbeit an den armen Frauen und Kindern der Arbeiterbevölkerung, wurde Zeuge der erstaunlichen Experimente Bernheims an seinen Spitalspatienten und holte mir die stärksten Eindrücke von der Möglichkeit mächtiger seelischer Vorgänge, die doch dem Bewußtsein des Menschen verhüllt bleiben. Zum Zwecke der Belehrung hatte ich eine meiner Patientinnen bewogen, nach Nancy nachzukommen. Es war eine vornehme, genial begabte Hysterika, die mir überlassen worden war, weil man nichts mit ihr anzufangen wußte. Ich hatte ihr durch hypnotische Beeinflussung eine menschenwürdige Existenz ermöglicht und konnte sie immer wieder aus dem Elend ihrer Zustände herausheben. Daß sie jedesmal nach einiger Zeit rückfällig wurde, schob ich in meiner damaligen Unkenntnis darauf, daß ihre Hypnose niemals den Grad von Somnambulismus mit Amnesie erreicht hatte. Bernheim versuchte es nun mit ihr wiederholte Male, brachte es aber auch nicht weiter. Er gestand mir freimütig, daß er die großen therapeutischen Erfolge durch die Suggestion nur in seiner Spitalpraxis, nicht auch an seinen Privatpatienten erziele. Ich hatte viele anregende Unterhaltungen mit ihm und übernahm es, seine beiden Werke über die Suggestion und ihre Heilwirkungen ins Deutsche zu übersetzen[27]."

Freud übersetzte die beiden Bücher Bernheims über die Suggestion und Charcots „Poliklinische Vorträge". Dadurch sammelte er neue Erfahrungen im Umgang mit seinen Patienten und gewann wesentliche

seure als eine ganz üble Clique. Deshalb kam es immer wieder zu großen Auseinandersetzungen und heftigen Streitigkeiten hinsichtlich der Anwendung dieser neuen Behandlungsmethode. Einer der Hauptopponenten der hypnotischen Behandlung war Meynert. Im Jahre 1889 bemerkte er einmal in der „Medizinischen Wochenschrift": „Überhaupt muß der allgemeinen Anwendung der Hypnose entgegengetreten werden, da durch sie der Mensch zu einem willen- und vernunftlosen Wesen herabgesetzt und seine nervöse und psychische Degeneration nur beschleunigt wird." Hier zitiert nach E. Jones, S. 280.

[27] S. Freud, S. 41.

Erkenntnisse auf dem Gebiete der Hysterie und Hypnose. Durch Bernheim, den Nancyer Meister der Wissenschaft vom Hypnotismus, gelangte er zu der grundlegenden Erkenntnis, daß die Hysteriker Dinge wissen, die eng mit der Ursache ihrer Krankheit zusammenhängen. Aus eigener Kraft ist es ihnen aber nicht möglich, das auszusprechen, was dem Bereich ihres Bewußtseins unzugänglich ist. Von Charcot, der der Hysterie in der klinischen Medizin einen Platz angewiesen hatte, übernahm er die Gewißheit, daß die hysterischen Symptome wie Lähmungen, Verkrampfungen, Zittern, Unempfindlichkeit usw., keinem bestimmten hirnanatomischen Sektor angehören. Hier macht Freud die Entdeckung, daß die Hysteriker sich so verhalten, als seien sie durch Vorstellungen angetrieben. Die Hysterie benimmt sich, so sagt er, als gebe es keine Hirnanatomie[28].

b) Die kathartische Methode

Freud schreibt in seiner Selbstdarstellung, daß er „außer der hypnotischen Suggestion eine andere Verwendung der Hypnose übte. Ich bediente mich ihrer zur Ausforschung des Kranken über die Entstehungsgeschichte seines Symptoms, die er im Wachzustand oft gar nicht oder nur sehr unvollkommen mitteilen konnte[29]." Das Verfahren, von dem er hier spricht, war Breuers kathartische Methode. Etwa achtzehn Monate, nachdem er mit Hypnotismus zu arbeiten begonnen hatte, entschloß er sich, das Breuersche Verfahren der Ausforschung in der Hypnose anzuwenden. In den „Studien über Hysterie" bemerkt Freud, daß er dieses Verfahren zuerst im Falle einer Hysterika, Frau Emmy v. N., deren Behandlung am 1. Mai 1889 begann, anwandte[30].

Die kathartische Methode Breuers soll als Vorstadium der Psychoanalyse gewürdigt werden. Breuer hat diese Methode zuerst an einem hysterisch erkrankten Mädchen angewandt (1880 bis 1882). Die Krank-

[28] Vgl. E. Jones, S. 277. [29] S. Freud, S. 43.

[30] Derselbe, Studien über Hysterie. Ges. Werke. Bd. I, S. 99. Freud hat die „Studien über Hysterie" zusammen mit Breuer herausgegeben. Dieses 1895 veröffentlichte Buch gilt als das erste Werk der psychoanalytischen Literatur. Es besteht vor allem aus fünf Krankengeschichten, denen eine vorläufige Mitteilung „Über den psychischen Mechanismus hysterischer Phänomene" vorausgeht, die von Breuer und Freud gemeinsam verfaßt ist. Eine dieser Krankengeschichten: der berühmte Fall von „Anna O..." ist von Breuer, die vier anderen sind von Freud beschrieben. Der von Breuer dargestellte Fall zusammen mit seinem Beitrag „Theoretisches" sind aber in der Freudschen Gesamtausgabe nicht enthalten. Das Buch enthält außer mehreren Schriften Freuds, auch seinen bedeutenden Aufsatz „Zur Psychotherapie der Hysterie".

heitsgeschichte dieses Mädchens („Anna O...“) ist seither in Fachkreisen bekannt geworden. Zunächst wollen wir uns mit dieser Krankengeschichte befassen. Anna O..., die in Wirklichkeit Bertha Pappenheim hieß, war zur Zeit der Behandlung 21 Jahre alt. Sie war eine Persönlichkeit von „bedeutender Intelligenz, erstaunlich scharfsinniger Kombination und scharfsinniger Intuition; ein kräftiger Intellekt... reiche poetische und phantastische Begabung, kontrolliert durch sehr scharfen und kritischen Verstand“[31]. „Zu den wesentlichsten Zügen des Charakters gehörte mitleidige Güte; die Pflege und Besorgung einiger Armen und Kranken leistete ihr selbst in ihrer Krankheit ausgezeichnete Dienste, da sie dadurch einen starken Trieb befriedigen konnte. — Ihre Stimmungen hatten immer eine leichte Tendenz zum Übermaße, der Lustigkeit und der Trauer; daher auch einige Launenhaftigkeit. Das sexuale Element war erstaunlich unentwickelt; die Kranke, deren Leben mir durchsichtig wurde, wie selten das eines Menschen einem andern, hatte nie eine Liebe gehabt, und in all den massenhaften Halluzinationen ihrer Krankheit tauchte niemals dieses Element des Seelenlebens empor[32].“

Frl. Anna O . . . entwickelte im Laufe ihrer über zwei Jahre ausgedehnten Krankheit eine Reihe von seelischen und körperlichen Störungen. Das schwere und hoffnungslose Leiden ihres zärtlich geliebten Vaters[33], der im Juli 1880 erkrankte, brachte nach einer Reihe vorbereitender Symptome — Schwäche, Anämie, Ekel vor Nahrungsaufnahme und schließlich ein intensiver Husten (Tussis nervosa) — den Ausbruch ihrer Krankheit: Lähmungen mit Kontrakturen, Anästhesien, Schielen (Strabismus convergens) und Störungen des Sprachvermögens[34]. Hinzu kamen noch zwei Bewußtseinszustände, die man deutlich voneinander unterscheiden konnte: der eine war normal und bewußt, mit gedrückt-trauriger Gefühlsstimmung, und der andere verworren, mit Halluzinationen und Erregungen[35]. Während der ganzen Periode der Behandlung konnte Anna, infolge schwerer Sprachstörungen, die eigene Muttersprache weder sprechen noch zuletzt verstehen. Anstatt dessen bediente sie sich des Englischen.

---

[31] S. Freud und J. Breuer, Studien über Hysterie. Frankfurt a. M. 1970, S. 20.

[32] Ebenda.

[33] Hier bemerkt Breuer, daß sich Anna während der ersten Monate der Erkrankung ihres Vaters mit ganzer Energie seiner Pflege widmete und später nach der Verschlechterung ihres Zustandes von der Krankenpflege entfernt werden mußte. Ebenda, S. 21.

[34] Ebenda.

[35] Ebenda, S. 22.

Als Breuer sie in seine Behandlung übernahm, bot sie ein solches Bild von Zuständen psychischer Verworrenheit. Es gelang ihm, die Kranke von ihren hysterischen Symptomen zu befreien, indem er sie veranlaßte, in Worten der affektiven Phantasie Ausdruck zu geben. Aus dieser Erfahrung gewann er eine Methode der Behandlung. Er versetzte sie in Hypnose und ließ sie die vergessene traumatische Szene wiedererleben. Eine zufällige Beobachtung, wie in den „Studien über Hysterie" zum Ausdruck kommt, verhalf hier zu der Entdeckung: „Als das erstemal durch ein zufälliges, unprovoziertes Aussprechen in der Abendhypnose eine Störung verschwand, die schon länger bestanden hatte, war ich sehr überrascht. Es war im Sommer eine Zeit intensiver Hitze gewesen, und die Patientin hatte sehr arg durch Durst gelitten; denn, ohne einen Grund angeben zu können, war es ihr plötzlich unmöglich geworden, zu trinken. Sie nahm das ersehnte Glas Wasser in die Hand, aber so wie es die Lippen berührte, stieß sie es weg wie ein Hydrophobischer. Dabei war sie offenbar für diese paar Sekunden in einer Absenz. Sie lebte nur von Obst, Melonen u. dgl., um den qualvollen Durst zu mildern. Als das etwa 6 Wochen gedauert hatte, räsonierte sie einmal in der Hypnose über ihre englische Gesellschafterin, die sie nicht liebte, und erzählte dann mit allen Zeichen des Abscheues, wie sie auf deren Zimmer gekommen sei, und da deren kleiner Hund, das ekelhafte Tier, aus einem Glas getrunken habe. Sie habe nichts gesagt, denn sie wolle höflich sein. Nachdem sie ihrem steckengebliebenen Ärger noch energisch Ausdruck gegeben, verlangte sie zu trinken, trank ohne Hemmung eine große Menge Wasser und erwachte aus der Hypnose mit dem Glas an den Lippen. Die Störung war damit für immer verschwunden[36]."

Somit wurden dann, durch systematische Befragung in der Hypnose, die Ursachen der übrigen Symptome aufgedeckt und diese selbst zum Verschwinden gebracht. Es ergab sich, daß alle ihre Symptome auf eindrucksvolle Erlebnisse während der Krankenpflege des zärtlich geliebten Vaters zurückgingen. Diese Symptome waren also sinnvoll und entsprachen den Reminiszenzen der affektiven Situationen. So wurden z. B. ihre Sehstörungen auf Anlässe zurückgeführt, als sie „mit Tränen im Auge, am Krankenbette sitzend, plötzlich vom Vater gefragt wurde, wieviel Uhr es sei, undeutlich sah, sich anstrengte, die Uhr nahe ans Auge brachte und nun das Zifferblatt sehr groß erschien (Makropsie und Strabismus conv.); oder Anstrengungen machte, die Tränen zu unterdrücken, damit sie der Kranke nicht sehe"[37]. Die hysterische Lähmung

[36] Ebenda, S. 30 ff.

[37] Ebenda, S. 34 f.

und Anästhesie des rechten Armes ging auch auf pathogene Eindrücke eines Abends zurück, an dem die Kranke in Sorge und Angst am Bett des erkrankten Vaters saß und dabei in Wachträume geriet. „Einmal wachte sie nachts in großer Angst um den hochfiebernden Kranken und in Spannung, weil von Wien ein Chirurg zur Operation erwartet wurde. Die Mutter hatte sich für einige Zeit entfernt, und Anna saß am Krankenbette, den rechten Arm über die Stuhllehne gelegt. Sie geriet in einen Zustand von Wachträumen und sah, wie von der Wand her eine schwarze Schlange sich dem Kranken näherte, um ihn zu beißen. (Es ist sehr wahrscheinlich, daß es auf der Wiese hinter dem Hause wirklich einige Schlangen gab, über die das Mädchen früher schon erschrocken war und die nun das Material der Halluzination abgaben.) Sie wollte das Tier abwehren, war aber wie gelähmt; der rechte Arm, über die Stuhllehne hängend, war ‚eingeschlafen', anästhetisch und paretisch geworden, und als sie ihn betrachtete, verwandelten sich die Finger in kleine Schlangen mit Totenköpfen (Nägel). Wahrscheinlich machte sie Versuche, die Schlange mit der gelähmten rechten Hand zu verjagen, und dadurch trat die Anästhesie und Lähmung derselben in Assoziation mit der Schlangenhalluzination. — Als diese geschwunden war, wollte sie in ihrer Angst beten, aber jede Sprache versagte, sie konnte in keiner sprechen, bis sie endlich einen englichen Kindervers fand und nun auch in dieser Sprache fortdenken und beten konnte[38]." Mit der Erinnerung dieser vergessenen traumatischen Szene in der Hypnose wurde auch die seit Beginn ihrer Krankheit bestehende Lähmung und Anästhesie des rechten Armes beseitigt.

Auf Grund der Erfahrungen, die Freud später durch Anwendung der Breuerschen Behandlungsmethode an seinen eigenen Patienten machte, gelang er zu denselben Ergebnissen, die Breuer bei seiner Kranken erzielt hatte. Beide konnten ihre Erkenntnisse verallgemeinernd in folgende Formel zusammenfassen: „Unsere hysterisch Kranken leiden an Reminiszenzen[39]." Ihre hysterischen Krankheitssymptome sind Reste und Erinnerungssymbole für vergessene traumatische Erlebnisse[40]. Mit anderen Worten, diese Symptome beruhen auf vergangenen — unerträglichen, bedrohlichen — Erlebnissen, die im normalen Bewußtseinszustand nicht erinnert werden können. Gelingt es aber, die Kranken in der Hypnose zur Wiedererinnerung der traumatischen Situation und zum

[38] Ebenda, S. 33 f.

[39] S. Freud, Über Psychoanalyse. Ges. Werke, Bd. VIII, S. 11.

[40] Ebenda.

affektbetonten Aussprechen jener pathogenen Erlebnisse zu führen, so erlöschen ihre Krankheitssymptome. Durch dieses Verfahren, das als das kathartische bekannt ist, gelang es Breuer und Freud in langer und mühevoller Arbeit, die Kranken von ihren Symptomen zu befreien. Sie versuchten vor allem, die Aufmerksamkeit des Kranken unmittelbar auf die traumatische Szene, in der das Symptom entstanden war, zu lenken und den seelischen Konflikt unter Freilassung des unterdrückten Affekts zu beseitigen[41]. Dadurch gelangte der zur Erhaltung des Symptoms verwendete Affektbetrag, der auf falsche Bahnen geraten und dort eingeklemmt war, zur Abfuhr (abreagieren)[42].

c) Von der Katharsis zur Technik der freien Assoziation

Die Katharsis[43] galt eine Zeitlang als die beste Behandlungsmethode, und deren praktischer Erfolg erwies sich als ausgezeichnet. Im Verlauf der weiteren Untersuchungen und Erfahrungen an seinen Patienten stieß Freud jedoch auf Unklarheiten und Hindernisse. Bald entdeckte er, daß nicht alle Patienten hypnotisierbar sind und daß die Heilung auf Grund des Aussprechens in der Hypnose nicht immer dauerhaft ist. Mit anderen Worten, die kathartische Behandlung war nicht kausal wirksam, sondern heilte nur symptomatisch. Nach Verschwinden der Krankheitssymptome war die Möglichkeit nicht ausgeschlossen, daß diese wieder an anderen Stellen des Körpers auftauchten. Ganz abgesehen davon, daß nicht alle Kranken in erwünschter Weise abreagierten, wurde auch die Struktur der Krankheit und der Person durch diese Behandlungsmethode nicht geändert. Die Mängel, die sich dann allmählich bei der Anwendung des kathartischen Verfahrens herausstellten, veranlaßten Freud, ein anderes Verfahren, das als Methode der „freien Assoziation"[44]

---

[41] Derselbe, Zur Geschichte der psychoanalytischen Bewegung. Ges. Werke, Bd. X, S. 47.

[42] Derselbe, Selbstdarstellung, S. 46 f.

[43] Dieser häufig in der psychoanalytischen Literatur verwendete Begriff verdankt seine Entstehung Frl. Anna O. In der Zeit ihres Krankseins, nachdem Anna O. die eigene Muttersprache vergessen hatte und sich nur der englischen bediente, nannte sie die Breuersche Behandlungsmethode „talking cure" oder „chimney sweeping". Der Fachausdruck „Katharsis", der etwa Reinigung der Seele bedeutet, wurde dann von Breuer gegeben. Vgl. hierzu Marthe Robert, Die Revolution der Psychoanalyse. Frankfurt a. M. 1967, S. 83.

[44] Zur Entdeckung der Assoziationsmethode bemerkt Ernest Jones, daß diese sich allmählich zwischen den Jahren 1892 und 1896 entwickelt habe und man

bekannt ist, einzuführen. Der Übergang von der Katharsis zur Methode der freien Assoziation und damit zum Ausgangspunkt der Psychoanalyse ist als eine entscheidende Wendung in der psychoanalytischen Theorie und Praxis zu betrachten. Es soll jedoch nicht außer acht gelassen werden, daß diese Übergangszeit den Bruch mit Breuer ankündigte. „Das Ereignis, welches diese Zeit einleitete", so schreibt Freud, „war der Rücktritt Breuers von unserer Arbeitsgemeinschaft, so daß ich sein Erbe allein zu verwalten hatte. Es hatte schon frühzeitig Meinungsverschiedenheiten zwischen uns gegeben, die aber keine Entzweiung begründeten[45]." Die erste Differenz, die zwischen den beiden Gelehrten entstand, war die Frage des intimeren psychischen Mechanismus der Hysterie[46]. Während Breuer eine noch physiologische Theorie vertrat und die seelische Bewußtseinsspaltung der Hysteriker durch das Nichtkommunizieren verschiedener Seelenzustände erklären wollte und damit eine Theorie der „hypnoiden Zustände" (analog den Zuständen, die durch Hypnose erzeugt werden) entwickelte, setzte Freud eher ein Kräftespiel, die Wirkung von Absichten und Tendenzen voraus, wie sie im täglichen Leben zu beobachten sind, und faßte die hysterische Dissoziation als Ergebnis eines Abstoßungsvorgangs (Abwehr) auf[47]. So stand der Breuerschen „Hypnoidhysterie" die „Abwehrneurose" Freuds gegenüber.

Die wesentliche Differenz, die zwischen Breuer und Freud zutage trat, beruhte vor allem auf der ätiologischen Bedeutung der Sexualität für die Entstehung der Hysterie. Freud wies bereits zum ersten Mal in seiner vor den „Studien" publizierten Arbeit über „Die Abwehr-Neuropsychosen", die als seine erste Veröffentlichung über ein psychologisches Thema betrachtet werden kann, auf die Bedeutung der Abwehr verbotener sexueller Regungen hin, die das seelische Gleichgewicht zerstören und Symptome entstehen lassen[48]. Seine Überzeugung hinsichtlich dieser sexuellen Verursachung hysterischer Erkrankungen kam jedoch erst in

---

den Zeitpunkt der Entdeckung deshalb nicht präzise feststellen könne. Vgl. hierzu Ernest Jones, S. 287.

[45] S. Freud, Selbstdarstellung, S. 47.

[46] Derselbe, Zur Geschichte der psychoanalytischen Bewegung, S. 48.

[47] Ebenda. — Im Jahre 1894 veröffentlichte Freud die Arbeit über die „Abwehr-Neuropsychosen" und verwendete zum ersten Mal den Begriff der „Abwehr", den er später als „Verdrängung" bezeichnete. Vgl. dazu Dieter Wyss, Die tiefenpsychologischen Schulen von den Anfängen bis zur Gegenwart. 2. Aufl. Göttingen 1966, S. 11.

[48] Vgl. David Stafford-Clark, Was Freud wirklich sagte. Wien-München 1967, S. 30.

dem Kapitel „Zur Psychotherapie der Hysterie" explizit zum Ausdruck[49]:

„So gelangte ich, von der Breuerschen Methode ausgehend, dazu, mich mit der Ätiologie und dem Mechanismus der Neurosen überhaupt zu beschäftigen. Ich hatte dann das Glück, in verhältnismäßig kurzer Zeit bei brauchbaren Ergebnissen anzukommen. Es drängte sich mir zunächst die Erkenntnis auf, daß, insofern man von einer Verursachung sprechen könne, durch welche Neurosen erworben würden, die Ätiologie in sexuellen Momenten zu suchen sei[50]."

Gegen die Annahme einer solchen Möglichkeit, nämlich die der verdrängten Sexualität, unbewußter Verleugnung der verbotenen und vergessenen Sexualwünsche, die Freud der überwiegenden Mehrzahl aller Neurosen zugrunde zu liegen schien, sträubte sich Breuer heftig. Er zog sich aus der Arbeitsgemeinschaft zurück. In einem Brief an Dr. Wilhelm Fließ, Freuds wichtigsten Vertrauten, vom 8. November 1895 (etwa sechs Monate nach der Veröffentlichung der „Studien über Hysterie") schreibt Freud:

„Unlängst im Doktorenkollegium hat Breurer eine große Rede auf mich gehalten und sich als bekehrten Anhänger der sexuellen Ätiologie vorgestellt. Als ich ihm privatim dafür dankte, zerstörte er mir das Vergnügen, indem er sagte: ‚Ich glaub' es ja doch nicht.' Verstehst Du das? Ich nicht[51]." Breuer, der seinen eigenen Entdeckungen ängstlich geteilten Herzens gegenüberstand, schwankte auch im Benehmen gegen Freud eine Zeitlang zwischen Anerkennung und herber Kritik. Die Annahme der sexuellen Ätiologie ging letzten Endes gegen seine Überzeugungen. Es zeigte sich aber, nachdem eine seiner Patientinnen (Anna O...) in bezug auf seine Person leidenschaftliche sexuelle Wünsche entwickelt hatte, daß das Auftauchen sexueller Bindungen an den Arzt nichts anderes war als jene verdrängte Sexualität. Bei dieser Patientin stellte sich also plötzlich ein Zustand von Übertragungsliebe ein, den er nicht mehr mit ihrer Krankheit in Beziehung bringen konnte, so daß er keine andere Möglichkeit sah, als die Behandlung abzubrechen. Dazu bemerkt Freud: „Ich habe nun starke Gründe zu vermuten, daß Breuer nach der Beseitigung aller Symptome die sexuelle Motivierung dieser

---

[49] Ebenda, S. 29.

[50] S. Freud, Studien über Hysterie, S. 254 f.

[51] Derselbe, Aus den Anfängen der Psychoanalyse (Briefe an Wilhelm Fließ, Abhandlungen und Notizen aus den Jahren 1887—1902). Frankfurt a. M. 1962, S. 119.

Übertragung an neuen Anzeichen entdecken mußte, daß ihm aber die allgemeine Natur dieses unerwarteten Phänomens entging, so daß er hier, wie von einem ‚untoward event' betroffen, die Forschung abbrach[52]." Im Verlauf der Hypnosebehandlung stellte sich zumindest bei einigen Patientinnen Freuds auch eine sexuelle Bindung an ihn ein, was ihm höchst unwillkommen war. Nach Beendigung einer Sitzung tauchte bei einer Patientin der Wunsch auf, von ihm geküßt zu werden. Es stellte sich heraus, daß dieser Wunsch seine Wurzel in einem vor vielen Jahren gehegten Wunschgedanken hatte: Ein Mann, mit dem sie damals Gespräche führte, „möchte doch herzhaft zugreifen und ihr einen Kuß aufdrängen"[53].

„Es war also so zugegangen: Es war zuerst der Inhalt des Wunsches im Bewußtsein der Kranken aufgetreten, ohne die Erinnerung an die Nebenumstände, die diesen Wunsch in die Vergangenheit verlegen konnten; der nun vorhandene Wunsch wurde durch den im Bewußtsein herrschenden Assoziationszwang mit meiner Person verknüpft, welche ja die Kranke beschäftigen darf, und bei dieser Mésalliance — die ich falsche Verknüpfung heiße — wacht derselbe Affekt auf, der seinerzeit die Kranke zur Verweisung dieses unerlaubten Wunsches gedrängt hat.

[52] Derselbe, Zur Geschichte der psychoanalytischen Bewegung, S. 49. Über die tatsächlichen Gründe, weshalb Breuer aufgehört hat, sich weiter für die Hysterie zu interessieren, berichtet Ernest Jones: „Freud hat die seltsamen Umstände, unter denen diese neuartige Behandlung ein Ende nahm, dem Biographen ausführlicher erzählt, als er sie in seinen Schriften schilderte. Offensichtlich hatte Breuer für seine interessante Patientin das entwickelt, was wir heute eine starke Gegenüberstellung nennen. Auf alle Fälle scheint er von nichts anderem gesprochen zu haben, so daß es seiner Frau lästig zu werden begann und sie schließlich eifersüchtig wurde. Sie zeigte es zwar nicht offen, aber sie wurde mißmutig und reizbar. Als Breuer, der mit seinen Gedanken anderswo weilte, nach langer Zeit endlich den Grund ihres Gemütszustandes erriet, kam es bei ihm zu einer heftigen Reaktion — wahrscheinlich eine Mischung von Liebe und Schuldgefühl —, und er beschloß, mit der Behandlung aufzuhören. Er teilte dies Anna O. mit, der es jetzt viel besser ging, und verabschiedete sich von ihr. Aber noch am selben Abend holte man ihn wieder zu ihr, und er traf sie in einem Zustand höchster Erregung. Die Patientin, die er bisher für ein völlig geschlechtsloses Wesen gehalten und die während der ganzen Behandlung nie eine Anspielung auf dieses verpönte Thema gemacht hatte, befand sich jetzt in den Wehen einer hysterischen Geburt (Pseudocyesis), dem logischen Abschluß einer Phantomschwangerschaft, die sich während Breuers Behandlung als deren Folge unsichtbar entwickelt hatte. Trotz seines Schreckens gelang es ihm, sie durch Hypnose zu beruhigen, bevor er entsetzt das Weite suchte." Ernest Jones, S. 267 f.

[53] S. Freud, Studien ..., S. 309.

Nun ich das einmal erfahren habe, kann ich von jeder ähnlichen Inanspruchnahme meiner Person voraussetzen, es sei wieder eine Übertragung und falsche Verknüpfung vorgefallen. Die Kranke fällt merkwürdigerweise der Täuschung jedes neue Mal zum Opfer[54]."

Um die Analyse aber zu Ende führen zu können, muß der Analytiker dem Patienten immer wieder zeigen, daß es sich um eine Spiegelung der Vergangenheit handle. Die Gefahr dieser Übertragungszustände besteht vor allem darin, daß der Patient ihre allgemeine Natur total verkennt und sie als neue Realerlebnisse empfindet[55]. Das Auftauchen solcher Liebesansprüche dem Analytiker gegenüber konnte aber für Freud kein Hindernis zur Fortführung der Analyse sein. Vielmehr erkannte er darin die Grundtatsache des analytischen Geschehens. Die Ansätze einer psychodynamischen Betrachtungsweise zeichneten sich hier bereits ab, nachdem er entdeckt hatte, daß es sich bei diesen Übertragungsphänomenen um Liebesregungen handle, die ursprünglich einer anderen Person — einem anderen „Objekt" in der Freudschen Terminologie — zugewandt sind. Die gedankliche Trennung von Zuwendung und dem Objekt, dem diese Zuwendung gilt, ermöglichte ihm, ein System zu entwickeln, in welchem das Prinzip dieser Zugewandtheit (hier „Affekt" und später „Libido" genannt) als eine bewegliche Energie abstrahiert wird.

Wie bereits zu Beginn dieses Abschnittes dargelegt wurde, reichte das kathartische Verfahren Breuers bei weitem nicht aus, um alle Probleme zu lösen. Dieses verlangte die Anwendung der Hypnose, von der sich Freud immer mehr abwandte. Da er nicht nur heilen, sondern auch das Wesen der Krankheit ergründen wollte, verzichtete er auf die Hypnose und ersetzte sie durch die sogenannte „Technik der freien Assoziation". Mit Hilfe der Hypnose war es nicht mehr möglich, gewisse Phänomene wie Widerstand und Übertragung, deren Bedeutung ständig zunahm, zu deuten. Vielmehr schien der hypnotische Zustand diese zu verdecken. Und auf der anderen Seite brachte der Verzicht auf Hypnose eine unbefriedigende Situation hervor. In dieser Verlegenheit kam Freud die Erinnerung an ein Experiment, das er bei Bernheim beobachtet hatte, zu Hilfe: „Der Wegfall der Hypnose schien eine hilflose Situation zu schaffen, aber Referent erinnerte sich an Bernheims Nachweis, daß das im Somnambulismus Erlebte nur scheinbar vergessen war und jeder-

[54] Ebenda.

[55] Vgl. dazu S. Freud, Abriß der Psychoanalyse. Ges. Werke, Bd. XVII, S. 102.

zeit durch die dringende Versicherung des Arztes, daß man es wisse, der Erinnerung zugeführt werden konnte. Er versuchte also, auch seine nicht hypnotisierten Patienten zur Mitteilung von Assoziationen zu drängen, um durch solches Material den Weg zum Vergessenen oder Abgewehrten zu finden. Später merkte er, daß es eines solchen Drängens nicht bedürfte, daß beim Patienten fast immer reichliche Einfälle auftauchten, diese aber durch bestimmte Einwendungen, die er sich selbst machte, von der Mitteilung, ja vom Bewußtsein selbst, abgehalten wurden. In der derzeit noch unbewiesenen, später durch reichhaltige Erfahrung bestätigten Erwartung, daß alles, was dem Patienten zu einem gewissen Ausgangspunkt einfiele, auch in innerem Zusammenhang mit diesem stehen müsse, ergab sich daraus die Technik, den Patienten zum Verzicht auf alle seine kritischen Einstellungen zu erziehen und das dann zutage geförderte Material von Einfällen zur Aufdeckung der gesuchten Zusammenhänge zu verwerten. Ein starkes Zutrauen zur Strenge der Determinierung im Seelischen war sicherlich an der Wendung zu dieser Technik, welche die Hypnose ersetzen sollte, beteiligt[56]."

Der französische Hypnotiseur Bernheim hatte also demonstriert, daß die Amnesie der Versuchsperson hinsichtlich ihrer Erlebnisse in der Hypnose beseitigt werden konnte, ohne sie von neuem in Hypnose zu versetzen. Die Patienten wurden gedrängt, sich an das zu erinnern, von dem sie hartnäckig behaupteten, sie wüßten es nicht. War aber das Drängen beharrlich genug, so konnte sich der Patient an das Vergessene entsinnen, ohne daß er erneut hypnotisiert wurde. Die Experimente Bernheims waren somit von eminenter Bedeutung für die Entwicklung der Freudschen Psychotherapie. Sich auf diese stützend, leitete Freud daraus den Schluß ab, daß es möglich sein müsse, eine hysterische Amnesie auch ohne Hypnose aufzuheben. Damit hatte er den ersten Schritt zur psychoanalytischen Technik getan. Der wesentliche Gehalt dieser Technik besteht darin, daß der Patient sich verpflichtet, dem Analytiker alle Gedanken mitzuteilen, die ihm in den Sinn kommen. Der Analytiker fordert den Patienten auf, seine Aufmerksamkeit auf ein bestimmtes Symptom zu richten, das an die Stelle der aus dem Bewußtsein verdrängten Vorstellung getreten ist, und sich dann Umstände ins Gedächtnis zu rufen, die die Entstehung dieses Symptoms erklären könnten. Um Blockierungen zu überwinden, die sich dem Auftauchen unbewußten Materials in den verbalen Assoziationen des Kranken entgegenstellten,

[56] Derselbe, „Psychoanalyse" und „Libidotheorie". Ges. Werke, Bd. XIII, S. 214.

mußte Freud eine Technik anwenden, die er als „Druckprozedur" bezeichnete. Bei der Anwendung dieser Technik pflegte er hinter seinem Patienten zu sitzen, sich dabei über den auf der Couch liegenden Kranken beugend, legte er ihm die Hand auf die Stirn oder auch beide Hände an die Schläfen und bemerkte, daß jeder Widerstand mit Hilfe dieses Drucks überwunden werden könne. Dadurch konnte der Patient die Gedanken, die ihm entschwinden wollten, schneller erfassen und die Einfälle, die sich der Erinnerung so hartnäckig entzogen, besser reproduzieren. Diese Methode der suggestiven Druckausübung wurde von Freud später aufgegeben und nur noch die Technik der freien Assoziation beibehalten.

d) Die ersten Grundlagen der psychoanalytischen Theorie

Nachdem Freud seine Patienten suggestiv gedrängt hatte, sich an gewisse Begebenheiten zu erinnern und die vergessenen Tatsachen und Zusammenhänge bewußt werden zu lassen, verspürte er ihren Widerstand, den sie entwickelten, wenn es darum ging, sich nicht an einen bestimmten Umstand etwa sexueller Natur zu entsinnen. Es war die Kraft der Abwehr oder Verdrängung, die das Auftauchen unbewußten Materials verhinderte. Die Existenz einer solchen Kraft konnte mit Sicherheit angenommen werden, denn diese Kraft, welche den krankhaften Zustand aufrechterhielt, war als Widerstand des Kranken zu spüren. Auf diesen Begriff des Widerstandes hat Freud seine Auffassung der psychischen Vorgänge bei der Hysterie gegründet. Über den Widerstand, den Freud ferner als Folge einer Zensur betrachtet, die das Ich ausübt, um bestimmte Erinnerungen und Vorstellungen nicht bewußt werden zu lassen, liest man in den „Studien über Hysterie" folgende Sätze: „Es wird ja von den Psychologen allgemein zugegeben, daß die Annahme einer neuen Vorstellung (Annahme im Sinne des Glaubens, des Zuerkennens von Realität) von der Art und Richtung der bereits im Ich vereinigten Vorstellungen abhängt, und sie haben für den Vorgang der Zensur, dem die neu anlangende unterliegt, besondere technische Namen geschaffen. An das Ich des Kranken war eine Vorstellung herangetreten, die sich als unverträglich erwies, die eine Kraft der Abstoßung von seiten des Ich wachrief, deren Zweck die Abwehr dieser unverträglichen Vorstellung war. Diese Abwehr gelang tatsächlich, die betreffende Vorstellung war aus dem Bewußtsein und aus der Erinnerung gedrängt, ihre psychische Spur war anscheinend nicht aufzufinden. Doch mußte diese Spur vorhanden sein. Wenn ich mich bemühte, die Aufmerksamkeit auf sie zu lenken, bekam ich dieselbe Kraft als Widerstand zu spüren, die sich bei der Genese des Symptoms als Abstoßung gezeigt hatte. Wenn ich nun wahrscheinlich machen konnte, daß die Vorstellung gerade infolge der Ausstoßung und Verdrängung pathogen geworden war, so schien die Kette geschlossen[57]."

Aus diesen Überlegungen zog Freud folgende Schlußfolgerungen und gründete damit seine Theorie der Verdrängung: „Dieselben Kräfte, die sich heute als Widerstand dem Bewußtmachen des Vergessenen widersetzen, mußten seinerzeit dieses Vergessen bewirkt und die betreffenden pathogenen Erlebnisse aus dem Bewußtsein gedrängt haben. Ich nannte diesen von mir supponierten Vorgang Verdrängung und betrachtete ihn als erwiesen durch die unleugbare Existenz des Widerstandes[58]." Der pathogene Vorgang ließ sich somit durch das Verständnis der Verdrängungslehre leichter rekonstruieren. Eine vergleichende Untersuchung der verschiedenen pathogenen Situationen zeigte deutlich, daß im Seelenleben eine einzelne Strebung auftreten kann, der aber andere mächtig widerstehen. Eine Wunschregung, die im scharfen Gegensatz zu den anderen Wünschen des Individuums steht und sich als unverträglich mit seinen ethischen und ästhetischen Ansprüchen erweist, kann einen seelischen Konflikt herbeiführen. Die Neurosen sind also der Ausdruck von Konflikten zwischen dem Ich und solchen Strebungen, die dem Ich als unverträglich erscheinen[59]. Diese nicht ichgerechten Strebungen werden vom Ich verdrängt. Mit anderen Worten, das Ich entzieht ihnen sein Interesse und versperrt den Zugang zum Bewußtsein und zur direkten motorischen Abfuhr. Wenn der Analytiker versucht, diese verdrängten Regungen bewußt zu machen, so verspürt er die verdrängenden Kräfte als Widerstand. Die ersten Erfahrungen über Verdrängung und Sym-

---

[57] S. Freud, Studien . . ., S. 269.

[58] Derselbe, Über Psychoanalyse, S. 20.

[59] In seiner 1894 erschienenen Schrift „Die Abwehr-Neuropsychosen" („Versuch einer psychologischen Theorie der akquirierten Hysterie, vieler Phobien und Zwangsvorstellungen und gewisser halluzinatorischer Psychosen") hatte Freud schon in den Anfängen seine Aufmerksamkeit dem Problem des Mechanismus der Verdrängung gewidmet und erwähnt, daß bei einer Krankheit am Anfang eine Willensanstrengung stehe, die vom Ich ausgehend die unverträglichen Vorstellungen aus den Gedanken zu drängen versucht. Ist aber ein solches Vergessen den Patienten nicht gelungen, sondern hat es zu verschiedenen pathologischen Reaktionen geführt, so kann dies entweder eine Hysterie oder eine Zwangsvorstellung oder eine halluzinatorische Psychose verursachen. Vgl. hierzu Gustav Bally, Einführung in die Psychoanalyse Sigmund Freuds. München 1961, S. 164. Siehe auch die „Studien über Hysterie", S. 62.

ptombildung an der Hysterie führten Freud zu der Annahme, „daß der Wahrnehmungsinhalt erregender Erlebnisse, der Vorstellungsinhalt pathogener Gedankenbildungen, vergessen und von der Reproduktion im Gedächtnis ausgeschlossen wird“[60]. Diese Ausschließung von der Reproduktion im Gedächtnis, die Abhaltung vom Bewußtsein sei ein Charakteristikum für die hysterische Verdrängung[61].

Durch das Studium der Lehre von der Verdrängung gelangte Freud zum Begriff des Unbewußten[62]. Für die Psychoanalyse war also alles Psychische zunächst unbewußt. Aber die Existenz unbewußter psychischer Vorgänge konnte durch direkte Beobachtungsmethoden nicht bewiesen werden. Mit Hilfe der psychoanalytischen Technik war Freud imstande, nur auf diese Phänomene zu schließen und ihre Bedeutung für das Seelenleben des Menschen nachzuweisen. Wenn man die Entwicklung des Begriffs des Unbewußten bei Freud in Betracht zieht, so kann man folgende Aspekte unterscheiden: In der anfänglichen Periode (etwa 1892) erscheint das Unbewußte als „Schattenreich“, in dem die „gehemmten Vorsätze“ aufbewahrt werden, wo sie „eine ungeahnte Existenz fristen, bis sie als Spuk hervortreten und sich des Körpers bemächtigen, der sonst dem herrschenden Ichbewußtsein gedient hat“[63]. In seiner Darstellung über „Die Abwehr-Neuropsychosen“ von 1894 hält er ausdrücklich fest: „Die Trennung der sexuellen Vorstellung von ihrem Affekt und die Verknüpfung des letzteren mit einer anderen, passenden, aber nicht unverträglichen Vorstellung — dies sind Vorgänge, die ohne Bewußtsein geschehen, die man nur supponieren, aber durch keine klinisch-psychologische Analyse erweisen kann[64].“ In der Schrift „Zur Psychotherapie der Hysterie“ tritt das Unbewußte als „überlegene Intelligenz“ zutage: „Aus all diesen Ergebnissen des Drückens erhält man den täuschenden Eindruck einer überlegenden Intelligenz außerhalb des Bewußtseins des Kranken, die ein großes psychisches Material zu bestimmten Zwecken geordnet hält und ein sinnvolles Arrangement für

[60] S. Freud, Hemmung, Symptom und Angst. Ges. Werke, Bd. XIV, S. 196.

[61] Ebenda.

[62] Bei der Annahme unbewußter seelischer Vorgänge begegnete Freud dem Widerspruch der Philosophen, die behaupteten, daß das „unbewußte Seelische“ nicht vorstellbar sei. Über diese Idiosynkrasie der Philosophen mußte Freud sich hinwegsetzen, denn die Erfahrungen am pathologischen Material ließen keine andere Alternative hinsichtlich einer solchen Annahme zu. Vgl. S. Freud, Selbstdarstellung, S. 57.

[63] Derselbe, Studien ..., S. 15.

[64] Ebenda, S. 67.

dessen Wiederkehr ins Bewußtsein getroffen hat. Wie ich vermute, ist diese unbewußte zweite Intelligenz doch nur ein Anschein[65]." Bei Weiterverfolgung der Freudschen Gedankengänge hinsichtlich des Begriffes des Unbewußten finden wir in der gleichen Arbeit folgende Gesichtspunkte: „Es bleibt wohl eine des Nachdenkens würdige Tatsache, daß man bei solchen Analysen einen Gedankengang aus dem Bewußtsein ins Unbewußte (d.i. absolut nicht als Erinnerung Erkannte) verfolgen, ihn von dort aus wieder eine Strecke weit durchs Bewußte ziehen und wieder im Unbewußten enden sehen kann, ohne daß dieser Wechsel der „psychischen Beleuchtung" an ihm selbst, an seiner Folgerichtigkeit, dem Zusammenhang seiner einzelnen Teile, etwas ändern würde. Habe ich dann einmal diesen Gedankengang ganz vor mir, so könnte ich nicht erraten, welches Stück vom Kranken als Erinnerung erkannt wurde, welches nicht. Ich sehe nur gewissermaßen die Spitzen des Gedankenganges ins Unbewußte eintauchen, umgekehrt wie man es von unseren normalen psychischen Vorgängen behauptet hat[66]." Hieraus wird ersichtlich, daß Freud das Unbewußte nicht mehr als „überlegene Intelligenz", sondern als das „absolut nicht als Erinnerung Erkannte" aufgefaßt hat. Der aus der Lehre von der Verdrängung hervorgegangene Begriff des Unbewußten wurde weiter modifiziert und später in ein Vorbewußtes und in ein eigentliche Unbewußtes zerlegt[67]. Nach Freud gibt es also zweierlei Unbewußtes: Einmal das latente, bewußtseinsfähige, und zum anderen das nicht bewußtseinsfähige, d.h. das Verdrängte[68].

Abschließend können wir feststellen, daß sich folgende Meinung, die von Freud 1912 zum ersten Mal geäußert wurde, sein ganzes Werk hindurch hält: „Das Unbewußte schien uns anfangs bloß ein rätselhafter Charakter eines bestimmten psychischen Vorganges; nun bedeutet es uns

[65] Ebenda, S. 272. Unter Anwendung des Druckverfahrens erschien das Unbewußte als „zweite Intelligenz", die Freud noch skeptisch betrachtete. Dennoch versucht er in dieser grundlegenden Arbeit, das unbewußte pathogene Material nach bestimmten Regeln einzuordnen und damit den Grundstein zur späteren Topik des psychischen Apparates zu legen.

[66] Ebenda, S. 306 f.

[67] Es ist zu bemerken, daß die Gliederung des Unbewußten in ein Vbw und Ubw mit dem Versuch zusammenhängt, sich den psychischen Apparat aus einer Anzahl von Instanzen aufgebaut zu denken, von deren Beziehung zueinander man, ohne Anlehnung an die reale Hirnanatomie, in räumlicher Ausdrucksweise sprechen kann. (Der sog. topische Gesichtspunkt.)

[68] Vgl. hierzu S. Freud, Das Ich und das Es. Ges. Werke, Bd. XIII, S. 241.

mehr, es ist ein Anzeichen dafür, daß dieser Vorgang an der Natur einer gewissen psychischen Kategorie teilnimmt, die uns durch andere bedeutsamere Charakterzüge bekannt ist, und daß er zu einem System psychischer Tätigkeit gehört, das unsere vollste Aufmerksamkeit verdient. Der Wert des Unbewußten als Index hat seine Bedeutung als Eigenschaft bei weitem hinter sich gelassen. Das System, welches sich uns durch das Kennzeichen kundgibt, daß die einzelnen Vorgänge, die es zusammensetzen, unbewußt sind, belegen wir mit dem Namen ‚das Unbewußte', in Ermangelung eines besseren und weniger zweideutigen Ausdruckes. Ich schlage als Bezeichnung dieses Systems die Buchstaben ‚Ubw', eine Abkürzung des Wortes ‚Unbewußt' vor[69]."

Die Annahme unbewußter seelischer Vorgänge, zusammen mit der Lehre von der Verdrängung und dem Widerstand, und die ätiologische Bedeutung der Sexualität, die im letzten Kapitel erwähnt wurde, sind als die Hauptinhalte der Psychoanalyse und die Grundlagen ihrer Theorie zu betrachten. Werden von Freud in den Arbeiten der Jahre 1892 - 1896 die Grundsteine zur psychoanalytischen Theorie und Praxis gelegt, so auch die zu der Libidotheorie, der bei der weiteren Entwicklung der Psychoanalyse eine entscheidende Bedeutung zukommen sollte. Den Begriff „Libido"[70] übernahm er von einem zeitgenössischen Arzt und Sexologen namens Moll, der darunter einen Geschlechtstrieb verstand. In der Anfangsperiode der psychoanalytischen Theorie wird der Begriff der Libido synonym mit „Sexualaffekt", „psychischer Lust" und in Anlehnung an Moll im Sinne von Geschlechtstrieb gebraucht. In den Begriffen des Sexualaffektes und der psychischen Lust liegt eine rein quantitative Auffassung der Libido[71]. Zum Zwecke energetischer Vorstellungen bemühte sich Freud um die Quantifizierung dieser Begriffe. Welche Entwicklungen die Libidotheorie in der Psychoanalyse erfahren hat, kann im Rahmen dieses Kapitels nicht berücksichtigt werden.

---

[69] Derselbe, Einige Bemerkungen über den Begriff des Unbewußten in der Psychoanalyse. Ges. Werke, Bd. VIII, S. 438 f.

[70] In der Abhandlung über „Psychoanalyse" und „Libidotheorie" schreibt Freud, daß der Terminus Libido aus der Trieblehre entnommen und dieser von A. Moll in seinem Werke (Untersuchungen über die Libido sexualis 1898) zur Kennzeichnung des dynamischen Ausdrucks des Sexuallebens verwandt und von Freud in die Psychoanalyse eingeführt worden sei. Ges. Werke, Bd. XIII, S. 229.

[71] Über Libido als quantitativ veränderliche Kraft siehe den Abschnitt: „Die Libidotheorie", Ges. Werke, Bd. V, S. 118.

4. Die theoretische Entwicklung der Psychoanalyse in der Fließ-Periode

a) Der Briefwechsel mit Wilhelm Fließ

Der Briefwechsel[72] zwischen Freud und dem Berliner Hals-Nasen-Ohren-Spezialisten Wilhelm Fließ läßt die Entstehung und Entwicklung der Psychoanalyse in ihren Einzelheiten verfolgen. Den Ausgangspunkt der wissenschaftlichen Interessen von Freud und Fließ bildeten die physikalischen und physiologischen Lehren der Helmholtz-Schule. Mit Fließ teilte auch Breuer die Helmholtzsche Meinung, derzufolge Biologie und Medizin ihre Entdeckungen und Erkenntnisse in physikalischen und mathematischen Ausdrucksformen darstellen müssen[73]. Was aber die ätiologische Bedeutung der Sexualität anbelangt, so hatte Fließ im Vergleich zu Breuer eine positive Einstellung. Er betrachtete die Sexualität als Grundlage des menschlichen Verhaltens. Fließ wurde vor allem durch seine zwei Theorien, denen man heute fast keine Bedeutung mehr beimessen kann, bekannt. Die eine Theorie bezog sich auf das krankhafte Phänomen, daß er als „Nasenreflex-Neurose" bezeichnete, und die andere auf seine Periodenlehre. Die Theorie von der Periodizität des Lebens deduzierte er von zwei allgemeinen Vorgängen, einmal von der monatlich auftretenden Menstruation und zum anderen vom Sexualtrieb, der seinerseits rhythmischen Schwankungen unterworfen ist[74]. Bei

---

[72] Diese Briefe, die einen Zeitraum von 1887 bis 1902 umfassen, haben eine wechselhafte Geschichte gehabt. Freud vernichtete die Briefe Fließ', während seine eigenen über 284 Briefe durch einen Zufall erhalten blieben. Wenige Jahre nach Fließ' Tod (1928) verkaufte seine Witwe alle 284 von Fließ bewahrten Briefe, samt den wissenschaftlichen Notizen und Manuskripten, an einen Buchhändler in Berlin namens Reinhold Stahl. In den Jahren des Briefwechsels sind die grundlegenden Arbeiten Freuds, die „Studien über Hysterie", „Die Traumdeutung", „Zur Psychopathologie des Alltagslebens" und das „Bruchstück einer Hysterieanalyse" entstanden.

[73] Vgl. hierzu Vincent Brome, Sigmund Freud und sein Kreis. München 1969, S. 15.

[74] Die Theorie der Perioden führte schließlich zu solchen Generalisierungen, daß die Periodizität alle Lebensäußerungen des Menschen, des Tieres, ja sogar der ganzen organischen Welt bestimme. Dazu Fließ: „Die menstruelle Blutung des Weibes ist der Ausdruck eines Vorganges (...), welcher beiden Geschlechtern eignet und dessen Beginn nicht erst an die Pubertät geknüpft ist (...).

Ein weiteres Moment zu betonen, zwingen die uns vorliegenden Tatsachen. Sie lehren, daß außer dem Menstruationsprozeß mit dem 28tägigen Typus noch eine andere Gruppe periodischer Vorgänge von 23tägigem Zyklus besteht, deseiner Theorie der nasalen Reflexneurose ging er zunächst von der Behauptung aus, daß zwischen der Nase und den weiblichen Geschlechtsorganen Zusammenhänge bestehen[75]. Fließ setzte diese beiden Theorien in Verbindung, als er feststellte, daß die Nasenschleimhaut infolge geschlechtlicher Erregung oder während der Menstruation anschwillt.

Was die Ätiologie der Nasenreflex-Neurose anbetrifft, so wird diese seiner Ansicht nach entweder durch organische Veränderungen oder durch funktionelle, rein vasomotorische Störungen hervorgerufen. Bei der letzteren Verursachung nehmen zum Beispiel die Beschwerden der Neurasthenie, also der Neurosen mit sexueller Ätiologie, häufig die Form der nasalen Reflexneurose an. In diesem Punkt gab es frappante Ähnlichkeiten zwischen Fließens Syndrom und den Forschungen Freuds hinsichtlich der „Aktualneurosen". Das von Fließ entwickelte Syndrom beruhte nicht nur auf sexuellen Störungen, sondern seine „sexuellen Perioden", von denen die eine weiblich und die andere männlich war, sollten alle Erscheinungen des Lebens erklären. Diese sexuellen Perioden bestimmen nach ihm die Stadien des menschlichen Wachstums, seine Krankheits- und Todesdaten. Er glaubte, den Schlüssel zu einem allgemeinen Periodizitätsgesetz gefunden zu haben:

„Einmal im Besitz solcher Erkenntnis hat sich uns die weitere Einsicht ergeben, daß in diesen Sexualperioden sich der Aufbau unseres Organismus schubweise vollzieht, und daß durch sie der Tag unseres Todes ebenso bestimmt ist wie derjenige unserer Geburt. Krankhafte Störungen unterliegen den gleichen zeitlichen Gesetzen, denen die periodischen Vorgänge selbst unterworfen sind.

Die Mutter überträgt die Perioden auf ihr Kind, und durch den Charakter der zuerst übertragenen bestimmt sie sein Geschlecht. Dann schwinden die Perioden in dem Kinde fort und wandern in gleichem Rhythmus durch die Generationen. Sie können ebensowenig neu entstehen, wie die Energie überhaupt, und ihre Zeitform erlischt nicht, solange organisierte Wesen geschlechtlich sich fortpflanzen. Ihre Existenz ist

---

nen ebenfalls jedes Alter und alle Geschlechter unterworfen sind." Aus den Anfängen der Psychoanalyse, S. 12.

[75] Im Jahre 1896 ließ Fließ das Manuskript seines Buches „Die Beziehungen zwischen Nase und weiblichen Geschlechtsorganen in ihrer biologischen Bedeutung dargestellt", das anfangs 1897 druckfertig war, Freud zukommen. Die gleichen Gedanken wurden später auch in seinen anderen Werken entwickelt: „Der Ablauf des Lebens", Wien 1923; „Vom Leben und vom Tod", Jena 1924; „Das Jahr im Lebendigen", Jena 1924.

sonach nicht auf den Menschen beschränkt, sondern geht ins Tierreich und wahrscheinlich durch die ganze organische Welt. Ja, die wunderbare Genauigkeit, mit der die Zeit von 23 bzw. 28 ganzen Tagen innegehalten wird, läßt eine tiefere Beziehung astronomischer Verhältnisse zur Schöpfung der Organismen vermuten[76]."

Wir haben schon darauf hingewiesen, daß Fließ, weit davon entfernt, die Bedeutung der Sexualität abzulehnen, sie in den Mittelpunkt seiner ganzen Arbeit stellte. Als Breuers Kleinmut Freud völlig enttäuscht hatte, glaubte dieser in Fließ die ideale Verbindung von Mitarbeiter und großem Lehrmeister gefunden zu haben[77]. Eine Zeitlang sah es so aus, als ob die beiden Männer das verbotene Territorium gemeinsam erforschen wollten. Allmählich stellte es sich aber heraus, daß die Freudsche Konzeption der Sexualität der Realität viel näher stand als die von Fließ. Wenn Freud von Sexualität sprach, so hatte er die Sexualität mit allen ihren Einzelheiten und Erscheinungsformen vor Augen, während Fließ sie mit magischen Zahlen zu deuten versuchte. Als Freud beispielsweise die kindliche Sexualität entdeckte und damit die enge Verbindung seiner Psychologie mit der Physiologie und der Physik löste, war Fließ nicht imstande, ihn zu verstehen. Freuds Erklärungen der psychopathologischen Vorgänge lehnten sich stark an energetische Vorstellungen der damaligen Neurophysiologie und Physik an. Diese Tendenz kann man deutlich aus dem Briefwechsel mit Fließ erkennen.

Der Briefwechsel brachte wesentliche Erkenntnisse und Gesichtspunkte für die Entwicklung der psychoanalytischen Theorie. In diesen Briefen,

[76] Aus den Anfängen der Psychoanalyse, S. 13. — Die erstaunliche Gewandtheit, mit der Fließ Zahlen jonglierte, hat spätere Kritiker dazu veranlaßt, den erheblichen Teil seiner Arbeiten in das Gebiet der Psychopathologie einzuordnen. Viele seiner Schriften über die Lehre von der Periodizität haben — von der Theorie der Bisexualität abgesehen — ihre Glaubwürdigkeit verloren. Es ist bis jetzt nicht gelungen, eine allgemeine Regel für viele geheimnisvolle Erscheinungen, die auf eine Periodizität im Leben hinweisen, aufzustellen. Fließ täuschte sich, wenn er glaubte, den Schlüssel zu einem allgemeinen Periodizitätsgesetz gefunden zu haben.

[77] Es soll jedoch nicht unerwähnt bleiben, daß Freud, am Anfang unfähig, sich mit Männern wie Fließ zu messen, und vor allem eines Ersatzes für Breuer bedürftig, eine unkritische Haltung, oft verbunden mit übertriebener Bewunderung für die Arbeiten Fließ', eingenommen hat. Als Fließ z. B. in das Weltall hinauslangte und seine mathematischen Berechnungen auf den ganzen Kosmos auszudehnen versuchte und immer mehr in eine konfuse Zahlenmystik geriet, ging Freud sogar so weit, in ihm den Kepler der Biologie zu begrüßen. Der Einfluß Fließ' auf Freud ließ aber allmählich nach, bis es eines Tages (etwa im Sommer 1900) zu einem endgültigen Bruch zwischen ihnen kam.

Abhandlungen und Notizen, die Fließ erhalten hat, ergeht sich Freud frei in psychologischen und elektrophysikalischen Spekulationen, die er später in seinem bedeutungsvollen „Entwurf einer Psychologie" zusammenfaßt. In den Jahren 1892 - 1894 beschäftigt er sich mit dem Problem der Konstanterhaltung psychischer Energie. Das Prinzip der Konstanterhaltung der seelischen Energie lautet, daß der psychische Apparat seinen Energiehaushalt, der aus Erregungszu- und -abnahme besteht, im Gleichgewicht zu erhalten versucht. Bei der Betrachtung der Theorie und Ätiologie der Neurosen gelangt Freud zu dem Ergebnis, daß „die Neurosen Gleichgewichtsstörungen durch erschwerte Abfuhr sind"[78]. In seiner Kritik der „Angstneurose" sieht er die letzte Ätiologie der Neurosen in quantitativen Verhältnissen:

„1. Ob überhaupt eine neurotische Erkrankung zustande kommt, hängt von einem quantitativen Faktor ab, von der Gesamtbelastung des Nervensystems im Verhältnis zu dessen Resistenzfähigkeit. Alles was diesen Faktor unter einem gewissen Schwellenwert halten oder dahin zurückbringen kann, hat therapeutische Wirksamkeit, indem es die ätiologische Gleichung unerfüllt läßt.

Was man unter ‚Gesamtbelastung', was man unter ‚Resistenzfähigkeit' des Nervensystems zu verstehen habe, das ließe sich mit Zugrundelegung gewisser Hypothesen über die Nervenfunktion wohl deutlicher ausführen.

2. Welchen Umfang die Neurose erreicht, das hängt in erster Linie von dem Maß hereditärer Belastung ab. Die Heredität wirkt wie ein in den Stromkreis eingeschalteter Multiplikator, der den Ausschlag der Nadel um das Vielfache vergrößert[79]."

Im „Manuskript D" in der Fließ-Korrespondenz zeigt sich sehr deutlich, daß der Mechanismus der Neurosen durchweg auf Grund der „Theorie von der Konstanz" erklärt werden kann[80]. Was die Affekte anbelangt, liegen auch diese dem Prinzip der Konstanterhaltung zugrunde. Freud unterscheidet dabei drei Mechanismen der Affektwandlung. Diese sind die Affektverwandlung (Konversions-Hysterie), Affektverschiebung (Zwangsvorstellungen) und Affektvertauschung (Angstneurose und Melancholie)[81]. „Überall soll es sexuelle Erregung sein", so schreibt er in

[78] S. Freud, Aus den Anfängen ..., S. 80.

[79] Derselbe, Studien ..., S. 375.

[80] Derselbe, Aus den Anfängen ..., S. 79 f.

[81] Ebenda, S. 77.

seinem Brief vom 21. 5. 1894 an Fließ, „die solche Umsetzungen eingeht, aber nicht überall liegt der Anstoß dazu im Sexuellen; d. h. überall dort, wo Neurosen erworben werden, da werden sie es durch Störungen des Sexuallebens, es gibt aber Leute mit hereditär gestörtem Verhalten der Sexualaffekte, die die entsprechenden Formen der hereditärischen Neurosen entwickeln. Die höchsten Gesichtspunkte, unter die ich die Neurosen bringen kann, sind folgende vier:

1. Degeneration,
2. Senilität. Was heißt das nun?
3. Konflikt,
4. Konflagration.

‚Degeneration' bedeutet das angeborene abnorme Verhalten der Sexualaffekte, so daß konvertiert, verschoben, in Angst verwandelt wird, in dem Maße als die Sexualaffekte im Lauf des Lebens ins Spiel treten.

‚Senilität' ist klar, es ist gleichsam die normalerweise mit dem Alter zu erwerbende Degeneration.

‚Konflikt' deckt sich mit meinem Gesichtspunkt der Abwehr, umfaßt die Fälle von erworbener Neurose bei nicht hereditär abnormen Menschen. Das Abgewehrte ist immer die Sexualität.

‚Konflagration' ist ein neuer Gesichtspunkt, bedeutet Zustände von gleichsam akuter Degeneration (z. B. in schweren Intoxikationen, Fiebern, im Vorstadium der Paralyse), Katastrophen also, in denen ohne sexuelle Anlässe Störungen der Sexualaffekte eintreten. Vielleicht ist hier für die traumatische Neurose anzuknüpfen[82]."

Nicht nur die Affekte werden in den wissenschaftlichen Arbeiten dieser Periode quantitativ aufgefaßt, sondern auch die Triebe. Triebe sind machtvolle Strebungen innerhalb lebendiger Organismen, die in deren körperlicher Natur tief verwurzelt sind. Freud definiert sie zum ersten Mal in der Fließ-Korrespondenz (1894) quantitativ als „Spannung", deren Quelle im eigenen Körper liegt, wie die Sexualität, der Hunger und die Selbsterhaltung[83]. Ausgehend vom Begriff der Spannung, formuliert er seine Theorie der Angstneurose und die der Melancholie. Von grundlegender Bedeutung ist die Unterscheidung zwischen der physischen und der psychischen Sexualspannung[84]. Die Angstneurose ist eine Folge der Anhäufung physischer sexualer Spannung, und die Melancholie eine

[82] Ebenda, S. 77 f. [83] Ebenda, S. 83. [84] Ebenda, S. 82.

Folge der Stauung psychischer Sexualspannung. Melancholie[85] entsteht, wo sich die psychische Liebesspannung anhäuft und unbefriedigt bleibt. Mit anderen Worten liegt der Melancholie, die als Folge einer psychischen Hemmung erscheint, immer ein Libidoverlust zugrunde. Die Trauer der Melancholiker ist Trauer über den Verlust der Libido. Folgt man nun der Theorie der Angstneurose, so muß man folgende Momente in Betracht ziehen: Spannungen entstehen somatisch und werden intrapsychisch erst wahrgenommen, wenn sie einen bestimmten Schwellenwert erreicht haben. Von einer gewissen Schwelle an also erweckt die physische Sexualspannung psychische Libido. Erfolgt aber die spezifische Reaktion nicht, so nimmt diese physisch-psychische Spannung weiter zu und wirkt störend. Eine Verwandlung des Sexualaffektes liegt hier noch nicht vor. Die Angstneurose geht aber durch Verwandlung aus der angehäuften Spannung hervor. Dieser Vorgang verhält sich folgendermaßen: „Die physische Spannung wächst, erreicht ihren Schwellenwert, mit dem sie psychischen Affekt wecken kann, aber aus irgendwelchen Gründen bleibt die psychische Anknüpfung, die ihr geboten ist, ungenügend, es kann nicht zur Bildung eines Sexualaffektes kommen, weil es an den psychischen Bedingungen fehlt: somit verwandelt sich die nicht psychisch gebundene Spannung in — Angst[86]."

So formuliert Freud seine Theorie der Angstneurose und der Melancholie und definiert Triebe als Spannungszustände somatischen Ursprungs. Die Aufstellung der Theorie von Lust und Unlust als Regulatoren des psychischen Apparates war das Ergebnis der Beschäftigung mit den quantitativen Problemen der Konstanterhaltung psychischer Energie. Der Briefwechsel mit Fließ ermittelt, außer den bereits erwähnten Gesichtspunkten, noch folgende für die Psychoanalyse grundlegende Erkenntnisse.

In seinen früheren Veröffentlichungen hatte Freud bereits nachgewiesen, daß die Symptome der Hysterie durch Zurückführung auf traumatisch wirksame Erlebnisse begreiflich werden können und daß diese psychischen Traumen sich auf das Sexualleben beziehen. Erst in den 1896 erschienenen „Weiteren Bemerkungen über die Abwehr-Neuropsychosen" wurde die lebensgeschichtliche Bedeutung der Sexualität eigentlich gewürdigt. Im Sinne der frühen Vermutung wurde hier die Theorie vom auslösenden sexuellen Trauma weiterentwickelt und vertieft. Als wesent-

[85] Die Theorie der Melancholie wurde von Freud später wieder aufgegriffen und wesentlich ausgebaut.

[86] Ebenda, S. 83.

liche Ätiologie der Neurose wurde eine Disposition angenommen, die auf traumatisch bedingte Störungen während der frühkindlichen Sexualentwicklung zurückgeht. „Es reicht für die Verursachung der Hysterie nicht hin, daß zu irgend einer Zeit des Lebens ein Erlebnis auftrete, welches das Sexualleben irgendwie streift und durch die Entbindung und Unterdrückung eines peinlichen Affekts pathogen wird. Es müssen vielmehr diese sexuellen Traumen der frühen Kindheit (der Lebenszeit vor der Pubertät) angehören, und ihr Inhalt muß in wirklicher Irritation der Genitalien (koitusähnlichen Vorgängen) bestehen[87]."

Nun wurde die in der zweiten Schrift über Abwehr-Neuropsychosen aufgestellte These: nicht die Erlebnisse selbst haben traumatische Wirkung, sondern die Wiedererinnerung präsexueller Erlebnisse in der Phase der Sexualreife, im Briefwechsel weiter spezifiziert. Die vorzeitigen traumatischen Sexualerlebnisse werden bestimmten Lebensaltern zugeordnet. Diese Lebensperioden werden folgendermaßen eingeteilt: Von 1 1/2 bis zum 4. Lebensjahr (vorbewußt), von 4 bis 8 Jahren (infantil), bis zum 14. Lebensjahr (präpubertär) und danach tritt die Reife ein. Den einzelnen Lebensaltern wird die Verdrängung phasenhaft zugeordnet. Diese vollzieht sich in den Übergangszeiten (späteren Latenzperioden) zwischen dem 8. bis 10. und 13. bis 17. Lebensjahr. Es soll hier besonders hervorgehoben werden, daß die Schlußfolgerungen, die Freud später in den „Drei Abhandlungen zur Sexualtheorie" über die frühkindliche Sexualität gezogen hat, mit dieser soeben dargestellten Vorstellung vorweggenommen sind. Seine Auffassung über die Bedeutung der erogenen Zonen, die in dieser grundlegenden Arbeit zum Ausdruck kommt, hat ihre Wurzel ebenfalls in den 1896 entwickelten Gedanken über das Wesen der Perversion[88]. Die Perversionen zeichnen sich als „Negativ der Hysterie" ab, und Freud hielt an dieser Auffassung zeitlebens fest.

---

[87] S. Freud, Studien ..., S. 380.

[88] Bei seiner Darstellung der Perversionen taucht die „Idee von aufgelassenen erogenen Zonen" auf. Hier werden die erogenen Zonen im Kindesalter als „sehr viele Körperstellen" bezeichnet, von denen sexuelle Entbindung zu erhalten ist. Vgl. dazu S. Freud, Aus den Anfängen ..., S. 155. 1897 werden dann die erogenen Zonen in Mund- und Afterzone unterschieden und zum ersten Mal mit dem Begriff der Regression in Beziehung gesetzt: „Insoferne die Erinnerung ein Erlebnis an den Genitalien betroffen hat, erzeugt es nachträglich Libido; insoferne Aftere, Mund usw., nachträglichen inneren Ekel und daher der Endzustand, daß ein Betrag Libido nicht wie sonst zur Aktion oder zur psychischen Übersetzung durchdringen kann, sondern sich in regressiver Richtung (wie im Traum) durchsetzen muß. Libido und Ekel hängen einmal assoziativ anein-

Abgesehen von der Erörterung der Perversionen, der man im Rahmen des Briefwechsels eine besondere Bedeutung beimessen soll, ist noch das Problem der Verdrängung zu erwähnen, das hier folgende Modifizierung erfahren hat. Die Verdrängung wird von den „intellektuellen Vorgängen der Entwicklung, wie Moral, Scham, u. dgl." herbeigeführt[89]: „Dies entsteht also sämtlich auf Kosten untergegangener (virtueller) Sexualität. Somit ist ersichtlich, wie mit den Entwicklungsschüben das Kind von der Frömmigkeit, Scham u. dgl. überzogen wird, und wie das Ausbleiben solchen Unterganges sexueller Zonen die Moral Insanity als Entwicklungshemmung produzieren kann[90]."

Bei unseren Betrachtungen soll jedoch nicht außer acht gelassen werden, daß die topische Gliederung des Unbewußten in Peripherie und Kern, die sich aus dem zeitlichen Ablauf der Analyse ergeben hatte, während des Briefwechsels zu der Unterscheidung zwischen dem Unbewußten und Vorbewußten weiter ausgebaut wurde. Das Unbewußtsein ist in etwa Kausalbeziehungen zugeordnet, und die unbewußten Spuren, die dem Bewußtsein unzugänglich sind, entsprechen etwa Begriffserinnerungen[91]. Im Vergleich dazu ist das Vorbewußtsein an Wortvorstellungen geknüpft und entspricht unserem „offiziellen Ich"[92]. Die aus dem Vb hervorgehenden Besetzungen werden nach bestimmten Regeln bewußt. Dieses „sekundäre Denkbewußtsein" ist „ein der Zeit nach nachträgliches, wahrscheinlich an die halluzinatorische Belebung von Wortvorstellungen geknüpft, so daß die Bewußtseinsneuronen wieder Wahrnehmungsneuronen und an sich ohne Gedächtnis wären"[93]. Mit der Annahme eines Vorbewußten im Unbewußtsein werden auch die Anteile des abwehrenden Ich unbewußt. „Es scheint, als ob in späteren Stadien einerseits von den Erinnerungen her sich kompliziertere Gebilde (Impulse, Phantasien, Motive) verschieben, andererseits die Abwehr vom Vorbewußten (Ich) her ins Unbewußte eindringen würde, so daß auch die Abwehr multilokulär wird[94]."

Der Briefwechsel enthält noch weitere für die Entwicklung der psychoanalytischen Theorie wichtige Gesichtspunkte und Erkenntnisse. Er zeigt

---

ander, der ersteren dankt man's, daß nicht allgemeine Unlust usw. aus der Erinnerung werden kann, sondern daß eine psychische Verwertung stattfindet, der letzteren, daß diese nichts anderes als Symptome liefert anstatt Zielvorstellung." Ebenda, S. 201.

[89] Ebenda, S. 200.

[90] Ebenda.

[91] Ebenda, S. 152.

[92] Ebenda.

[93] Ebenda.

[94] Ebenda, S. 181.

vor allem den Beginn und den zeitlichen Verlauf von Freuds Selbstanalyse. Da die Selbstanalyse von größter Wichtigkeit für die Weiterentwicklung der Psychoanalyse ist, werden wir sie ausführlich im darauffolgenden Abschnitt behandeln. Was aber hier kurz erwähnt werden sollte, sind die Betrachtungen Freuds über den Vorgang der Identifizierung als Modus der Ich-Abwehr, der erstmalig im Briefwechsel erwogen wird, sowie die Bedeutung des analen Bereiches im Gegensatz zum genitalen, und die Realität in ihrem Gegensatz zum Wunsch und in ihrer Bedeutung für die Symptombildung. Das spätere Realitätsprinzip wird damit hier antizipiert.

Die im Briefwechsel vorweggenommenen Hypothesen und Theorien finden ihre endgültige Formulierung in der „Traumdeutung“ (1900) und später in „Drei Abhandlungen zur Sexualtheorie“.

b) Die Selbstanalyse

In der Einleitung seines Briefes an Romain Rolland unter dem Titel „Eine Erinnerungsstörung auf der Akropolis“ wies Freud darauf hin, daß seine wissenschaftliche Arbeit die Aufgabe hatte, „ungewöhnliche, abnorme, pathologische Erscheinungen des Seelenlebens aufzuklären“, so daß er dies „zunächst an der eigenen Person versuchte“[95]. Die Selbstanalyse[96], die den Weg zum Verständnis des frühkindlichen Konfliktes eröffnet hatte, ließ Freud vor allem erkennen, daß die Versuche Fließ’, die neurotische Störung aus der „Periodizität“ zu erklären, eine erhebliche Einschränkung der dynamischen Betrachtungsweise der Psychoanalyse bedeuteten. Es wurde bereits im vorausgehenden Kapitel deutlich gemacht, daß Fließ die durch die Interferenz des 28tägigen und des 23tägigen Zyklus entstehenden periodischen Fluktuationen und die toxischen Veränderungen, die sie setzen, für das Wesen der neurotischen Erkrankungen verantwortlich gemacht hatte. Erst als Freud nach der Selbstanalyse schließlich den entscheidenden Schritt in die lebensgeschichtliche Forschung getan hatte, wurde es ihm klar, daß ein solcher Ansatz die Dynamik des seelischen Geschehens, um deren Erklärung er sich bemüht, unberücksichtigt läßt.

[95] Vgl. hierzu S. Freud, Brief an Romain Rolland. Ges. Werke, Bd. XVI, S. 250.

[96] Aus der Korrespondenz mit Fließ können wir das genaue Datum der Selbstanalyse feststellen. Nach Ernest Jones könnte ihr allererster Beginn im Juli 1895 gewesen sein, als Freud erstmalig einen seiner Träume systematisch analysierte. Vgl. dazu Ernest Jones, S. 378.

Das wichtigste Ergebnis der Freudschen Selbstanalyse war ohne Zweifel die Änderung der Auffassung von der traumatischen Rolle der Verführung zugunsten der Einsicht in die Bedeutung der infantilen Sexualität und in die regelmäßigen und notwendigen Bedingungen der kindlichen Entwicklung und des kindlichen Phantasielebens. Was die Theorie der Verführungsätiologie angeht, so hat Freud eine Zeitlang an dieser festgehalten. Darüber schreibt er in seiner Selbstdarstellung:

„Ehe ich weiter in die Würdigung der infantilen Sexualität eingehe, muß ich eines Irrtums gedenken, dem ich eine Weile verfallen war und der bald für meine ganze Arbeit verhängnisvoll geworden wäre. Unter dem Drängen meines damaligen technischen Verfahrens reproduzierten die meisten meiner Patienten Szenen aus ihrer Kindheit, deren Inhalt die sexuelle Verführung durch einen Erwachsenen war. Bei den weiblichen Personen war die Rolle des Verführers fast immer dem Vater zugeteilt. Ich schenkte diesen Mitteilungen Glauben und nahm also an, daß ich in diesen Erlebnissen sexueller Verführung in der Kindheit die Quellen der späteren Neurose aufgefunden hatte. Einige Fälle, in denen sich solche Beziehungen zum Vater, Oheim oder älteren Bruder bis in die Jahre sicherer Erinnerung fortgesetzt hatten, bestärkten mich in meinem Zutrauen[97]."

Die Theorie von der Verführung im Kindesalter war seit 1893 die Grundlage der Auffassung Freuds von der Hysterie. Die Verführung des Kindes, die Freud dem Vater zur Last legte, hatte seine Aufmerksamkeit so sehr in Anspruch genommen, daß er die Inzestwünsche der Kinder total übersehen hatte. Die Erkenntnisse, die er später aus der Analyse seiner eigenen Träume erzielte, veranlaßten ihn, die Auffassung von der ätiologischen Bedeutung der Verführung zugunsten der Theorie der infantilen Sexualität aufzugeben. Damit wurde die Einsicht in das Kernproblem der Psychoanalyse möglich. Der Ödipuskomplex[98] wurde entdeckt.

---

[97] S. Freud, Selbstanalyse, S. 59.

[98] Freud entdeckte den sog. Ödipuskomplex an sich selber. Die wesentlichen Züge des Ödipuskomplexes hat Freud im Sommer und Herbst 1897 durch die Selbstanalyse erkannt und das Wesen von Hamlets Hemmung verstanden. Die allererste Anspielung auf den Ödipuskomplex geht aber auf ein früheres Datum zurück, als Freud die feindseligen Gefühle gegen die Eltern, d. h. den Haß, den die Kinder gegenüber dem Elternteil ihres eigenen Geschlechts nähren, für die Entstehung der Neurose verantwortlich macht. (Vgl. Aus den Anfängen ..., S. 180.) In der affektiven Einstellung der Kinder sah Freud die komplizierte Gefühlsbeziehung zu den Eltern und erkannte darin den Kern der Neurose.

Der Ödipuskomplex steht im Mittelpunkt der psychoanalytischen Theorie. Die Aussagen der hysterischen Patienten, die sich auf die Verführungsszenen ihrer frühen Kindheit bezogen, erweckten bei Freud ernsthafte Bedenken, wieweit es sich um reale Erlebnisse oder Wunschphantasien handelte. Durch Aufschlüsselung seiner eigenen Träume kam Freud zu der grundlegenden Ansicht über das allgemeine Auftreten von Inzestwünschen der Kinder gegenüber ihren Eltern, und zwar charakteristischerweise gegenüber dem Elternteil des anderen Geschlechts. Es handelte sich also nicht um die Inzestwünsche der Eltern oder deren gelegentliche inzestuöse Handlungen, sondern die erotischen Regungen, die der Sohn der Mutter und die Tochter dem Vater gegenüber empfindet, werden in den angeblich erinnerten Verführungsszenen phantasiert. Die These, die Hauptursache der Hysterie sei eine sexuelle Verführung eines unschuldigen Kindes durch einen Erwachsenen, meistens durch den Vater, verlor somit ihre Glaubwürdigkeit. In einem Brief vom 15. Oktober 1897, der einen Markstein in der Geschichte der Psychoanalyse bedeutet, schreibt Freud über seine Entdeckung, die ihm den Zugang zu dem verborgenen Drama der frühen Kindheit ermöglichte:

„Ein einziger Gedanke von allgemeinem Wert ist mir aufgegangen. Ich habe die Verliebtheit in die Mutter und die Eifersucht gegen den Vater auch bei mir gefunden und halte sie jetzt für ein allgemeines Ereignis früher Kindheit, wenn auch nicht immer so früher wie bei den hysterisch gemachten Kindern. (Ähnlich wie den Abkunftsroman der Paranoia-Heroen, Religionsstifter.) Wenn das so ist, so versteht man die packende Macht des Königs Ödipus trotz aller Einwendungen, die der Verstand gegen die Fatumsvoraussetzung erhebt, und versteht, warum das spätere Schicksalsdrama so elend scheitern mußte. Gegen jeden willkürlichen Einzelzwang, wie er in der Ahnfrau etc. Voraussetzung ist, bäumt sich unsere Empfindung, aber die griechische Sage greift einen Zwang auf, den jeder anerkennt, weil er dessen Existenz in sich verspürt hat. Jeder der Hörer war einmal im Keime und in der Phantasie ein solcher Ödipus und vor der hier in die Realität gezogenen Traumerfüllung schaudert jeder zurück mit dem ganzen Betrag der Verdrängung, der seinen infantilen Zustand von seinem heutigen trennt[99].“

Diesen Sachverhalt hat Freud ferner im Verhalten der Patienten gegenüber dem Analytiker beobachtet und bestätigt gefunden. D. h., die Patienten übertrugen ihre feindseligen Impulse, die ursprünglich einem anderen Objekt zugewandt waren, jetzt auf die Person des Arztes. Vgl. dazu S. Freud, Kurzer Abriß der Psychoanalyse. Ges. Werke, Bd. XIII, S. 413.

[99] Derselbe, Aus den Anfängen ..., S. 193.

c) *Versuch einer Darstellung der wissenschaftlichen Psychologie*

Das wissenschaftliche Manuskript[100], das im Jahre 1895 entstand, wurde von Freud am 8. Oktober desselben Jahres Fließ zugeschickt. Diese Arbeit, die in der Sprache der Physik und der Hirnphysiologie geschrieben worden ist, enthält konkrete psychologische Hypothesen und allgemeine theoretische Annahmen. Sie ist von unschätzbarem Wert für das Verständnis der Freudschen Psychologie. Viele der in diesem „Entwurf" entwickelten Gedanken sind in Freuds Schriften eingegangen und manche gehören sogar zum festen Bestand der psychoanalytischen Hypothesen.

In der Einleitung zum „Allgemeinen Plan" dieses Entwurfes bemerkt Freud, daß es sein Ziel sei, eine naturwissenschaftliche Psychologie zu liefern, nämlich psychische Vorgänge als quantitative Prozesse innerhalb des Nervensystems darzustellen[101]. Der „Entwurf" enthält zwei Hauptgedanken: 1. alles, was Tätigkeit von Ruhe unterscheidet, ist als den allgemeinen Bewegungsgesetzen unterworfene Quantität (Q) aufzufassen; 2. die Neuronen sind als die entsprechenden materiellen Teilchen zu betrachten[102].

Fragt man nach den Ursprüngen dieser zwei verschiedenen Theorien, so läßt sich feststellen, daß die Neuronentheorie von den neurohistologischen Studien Freuds herrührt und die andere auf die Helmholtz-Brückesche Schule zurückgeht. Nach der letzteren werden die gleichen Gesetze, die für Physik und Chemie gültig sind, auch zur Beschreibung und Erklärung seelischer Vorgänge angewandt. Zu Beginn seiner psychoanalytischen Theorienbildung versuchte Freud, die psychischen Phänomene analog elektrophysiologischen Prozessen quantitativer Natur zu beschreiben. Jahre später hat er sich von diesem Versuch, nämlich von der unmittelbaren Gleichsetzung elektrophysiologischer und quantitativ meßbarer Vorgänge mit seelischen, innerhalb des Nervensystems, distanziert. Sein Interesse also, den psychischen Apparat in Begriffen der Hirnphysiologie darzustellen, erlahmte. Auf das Scheitern seiner Bemühungen in dieser Richtung hat Freud mit folgenden Worten angespielt:

---

[100] Dieses Manuskript trug keinen Titel. Die Herausgeber der „Anfänge" beschlossen, diesem den Titel „Entwurf einer Psychologie" zu geben. Ursprünglich hatte Freud von einer Monographie gesprochen, die er als „Psychologie für Neurologen" bezeichnen wollte.

[101] Vgl. dazu S. Freud, Aus den Anfängen ..., S. 305.

[102] Ebenda.

„Es ist ein unerschütterliches Resultat der Forschung, daß die seelische Tätigkeit an die Funktion des Gehirns gebunden ist wie an kein anderes Organ. Ein Stück weiter — es ist nicht bekannt, wie weit — führt die Entdeckung von der Ungleichwertigkeit der Gehirnteile und deren Sonderbeziehung zu bestimmten Körperteilen und geistigen Tätigkeiten. Aber alle Versuche, von da aus eine Lokalisation der seelischen Vorgänge zu erraten, alle Bemühungen, die Vorstellungen in Nervenzellen aufgespeichert zu denken und die Erregungen auf Nervenfasern wandern zu lassen, sind gründlich gescheitert. Dasselbe Schicksal würde einer Lehre bevorstehen, die etwa den anatomischen Ort des Systems Bw, der bewußten Seelentätigkeit, in der Hirnrinde erkennen und die unbewußten Vorgänge in die subkortikalen Hirnpartien versetzen wollte. Es klafft hier eine Lücke, deren Ausfüllung derzeit nicht möglich ist, auch nicht zu den Aufgaben der Psychologie gehört. Unsere psychische Topik hat vorläufig nichts mit der Anatomie zu tun; sie bezieht sich auf Regionen des seelischen Apparats, wo immer sie im Körper gelegen sein mögen, und nicht auf anatomische Örtlichkeiten[103]."

Zur Zeit der Niederschrift des „Entwurfs" war aber Freuds Interesse wesentlich auf die hirnphysiologischen Forschungen gerichtet. Nach dem „Entwurf" sind die Vorgänge im Nervensystem zwei allgemeinen Prinzipien unterworfen: Einmal dem „Trägheitsgesetz" und zum anderen dem „Konstanterhaltungsprinzip"[104]. Gemäß dem ersteren trachten die Neuronen, sich jeder Quantität, die sie enthalten, zu entledigen. Dies führte später zum „Lust-Unlust-Prinzip". Was das letztere anbelangt, so haben Breuer und Freud gemeinsam seine Bedeutung für die Erklärung psychischer Vorgänge erkannt und dies folgendermaßen in ihrem Beitrag „Zur Theorie des hysterischen Anfalles" definiert: „... daß das Nervensystem bestrebt ist, etwas in seinen Funktionsverhältnissen, was man die ‚Erregungssumme' nennen mag, konstant zu erhalten ..."[105].

Die weiteren Theorien, die im „Entwurf" enthalten sind, kann man nach folgenden Gesichtspunkten klassifizieren: Freud unterscheidet vor

[103] Derselbe, Das Unbewußte. Ges. Werke, Bd. X, S. 273. — Die neueren hirnphysiologischen Untersuchungen bestätigen diese Auffassung Freuds im großen und ganzen. Vgl. hierzu die Arbeiten von E. D. Adrian, The Mental and Physical Origins of Behaviour. International Journal of Psycho-Analysis, 1946, XXVII, 1—6.

[104] Die Herkunft dieser Gedanken aus der Physik ist jedoch nicht zu verkennen.

[105] S. Freud, Beiträge zu den Studien über Hysterie. Ges. Werke Bd. XVII, S. 12.

allem ein primäres Neuronensystem von einem sekundären und tertiären. Das primäre Neuronensystem ist phylogenetisch das älteste und entspricht der sog. hypothetischen Zelle, deren Funktion darin besteht, Reize von der Außenwelt zu empfangen und Reize nach außen abzuführen. Diese Zelle untersteht dem Trägheits- oder Konstanterhaltungsprinzip. Sie ist bestrebt, sich völlig reizlos zu erhalten. Die Reizabfuhr stellt die Primärfunktion der Zelle dar. In diesem Zusammenhang soll die Entwicklung der Sekundärfunktion in Betracht gezogen werden. Es besteht im allgemeinen eine „Proportion zwischen Erregungsquantität und der zur Reizflucht nötigen Leistung“[106]. Damit das Trägheitsprinzip nicht gestört wird, trachtet die Zelle, sich durch Reizflucht den von der Außenwelt eindringenden Reizen zu entziehen. Das Trägheitsprinzip wird aber dadurch beeinträchtigt, wenn das Neuronensystem Reize aus dem Innern des Körpers (sog. endogene Reize) aufnehmen soll[107]. In diesem Fall kann die Zelle sich nicht mehr den aus dem Inneren des Organismus stammenden Bedürfnissen (Hunger, Atem, Sexualität) entziehen. Sie ist durch die „Not des Lebens“ gezwungen, diese zu befriedigen. Mit anderen Worten, das Neuronensystem ist gezwungen, „die ursprüngliche Tendenz zur Trägheit d. h. zum Niveau = O aufzugeben“[108]. Um den Anforderungen des Lebens zu genügen, muß das System also Quantität aufsparen, d. h. die Quantität möglichst niedrig halten und sich gegen Steigerung wehren. „Alle Leistungen des Neuronensystems sind entweder unter den Gesichtspunkt der Primärfunktion oder der Sekundärfunktion, die durch Not des Lebens aufgedrungen ist, zu bringen[109].“

Bei der Betrachtung des zweiten Neuronensystems stoßen wir auf den grundlegenden Begriff von Kontaktschranken. Die Annahme der Kontaktschranken ist von ausschlaggebender Bedeutung und ermöglicht die Unterscheidung zwischen Bewußtsein (Wahrnehmung) und Gedächtnis. Verfügt das erste Neuronensystem über Kontaktschranken, die bewußte Wahrnehmungen in Erinnerungen durch das Aufrichten von Widerständen verwandeln, so weist das zweite System keine Kontaktschranken auf. Hier hat Freud zwei Klassen von Neuronen angenommen: Erstens solche, die Quantität durchlassen, und zweitens solche, die Quantität nur schwer oder nur partiell durchlassen[110].

„Es gibt also durchlässige (keinen Widerstand leistende und nichts retenierende) Neuronen, die der Wahrnehmung dienen, und undurch-

[106] Derselbe, Aus den Anfängen . . ., S. 306.

[107] Ebenda.

[108] Ebenda.

[109] Ebenda, S. 307.

[110] Ebenda, S. 308 f.

lässige (mit Widerstand behaftete und Quantität [Qη] zurückhaltende) Neuronen, die Träger des Gedächtnisses, wahrscheinlich also der psychischen Vorgänge überhaupt sind. Ich will also das erstere System von Neuronen fortan φ, das letztere ψ nennen[111]."

Die Wechselbeziehung zwischen diesen beiden Klassen von Neuronen einerseits und den Phänomenen der Wahrnehmung und des Gedächtnisses andererseits stellte den Grundbestandteil der Freudschen Theorie dar, der in späteren Jahren durch psychologische Sprache modifiziert wurde. Da bei seiner Betrachtungsweise des Neuronensystems das Problem des Bewußtseins große Schwierigkeiten bereitete, mußte Freud eine dritte Gruppe von Neuronen einführen, um die Wahrnehmung von Qualität zu ermöglichen. „So schöpft man Mut zur Annahme, es gäbe ein drittes System von Neuronen, Wahrnehmungsneuronen etwa, welches bei der Wahrnehmung mit erregt wird, bei der Reproduktion nicht, dessen Erregungszustände die verschiedenen Qualitäten ergeben, d. h. bewußte Empfindungen sind[112]." Zu den physikalischen Gesetzen, welche die Änderungen in der Quantität bestimmen, trat also ein neuer Faktor, die Qualität, hinzu. Es ist die Aufgabe der Wissenschaft, alle unsere „Empfindungs-Qualitäten" auf „äußere Quantität" zurückzuführen[113]. Aber vom Bau des Neuronensystems ist zu erwarten, daß dies die Quantität in Qualität verwandelt, damit wieder „die ursprüngliche Tendenz zur Abhaltung von Quantität siegreich erscheint"[114]. Während die Naturwissenschaft Quantitäten anerkennt, liefert das Bewußtsein nur Qualitäten. Das Bewußtsein war für Freud weder ein bloßes Anhängsel der physiologisch-psychischen Vorgänge noch ein subjektiver Aspekt alles psychischen Geschehens, sondern die subjektive Seite eines Teils der physischen Vorgänge im Neuronensystem, nämlich der Wahrnehmungsvorgänge[115]. Bei fehlendem Bewußtsein lassen sich Änderungen im psychischen Apparat feststellen, wenn von den Wahrnehmungsneuronen kein Beitrag geleistet wird. Um den Inhalt des Bewußtseins vollständig zu beschreiben, führte Freud eine andere Reihe von Sachverhalten ein, die er als „Lust- und Unlust-Empfindungen" bezeichnete[116]. Lust und Unlust sind die grundlegenden Prinzipien, denen der Bau und die Funktion des Nervensystems folgen. Lust bedeutet Quantitätsabfuhr und Unlust Erhöhung des Quantitätsniveaus[117]. Beide stehen im Dienste des Trägheits- oder Konstanterhaltungsprinzips.

[111] Ebenda, S. 309.
[112] Ebenda, S. 317.
[113] Ebenda, S. 318.
[114] Ebenda.
[115] Ebenda, S. 320.
[116] Ebenda.
[117] Ebenda.

Weiter oben haben wir festgestellt, daß das primäre Neuronensystem aus zwei Quellen Reize aufnimmt, von der Außenwelt und vom Körperinnern. Dementsprechend hat Freud zwei Arten von Neuronen unterschieden: Einmal „Mantel"-Neuronen, die von φ aus, und zum andern „Kern"-Neuronen, die von endogenen Leitungen aus besetzt werden[118]. Die Reizung der letzteren durch Triebregungen manifestiert sich als „Wille" und liefert die Triebkraft für den ganzen psychischen Apparat. Dieser Vorgang macht ein Handeln in der Außenwelt erforderlich. Das Kleinkind, den somatischen Bedürfnissen preisgegeben, dieses Handelns noch unfähig, verleiht diesen durch motorische und andere Äußerungen wie Strampeln und Schreien Ausdruck. Es ist noch nicht in der Lage, den Drang in Bahnen zu lenken, schreit um die Hilfe einer anderen Person, um sich der inneren Spannung durch Affektabfuhr zu entledigen.

„Der menschliche Organismus ist zunächst unfähig, die spezifische Aktion herbeizuführen. Sie erfolgt durch fremde Hilfe, indem durch die Abfuhr auf dem Wege der inneren Veränderung ein erfahrenes Individuum auf den Zustand des Kindes aufmerksam gemacht wird. Diese Abfuhrbahn gewinnt so die höchst wichtige Sekundärfunktion der Verständigung und die anfängliche Hilflosigkeit des Menschen ist die Urquelle aller moralischen Motive[119]."

Durch die „Assoziation" der „Gleichzeitigkeit" von Wunsch und Wunscherfüllung in der Erinnerung lernt das Kind später die Arbeit der spezifischen Aktion in der Außenwelt selbst zu leisten[120]. Mit anderen Worten, das hilflose Individuum ist später in der Lage, sich das Befriedigungserlebnis ohne fremde Hilfe zu verschaffen. Auf assoziativer Grundlage entsteht im zweiten Neuronensystem ein Erinnerungsbild, das bei erneuten Erfahrungen durch Bahnung oder Besetzung des sekundären Neurons durch die primären wiederbelebt wird.

Im weiteren Verlauf der Hypothesenbildung kam dem „Ich" eine besondere Bedeutung zu. Freud beschreibt das Ich als eine Organisation von Neuronen, die mit konstanten Energiequanten besetzt sind und die ziemlich frei miteinander verkehren[121] „Das Ich ist also zu definieren als die Gesamtheit der jeweiligen ψ-Besetzungen, in denen sich ein bleibender von einem wechselnden Bestandteil sondert. Wie man leicht einsieht, gehören die Bahnungen zwischen ψ-Neuronen als Möglichkeiten, in nächsten Momenten dem veränderten Ich seine Ausbreitung anzuweisen, mit

[118] Ebenda, S. 323.

[119] Ebenda, S. 326.

[120] Ebenda.

[121] Ebenda, S. 330.

zum Besitz des Ich[122]." Eine seiner Hauptfunktionen besteht darin, die Erregungen zu hemmen. Dies kann es erreichen, indem es einen Teil auf die sog. „Seitenbesetzungen" ablenkt, d. h. auf besetzte Neuronen, die durch Gleichzeitigkeit mit dem ersten gereizten Neuron zusammenhängen.

Einer der wesentlichsten Beiträge Freuds zur Psychologie war seine Unterscheidung zwischen „Primär- und Sekundärvorgang". Im vorliegenden Zusammenhang soll dargestellt werden, wie das Ich in Unruhe geraten kann. Das Funktionieren des psychischen Apparates kann durch zwei Momente gestört werden[123]: Erstens, wenn das Ich im Wunschzustand eine Objekterinnerung neu besetzt und anstatt der Befriedigung durch die Realität diese nur in der Phantasie-Vorstellung sucht. Zweitens, es bedarf eines besonderen Kriteriums, um zwischen Wahrnehmung und Vorstellung zu unterscheiden. Die Realitätsprüfung ist also eine wesentliche Funktion des Ich. In der ursprünglichen Terminologie Freuds taucht der Begriff „Realitätszeichen" auf[124]. Dies ist qualitativer Natur und wird von einer spezifischen Erregung begleitet, die die Erkennung der Realität ermöglicht. Das Kriterium der Realität wird durch die hemmenden Kräfte des Ich vermittelt. „Es ist demnach die Ichhemmung, welche ein Kriterium zur Unterscheidung zwischen Wahrnehmung und Erinnerung ermöglicht[125]."

Durch ähnliche quantitative Auffassungen versucht Freud, die Denkvorgänge (das erkennende und reproduzierende Denken) zu erklären. Seine Anschauungen über die verschiedenen Formen des Denkens lassen sich im „Entwurf" folgendermaßen zusammenfassen:

„Ziel und Ende aller Denkvorgänge ist also die Herbeiführung eines Identitätszustandes, die Überführung einer von außen stammenden Besetzungsquantität (Qη) in ein vom Ich aus besetztes Neuron. Das erkennende oder urteilende Denken sucht eine Identität mit einer Körperbesetzung, das reproduzierende Denken mit einer psychischen Besetzung (eigenes Erlebnis) auf. Das urteilende Denken arbeitet dem reproduzierenden vor, indem es ihm fertige Bahnungen zur weiteren Assoziationswanderung bietet. Kommt nach Abschluß des Denkaktes das Realitätszeichen zur Wahrnehmung hinzu, so ist das Realitätsurteil, der Glaube, gewonnen und das Ziel der ganzen Arbeit erreicht[126]."

---

[122] Ebenda.
[123] Ebenda, S. 332.
[124] Ebenda.
[125] Ebenda, S. 333.
[126] Ebenda, S. 338.

Die Theorien, die Freud im „Entwurf" entwickelt hat, stellen den gedanklichen Hintergrund dar, auf dem seine psychoanalytischen Erkenntnisse basieren. Viele der Begriffe, die später bei der Entwicklung der Psychoanalyse eine wesentliche Rolle spielen sollen, entstammen ausschließlich den elektrophysiologischen Vorstellungen der Fließ-Periode. All die im „Entwurf" aufgestellten Hypothesen und komplizierten Gedankengänge hier detailliert wiederzugeben, würde den Rahmen unserer Bemühungen sprengen.

d) Die Traumdeutung

Die „Traumdeutung"[127] gilt allgemein als Freuds bedeutsamstes Werk und stellt eine der sichersten Grundlagen der Psychoanalyse dar. Freud war der erste, der den Traum wissenschaftlich analysierte und in ihm eine sinnvolle Determiniertheit erkannte. Er hat auch als erster die Bedeutung des Traumes als einer „Via regia zur Kenntnis des Unbewußten im Seelenleben"[128] hervorgehoben. Als Freud bestrebt war, Psychoneurosen zu heilen, stieß er auf Traumprobleme, die ihm bei der Erklärung psychischer Phänomene wesentlich erschienen. „Ich erlernte damals, wie man aus der Sprache des Traumes in die ohne weitere Nachhilfe verständliche Ausdrucksweise unserer Denksprache übersetzen muß[129]." „Diese Kenntnis . . .", berichtet Freud weiter, „ist für den Psychoanalytiker unentbehrlich, denn der Traum stellt einen der Wege dar, wie dasjenige psychische Material zum Bewußtsein gelangen kann, welches kraft des Widerstrebens, das sein Inhalt rege macht, vom Bewußtsein abgesperrt, verdrängt und somit pathogen geworden ist[130]."

---

[127] Die „Traumdeutung" war größtenteils anfangs 1896 fertig, sie wurde aber erst im Sommer 1899 niedergeschrieben. Bei ihrem ersten Erscheinen (1900) fand sie eine beschämende Aufnahme. Erst nach acht Jahren waren die 600 Exemplare der ersten Auflage verkauft. Freud war sich aber von Anfang an über die Bedeutung seines Werkes und der darin enthaltenen Erkenntnisse und Entdeckungen bewußt. In einem 32 Jahre später geschriebenen Vorwort zur dritten englischen Ausgabe finden wir folgende Meinung:

„This book, with the new contribution to psychology which surprised the world when it was published (1900), remains essentially unaltered. It contains, even according to my present-day judgement, the most valuable of all the discoveries it has been my good fortune to make. Insight such as this falls to one's lot but once in a lifetime." S. Freud, The Interpretation of Dreams. London 1954, p. XXXII.

[128] Derselbe, Die Traumdeutung. Ges. Werke, Bd. II/III, S. 613.

[129] Derselbe, Bruchstück einer Hysterie-Analyse. Ges. Werke, Bd. V, S. 172.

[130] Ebenda, S. 172 f.

In den Mittelpunkt seines wissenschaftlichen Interesses ist aber das Traumproblem erst gerückt, als Freud von der Methode der Selbstanalyse Gebrauch machte und seine eigenen Träume zu verstehen versuchte. Im Verlauf der weiteren Erfahrungen über Traumdeutung und Selbstanalyse gelangte er zu der Auffassung, „daß die psychische Realität eine besondere Existenzform ist, welche mit der materiellen Realität nicht verwechselt werden soll"[131]. Damit ist der Schritt von einem psychotherapeutischen Verfahren zu einer Tiefenpsychologie vollzogen[132].

Von Anbeginn an war der Traum für Freud die wertvollste Ergänzung zur Neurosenlehre. Schon im Jahre 1897 schreibt er, daß der „Traum ... die Psychologie der Neurosen in nuce enthält"[133]. „Der Traum" — stellt er 1898 fest — „gehört nämlich in dieselbe Reihe psychopathologischer Bildungen wie die hysterische fixe Idee, die Zwangsvorstellung und die Wahnidee[134]." Da Freud den Traum als Abkehr von jener „realitätsgerechten" Haltung auffaßt, verwendet er den Ausdruck „psychopathologisch". Ungeachtet der frappanten Ähnlichkeiten mit der Neurose soll der Zustand des Schlafes für den Traum als wesentlich betrachtet werden. „Der Schlaf ist ein Zustand", so bemerkt Freud, „in welchem ich nichts von der äußeren Welt wissen will, mein Interesse von ihr abgezogen habe. Ich versetze mich in den Schlaf, indem ich mich von ihr zurückziehe und ihre Reize von mir abhalte ... Die biologische Tendenz des Schlafes scheint also die Erholung zu sein, sein psychologischer Charakter das Aussetzen des Interesses an der Welt. Unser Verhältnis zur Welt, in die wir so ungern gekommen sind, scheint es mit sich zu bringen, daß wir sie nicht ohne Unterbrechung aushalten. Wir ziehen uns darum zeitweise in den vorweltlichen Zustand zurück, in die Mutterleibsexistenz also[135]." Da Freud die Abwendung von der realen Außenwelt als ein besonderes Merkmal der Psychosen charakterisiert, ist nach ihm mit dem Schlafzustand „die Bedingung für die Ent-

[131] Derselbe, Die Traumdeutung, S. 625.

[132] Derselbe, Neue Folge der Vorlesungen zur Einführung in die Psychoanalyse. Ges. Werke, Bd. XV, S. 13 ff.

[133] Derselbe, Aus den Anfängen ..., S. 184.

[134] Derselbe, Studien ..., S. 512.

[135] Derselbe, Vorlesungen zur Einführung in die Psychoanalyse. Ges. Werke, Bd. XI, S. 84 f. — In diesem Zusammenhang soll jedoch nicht unerwähnt bleiben, daß eine der Hauptfunktionen des Traumes, wie Freud schon früh erkannt hat, darin besteht, den Schlaf zu erhalten. Die lebenserhaltende Funktion des Traumes wurde durch die Forschungen von Dement und seinen Schülern bestätigt und empirisch nachgewiesen. Vgl. hierzu Liliane Frey-Rohn, Von Freud zu Jung. Zürich 1969, S. 300.

faltung einer Psychose gegeben"[136]. Es besteht aber ein wesentlicher Unterschied zwischen dem Realitätsverlust des Träumers und dem des Psychotikers. „Die harmlose Traumpsychose ist die Folge einer bewußt gewollten, nur zeitweiligen Zurückziehung von der Außenwelt, sie schwindet auch mit der Wiederaufnahme der Beziehungen zu dieser[137]."

Um die psychoanalytische Theorie der Träume gebührend darstellen zu können, müssen wir zunächst jene Gedanken in Betracht ziehen, die Freud beim sorgfältigen Studium des Traumes entwickelt hat. Am Traumgeschehen gewann er entscheidende Erkenntnisse hinsichtlich des Getriebes der psychischen Mechanismen sowie der Verdrängung, Regression und Verdichtung, Verschiebung, Symbolisierung. Das wesentlichste am Traumgeschehen war für Freud die Traumarbeit, die er den Mechanismen von Verdichtung und Verschiebung sowie auch von Symbolisierung und Dramatisierung gleichsetzte. Bevor wir nun jeden dieser Mechanismen im einzelnen darzulegen versuchen, ist es angebracht, unsere Aufmerksamkeit zunächst auf das Kernstück der Traumtheorie zu lenken. Die Hypothese, daß jeder Traum die (verkleidete) Erfüllung eines (verdrängten) Wunsches bzw. der Versuch einer solchen ist, bildet also den Hauptinhalt der Freudschen Theorie der Träume[138]. Alle Träume sind nach Freud Wunscherfüllungen. Die Kinderträume z. B. sind entweder unmittelbare Wunscherfüllungen oder Kompensationen für Wünsche, die im wachen Zustand nicht in Erfüllung gegangen sind. Die Träume Erwachsener sind im Vergleich zu denen der Kinder komplizierter. Die Wunscherfüllung ist bei den Erwachsenenträumen entstellt und unkenntlich. Die entstellten Wunschträume dagegen lassen sich hauptsächlich bei Kindern feststellen. Nachdem der Wunsch als eigentlicher Traumerreger erkannt wurde, stellte Freud die Frage, woher dieser stammen kann. Drei Quellen schienen ihm für die Entstehung eines Wunsches maßgebend zu sein:

---

[136] S. Freud, Neue Folge der Vorlesungen ..., S. 16. — In der Psychose geschieht die Abkehr von der realen Außenwelt in zwei verschiedenen Weisen: Einmal wenn das „Unbewußt-Verdrängte" überstark wird, so daß es das Bewußtsein überwältigt; zum anderen wenn die Realität dem Ich so unerträglich erscheint, daß sich dies verzweifelt den unbewußten Triebkräften unterwirft. Ebenda.

[137] Ebenda.

[138] Vgl. dazu S. Freud, Die Traumdeutung, S. 166. — Freud hatte bereits in seiner Fließ-Korrespondenz in den unbewußten Wünschen die geheimen Motive des Traumes erkannt. Die Erkenntnis also, daß die Wunscherfüllung das Motiv des Traumes ist, gewann er zu seiner großen Begeisterung im Jahre 1895. Vgl. Aus den Anfängen ..., S. 111.

„Er kann 1) bei Tage erregt worden sein und infolge äußerer Verhältnisse keine Befriedigung gefunden haben; es erübrigt dann für die Nacht ein anerkannter und unerledigter Wunsch; 2) er kann bei Tage aufgetaucht sein, aber Verwerfung gefunden haben; es erübrigt uns dann ein unerledigter, aber unterdrückter Wunsch; oder 3) er kann außer Beziehung mit dem Tagesleben sein und zu jenen Wünschen gehören, die erst nachts aus dem Unterdrückten in uns rege werden[139]."

Bei der Betrachtung des Entwurfs des psychischen Apparates kann man die erste Kategorie der Wünsche in das System Vbw einordnen. Was die Wünsche der zweiten Art anlangt, so ist anzunehmen, daß diese aus dem System Vbw in das Ubw zurückgedrängt sind und sich nur dort erhalten. Von den Wunschregungen dritten Typus ist zu sagen, daß sie unfähig sind, die Grenzen des Ubw zu übertreten[140].

Die psychoanalytische Traumtheorie läßt sich folgendermaßen formulieren. Es soll zunächst klargestellt werden, daß das Wort „Traum" in psychoanalytischer Terminologie nur als Bezeichnung für das Gesamtphänomen, das sich aus den Einzelbestandteilen manifester Traum, latenter Trauminhalt und Traumarbeit zusammensetzt, zu verwenden ist. Das bewußte Erleben während des Schlafens, an das sich der Schläfer nach dem Aufwachen erinnert oder auch nicht, bezeichnet Freud als manifesten Traum. Die unbewußten Wünsche und Gedanken, die den Schläfer aufzuwecken drohen, nennt er den latenten Trauminhalt. Mit anderen Worten, der latente Trauminhalt bezieht sich auf den dahinterstehenden eigentlichen Traumgedanken oder das Wunschmotiv, der manifeste auf den Geschehensablauf im Traum. Die Funktion der Traumarbeit besteht darin, „den latenten Traum in den manifesten" umzuwandeln[141]. Es ist von entscheidender Bedeutung, diese grundsätzlichen Unterscheidungen stets zu berücksichtigen, denn die Vernachlässigung dieser Unterscheidungen kann bei der Erklärung der psychoanalytischen Traumtheorie zu großen Mißverständnissen und Verwirrungen führen.

Freud führt nun die Mechanismen auf, durch welche der latente Trauminhalt zum manifesten umgesetzt wird. Die wichtigsten von ihm aufgezählten Mechanismen, die hier im einzelnen betrachtet werden sollen, sind:

---

[139] Derselbe, Die Traumdeutung, S. 556.

[140] Ebenda, S. 556 f.

[141] Derselbe, Der Traum. Ges. Werke, Bd. XI, S. 174.

1. Verdichtung
2. Verschiebung
3. Bildhafte Darstellung
4. Symbolisierung
5. Sekundäre Bearbeitung.

Im psychoanalytischen Sinne bezeichnet der Begriff „Verdichtung" die Darstellung mehrerer Vorstellungen oder Ideen durch ein einziges Wort oder Bild. Den Verdichtungsvorgang kann man am besten durch Studium eigener Träume analysieren, indem man versucht, sich an die Verdichtung verschiedener Personen zu einer einzigen zu erinnern[142]. Hier gibt Freud folgende Erläuterung: „Eine solche Mischperson sieht etwa aus wie A, ist aber gekleidet wie B, tut eine Verrichtung, wie man sie von C erinnert, und dabei ist noch ein Wissen, daß es die Person D ist[143]."

Das Wesentliche über die Verdichtung finden wir in dem Satz: „Der Traum ist knapp, armselig, lakonisch im Vergleich zu dem Umfang und zur Reichhaltigkeit der Traumgedanken[144]." Diese Schilderung über den Verdichtungsprozeß im Traum bedeutet, daß im manifesten Traum eine Vorstellung für eine Vielzahl von Assoziationen stehen kann, die ihrerseits zu völlig verschiedenen Vorstellungen der latenten Traumgedanken führen. Diesen Vorgang, d. h. die Beziehung einer faßbaren Vorstellung oder Erinnerung zu einer Reihe unfaßbarer, scheinbar zusammenhangloser, aber sehr wichtiger Gedanken und Erinnerungen nennt Freud Überdeterminierung.

Die zweite Leistung der Traumarbeit ist die Verschiebung. „Verschiebung" im psychoanalytischen Sinne bedeutet die Darstellung eines Teils durch das Ganze und umgekehrt, oder allgemein die Ersetzung einer Vorstellung durch eine andere, die mit ihr assoziativ verknüpft ist. Die beiden wichtigen Äußerungen der Verschiebung sind „erstens, daß ein latentes Element nicht durch einen eigenen Bestandteil, sondern durch etwas Entfernteres, also durch eine Anspielung ersetzt wird, und zweitens, daß der psychische Akzent von einem wichtigen Element auf ein anderes, unwichtiges übergeht, so daß der Traum anders zentriert und fremdartig erscheint"[145]. Die Unverständlichkeit des Traumes, der vor dem Einsetzen des analytischen Prozesses offensichtlich so fremdartig und sinnlos erscheint, ist das Ergebnis der Funktionen von Verdichtungs-

[142] Ebenda, S. 175.
[143] Ebenda.
[144] Derselbe, Die Traumdeutung, S. 284.
[145] Derselbe, Der Traum, S. 177.

und Verschiebungsvorgängen. Seine scheinbare Sinnlosigkeit muß also auf die Wirkung dieser Funktionen zurückgeführt werden.

Die dritte Leistung der Traumarbeit ist die bildhafte Darstellung. Sie besteht in der Umsetzung von Gedanken in visuelle Vorstellungen. Die visuellen Bilder sind aber nicht die einzige Form, in welche die Gedanken umgesetzt werden, sondern sie sollen als wesentlich bei der Traumbildung betrachtet werden.

Die Traumbilder stellen in all ihrer Kompliziertheit und Unverständlichkeit Gedanken dar, bei welchen man keine Verbindung herstellen kann. Die im Traum enthaltenen Gedanken und Gefühle sind also ohne logischen Zusammenhang. Nur durch freie Assoziation und die Kenntnis der Traumsymbolik ist es möglich, die Wahrheit des Traumes zu enträtseln. Was die sog. Symbolisierung[146] anlangt, so mißt Freud dieser eine besondere Bedeutung in der Traumlehre bei. Die Symbolik im Traum wurde, wie Freud zugibt, nicht von der Psychoanalyse entdeckt[147]. Der Philosoph K. A. Scherner (1861) gilt als Entdecker der Traumsymbolik[148]. Auch Havelock Ellis vertritt die Ansicht, daß unsere Träume von Symbolik erfüllt sind[149]. Die Psychoanalyse hat die Forschungen Scherners anerkannt, diese aber weitgehend modifiziert[150].

[146] Um den Vorgang der Symbolisierung näher zu spezifizieren, gibt Freud mehrere einfache Beispiele für symbolhafte Träume, die einen latenten Wunsch dramatisieren, damit sie nicht verdrängt werden. Ein Mann träumt zum Beispiel, „sein Bruder stecke in einem Kasten. Der erste Einfall ersetzt Kasten durch Schrank, und der zweite gibt darauf die Deutung: der Bruder schränkt sich ein". (Derselbe, Der Traum, S. 119.) Wenn man diesen Traum richtig auslegt, gelangt man zum latenten Traumelement. Es handelte sich dabei um einen Wunsch des Träumers, der Bruder möge sich einschränken. Er fürchtet nämlich die Verpflichtungen finanzieller Art, die eventuell seinen Bruder treffen könnten. Aus den freien Assoziationen des Träumers konnte man also die Symbolbedeutung des „Einschränkens" erschließen.

Ein weiteres Beispiel: „Der Träumer steigt auf einen Berg, von dem er eine außerordentliche, weite Aussicht hat." Dieser Traum scheint im ersten Augenblick sehr rationell und keiner weiteren Erklärung bedürftig zu sein. Es ist aber zu erkunden, aus welchem Motiv er geweckt wurde. Freud bemerkt dazu, daß gerade solche Träume deutungsbedürftig sind und grundsätzlichen Analysen unterzogen werden müssen: „Dem Träumer fällt dazu nämlich nichts von eigenen Bergbesteigungen ein, sondern er gedenkt des Umstandes, daß ein Bekannter von ihm eine ‚Rundschau' herausgibt, die sich mit unseren Beziehungen zu den fernsten Erdteilen beschäftigt. Der latente Traumgedanke ist also hier eine Identifizierung des Träumers mit dem ‚Rundschauer'." (Ebenda.)

[147] Ebenda, S. 153.

[148] Ebenda.

[149] Derselbe, Die Traumdeutung, S. 358.

[150] Derselbe, Der Traum, S. 153.

Die Symbolfrage nimmt also bei Freud eine besondere Stellung ein. Die Symbolik gehört nach ihm nicht nur dem Traum an, sondern vielmehr dem „unbewußten Vorstellen, speziell des Volkes“[151]. „Der Traum bedient sich nun dieser Symbolik zur verkleideten Darstellung seiner latenten Gedanken“[152], während im Folklor, in den Sagen, Mythen, Redensarten und sogar Witzen eines Volkes die Symbolik vollständiger vertreten ist als im Traum[153].

Über den letzten Sinn der Symbolbeziehung schreibt Freud, daß diese genetischer Natur sei: „Was heute symbolisch verbunden ist, war wahrscheinlich in Urzeiten durch begriffliche und sprachliche Identität vereint. Die Symbolbeziehung scheint ein Rest und Merkzeichen einstiger Identität. Dabei kann man beobachten, daß die Symbolgemeinschaft in einer Anzahl von Fällen über die Sprachgemeinschaft hinausreicht ...[154].“ In Anlehnung an den Sprachforscher Sperber vertritt Freud den Symbolen gegenüber — wie überall, wo es sich um die Erklärung nicht unmittelbar zugänglicher Vorgänge handelt — eine einfache, mechanistisch-materialistische Ansicht. Die von Sperber vertretene Lehre lautet, „daß die Urworte sämtlich sexuelle Dinge bezeichneten und dann diese sexuelle Bedeutung verloren, indem sie auf andere Dinge und Tätigkeiten übergingen, die mit den sexuellen verglichen wurden“[155].

Die Beschäftigung mit Traumproblemen führte Freud zur Aufstellung einer ganzen Reihe von Symbolen, die er meistens in Beziehung zu den männlichen und weiblichen Genitalien setzte. An dieser Stelle verzichten wir aber auf die Aufzählung all der länglichen Gegenstände, die nach Freud das männliche, und auf diejenige der Gegenstände mit Hohlräumen, die das weibliche Genitale darstellen sollen.

Bei seinen Überlegungen zur Traumsymbolik ging Freud davon aus, daß der Traum seine Unverständlichkeit der Tätigkeit einer Entstellungstendenz verdanke. Es ist aber nicht nur die Traumzensur, die den Traum unverständlich macht, sondern auch die Symbolik im Traum. „Die Symbolik ist also ein zweites und unabhängiges Moment der Traumentstellung neben der Traumzensur. Es liegt aber nahe anzuneh-

---

[151] Derselbe, Die Traumdeutung, S. 356.

[152] Ebenda, S. 357. [153] Ebenda, S. 356. [154] Ebenda, S. 357.

[155] Ebenda. Hans Sperber stellte die Theorie auf, daß sexuelle Bedürfnisse an der Entstehung und Weiterbildung der Sprache den größten Anteil gehabt haben (Über den Einfluß sexueller Momente auf Entstehung und Entwicklung der Sprache, Imago I, 1912). Ebenda.

men, daß es der Traumzensur bequem ist, sich der Symbolik zu bedienen, da diese zu demselben Ende, zur Fremdartigkeit und Unverständlichkeit des Traumes, führt[156]."

Die letzte von Freud aufgeführte Leistung der Traumarbeit ist die sekundäre Bearbeitung. Ihre Funktion besteht darin, „aus den nächsten Ergebnissen der Traumarbeit etwas Ganzes, ungefähr Zusammenpassendes herzustellen"[157]. Die sekundäre Bearbeitung ist das Resultat aus der natürlichen Neigung des Träumers, beim Aufwachen der Sinnlosigkeit des Traumes einen Sinn zu geben. Die intellektuelle Funktion in uns fordert, daß unser Wahrnehmungs- und Denkmaterial einheitlich und verständlich eingeordnet werden soll. Die Schaffung einer Ordnung und Herstellung der Relationen im psychischen Material gehört also zu den Aufgaben der sekundären Bearbeitung.

5. Die Psychopathologie des Alltagslebens

a) Die Fehlleistungen

Das epochemachende Werk „Zur Psychopathologie des Alltagslebens"[158] ist eine geistreiche und zugängliche Variante der „Traumdeutung". Dieses Werk sollte nach Freud eine Verbindung zwischen der Psychologie des Kranken und des Gesunden herstellen. Nachdem Freud in der Selbstanalyse die notwendige Sicherheit erlangte, um gewisse Phänomene wie Vergessen von Eigennamen usw. richtig erklären zu können, wendet er sich in diesem grundlegenden Buch allen vorübergehenden Störungen des Verhaltens zu, die nach seiner Terminologie als „Fehlleistungen" zu bezeichnen sind. Er befaßt sich also primär mit Gedächtnisstörungen im täglichen Leben, wie Vergessen von fremdsprachlichen Worten und anderen Vorgängen, wie Versprechen, Verlesen, Verschieben

---

[156] Derselbe, Der Traum, S. 171.

[157] Ebenda, S. 185.

[158] In einem Brief vom 26. Aug. 1898 an Wilhelm Fließ erwähnt Freud zum ersten Mal die „Psychopathologie des Alltagsgeschehens". In diesem Brief analysiert er den Vorgang des Vergessens eines Namens, den des Dichters Julius Mosen. Freud behandelt dieses scheinbar triviale Vergessen als ein neurotisches Symptom und entdeckt, daß der Name Julius Mosen wegen gewisser persönlicher Beziehungen von ihm verdrängt wurde. Es gelang ihm nachzuweisen, daß die Verdrängung durch infantile Motive verursacht worden war. Die vorgeschobenen Ersatznamen stellten einen Kompromiß dar zwischen der verdrängenden Kraft und den verdrängenden Ideen. Vgl. Aus den Anfängen ..., S. 225.

usw. Solche Fehler geschehen nach seiner Meinung nicht zufällig, sondern symbolisieren vielmehr die unbewußten Vorgänge. Diese scheinbaren Fehlhandlungen hätten wie die Träume eine Bedeutung. Nur durch die psychoanalytische Methode der freien Assoziation könne man ihren Sinn eindeutig verstehen.

Im ersten Kapitel der „Psychopathologie des Alltagslebens" stellt Freud einen Modellfall auf für die Störungen des Verhaltens, speziell für das Vergessen von Eigennamen. Das angeblich unmotivierte Vergessen eines Namens schien ihm geeignet, um die Realität der Verdrängung eindeutig nachzuweisen. Das von ihm im Jahre 1898 angeführte Beispiel für das Vergessen eines Eigennamens, verbunden mit einer Erinnerungstäuschung, wird in dem soeben genannten Kapitel weiter analysiert. Bei diesem Beispiel handelt es sich um das Namensvergessen eines berühmten Malers, welcher die großartigen Fresken des Weltgerichts im Dom von Orvieto geschaffen hat. Freud war bemüht, sich an den gesuchten Namen (Signorelli) zu entsinnen, es drängten sich ihm aber zwei andere Namen von Malern auf (Botticelli und Boltraffio). Nachdem ihm der richtige Name mitgeteilt wurde, wußte er sofort auch den Vornamen: Luca. Eine Untersuchung dieses Vorgangs ergab, daß es sich nicht um ein echtes Vergessen, sondern nur um ein Verdrängen handelte. Die entscheidende Frage lautet nun, auf welchen Assoziationswegen und durch welche Faktoren sich die Reproduktion des Namens Signorelli auf Botticelli und Boltraffio verschoben hat:

„Der Grund für das Entfallen des Namens Signorelli ist weder in einer Besonderheit dieses Namens selbst, noch in einem psychologischen Charakter des Zusammenhanges zu suchen, in welchen derselbe eingefügt war. Der vergessene Name war mir ebenso vertraut wie der eine der Ersatznamen — Botticelli — und ungleich vertrauter als der andere der Ersatznahmen — Boltraffio —, von dessen Träger ich kaum etwas anderes anzugeben wüßte, als seine Zugehörigkeit zur mailändischen Schule. Der Zusammenhang aber, in dem sich das Namenvergessen ereignete, erscheint mir harmlos und führt zu keiner weiteren Aufklärung: Ich machte mit einem Fremden eine Wagenfahrt von Ragusa in Dalmatien nach einer Station der Herzegowina; wir kamen auf das Reisen in Italien zu sprechen, und ich fragte meinen Reisegefährten, ob er schon in Orvieto gewesen und dort die berühmten Fresken des ... besichtigt habe[159]."

---

[159] S. Freud, Zur Psychopathologie des Alltagslebens. Ges. Werke, Bd. IV, S. 6 f.

Zu beachten ist, daß bei dem Beispiel „Signorelli“ das Entfallen des Namens von ganz unbedeutenden Umständen begleitet wird. Auf diesem kleinen Ausflug in der Herzegowina, den Freud von Ragusa aus mit dem Berliner Assessor Freyhau machte, verlor er, indem er auf Bilder zu sprechen kam, den Namen Signorelli. Die sich mit großer Zähigkeit aufdrängenden Ersatznamen Botticelli und Boltraffio traten also an die Stelle des gesuchten Namens. Diese Verschiebung läßt sich aber nicht, wie Freud ausdrücklich betont, auf eine psychische Willkür zurückführen[160]. Es besteht ein Zusammenhang zwischen dem gesuchten und den Ersatznamen. „Das Namenvergessen erklärt sich erst, wenn ich mich an das in jener Unterhaltung unmittelbar vorhergehende Thema erinnere, und gibt sich als eine Störung des neu auftauchenden Themas durch das vorhergehende zu erkennen. Kurz ehe ich an meinen Reisegefährten die Frage stellte, ob er schon in Orvieto gewesen, hatten wir uns über die Sitten der in Bosnien und in der Herzegowina lebenden Türken unterhalten. Ich hatte erzählt, was ich von einem unter diesen Leuten praktizierenden Kollegen gehört hatte, daß sie sich voll Vertrauen in den Arzt und voll Ergebung in das Schicksal zu zeigen pflegen. Wenn man ihnen ankündigen muß, daß es für den Kranken keine Hilfe gibt, so antworten sie: ‚Herr, was ist da zu sagen? Ich weiß, wenn er zu retten wäre, hättest du ihn gerettet!‘ — Erst in diesen Sätzen finden sich die Worte und Namen: Bosnien, Herzegowina, Herr vor, welche sich in eine Assoziationsreihe zwischen Signorelli und Botticelli-Boltraffio einschalten lassen[161].“

Während des Gesprächs, das Freud mit seinem Reisegefährten führte, unterdrückte er eine Mitteilung, die sich auf das Thema „Sexualität und Tod“ bezogen hätte. Er versucht nun herauszubekommen, welche Faktoren bei dieser Unterhaltung die Verdrängung verursacht haben könnten.

„Ich nehme an, daß der Gedankenreihe von den Sitten der Türken in Bosnien usw. die Fähigkeit, einen nächsten Gedanken zu stören, darum zukam, weil ich ihr meine Aufmerksamkeit entzogen hatte, ehe sie noch zu Ende gebracht war. Ich erinnere mich nämlich, daß ich eine zweite Anekdote erzählen wollte, die nahe bei der ersten in meinem Gedächtnis ruhte. Diese Türken schätzen den Sexualgenuß über alles und verfallen bei sexuellen Störungen in eine Verzweiflung, welche seltsam gegen ihre Resignation bei Todesgefahr absticht. Einer der Patienten meines Kollegen hatte ihm einmal gesagt: ‚Du weißt ja, Herr, wenn das nicht mehr geht, dann hat das Leben keinen Wert.‘ Ich unterdrückte die Mitteilung dieses charakteristischen Zuges, weil ich das Thema nicht in einem Ge-

[160] Ebenda, S. 6.

[161] Ebenda, S. 7.

spräch mit einem Fremden berühren wollte. Ich tat aber noch mehr; ich lenkte meine Aufmerksamkeit auch von der Fortsetzung der Gedanken ab, die sich bei mir an Thema ‚Tod und Sexualität' hätten knüpfen können. Ich stand damals unter der Nachwirkung einer Nachricht, die ich wenige Wochen vorher während eines kurzen Aufenthaltes in Trafio erhalten hatte. Ein Patient, mit dem ich mir viele Mühe gegeben, hatte wegen einer unheilbaren sexuellen Störung seinem Leben ein Ende gemacht. Ich weiß bestimmt, daß mir auf jener Reise in die Herzegowina dieses traurige Ereignis und alles, was damit zusammenhängt, nicht zur bewußten Erinnerung kam. Aber die Übereinstimmung Trafio — Boltraffio nötigt mich anzunehmen, daß damals diese Reminiszenz trotz der absichtlichen Ablenkung meiner Aufmerksamkeit in mir zur Wirksamkeit gebracht worden ist[162]."

Hier ist zu bemerken, daß Freud den psychischen Mechanismus, der das Vergessen verursacht, genauso untersucht wie einen Traum. Die beiden Phänomene haben, was vor allem die Entstellung der Tatsachen anbelangt, gemeinsame Züge. Sowohl der Traum als auch der Vorgang des Vergessens sind Gesetzmäßigkeiten unterworfen und dürfen nicht als bloße Zufallsereignisse betrachtet werden.

„Ich kann das Vergessen des Namens Signorelli nicht mehr als ein zufälliges Ereignis auffassen. Ich muß den Einfluß eines Motivs bei diesem Vorgang anerkennen. Es waren Motive, die mich veranlaßten, mich in der Mitteilung meiner Gedanken (über die Sitten der Türken usw.) zu unterbrechen, und die mich ferner beeinflußten, die daran sich knüpfenden Gedanken, die bis zur Nachricht in Trafio geführt hätten, in mir vom Bewußtwerden auszuschließen. Ich wollte also etwas vergessen, ich hatte etwas verdrängt. Ich wollte allerdings etwas anderes vergessen als den Namen des Meisters von Orvieto; aber dieses andere brachte es zustande, sich mit dessen Namen in assoziative Verbindung zu setzen, so daß mein Willensakt das Ziel verfehlte und ich das eine wider Willen vergaß, während ich das andere mit Absicht vergessen wollte. Die Abneigung, zu erinnern, richtete sich gegen den einen Inhalt; die Unfähigkeit, zu erinnern, trat an einem anderen hervor. Es wäre offenbar ein einfacherer Fall, wenn Abneigung und Unfähigkeit, zu erinnern, denselben Inhalt beträfen. — Die Ersatznamen erscheinen mir auch nicht mehr so völlig unberechtigt wie vor der Aufklärung; sie mahnen mich (nach Art eines Kompromisses) ebensosehr an das, was ich vergessen, wie

[162] Ebenda, S. 7 f.

an das, was ich erinnern wollte, und zeigen mir, daß meine Absicht, etwas zu vergessen, weder ganz gelungen, noch ganz mißglückt ist[163]."

Diese Analyse zeigt ganz deutlich, daß die eigentliche Ursache des Namenvergessens Signorelli in anderen seelischen Akten lag. Die Fehlleistung ist also nach Freud das Resultat eines Kompromisses zwischen zwei einander widerstreitenden Absichten, die beide nach einem Ausdruck drängen[164]. Den gleichen Prozeß kann man bei allen anderen Fehlleistungen, wie Versprechen, Verschreiben, Verlesen, Ungeschicklichkeiten und Erinnerungstäuschungen feststellen. Alles entsteht durch die Interferenz von zwei verschiedenen Intentionen, von denen die eine verdrängt und die andere manifest ist[165]. Nehmen wir zum Beispiel das Versprechen als Muster für die Fehlleistungen, so stellen wir fest, daß es die Verdrängung einer Aussage voraussetzt, die der Sprechende als verletzend oder unanständig empfinden würde. Die Aussage wird also vom Sprechenden unterdrückt, sie kommt aber gegen dessen Willen zum Vorschein, indem sie den manifesten Wortlaut modifiziert und sich mit ihm vermischt. Genügt die verdrängte Absicht — aufgrund des daraus resultierenden Versprechens — den Anforderungen der Zensur, so bahnt sie sich einen Weg zum manifesten Inhalt. Beim Versprechen kann die manifeste Absicht in inhaltlicher Beziehung zur verdrängten stehen — in diesem Fall „enthält sie einen Widerspruch gegen sie, eine Berichtigung oder Ergänzung zu ihr"[166], oder das Verdrängte hat inhaltlich nichts mit dem manifesten Inhalt zu tun[167]. Fast in allen Fällen von Versprechen drückt die manifeste Intention den Gegensatz zur verdrängten aus: „Ich erkläre die Sitzung für eröffnet, möchte sie aber lieber schon geschlossen haben ...[168]." Analysiert man einen solchen Satz, so kann man deutlich erkennen, daß „die Fehlleistung die Darstellung des Konflikts zwischen zwei unvereinbaren Strebungen ist"[169].

b) Die Symptom- und Zufallshandlungen

Es gibt eine Anzahl anderer seelischer Äußerungen, die den Fehlleistungen sehr nahestehen. Diese nennt Freud Zufalls- und Symptomhandlungen. Von den Fehlleistungen unterscheiden sie sich dadurch, „daß sie

[163] Ebenda, S. 8 f.

[164] Vgl. dazu S. Freud, Die Fehlleistungen. Ges. Werke, Bd. XI, S. 56 u. 61.

[165] Ebenda, S. 56.

[166] Ebenda.

[167] Ebenda.

[168] Ebenda.

[169] Ebenda.

die Anlehnung an eine bewußte Intention verschmähen ...“[170]. Sie haben vielmehr den „Charakter des Unmotivierten, Unscheinbaren und Unwichtigen ...“[171]. Die Zufallshandlungen führt man aus, ohne sich dabei etwas zu denken. Bei ihnen verfolgt man weder einen Zweck noch eine Absicht. Diejenigen Handlungen, die wir spielend ausführen, vor allem solche, die von uns an unserer Kleidung, Teilen unseres Körpers usw. scheinbar zwecklos verrichtet werden, ferner die Melodien, welche wir zufällig vor uns hinträllern, gehören in die Kategorie der Zufalls- und Symptomhandlungen. Freud vertritt die Ansicht, daß alle diese Erscheinungen wie die Fehlleistungen sinnvoll und durch unbewußte Gedanken getrieben sind[172]. Bei der psychoanalytischen Behandlung der Neurotiker läßt sich eine reiche Auswahl an solchen Symptomhandlungen feststellen. Es soll nun an zwei Beispielen gezeigt werden, daß die Herkunft dieser Phänomene in unbewußten seelischen Akten liegt.

„Eine junge Frau erzählt als Einfall während der Sitzung, daß sie sich gestern beim Nägelschneiden ‚ins Fleisch geschnitten, während sie das feine Häutchen im Nagelbett abzutragen bemüht war‘. Das ist so wenig interessant, daß man sich verwundert fragt, wozu es überhaupt erinnert und erwähnt wird, und auf die Vermutung gerät, man habe es mit einer Symptomhandlung zu tun. Es war auch wirklich der Ringfinger, an dem das kleine Ungeschick vorfiel, der Finger, an dem man den Ehering trägt. Es war überdies ihr Hochzeitstag, was der Verletzung des feinen Häutchens einen ganz bestimmten, leicht zu erratenden Sinn verleiht. Sie erzählt auch gleichzeitig einen Traum, der auf die Ungeschicklichkeit ihres Mannes und auf ihre Anästhesie als Frau anspielt. Warum war es aber der Ringfinger der linken Hand, an dem sie sich verletzte, da man doch den Ehering an der rechten Hand trägt? Ihr Mann ist Jurist, ‚Doktor der Rechte‘, und ihre geheime Neigung hatte als Mädchen einem Arzt (scherzhaft: ‚Doktor der Linke‘) gehört. Eine Ehe zur linken Hand hat auch ihre bestimmte Bedeutung[173].“

Nehmen wir ein anderes Beispiel aus der psychoanalytischen Literatur. Theodor Reik berichtet über einen Fall, der die Symptomhandlungen mit Ringen betrifft:

„Wir kennen die Symptomhandlungen, welche Eheleute ausführen, indem sie den Trauring abziehen und wieder anstecken. Eine Reihe ähn-

---

[170] S. Freud, Zur Psychopathologie ..., S. 212.

[171] Derselbe, Die Fehlleistungen, S. 55.

[172] Ebenda, S. 56.

[173] Derselbe, Zur Psychopathologie ..., S. 213.

licher Symptomhandlungen produziert mein Kollege M. Er hatte von einem von ihm geliebten Mädchen einen Ring zum Geschenk erhalten, mit dem Bemerken, er dürfe ihn nicht verlieren, sonst wisse sie, daß er sie nicht mehr lieb habe. Er entfaltete in der Folgezeit eine erhöhte Besorgnis, er könnte den Ring verlieren. Hatte er ihn zeitweilig, z. B. beim Waschen abgelegt, so war er regelmäßig verlegt, so daß es oft langen Suchens bedurfte, um ihn wieder zu erlangen. Wenn er einen Brief in den Postkasten warf, konnte er die leise Angst nicht unterdrücken, der Ring könnte von den Rändern des Briefkastens abgezogen werden. Einmal hantierte er wirklich so ungeschickt, daß der Ring in den Kasten fiel. Der Brief, den er bei dieser Gelegenheit absandte, war ein Abschiedsschreiben an eine frühere Geliebte von ihm gewesen, und er fühlte sich ihr gegenüber schuldig. Gleichzeitig erwachte in ihm Sehnsucht nach dieser Frau, welche mit seiner Neigung zu seinem jetzigen Liebesobjekt in Konflikt kam[174]."

In seinem Werk „Zur Psychopathologie des Alltagslebens" führt Freud zahlreiche Beispiele an, die eindeutig erkennen lassen, daß sich unter den sog. Zufalls- und Symptomhandlungen während der psychischen Behandlung immer Sinn und Bedeutung verbergen. Eine gründliche Untersuchung der im erwähnten Buch dargestellten Fälle würde den Rahmen unserer Darstellung sprengen.

6. Die Theorie der Sexualität

a) Die drei Abhandlungen zur Sexualtheorie

Die „Drei Abhandlungen zur Sexualtheorie" gehören zu Freuds wesentlichsten Arbeiten. In diesen Abhandlungen entwarf Freud ein revolutionäres Bild des Menschen, das zur Ursache der allgemeinen Empörung wurde. Der traditionellen Auffassung einer Sexualität, die zu einem bestimmten Zeitpunkt in der Pubertät in Erscheinung tritt, setzte er den Begriff eines angeborenen Sexualinstinktes entgegen, der vom ersten Tag an seiner Befriedigung entgegenstrebt. Will man die Freudsche Trieblehre verstehen, so tut man gut, die drei Abhandlungen in den Vordergrund zu stellen. Diese liefern vor allem die Grundlage für die Neurosenlehre, indem sie die Ursachen der Verdrängung und die Herkunft der Triebenergie aufdecken, die den bewußten und unbewußten Wünschen des Menschen zugrunde liegen.

---

[174] Hier zitiert nach S. Freud, Zur Psychopathologie ..., S. 228. (Internat. Zeitschrift f. Psychoanalyse, III, 1915.)

In ihrer ursprünglichen Fassung behandeln die „Drei Abhandlungen", nach Freuds eigener Titelgebung, „Die sexuellen Abirrungen", „Die infantile Sexualität" und „Die Umgestaltungen der Pubertät". Wie schon die Titel zeigen, schlägt Freud einen Weg ein, wie er bei ärztlichen Untersuchungen üblich ist: Er geht zunächst von einem noch ungeklärten Tatbestand aus, nämlich von den sexuellen Abirrungen, fragt dann nach deren Ätiologie und ermittelt diese in der infantilen Sexualität. Von den ätiologischen Befunden ausgehend, verfolgt er in den Umgestaltungen der Pubertät den Weg zur vollen Sexualentwicklung.

b) Die Libidotheorie

Freud beginnt den ersten Teil der „Drei Abhandlungen" mit folgenden Worten:

„Die Tatsache geschlechtlicher Bedürfnisse bei Mensch und Tier drückt man in der Biologie durch die Annahme eines ‚Geschlechtstriebes' aus. Man folgt dabei der Analogie mit dem Trieb nach Nahrungsaufnahme, dem Hunger. Eine dem Worte ‚Hunger' entsprechende Bezeichnung fehlt der Volkssprache; die Wissenschaft gebraucht als solche ‚Libido'[175]."

Wir wollen uns zuerst darüber Klarheit verschaffen, was Freud unter „Libido"[176] verstand. Er hielt sich nie genau an eine bestimmte Definition. An einer Stelle wird z. B. Libido definiert als Kraft, durch die sich der Sexualtrieb ausdrückt[177]. An einer anderen Stelle heißt es wieder: „Wir haben uns den Begriff der Libido festgelegt als einer quantitativ veränderlichen Kraft, welche Vorgänge und Umsetzungen auf dem Gebiete der Sexualerregung messen könnte. Diese Libido sondern wir von der Energie, die den seelischen Prozessen allgemein unterzulegen ist, mit Beziehung auf ihren besonderen Ursprung und verleihen ihr so auch einen qualitativen Charakter[178]." Bei näherer Betrachtung der verschie-

---

[175] S. Freud, Drei Abhandlungen zur Sexualtheorie. Ges. Werke, Bd. V, S. 33.

[176] Medizinisch gesehen wird der Begriff Libido für das „sexuelle Wollen", speziell für die „sexuelle Lüsternheit" angewandt. Betrachtet man aber die klassische Anwendung des Wortes Libido bei Cicero, Sallust u. a., so stellt man fest, daß das Wort nicht nur diese einseitige Bedeutung hatte, sondern allgemein im Sinne „leidenschaftlichen Begehrens" verstanden wurde. Vgl. hierzu C. G. Jung, Versuch einer Darstellung der psychoanalytischen Theorie. 2. Aufl., Zürich 1955, S. 35.

[177] Vgl. S. Freud, Vorlesungen zur Einführung in die Psychoanalyse. Ges. Werke, Bd. XI, S. 323.

[178] Derselbe, Drei Abhandlungen . . ., S. 118.

denen Definitionen wird deutlich, daß der Terminus Libido nach Freud ein ausschließlich sexuelles Bedürfnis charakterisiert. Alles, was er unter Libido versteht, ist also als sexuelles Bedürfnis oder als ein sexuelles Wollen zu bezeichnen. Freud unterscheidet grundsätzlich zwischen den sexuellen Triebregungen und den sog. Selbsterhaltungstrieben:

„Die populäre Auffassung trennt Hunger und Liebe als Vertreter der Triebe, welche das Einzelwesen zu erhalten, und jener, die es fortzupflanzen streben. Indem wir uns dieser so naheliegenden Sonderung anschließen, unterscheiden wir auch in der Psychoanalyse die Selbsterhaltungs- oder Ich-Triebe von den Sexualtrieben und nennen die Kraft, mit welcher der Sexualtrieb im Seelenleben auftritt, *Libido* — sexuelles Verlangen — als etwas dem Hunger, dem Machtwillen u. dgl. bei den Ich-Trieben Analoges[179]."

Bei der Trennung von libidinöser Energie und anderer psychischer Energie, die den seelischen Prozessen allgemein unterworfen ist, geht Freud von der Annahme eines besonderen Chemismus der Sexualfunktion aus[180]. Die Sexualvorgänge des Organismus unterscheiden sich also nach ihm von den Ernährungsvorgängen durch ihre besondere chemische Struktur[181]. Durch das Studium der Psychoneurosen und Perversionen gelangte Freud zu der Erkenntnis, daß die sexuelle Erregung nicht von den Geschlechtsorganen allein, sondern auch von allen wichtigen funktionellen Vorgängen im Körper ausgeht[182]. Hier leitet er den Begriff eines Libidoquantums ab, dessen psychische Repräsentanz er die *Ichlibido* nennt[183]. Die Produktion, Vergrößerung oder Verminderung, Verteilung und Verschiebung dieses Libidoquantums soll die Möglichkeit für die Erklärung psychosexueller Erscheinungen bieten. Was die *Ichlibido* anbelangt, so setzt Freud fort:

„Die narzißtische oder Ichlibido erscheint uns als das große Reservoir, aus welchem die Objektbesetzungen ausgeschickt und in welches sie wieder einbezogen werden, die narzißtische Libidobesetzung des Ichs als der in der ersten Kindheit realisierte Urzustand, welcher durch die späteren Aussendungen der Libido nur verdeckt wird, im Grunde hinter denselben erhalten geblieben ist[184]." Die Analyse der Dementia praecox und anderer psychotischer Störungen, an die sich Freud heranwagte, bestätigte die Hypothese, daß das Ich außer der verdrängenden Funktion, die es

[179] Derselbe, Eine Schwierigkeit der Psychoanalyse. Ges. Werke, Bd. XII, S. 4.

[180] Derselbe, Drei Abhandlungen ..., S. 118.

[181] Ebenda.

[182] Ebenda.

[183] Ebenda.

[184] Ebenda, S. 119.

hat, auch als ein großes Libidoreservoir betrachtet werden muß, aus dem Libido auf die Objekte zugeleitet wird, und es imstande ist, die von den Objekten rückströmende Libido immer aufzunehmen. Den pathogenen Vorgang bei der Demenz konnte Freud zum Beispiel darin sehen, daß die Libido von den Objekten abgezogen und in das Ich eingeführt wird.

Die Aufgabe einer Libidotheorie, die die neurotischen Störungen und psychotischen Affektionen erklären soll, besteht nun darin, die beobachteten Erscheinungen und Vorgänge in den Begriffen der „Libidoökonomie" auszudrücken[185].

c) Der Begriff der Sexualität

Nachdem klargestellt wurde was Freud unter dem Terminus „Libido" verstand, wollen wir uns jetzt der umstrittenen Frage zuwenden, was er eigentlich in den Begriff „Sexualität" mit einbezog. Freud wurde stark kritisiert, weil er diesen Begriff auf Vorgänge angewandt hatte, die von der herrschendend Meinung als nicht-sexuell bezeichnet wurden[186]. Seine „Drei Abhandlungen zur Sexualtheorie" erregten darum nicht nur eine

---

[185] Ebenda.

[186] Die Freudsche Schule stieß damals wegen ihrer Theorie vom sexuellen Kindheitstraum auf einen hartnäckigen Widerstand, nicht nur aus theoretischen Gründen, die gegen eine Traumalehre vorgebracht wurden, sondern auch wegen des sexuellen Moments. Es war für viele sehr überraschend, als Freud auf Grund einer außergewöhnlichen Gründlichkeit der Forschung dazu neigte, dem Kinde eine sogenannte polymorph-perverse Sexualität zuzuschreiben. Im Grunde genommen handelte es sich für einen echten Wissenschaftler wie Freud um die Tatsachenfrage, und man kann seine Beobachtungen, wie Jung mit Recht bemerkt, nicht a priori als falsch abweisen. (Vgl. C. G. Jung, Versuch einer Darstellung ..., S. 14.) Im Vorwort zur vierten Auflage der „Drei Abhandlungen" schreibt Freud: „Verstünden es die Menschen, aus der direkten Beobachtung der Kinder zu lernen, so hätten diese drei Abhandlungen überhaupt ungeschrieben bleiben können." In diesem Vorwort beklagt er sich darüber, daß man so weit gegangen sei, von einem „Pansexualismus" der Psychoanalyse zu sprechen und ihr den unsinnigen Vorwurf zu machen, sie erkläre alles aus der Sexualität. Er beruft sich des weiteren auf den Philosophen Arthur Schopenhauer, der vor längerer Zeit die Menschen auf die Tatsache aufmerksam gemacht hatte, in welchem Ausmaß ihre Handlungen und Strebungen durch sexuelle Momente bestimmt seien. Freud fügt hinzu, daß die Erweiterung des Begriffs der Sexualität durch das psychoanalytische Studium der frühen Kindheit und das Wissen von den Perversionen Erwachsener erforderlich werde. Wer von seinem höheren Standpunkt verächtlich auf die Psychoanalyse herabsehe, der möge erinnert werden, wie nahe der erweiterte Begriff der Sexualität der platonischen Eroslehre stehe. Vgl. S. Freud, Drei Abhandlungen ..., S. 32.

große Opposition, sondern auch helle Entrüstung. Man pflegte also der Psychoanalyse den Vorwurf zu machen, daß sie den Begriff der Sexualität weit über den populären Gebrauch ausgedehnt hatte.

„Der Begriff des Sexuellen umfaßt in der Psychoanalyse weit mehr; er geht nach unten wie nach oben über den populären Sinn hinaus. Diese Erweiterung rechtfertigt sich genetisch; wir rechnen zum ‚Sexualleben' auch alle Betätigungen zärtlicher Gefühle, die aus der Quelle der primitiven sexuellen Regungen hervorgegangen sind, auch wenn diese Regungen eine Hemmung ihres ursprünglich sexuellen Zieles erfahren oder dieses Ziel gegen ein anderes, nicht mehr sexuelles, vertauscht haben. Wir sprechen darum auch lieber von *Psychosexualität*, legen so Wert darauf, daß man den seelischen Faktor des Sexuallebens nicht übersehe und nicht unterschätze ...

Wer diese Auffassung der Psychosexualität nicht teilt, hat kein Recht, sich auf die Lehrsätze der Psychoanalyse zu berufen, in denen von der ätiologischen Bedeutung der Sexualität gehandelt wird. Er hat sich durch die ausschließliche Betonung des somatischen Faktors am Sexuellen das Problem gewiß sehr vereinfacht, aber er mag für sein Vorgehen allein die Verantwortung tragen[187]."

d) Die Entwicklung der Sexualtheorie

Freuds Auffassung von der Sexualität hat eine Entwicklung durchgemacht und sich durch weitere Erfahrungen sehr verändert. In einem Kapitel über „Meine Ansichten über die Rolle der Sexualität in der Ätiologie der Neurosen" gibt Freud eine historische Darstellung seiner Sexualtheorie. Diese Theorie bezog sich ursprünglich auf die „Neurasthenie", „Aktualneurosen" und die „Angstneurose", die schon früh seine Aufmerksamkeit auf die ätiologische Bedeutung der Sexualität gelenkt hatte.

Freud hatte bereits in seinen früheren Publikationen illustriert, daß die Symptome der Hysterie erst durch Zurückführung auf traumatisch wirksame Erlebnisse verständlich werden können und daß sich diese psychischen Traumen auf das Sexualleben beziehen. Während er der Sexualität eine Bedeutung für die Entstehung der einfachen Neurosen zuschrieb, vertrat er, was die Psychoneurosen (Hysterie und Zwangsvorstellungen) betrifft, noch eine rein psychologische Theorie, in der das sexuelle Moment eine wesentliche Rolle spielte[188]. Die lebensgeschichtliche

[187] Derselbe, Über „wilde" Psychoanalyse. Ges. Werke, Bd. VIII, S. 120 f.

Bedeutung der Sexualität wurde eigentlich erst in den 1896 erschienenen „Weiteren Bemerkungen über die Abwehr-Neuropsychosen“ gewürdigt. Im Sinne der frühen Vermutung wurde in dieser Schrift die Theorie vom auslösenden sexuellen Trauma weiter ausgebaut. Als wesentliche Ätiologie der Neurose nahm Freud hier eine Disposition an, die auf traumatisch bedingte Störungen während der frühkindlichen Sexualentwicklung zurückgeht.

In diesem Zusammenhang soll noch hinzugefügt werden, daß Freud und Breuer die Auffassung von der traumatischen Hysterie Charcots als Folge physischer Vorkommnisse mit ihren eigenen Erfahrungen über das psychische Trauma in der frühen Kindheit kombinierten. Beide gelangten zu der Auffassung, daß die Symptome der Hysterie von psychischen Traumen herrühren. Als Freud dann aber entdeckte, daß diese Traumen in der Wirklichkeit oft nicht stattgefunden hatten, mußte er der Phantasie eine besondere Bedeutung für die Entstehung der Neurosen beimessen. Die in der zweiten Schrift über Abwehr-Neuropsychosen aufgestellte Hypothese: nicht die Erlebnisse selbst haben traumatische Wirkung, sondern die Wiedererinnerung präsexueller Erlebnisse in der Phase der Sexualreife, gewann also an Gewicht. Nachdem es sich herausstellte, daß man bei der Ätiologie der Psychoneurosen nicht mehr von der Form des vermeintlichen Traumas ausgehen könne, sondern vielmehr andere ätiologische Momente in Betracht ziehen müsse, kam er zu dem Ergebnis, der Konstitution mehr Beachtung zu schenken. Hier setzt Freud an die Stelle des Begriffs der erblichen Konstitution (neuropathische Disposition) den spezifischeren der „sexuellen Konstitution“[189]. Mit der Einführung der konstitutionellen Momente in die Sexualtheorie trat die Auffassung von der akzidentellen Beeinflussung der Sexualität zurück. Ursprünglich schien das akzidentelle Moment bei der Verursachung der Neurosen die zentrale Rolle zu spielen, aber mit der seinerzeit von Freud angenommenen und überschätzten Verführungsätiologie entfiel auch die Akzentuierung der akzidentellen Einflüsse[190]. Es wurde festgestellt, daß es nicht mehr ein von außen wirkender brutaler akzidenteller Eindruck ist, der die Neurose verursacht, sondern daß es vielmehr eine spontane infantile Sexualbetätigung gibt, die oft mit unmißverständlicher Deutlichkeit in Erscheinung tritt und verbunden mit Verdrängungen die späteren neurotischen Störungen auslösen kann. Dieser Erkenntnis zufolge kommt es

[188] Derselbe, Meine Ansichten über die Rolle der Sexualität in der Ätiologie der Neurosen. Ges. Werke, Bd. V, S. 151.

[189] Ebenda, S. 155. [190] Ebenda, S. 154.

also nicht darauf an, „was ein Individuum in seiner Kindheit an sexuellen Erregungen erfahren hatte, sondern vor allem auf seine Reaktion gegen diese Erlebnisse, ob es diese Eindrücke mit der ‚Verdrängung' beantwortet habe oder nicht[191]." Das neurotische Individuum bringt regelmäßig aus seiner Kindheit ein Stück „Sexualverdrängung" mit, die sich bei den Anforderungen des realen Lebens äußert[192]. Die Psychoanalyse der hysterisch Kranken zeigt, so bemerkt Freud weiter, „daß ihre Erkrankung ein Erfolg des Konflikts zwischen der Libido und der Sexualverdrängung sei und daß ihre Symptome den Wert von Kompromissen zwischen beiden seelischen Störungen haben"[193].

Was die konstitutionelle sexuelle Anlage des Kindes anbelangt, so hat Freud in seinen „Drei Abhandlungen zur Sexualtheorie" dem Kinde eine nicht nur nicht gewöhnliche, sondern sogar eine sogenannte polymorph-perverse Sexualität zugeschrieben. Aus dieser Anlage durch Verdrängung gewisser Komponenten geht das sog. Normalverhalten der Sexualfunktion hervor. Durch den Hinweis auf die besonderen Charaktermerkmale der infantilen Sexualität konnte Freud die Perversion und Neurose erklären:

„Die Norm ergab sich aus der Verdrängung gewisser Partialtriebe und Komponenten der infantilen Anlagen und der Unterordnung der übrigen unter das Primat der Genitalzonen im Dienste der Fortpflanzungsfunktion; die Perversionen entsprachen Störungen dieser Zusammenfassung durch die übermächtige zwangsartige Entwicklung einzelner dieser Partialtriebe, und die Neurose führte sich auf eine zu weitgehende Verdrängung der libidinösen Strebungen zurück. Da fast alle perversen Triebe der infantilen Anlage als symptombildende Kräfte bei der Neurose nachweisbar sind, sich aber bei ihr im Zustand der Verdrängung befinden, konnte ich die Neurose als das ‚Negativ' der Perversion bezeichnen[194]."

Bei allen Wandlungen, die Freuds Anschauungen über die Ätiologie der Psychoneurosen erfuhren, war jedoch seine Auffassung von der „Sexualität" und vom „Infantilismus" unverändert geblieben[195]. Die wesentlichen Gesichtspunkte, die während der Entwicklung seiner Sexualtheorie geändert wurden, sind erstens die Aufhebung der These von der akzidentellen Beeinflussung der Sexualität und Einführung der konstitutionellen Momente, und zweitens die Ersetzung der rein psychologischen Auffassung der „Abwehr" durch die organische „Sexualverdrän-

[191] Ebenda, S. 156.
[192] Ebenda.
[193] Ebenda.
[194] Ebenda, S. 156 f.
[195] Ebenda, S. 157.

gung"[196]. Abschließend betont Freud in der Arbeit über „Meine Ansichten über die Rolle der Sexualität usw.", wie komplex die Pathogenese noch neben den oben erwähnten invariablen Faktoren sei und daß sich die Psychoneurose unter verschiedenen Bedingungen als Summation mannigfaltiger ätiologischer Momente ergebe.

e) Die sexuellen Abirrungen

Auf dem Gebiete der Sexualität gibt es eine große Zahl von Abweichungen von der sogenannten Norm. Freud zergliedert die heterogene Masse dieser Abweichungen in zwei Klassen, je nachdem, ob sich die Abweichung auf das Sexualobjekt, d. h. auf die Person, von der die geschlechtliche Anziehung ausgeht, oder auf das Sexualziel, d. h. auf die Handlung, nach welcher der Trieb drängt, bezieht[197].

Die Abweichungen hinsichtlich des Sexualobjekts beziehen sich vor allem auf das Alter, Geschlecht oder sogar die Art des Objekts. Bei dieser Gruppe von Abweichungen stellt Freud das Problem der „Inversion"[198] in den Vordergrund und spricht von angeborenen und erworbenen Faktoren. Es soll jedoch hier nicht unerwähnt bleiben, daß sich alle früheren Erklärungen und Deutungen in bezug auf die Genese der Inversion als unzureichend erwiesen. Freud wandte sich gegen eine allzu einseitige Auffassung über die Entstehung der Inversion. Aufgrund einer wahrhaft

[196] Ebenda.

[197] Vgl. hierzu S. Freud, Drei Abhandlungen zur Sexualtheorie, S. 34.

[198] Freud zieht es vor, anstatt des populären Begriffs der Homosexualität von der Inversion zu sprechen und nennt die Personen, die ein solches abweichendes Verhalten zeigen, Konträrsexuale oder Invertierte. Diese Personen verhalten sich nach verschiedenen Richtungen:

„a) Sie sind absolut invertiert, daß heißt ihr Sexualobjekt kann nur gleichgeschlechtlich sein, während das gegensätzliche Geschlecht für sie niemals Gegenstand der geschlechtlichen Sehnsucht ist, sondern sie kühl läßt oder selbst sexuelle Abneigung bei ihnen hervorruft. Als Männer sind sie dann durch Abneigung unfähig, den normalen Geschlechtsakt auszuführen, oder vermissen bei dessen Ausführung jeden Genuß.

b) Sie sind amphigen invertiert (psychosexuell-hermaphroditisch), das heißt ihr Sexualobjekt kann sowohl dem gleichen wie dem anderen Geschlecht angehören; der Inversion fehlt also der Charakter der Ausschließlichkeit.

c) Sie sind okkasionell invertiert, das heißt unter gewissen äußeren Bedingungen, von denen die Unzulänglichkeit des normalen Sexualobjektes und die Nachahmung obenan stehen, können sie eine Person des gleichen Geschlechtes zum Sexualobjekt nehmen und im Sexualakt mit ihr Befriedigung empfinden." Ebenda, S. 34 f.

außerordentlichen Gründlichkeit der Forschung kam er zu der Ansicht, daß sich bei der Inversion eine sehr frühe Phase intensiver Fixierung an die Mutter sowie eine Identifizierung mit ihr erkennen läßt. Die Objekte, von denen sich das neurotische Individuum später sexuelle Befriedigung verschafft, sind narzißtische Spiegelbilder seiner selbst, die es so gern hat, wie es von seiner Mutter geliebt sein möchte.

Bei den Abweichungen in bezug auf das Sexualziel soll folgendes in Betracht gezogen werden: Als normales Sexualziel gilt hier vor allem die Vereinigung der Genitalien im Akte der Begattung. Beim normalen Sexualvorgang kann man bereits jene Ansätze erkennen, deren Ausbildung zu den Perversionen führt. Gewisse erotisch gefärbte Akte, wie Betasten, Beschauen, können sich als Sexualakte in aktiver wie in passiver Form verselbständigen. Mit diesen Betätigungen sind also Momente gegeben, welche die Perversionen an das normale Sexualleben anknüpfen lassen. Hier teilt Freud die Abweichungen hinsichtlich des Sexualzieles in zwei Untergruppen: a) anatomische Überschreitungen und b) Fixierungen von vorläufigen Sexualzielen[199].

Was die Abirrungen der ersten Untergruppe anlangt, kann man feststellen, daß sich das Wunschziel des Sexualobjektes selten auf dessen Genitalien beschränkt, sondern über die eigentliche Genitaltätigkeit hinaus danach tendiert, bei anderen Körperteilen oder sogar Kleidungsstücken (Fetischismus) Ersatz zu suchen[200]. Freud betont in diesem Zusammenhang die Bedeutung der Sexualüberschätzung, die oft die sexuelle Anziehung begleitet. Ist die psychische Wertschätzung des Sexualobjektes allzu groß, so verträgt sie sich schlecht mit der Einschränkung auf die eigentliche Genitalbetätigung.

Bei den Abweichungen der zweiten Untergruppe ist zu bemerken, daß gewisse Komponenten des Sexualtriebes, die in der Regel nur Begleitmomente sind, zum Endziel des Sexualaktes führen können. Das Sexualobjekt entwickelt die Tendenz, bei den vorbereitenden Akten zu verweilen und aus diesen neue Sexualziele zu gestalten, die den normalen Sexualvorgang ersetzen. Diese Sexualakte können sich, wie bereits oben erwähnt, in aktiver und in passiver Form verselbständigen. Die bedeutsamsten aller Perversionen sowohl der aktiven als auch der passiven Form, die am häufigsten in Erscheinung treten, sind Sadismus und Masochismus[201]. Zwei andere Komponenten des Sexualtriebes, die hier in Erwägung gezogen werden sollen, sind: die Schaulust oder die Lust am Be-

---

199 Ebenda, S. 49.

200 Ebenda.

schautwerden. In ihren perversen Erscheinungsformen nennt man sie „Skopholie" beziehungsweise „Exhibitionismus". Die meisten dieser Abirrungen sind in ihrer schwachen Form Erscheinungen des normalen Sexuallebens. Nur in den Momenten der Ausschließlichkeit und der Fixierung bilden sie krankhafte Symptome und werden zu wirklichen Perversionen.

In dem Kapitel über „Die sexuellen Abirrungen" beschäftigt sich Freud auch mit dem Problem des Sexualtriebes bei den Neurotikern. Die durch die psychoanalytische Praxis gewonnenen Erkenntnisse haben ergeben, daß die Psychoneurosen auf sexuellen Triebkräften basieren. „Die nervösen Symptome beruhen einerseits auf dem Anspruch der libidinösen Triebe, andererseits auf dem Einspruch des Ichs, der Reaktion gegen dieselben[202]." In der Diskussion über den Sexualtrieb bei den Neurotikern betont Freud, daß der Leidensanteil des Sexualtriebes die „einzig konstante und die wichtigste Energiequelle der Neurose" bildet[203]. Die Symptome sind einerseits verdeckte Sexualbetätigungen der Kranken, und

---

[201] Manche Autoren verwenden die spezifischere Bezeichnung „Algolagnie", welche die Lust am Schmerz, die Grausamkeit, hervorhebt, während die von v. Krafft-Ebing gewählten Termini „Sadismus" und „Masochismus" die Lust an jeder Art von Demütigung und Unterwerfung akzentuieren. Im normalen Sprachgebrauch läßt sich eine Schwankung des Begriffs Sadismus von einer aktiven, sodann gewalttätigen Einstellung gegen das Sexualobjekt bis zur ausschließlichen Bindung der Befriedigung an die Mißhandlung desselben feststellen. Eine Perversion liegt aber nur dann vor, wenn dem Sexualobjekt Schmerz zugefügt wird. Was die Bezeichnung Masochismus anbetrifft, so kann man dieselbe Schwankung auch hier erkennen. Sie bezieht sich in erster Linie auf alle passiven Einstelllungen zum Sexualleben und Sexualobjekt. Es ist aber die Befriedigung an physischem oder psychischem Schmerz von seiten des Sexualobjektes, die als ein Zeichen für den krankhaften Zustand (Perversion) angesehen werden muß. Bei der Betrachtung des Masochismus als Perversion äußerte Freud ursprünglich Zweifel, ob Masochismus jemals primär auftreten und nicht vielmehr regelmäßig durch Umbildung aus dem Sadismus entstehen könne. Er sei häufig eine Fortsetzung des Sadismus in Wendung gegen die eigene Person. Freud wurde durch seine späteren Erwägungen, die sich auf bestimmte Annahmen über die Struktur des psychischen Apparates und die in ihm wirksamen Triebarten bezogen, dazu geführt, einige Modifizierungen hinsichtlich seiner Auffassung vom Masochismus vorzunehmen. Er nahm also einen *primären — erogenen —* Masochismus an, aus dem sich zwei spätere Formen, der *feminine* und der *moralische* Masochismus entwickeln. In diesem Zusammenhang spricht Freud auch von einem *sekundären* Masochismus, der durch Rückwendung des im Leben unverbrauchten Sadismus gegen die eigene Person entsteht und der sich mit dem primären verbindet. Ebenda, S. 56 f.

[202] Ebenda, S. 63.

[203] Ebenda, S. 62.

andererseits zeigen sie den Widerstand des Ichs. Die neurotischen Symptome sind als eine Art „Erinnerungssymbole" zu betrachten, d. h. als eine Transkription „für eine Reihe von affektbesetzten seelischen Vorgängen, Wünschen und Strebungen ..., denen durch einen besonderen psychischen Prozeß (die *Verdrängung*) der Zugang zur Erledigung durch bewußtseinsfähige psychische Tätigkeit versagt worden ist"[204]. Im Zustand des Unbewußten werden also diese Wünsche und Strebungen zurückgehalten. Sie drängen aber „nach einem ihrem Affektwert gemäßen Ausdruck, einer *Abfuhr*, und finden eine solche bei der Hysterie durch den Vorgang der *Konversion* in somatischen Phänomenen ..."[205]. Mit Hilfe der psychoanalytischen Technik ist man nun imstande, die Symptome in bewußtseinsfähige, affektbesetzte Vorstellungen zurückzuverwandeln und dadurch über den Ursprung und die Natur dieser „früher unbewußten psychischen Bildungen" zu erfahren[206].

f) Die infantile Sexualität

Die Ergebnisse der Analyse der Perversionen und der Psychoneurosen ermöglichten Freud, in das Gebiet der frühkindlichen Sexualentwicklung vorzudringen. Der Nachweis, daß jede Psychoneurose des späteren Lebens in einer Störung des sexuellen Lebens der Kindheit wurzelt, gehört heute noch zu dem Eckstein der psychoanalytischen Theorie. Im zweiten Teil seiner „Drei Abhandlungen zur Sexualtheorie" behandelt Freud das Thema „Die infantile Sexualität" und erörtert die Frage, warum ihre Existenz so weitgehend übersehen oder sogar einfach verleugnet worden ist. Diese Vernachlässigung führt er auf die eigentümliche infantile Amnesie zurück. Das besagt, daß die meisten Menschen die ersten Jahre ihrer Kindheit vergessen haben und sich nicht mehr an die starken Emotionen dieser Zeit, die so wichtig für ihre Persönlichkeitsbildung gewesen sind, erinnern können. Die Eindrücke ihrer frühen Kindheit haben die tiefsten Spuren in ihrem Seelenleben hinterlassen, so daß diese für die ganze spätere Entwicklung von ausschlaggebender Bedeutung geworden sind. Es soll jedoch hier besonders hervorgehoben werden, „daß die Existenz der infantilen Amnesie einen neuen Vergleichspunkt zwischen dem Seelenzustand des Kindes und dem des Psychoneurotikers schafft"[207]. Diese allgemein verbreitete Amnesie, die die Kindheit jedes Individuums zu einer gleichsam *prähistorischen* Vorzeit macht und ihm die Anfänge seines Sexuallebens verdeckt, soll erklären, weshalb das kindliche Ge-

[204] Ebenda, S. 63.
[205] Ebenda.
[206] Ebenda.
[207] Ebenda, S. 76.

schlechtsleben so lange von den Eltern und Erziehern unbeachtet geblieben ist. Es ist ein Verdienst Freuds, die Bedeutung der Kinderjahre für die Entstehung gewisser wichtiger, vom Sexualleben abhängiger Phänomene hervorgehoben und das Moment der infantilen Sexualität in den Vordergrund gestellt zu haben. Er vertritt die damals sensationelle, in der jetzigen Zeit aber weitgehend akzeptierte Meinung, daß das Kind schon vom ersten Lebenstage an sexueller Regungen fähig ist und daß sich seine Sexualtriebe bis ungefähr zum 4. Lebensjahr weiter entwickeln. Dann folgt vom vierten bis elften Jahr die Zeit des Stillstandes. Für diesen Zeitraum gebraucht Freud den von Fließ vorgeschlagenen Ausdruck „Latenzperiode". Die Verwendung dieses Begriffes hat oft Anlaß zu Mißverständnissen gegeben, als ob damit gemeint wäre, daß es während dieser Periode überhaupt keine sexuellen Äußerungen gebe. Die Sexualäußerung ist jedoch in der Aufschubs-Periode je nach der individuellen Entwicklung verschieden. Diese mehr oder weniger vollkommene Unterbrechung scheint nur die menschliche Entwicklung zu charakterisieren. Die Kulturhistoriker sind der Ansicht, daß während dieser Zeit die brachliegenden sexuellen Instinkte von ihrem ursprünglichen Ziel abgelenkt und den anderen gesellschaftlichen und schöpferischen Aufgaben zugeführt werden[208]. Dadurch werden mächtige Komponenten für alle kulturellen Leistungen erzielt. Dieser Entwicklungsprozeß wird als *Sublimierung* bezeichnet.

Betrachtet man nun die Äußerungen der infantilen Sexualität, so läßt sich folgendes darüber sagen: Die kindliche Sexualität äußert sich nicht genital, sondern *prägenital*. Die Mund- und Afterzone spielen eine wesentlich wichtigere Rolle als die Genitalzone, die erst in der letzten frühkindlichen Libidoorganisation zum Vorschein kommt. Grundsätzlich ist die infantile Sexualität *autoerotisch*. Das besagt, daß sie zur Befriedigung der Triebe keine „Liebesobjekte" benötigt, sondern diese vielmehr am eigenen Körper findet. Das Sexualleben des Kindes umfaßt also die Funktion der Lustgewinnung aus Körperzonen, die nachträglich in den Dienst der Fortpflanzung gestellt wird.

g) Die orale Phase und frühkindliche Autoerotik

Es wurde bereits hervorgehoben, daß der Trieb in der kindlichen Sexualität nicht auf andere Personen gerichtet ist, sondern daß er sich am eigenen Leib befriedigt. Der von *Havelock Ellis* eingeführte Terminus *Autoerotik* kann am besten den Charakter dieser Sexualität be-

[208] Ebenda, S. 79.

schreiben[209]. Die Welt des Säuglings ist noch objektlos. Er lebt „eigenweltlich“. Die Grenzen zwischen seinem Ich und der Außenwelt sind fließend. Dem frühkindlichen Trieb kann man also keine Objektsuche, sondern nur eine Lustsuche zuschreiben. Unabhängig vom Nahrungstrieb tritt die letztere in Form des *Lutschens* in Erscheinung. Das *Ludeln* oder *Lutschen* hat Freud als erste Äußerung des Sexualtriebes betrachtet[210]. Dies tritt bereits beim Säugling auf und kann bis in die Jahre der Reife fortgesetzt werden oder sich durch das ganze Leben weitererhalten[211]. Für den Säugling ist das Saugen die wichtigste Lustquelle. „Wer ein Kind gesättigt von der Brust zurücksinken sieht, mit geröteten Wangen und seligem Lächeln in Schlaf verfallen, der wird sich sagen müssen, daß dieses Bild auch für den Ausdruck der sexuellen Befriedigung im späteren Leben maßgebend bleibt[212].“ Im Akt des Saugens lassen sich zweierlei Bedürfnisse unterscheiden. Einerseits steht das Saugen im Dienste der Nahrungsaufnahme, und andererseits hat es die Funktion der Lustgewinnung. In diesen ersten Triebäußerungen des Säuglings kann man bereits eine Triebverschränkung von Sexual- und Ichtrieb erkennen. Der Trieb zur Arterhaltung, d. h. also die Sexualität und der Selbsterhaltungstrieb, beide existieren ob ovo und machen eine besondere Entwicklung durch. Freud weist eigentlich auf die unverkennbare Erregung und Befriedigung des Kindes während des Saugaktes hin und zieht einen Vergleich zwischen diesem und den Sexualakten. Durch diese Ähnlichkeit gelangt er zu der Annahme, daß der Akt des Saugens an der mütterlichen Brust eine Art sexuellen Aktes sei[213].

Freud entdeckt am Lutschen oder Wonnesaugen drei wesentliche Merkmale der frühkindlichen Sexualäußerung: „Dieselbe entsteht in Anlehnung an eine der lebenswichtigen Körperfunktionen, sie kennt noch kein Sexualobjekt, ist *autoerotisch*, und ihr Sexualziel steht unter der Herrschaft einer *erogenen Zone*[214].“

b) Die anale Phase

Mit dem Lutschen in der oralen Phase eröffnet sich eine Art leibliche Existenz. Die Eroberung des eigenweltlichen Seins ist ein besonderes Merkmal dieser Phase. Im Zuge der weiteren körperlichen Entwicklung des Kindes beginnt das In-der-Welt-sein sich zu einem mitweltlichen Sein zu verwandeln. Das Kind lernt allmählich mit dem Gewahrwerden des

---

[209] Ebenda, S. 81 f.

[210] Ebenda, S. 81.

[211] Ebenda, S. 80.

[212] Ebenda, S. 82.

[213] Ebenda.

[214] Ebenda, S. 83.

eigenen Körpers eine andere Zone lustvoll zu besetzen. Nach der psychoanalytischen Theorie verlagert sich die Libido in der analen Phase von der Mundzone auf die Afterregion. Der Sexualtrieb, der sich zunächst an die Körperfunktion der Nahrungsaufnahme anlehnte, lehnt sich nun in der Phase, die der oralen folgt, an die Ausscheidungsfunktion an. Durch die Anlehnung der Sexualität an andere Körperfunktionen wird also die Analzone ähnlich wie die Lippen-Mundregion zu einer erogenen Zone[215].

„Man muß sich die erogene Bedeutung dieser Körperstelle als ursprünglich sehr groß vorstellen. Durch die Psychoanalyse erfährt man dann nicht ohne Verwunderung, welche Umwandlungen mit den von hier ausgehenden sexuellen Erregungen normalerweise vorgenommen werden, und wie häufig der Zone noch ein beträchtliches Stück genitaler Reizbarkeit fürs Leben verbleibt[216]."

Das anale Lustgefühl entsteht zunächst durch die rein körperliche Befriedigung der Darmentleerung. Der Darminhalt, der sich wie ein Reizkörper verhält, stellt „das erste ‚Geschenk' dar, durch dessen Entäußerung die Gefügigkeit, durch dessen Verweigerung der Trotz des kleinen Wesens gegen seine Umgebung ausgedrückt werden kann"[217]. Mit dieser Bemerkung, daß der Darminhalt ein Geschenk bedeute, weist Freud bereits auf den kommunikativen Sinn der ursprünglichen aktiven Auseinandersetzung mit der Umwelt hin.

Aufgrund seiner charakterologischen Untersuchungen bezeichnet Freud dieses Entwicklungsstadium als anal-sadistisch[218]. Sadistische, aggressive Motive lassen sich durchaus während dieser Entwicklungsphase feststellen. Selbst im Akt der Ausscheidung steckt ein aggressives Moment. Die hartnäckige Weigerung des Kindes, den Darm zu entleeren sowie seine Zurückhaltung der Fäkalien sind Formen, sich der elterlichen Autorität zu widersetzen.

Welche besonderen Qualitäten der Objektbeziehung kommen nun der Analität zu? Bei der Betrachtung der Entwicklungsphasen der sexuellen Organisation hat Freud der Oralität, soweit sie die Beziehungen zu den Objekten darstellt, die Tendenz zur Einverleibung zugeschrieben. Eine solche prägenitale Sexualorganisation ist von ihm als *kannibalische* bezeichnet worden[219]. Das Kannibalische läßt sich am besten erkennen,

---

[215] Ebenda, S. 86.
[216] Ebenda.
[217] Ebenda, S. 87.
[218] Ebenda, S. 99.
[219] Ebenda, S. 98.

wenn das Saugen von dem „beißenden Nehmen-bei-Etwas“ abgelöst wird. Was nun die zweite prägenitale Phase, d. h. die *sadistisch-anale* Organisation anlangt, bemerkt Freud, daß in dieser die Gegensätzlichkeit, die das Geschlechtsleben durchzieht, bereits ausgebildet ist[220]. Die Gegensätzlichkeit kann aber noch nicht männlich und weiblich genannt werden, sondern sie wird durch aktiv-passiv ausdrückbar. Die sexuelle Polarität und das fremde Objekt sind also bereits in dieser prägenitalen Libidoorganisation nachweisbar. „Diese Form der Sexualorganisation kann sich bereits durchs Leben erhalten und ein großes Stück der Sexualbetätigung an sich reißen. Die Vorherrschaft des Sadismus und die Kloakenrolle der analen Zone geben ihr ein exquisit archaisches Gepräge[221].“

i) Die frühe genitale Phase

Die letzte Phase, in der die kindliche Sexualität unmittelbar in der genitalen Zone erlebt wird, nennt die Psychoanalyse die *phallische*. In seinem Aufsatz „Der Untergang des Ödipuskomplexes“ schreibt Freud, „daß die Sexualentwicklung des Kindes bis zu einer Phase fortschreitet, in der das Genitale bereits die führende Rolle übernommen hat. Aber dies Genitale ist allein das männliche, genauer bezeichnet der Penis, das weibliche ist unentdeckt geblieben. Diese phallische Phase, gleichzeitig die des Ödipuskomplexes, entwickelt sich nicht weiter zur endgültigen Genitalorganisation, sondern sie versinkt und wird von der Latenzzeit abgelöst“[222].

Freud hat wiederholt darauf hingewiesen, daß Kinder bis zum fünften Lebensjahr allzu häufig in aller Unschuld sexuelle Erregung erfahren, was ihnen zuweilen eine Drohung von seiten der Erwachsenen einträgt. In der analen Phase fand das Kind bereits die Harnentleerung als eine Lustquelle neben den anderen analen Befriedigungen. Mit dem Verzicht auf die anale Lustquelle treten aber die Sexualorgane in den Mittelpunkt des Interesses. Das Kind macht die Entdeckung, daß die Stimulation der Genitalien unabhängig von der Harnentleerung lustvoll ist. Da die intensive Lust in dieser Entwicklungsphase von den Genitalien ausgeht, so erwartet das Kind, daß die Eltern ihm via Genitalien ihre Liebe zeigen.

Die wichtigsten Objektbeziehungen dieser infantilen Genitalorganisation kann man am besten unter der Bezeichnung *Ödipuskomplex*[223] zu-

[220] Ebenda, S. 99.
[221] Ebenda.
[222] S. Freud, Der Untergang des Ödipuskomplexes. Ges. Werke, Bd. XIII, S. 396.

sammenfassen. Freud hat das allgemeine Auftreten von Inzestwünschen der Kinder gegenüber ihren Eltern, und zwar charakteristischerweise gegenüber dem Elternteil des anderen Geschlechtes, sowie die feindseligen Gefühle gegen sie, d. h. den Haß, den die Kinder gegenüber dem Elternteil ihres eigenen Geschlechts nähren, Ödipuskomplex genannt. Durch die Auswertung der Aussagen der hysterischen Patienten, die sich regelmäßig auf ihre inzestuösen Phantasien bezüglich des Elternteils des anderen Geschlechtes bezogen, sowie durch die Aufschlüsselung seiner eigenen Träume konnte Freud die Analogie zwischen diesen Phantasien und der griechischen Sage von jenem thebanischen König, der nach einem Orakelspruch zum Mörder seines Vaters und Gatten seiner Mutter wurde, ziehen.

k) Die Sublimierung und Latenzperiode

Mit dem Untergang des Ödipuskomplexes, mit der Verdrängung der Wünsche an die Eltern und der genitalen Impulse findet die Phase der infantilen Sexualität ein Ende. Jetzt beginnt eine Zeit des scheinbaren Stillstandes — von etwa fünf bis elf Jahren —, die Freud als „Latenzperiode“ bezeichnet. Während dieser Periode werden die Interessen des Kindes vorübergehend vom Sexualleben abgewendet und auf andere Gebiete gelenkt. Die Objektbesetzungen werden aufgegeben und durch Identifizierung ersetzt. Das Ich bildet sich weiter aus, so daß all diese Umgestaltungen, wie Reaktionsbildung, Sublimierung, Zielhemmung usw. möglich werden. Die ins Ich introjizierte Autorität der Eltern macht bereits den Kern des „Über-Ichs“ aus. Das Ich wird durch Inzestverbot des Vaters gegen die Wiederkehr der libidinösen Objektbesetzung versichert. Die libidinösen Strebungen, die der ödipalen Phase zugehören, werden zum Teil desexualisiert und sublimiert, zum Teil zielgehemmt und in zärtliche Regungen des Sexuallebens verwandelt.

---

[223] Charles Brenner schreibt, daß der Ödipuskomplex, soweit die Erfahrungen der ersten zehn bis fünfzehn Jahre unseres Jahrhunderts zeigten, kein ausschließliches Merkmal des unbewußten Seelenlebens der Neurotiker ist, sondern im Gegenteil auch bei normalen Menschen auftritt. „Die Existenz solcher Wünsche und die durch sie hervorgerufenen Konflikte sind in Wirklichkeit eine Erfahrung, die allen Menschen gemein ist. Es ist zwar richtig, wie viele Anthropologen dargelegt haben, daß Kulturen, die von der unseren verschieden sind, auch entsprechende Unterschiede im psychischen Leben und in den Konflikten der Kindheit aufweisen, aber die besten uns heute zur Verfügung stehenden Zeugnisse sprechen dafür, daß in jeder uns bekannten Kultur inzestuöse und elternmörderische Impulse und damit zusammenhängende Konflikte existieren.“ Charles Brenner, Grundzüge der Psychoanalyse. Frankfurt a. M. 1967, S. 126 f.

Durch psychoanalytische Beobachtungen können wir die Zusammenhänge zwischen infantiler Genitalorganisation, Ödipuskomplex, Kastrationsdrohung, Über-Ichbildung und Latenzzeit klar erkennen. Sie verifizieren die Hypothese, daß der Ödipuskomplex an der Kastrationsdrohung zugrunde geht und unter dem Druck dieser Drohung die Objektbesetzungen preisgegeben und durch Identifizierung ersetzt werden. Die ödipalen Objekte werden, mit anderen Worten ausgedrückt, vom Kinde aufgegeben und durch Über-Ich-Identifikationen ersetzt. Die Identifikationen des Über-Ichs sind also in gewissem Umfang eine Folge der endgültigen Aufgabe der inzestuösen Objektbeziehungen des Ödipuskomplexes.

l) Die Pubertät und Objektfindung

Die sich in der Latenzperiode abspielenden inneren Umgestaltungen, wie Sublimierung, Zielhemmung, Reaktionsbildung usw., ermöglichen nun die Wandlungen, die mit der Pubertät einsetzen. Diese Wandlungen sollen das infantile Sexualleben in seine endgültige Normalgestaltung überführen. Der Geschlechtstrieb, der während der kindlichen Sexualentwicklung vorwiegend autoerotisch war, ordnet sich nun dem Primat der Genitalzone unter. Die auf Sexualobjekt und Sexualziel gerichteten Strömungen, die sinnlichen und zärtlicheren, werden zu einer Ganzheitsgestalt des Eros zusammengefaßt. Das normale Geschlechtsleben wird dann durch gleichzeitige Übereinstimmung dieser beiden Strömungen gewährleistet.

Freud hat, wie bereits im Kapitel über die „orale Phase und frühkindliche Autoerotik" dargestellt, für die früheste Entwicklungsperiode des Kindes ein urtümliches Verhältnis zu dem Sexualziel, d. h. zu der nahrungspendenden Brust der Mutter anerkannt. Dieses ursprüngliche Verhältnis geht aber mit dem Auftreten der infantilen Autoerotik verloren und stellt sich erst nach Überwindung der Latenzzeit wieder her[224]. „Nicht ohne guten Grund ist das Saugen des Kindes an der Brust der Mutter vorbildlich für jede Liebesbeziehung geworden. Die Objektfindung ist eigentlich eine Wiederfindung[225]." Hier unterscheidet Freud zwei Wege der Objektfindung: Einmal lehnt sich die Objektfindung an die frühkindlichen Vorbilder an, und zum andern ist sie eine narzißtische, d. h. eine solche, die das eigene Ich sucht und im anderen — nicht nach dem Vorbild der Mutter — wiederfindet[226].

---

[224] Vgl. dazu S. Freud, Drei Abhandlungen zur Sexualtheorie, S. 123.
[225] Ebenda. [226] Ebenda.

Im Pubertätsgeschehen kommt dem Problem der Objektwahl eine besondere Bedeutung zu. Eine der bedeutsamsten psychischen Leistungen der Pubertätszeit ist die Ablösung von der elterlichen Autorität. Während dieser Zeit schwanken die Jugendlichen zwischen ihrer Tendenz, sich von der elterlichen Bevormundung zu befreien, und ihrem Bedürfnis nach seelischem Halt, nach Anleitung und Hilfe durch die Eltern. Der Prozeß der Objektwahl, der Wahl eines Liebes-„Objektes" vollzieht sich bei den Heranwachsenden normalerweise so, daß sie ihre Liebe, die sie für den andersgeschlechtlichen Elternteil empfinden, von ihm ablösen und auf einen Partner übertragen. Unbewußt sucht der heranreifende Mann im geliebten Weibe das Abbild seiner Mutter und das heranreifende Weib im Manne das Bild ihres geliebten Vaters. Auch der reife Mann sucht in den späteren Liebesbeziehungen vielfach immer noch unbewußt die „Mutter-Imago" und das Weib meist die „Vater-Imago", d. h. das verdrängte Bild des Vaters.

7. Die metapsychologischen Konstruktionen der Freudschen Ichpsychologie

a) Die Ansätze einer Ichpsychologie

Wir haben schon im Abschnitt über die „Selbstanalyse" dargelegt, daß Freud eine Zeitlang die Auffassung von der ätiologischen Bedeutung der sexuellen Verführung der Kinder durch Erwachsene für die Entstehung der späteren Neurose vertreten hat. Diese Auffassung war seit 1893 die Grundlage seiner Theorie der Hysterie. Die Erkenntnisse, die er aber später aus der Analyse seiner eigenen Träume gewann, veranlaßten ihn, die Ansicht von der sexuellen Verführung zugunsten der Theorie der infantilen Sexualität aufzugeben. Die Hypothese also, die Hauptursache der Hysterie sei die sexuelle Verführung des Kindes durch Pflegepersonen, wurde als ungültig deklariert.

Die Unhaltbarkeit der These vom frühkindlichen Trauma kündigte bereits die Geburtsstunde einer Psychologie an, die sich allmählich von der Biologie unabhängig entwickelte und ihre Fundierung in metapsychologischen Gedankengängen suchte. Der unmittelbare Anlaß zu dieser Wendung war die Selbstanalyse Freuds. Durch sie wurde er vor allem für die Entwicklung der „Ichpsychologie" frei gemacht. Die Ichpsychologie stellt die notwendige Ergänzung der Trieblehre dar. Denn das „Ich" ist logischerweise der Träger aller triebhaften Impulse. Es steht den Trieberlebnissen immer abwehrend, verfallend und gefährdend gegenüber. Freud hat schon immer bei seinen Überlegungen über psychische Vorgänge vom „Ich" gesprochen. An dieser Stelle sei auf die Darlegungen des Verfassers dieser Arbeit über „Die ersten Grundlagen der psychoanalytischen Theorie" hingewiesen, wo zum Beispiel das Ich von Freud als verdrängende und widerstrebende Instanz anerkannt wird. Alle Feststellungen über das Ich in der frühen Entwicklungsphase der psychoanalytischen Theorie bis zu der Krisis wegen der Unhaltbarkeit der Verführungsthese dienten dazu, die Libidovorgänge verständlich zu machen. Mit der Einführung der Theorie des Infantilismus der Sexualität wandte sich Freud ausdrücklich einer Psychologie des Ich zu, von der die Trieblehre rückwirkend neue Impulse erfuhr.

Erst nachdem Freud sich selbst in der Selbstanalyse schonungslos zum Untersuchungsobjekt machte, wurde dem Ich als dem Subjekt der libidinösen Strebungen eine besondere Bedeutung beigemessen und das Problem des Ödipus- und Kastrationskomplexes vollständig gelöst. Durch seine Bemühungen um die Subjektseite des psychischen Geschehens wurde Freud veranlaßt, seine bisherigen Darstellungen über die psychischen Vorgänge zu revidieren und den psychischen Apparat mehr in den Vordergrund zu stellen. Seine kurze Abhandlung: „Formulierungen über die zwei Prinzipien des psychischen Geschehens[227]" kann als eine Überleitung

[227] Die erste Formulierung der beiden Prinzipien nahm Freud in einem Brief vom 19. 2. 1899 an Wilhelm Fließ vor: „Der letzte allgemeine Gedanke hat sich erhalten und scheint ins Unabsehbare wachsen zu wollen. Nicht der Traum allein ist eine Wunscherfüllung, auch der hysterische Anfall. Das hysterische Symptom ist es, wahrscheinlich jedes neurotische Ergebnis, da ich es frühzeitig schon vom akuten Wahnsinn erkannt habe. Realität — Wunscherfüllung, aus diesen Gegensätzen sprießt unser psychisches Leben." Aus den Anfängen ..., S. 238.

In den ersten Zeilen des Essays von 1911 hebt Freud den Unterschied zwischen seiner Auffassung von der Neurose und der von Pierre Janet hervor. Nach Freud hat jede Neurose die Tendenz, den Kranken aus dem realen Leben herauszudrängen. Geht Freud davon aus, daß der Neurotiker sich von der Realität abwendet, weil er sie unerträglich findet, so spricht Janet von einem Verlust „de la fonction du réel", d. h. von dem, was der Neurotiker verloren hat. Es gelingt Janet aber nicht, den Zusammenhang der neurotischen Störung mit den Grundbedingungen der Neurose aufzudecken. Diesen Zusammenhang konnte Freud durch die Einführung des Verdrängungsprozesses in die Entstehung der Neurose erklären. Der Neurotiker versucht, die peinlichen Eindrücke, die er von der Wirklichkeit hat, zu verdrängen. Die Abwendung von der Wirklichkeit zeigt uns nicht selten solche extremen Fälle wie halluzinatorische Psychose, in der jedes Ereignis verneint wird. Es ist nun die Aufgabe der Psychoanalyse, „die Beziehung des Neurotikers und des Menschen überhaupt zu dieser in seinen metapsychologischen Betrachtungsweisen gipfelnden Revision dienen.

b) Das Lustprinzip und das Realitätsprinzip

Freud stellt in dem oben genannten Aufsatz von 1911 die beiden Prinzipien des psychischen Geschehens einander gegenüber und nennt sie das *Lust- und Realitätsprinzip.* Ungeachtet aller Modifizierungen, die diese dualistische Auffassung erfahren hat, ist die Deutung des psychischen Apparates im Sinne der beiden Prinzipien für die psychoanalytische Theorie grundlegend geblieben. Nach diesen Prinzipien existiert der Mensch in zwei verschiedenen Dimensionen, die durch unterschiedliche seelische Tätigkeiten gekennzeichnet sind. Hier unterscheidet Freud grundsätzlich zwischen unbewußten und bewußten seelischen Vorgängen. Das Unbewußte, das vom Lustprinzip beherrscht wird, enthält die älteren, primären seelischen Vorgänge[228]. „Die oberste Tendenz, welcher diese primären Vorgänge gehorchen, ist leicht zu erkennen; sie wird als das Lust-Unlust-Prinzip (oder kürzer als das Lustprinzip) bezeichnet. Diese Vorgänge streben danach, Lust zu gewinnen; von solchen Akten, welche Unlust erregen können, zieht sich die psychische Tätigkeit zurück (Verdrängung). Unser nächtliches Träumen, unsere Wachtendenz, uns von peinlichen Eindrücken loszureißen, sind Reste von der Herrschaft dieses Prinzips und Beweise für dessen Mächtigkeit[229]."

Um Lust zu gewinnen, ist das Individuum aber auf die Realität angewiesen. Es gelangt allmählich zu der traumatischen Einsicht, daß die volle und schmerzlose Befriedigung seiner Bedürfnisse nicht ohne weiteres möglich ist. Mit dieser Erfahrung der Enttäuschung tritt ein neues Prinzip der psychischen Tätigkeit zutage, das von Freud als *Realitätsprinzip* bezeichnet wird. Die Enttäuschung hat vor allem zur Folge, daß das Individuum die Befriedigung seiner Bedürfnisse auf halluzinatorischem Wege aufgibt und versucht, sich den realen Verhältnissen der Außenwelt anzupassen[230].

Unter dem Realitätsprinzip entwickelt der Mensch die Fähigkeit des vernünftigen Denkens. Er lernt zwischen gut und böse, nützlich und

---

zur Realität auf ihre Entwicklung zu untersuchen und so die psychologische Bedeutung der realen Außenwelt in das Gefüge unserer Lehren aufzunehmen." S. Freud, Formulierungen über die zwei Prinzipien des psychischen Geschehens. Ges. Werke, Bd. VIII, S. 230 f.

[228] Ebenda, S. 231. [229] Ebenda. [230] Ebenda.

schädlich, wahr und falsch zu unterscheiden. Die Fähigkeit der unparteiischen Urteilsfällung, der Aufmerksamkeit und des Gedächtnisses sind als wesentliche Funktionen zu betrachten, die das menschliche Wesen während der Herrschaft des Realitätsprinzips entwickelt. Die sachliche Urteilsfällung, die an die Stelle der triebhaften Verdrängung (Selbsterhaltungstrieb gegen Sexualtrieb) tritt, hat eine Entscheidungsfunktion. Sie urteilt, ob eine bestimmte Vorstellung mit der Realität übereinstimmt oder nicht. Wie verhält sich nun diese Kontrollinstanz zu der Funktion der motorischen Abfuhr? Unter der Herrschaft des Lustprinzips diente die motorische Abfuhr der „Entlastung des seelischen Apparats von Reizzuwächsen"[231]. Jetzt aber wird sie zur „zweckmäßigen Veränderung der Realität" verwendet; sie verwandelt sich zum Handeln[232].

„Die notwendig gewordene Aufhaltung der motorischen Abfuhr (des Handelns) wurde durch den Denkprozeß besorgt, welcher sich aus dem Vorstellen herausbildete. Das Denken wurde mit Eigenschaften ausgestattet, welche dem seelischen Apparat das Ertragen der erhöhten Reizspannung während des Aufschubs der Abfuhr ermöglichten. Es ist im wesentlichen ein Probehandeln mit Verschiebung kleinerer Besetzungsquantitäten, unter geringer Verausgabung (Abfuhr) derselben. Dazu war eine Überführung der frei verschiebbaren Besetzungen in gebundene erforderlich, und eine solche wurde mittels einer Niveauerhöhung des ganzen Besetzungsvorganges erreicht. Das Denken war wahrscheinlich ursprünglich unbewußt, insoweit es sich über das bloße Vorstellen erhob und sich den Relationen der Objekteindrücke zuwendete, und erhielt weitere für das Bewußtsein wahrnehmbare Qualitäten erst durch die Bindung an die Wortreste[233]."

Dieser grundlegende Aufsatz Freuds enthält noch weitere Gesichtspunkte, deren Erörterung diese Arbeit besonders umfangreich gestalten würde. Es soll jedoch nicht außer acht gelassen werden, daß der Leitgedanke, den Freud in dem Essay von 1911 entwickelte, seine Wurzel bereits im „Entwurf" hatte. Wie wir schon im Kapitel „Versuch einer Darstellung der wissenschaftlichen Psychologie" bemerkt hatten, ist die Unterscheidung zwischen Primär- und Sekundärvorgang als einer der wesentlichen Beiträge zu betrachten, die Freud zur Psychologie geleistet hat. Die nun im Aufsatz von 1911 vorgenommene Angleichung des Lustprinzips an die quasi-halluzinatorische Funktion des Wunsches ist die Basis des Vorgangs, den Freud zur Zeit des „Entwurfs" als Primärvorgang

---

[231] Ebenda, S. 233. [232] Ebenda. [233] Ebenda, S. 233 f.

bezeichnete. Das Realitätsprinzip, das er nicht als wirklichen Gegensatz zum Lustprinzip betrachtete, brachte er mit dem Sekundärvorgang in Verbindung. Hier soll besonders hervorgehoben werden, daß es sich beim Realitätsprinzip eher um eine Modifizierung als um eine Verneinung des Luststrebens handelt[234]. Es ist nun das Realitätsprinzip, das aus dem „Lust-Ich" (Primärvorgang) das „Real-Ich" (Sekundärvorgang) hervorgehen läßt. Die Angleichung des Lust- und Realitätsprinzips an den Primär- und Sekundärvorgang bildet den Leitfaden des genannten Essays.

c) Die Einführung des Narzißmus

Im Jahre 1913 führte Freud eine bestimmte Denkweise ein, die den psychischen Vorgang nach seinen topischen, dynamischen und ökonomischen Beziehungen zu beschreiben versucht. Diese Betrachtungsweise bestimmt von nun an seine metapsychologischen Konstruktionen der Ichpsychologie. Der 1914 erschienene Aufsatz „Zur Einführung des Narzißmus" soll als eine für die Entwicklung der Ichpsychologie wesentliche Arbeit betrachtet werden, in der diese Auffassung der seelischen Vorgänge ihren Anfang nimmt. Obwohl Freud in seinen späteren Veröffentlichungen, vor allem in der 1933 erschienenen „Neuen Folge der Vorlesungen zur Einführung in die Psychoanalyse", weitere Ergänzungen seiner Auffassung von psychischen Phänomenen vorgenommen hat, verdient die Schrift über „Das Ich und das Es" (1923) als die Vollendung seiner theoretischen Vorstellungen der Ichpsychologie dennoch, hier in Betracht gezogen zu werden.

Freud hatte sich bis zum Jahre 1913 dem Ausbau einer Ichtheorie nicht zugewandt. Er hatte vom „Ich" immer gesprochen und dies als „verdrängende und widerstrebende Instanz" anerkannt[235]. Eine Reihe von Tatsachen aber veranlaßte ihn, sich mit den Problemen der Ichpsychologie intensiv zu beschäftigen. Sein Schüler und Mitarbeiter C. G. Jung vertrat die Ansicht, daß es eine „Urlibido" gebe, die als nicht-sexuelle Lebensenergie aufzufassen sei. Diese aber könne sich auch sexuell manifestieren. „Im Hinblick auf eine allgemeine psychologische Theorie hingegen ist es unmöglich, eine nur sexuelle Energie, das heißt einen spezifischen Trieb als Erklärungsbegriff zu benutzen, da die psychische Energieumwandlung nicht bloß *sexuelle Dynamik* ist. Die sexuelle Dynamik ist im Totalbereiche der Psyche nur ein Spezialfall. Ihre Existenz ist damit

---

[234] Ebenda, S. 235.

[235] Vgl. dazu S. Freud, „Psychoanalyse" und „Libidotheorie", S. 231.

nicht geleugnet, sondern sie ist nur an die richtige Stelle gerückt[236]." Dieser Auffassung trat Freud heftig entgegen. Da sie ihm eine Gefahr für die Entdeckung der „Libido" bedeutete, kümmerte er sich energisch um eine Ichtheorie.

Ein weiterer Grund, weshalb Freud sich der Ichpsychologie zuwandte, war sein wachsendes Interesse an den Psychosen, der Paraphrenie (Schizophrenie) und der Melancholie. Die Analyse der Dementia praecox und anderer psychotischer Affektionen zeigte, daß der Sexualtrieb von den Objekten zurückgezogen und in das eigene Ich eingeführt werden kann[237]. Weitere Betrachtungen ließen Freud erkennen, „daß das Ich vielmehr als ein großes Libidoreservoir angesehen werden mußte, aus dem Libido auf die Objekte entsandt wird, und das immer bereit ist, die von den Objekten rückströmende Libido aufzunehmen"[238].

Die Zuwendung der Sexualität zum eigenen Ich verursacht ein Verhalten, das von Freud als *Narzißmus* bezeichnet wird[239]. Er unterscheidet zwischen einem primären und einem sekundären Narzißmus. Der Autoerotismus, den wir schon als einen frühen Zustand der Libido charakterisierten, soll nun den primären Narzißmus darstellen. Der Säugling ist primär narzißtisch, da seine Libido ausschließlich autoerotisch auf den eigenen Körper gerichtet ist. Dieser Zustand des primären Narzißmus ist normal; er wird aber durch den sekundären verdunkelt. Sekundärer Narzißmus tritt im Zusammenhang der neurotischen Fehlentwicklung in Erscheinung. Dieser ist jedoch krankhaft, stellt einen pathologisch bedingten Regreß der Libido dar. Die der Außenwelt entzogene Libido wird dem Ich zugeführt. Aus dieser den Objekten der Außenwelt entzogenen Libido erwächst durch Vergrößerung und Verdeutlichung der Größenwahn, ein Zustand, der bereits früher bestanden hatte[240].

---

236 C. G. Jung, Die Dynamik des Unbewußten. Ges. Werke, Bd. VIII, Zürich 1967, S. 32.

237 Vgl. hierzu S. Freud, „Psychoanalyse" und „Libidotheorie", S. 231.

238 Ebenda.

239 Vgl. dazu S. Freud, Zur Einführung des Narzißmus. Ges. Werke, Bd. X, S. 140. — Der Begriff „Narzißmus", der seinen Ursprung in den klinischen Deskriptionen hat, wurde von P. Näcke im Jahre 1899 zur Bezeichnung jener Verhaltensweise angewandt, bei welcher „ein Individuum den eigenen Leib in ähnlicher Weise behandelt wie sonst den eines Sexualobjektes, ihn also mit sexuellem Wohlgefallen beschaut, streichelt, liebkost, bis es durch diese Vornahmen zur vollen Befriedigung gelangt". Ebenda, S. 138.

240 Ebenda, S. 140.

Durch seine psychoanalytischen Beobachtungen konnte Freud die Manifestationen des Narzißmus sowohl im Seelenleben der Kinder als auch bei den Primitiven feststellen. Bei den letzteren hat er Züge entdeckt, die dem Größenwahn zugeschrieben werden könnten. Wir kennen zum Beispiel bei den primitiven Völkern „eine Überschätzung der Macht ihrer Wünsche und psychischen Akte, die ‚Allmacht der Gedanken', einen Glauben an die Zauberkraft der Worte, eine Technik gegen die Außenwelt, die ‚Magie', welche als konsequente Anwendung dieser größensüchtigen Voraussetzungen erscheint. Wir erwarten eine ganz analoge Einstellung zur Außenwelt beim Kinde unserer Zeit, dessen Entwicklung für uns weit undurchsichtiger ist"[241]. Die Erklärung dieser Züge bei Primitiven und Kindern führt zu der Vorstellung einer ursprünglichen Libidobesetzung des Ichs. Von dieser Ich-Libido werden dann bei der Objektbesetzung Mengen abgegeben und diese beim Preisgeben der Besetzungen wieder in das Ich zurückgenommen. Das Ich muß also, wie schon weiter oben erwähnt, als ein großes Libidoreservoir betrachtet werden, von dem Libido den Objekten zugeleitet und wieder von ihnen zurückgezogen werden kann. Je mehr Libido an die Objekte abgegeben wird, desto mehr verarmt das Ich daran. Im Zustand der Verliebtheit kann man beispielsweise erkennen, daß die eigene Persönlichkeit quasi aufgegeben wird und sich die ganze Libido auf das Liebesobjekt überträgt. Seinen psychotischen Gegensatz findet dieser Vorgang in der Phantasie der Paranoiker vom Weltuntergang. Im Erlebnis des Weltuntergangs fließt alle Libido in das Ich zurück.

Aus diesen Überlegungen zieht Freud den Schluß, daß die psychischen Energien im Zustand des Narzißmus beisammen sind, „und daß es erst mit der Objektbesetzung möglich wird, eine Sexualenergie, die Libido, von einer Energie der Ichtriebe zu unterscheiden"[242]. Er stellt nun fest, daß die Selbsterhaltungstriebe ursprünglich libidinöser Natur gewesen sind. Es waren die Sexualtriebe, „die anstatt der äußeren Objekte das eigene Ich zum Objekt genommen hatten"[243]. Hier bevorzugt Freud anstelle eines Konflikts zwischen „Sexualtrieben und Ichtrieben" vom Konflikt zwischen „Objektlibido und Ichlibido" zu sprechen[244]. Diese Weiterbildung der Libidotheorie widersetzt sich der Jungschen These, daß es eine nicht-sexuelle Urlibido gebe, die sich auch sexuell manifestieren könne. Aus der Freudschen Hypothese geht gerade das Gegenteil hervor. Nach dieser sind die Selbsterhaltungstriebe, wie soeben dargestellt, ursprüng-

[241] Ebenda.

[242] Ebenda, S. 141.

[243] S. Freud, „Psychoanalyse" und „Libidotheorie", S. 231.

[244] Ebenda.

lich sexueller Natur. Von den späteren sexuellen Manifestationen am Objekt unterscheiden sich die ursprünglichen Sexualtriebe nur dadurch, daß sie das eigene Ich zum Objekt hatten.

Die weiteren Studien des Narzißmus ermöglichten Freud, eine tiefere Einsicht in die Ichpsychologie zu gewinnen. Die Erforschung der Einflüsse organischer Krankheiten auf die Libidoverteilung war ein weiterer Schritt, den er zur Begründung seiner Libidotheorie unternommen hat. Die analytischen Beobachtungen ließen ihn erkennen, daß der an organischen Krankheiten leidende Mensch sein Interesse an den Dingen der Außenwelt aufgibt und den eigenen Körper zum Objekt der eigenen Sorge und Liebe macht. Während der Krankheit wird er also narzißtisch. Er zieht auch seine libidinösen Interessen von den Liebesobjekten zurück und hört auf zu lieben, solange er krank ist. Hier ist zu bemerken, daß nicht nur das Individuum narzißtisch wird, sondern auch das kranke Organ libidinös besetzt werden kann. In diesem Zusammenhang soll noch die Hypochondrie in Erwägung gezogen werden, die sich ähnlich wie die organische Krankheit in peinlichen und schmerzhaften Körperempfindungen äußert und auf die Libidoverteilung wirkt. Diejenigen, die an Hypochondrie leiden, ziehen ihr Interesse von den Objekten der Außenwelt zurück und beschäftigen sich mit dem von ihnen als krank empfundenen Organ.

Aus den Studien gewisser Krankheitserscheinungen gewann Freud die ersten Erkenntnisse über den Narzißmus. Nun wendet er sich dem Studium des Liebeslebens der Menschen in seinen verschiedenen Differenzierungen zu. „Ähnlich, wie die Objektlibido unserer Beobachtung zuerst die Ichlibido verdeckt hat, so haben wir auch bei der Objektwahl des Kindes (und Heranwachsenden) zuerst gemerkt, daß es seine Sexualobjekte seinen Befriedigungserlebnissen entnimmt. Die ersten autoerotischen sexuellen Befriedigungen werden im Anschluß an lebenswichtige, der Selbsterhaltung dienende Funktionen erlebt. Die Sexualtriebe lehnen sich zunächst an die Befriedigung der Ichtriebe an, machen sich erst später von den letzteren selbständig; die Anlehnung zeigt sich aber noch darin, daß die Personen, welche mit der Ernährung, Pflege, dem Schutz des Kindes zu tun haben, zu den ersten Sexualobjekten werden, also zunächst die Mutter oder ihr Ersatz. Neben diesem Typus und dieser Quelle der Objektwahl, den man den *Anlehnungstypus* heißen kann, hat uns aber die analytische Forschung einen zweiten kennen gelehrt, den zu finden wir nicht vorbereitet waren[245].“ Es gibt also eine Liebe nach dem

[245] S. Freud, Zur Einführung des Narzißmus, S. 153 f.

Anlehnungstypus und eine narzißtische Liebeswahl, die wir zum Beispiel bei den Homosexuellen finden. Diese „wählen ihr späteres Liebesobjekt nicht nach dem Vorbild der Mutter, sondern nach dem ihrer eigenen Person. Sie suchen offenkundigerweise sich selbst als Liebesobjekt, zeigen den narzißtisch zu nennenden Typus der Objektwahl"[246].

Dieser Zustand der Selbstliebe, in dem das eigene Ich idealisiert wird, kann auch als ein Zustand der Allmacht und des magischen Lebensbezuges charakterisiert werden. Das Individuum entwickelt dabei ein narzißtisches *Ichideal,* an dem es sein aktuelles Ich mißt. „Diesem Idealich gilt nun die Selbstliebe, welche in der Kindheit das wirkliche Ich genoß. Der Narzißmus erscheint auf dieses neue ideale Ich verschoben, welches sich wie das infantile im Besitz aller wertvollen Vollkommenheiten befindet. Der Mensch hat sich hier, wie jedesmal auf dem Gebiete der Libido, unfähig erwiesen, auf die einmal genossene Befriedigung zu verzichten. Er will die narzißtische Vollkommenheit seiner Kindheit nicht entbehren, und wenn er diese nicht festhalten konnte, durch die Mahnungen während seiner Entwicklungszeit gestört und in seinem Urteil geweckt, sucht er sie in der neuen Form des Ichideals wieder zu gewinnen. Was er als sein Ideal vor sich hin projiziert, ist der Ersatz für den verlorenen Narzißmus seiner Kindheit, in der er sein eigenes Ideal war[247]."

Der Narzißmus der Kindheit entspricht dem Lust-Ich, das Ideal-Ich aber seiner Modifikation gemäß den Forderungen der Eltern und Erzieher. Aus dem ursprünglichen Lust-Ich entsteht also durch Erfahrung ein modifiziertes Lust-Ich. Diese Begriffe stellen die notwendige Ergänzung der Ichtheorie dar, und durch ihre Einführung wird Freud dazu geführt, eine neue Fassung der Trieblehre zu suchen.

d) Die neue Fundierung der Trieblehre

Freud versucht nun an Hand der gewonnenen Ansätze einer Ichpsychologie in seiner Schrift „Jenseits des Lustprinzips", die 1920 (etwa drei Jahre vor „Das Ich und das Es") erschien, die Trieblehre neu zu gründen. Hier soll daran erinnert werden, daß seine Trieblehre bisher am Lust-Unlust-Prinzip orientiert war. Im ersten Stadium der psychoanalytischen Theorie baut sich die Trieblehre auf dem Antagonismus zwischen Sexual- und Selbsterhaltungstrieben auf und im letzten auf dem Konflikt zwischen dem Lebenstrieb (Eros) und dem Todestrieb (Thanatos).

---

[246] Ebenda, S. 154.

[247] Ebenda, S. 161.

Eine Reihe von Tatbeständen ließ Freud vermuten, daß das psychische Geschehen durch das Lust-Unlust-Prinzip nicht erklärbar ist. Die Träume der Unfallneurotiker, die den Unfall in aller Peinlichkeit wiederholen, oder die Kinderspiele, die unlustvolle Szenen unermüdlich repetieren, auch die Menschenschicksale, in denen sich grauenhafte Ereignisse fatalerweise wiederholen, sind Tatsachen, die sich schwer mit der Regulierung seelischer Vorgänge durch Lust und Unlust vereinbaren lassen. Durch die Analyse solcher Sachverhalte gelangte Freud zu der Annahme, „daß es im Seelenleben wirklich einen Wiederholungszwang gibt, der sich über das Lustprinzip hinaussetzt“[248]. Dieser Wiederholungszwang scheint ihm wesentlicher, ursprünglicher und triebhafter zu sein als das Lustprinzip. Nun stellt Freud die Frage, unter welchen Bedingungen dieser auftreten könne und in welcher Beziehung er zum Lustprinzip stehe.

„Auf welche Art hängt aber das Triebhafte mit dem Zwang zur Wiederholung zusammen? Hier muß sich uns die Idee aufdrängen, daß wir einem allgemeinen, bisher nicht klar erkannten — oder wenigstens nicht ausdrücklich betonten — Charakter der Triebe, vielleicht alles organischen Lebens überhaupt, auf die Spur gekommen sind. *Ein Trieb wäre also ein dem belebten Organischen innewohnender Drang zur Wiederherstellung eines früheren Zustandes* ...[249]“ Entwickelt Freud diese Idee weiter, so gelangt er zur Annahme, daß der dem Organismus inhärente Drang letztlich als Endziel den Tod als Lebloses haben muß. Dieses Endziel muß „ein alter, ein Ausgangszustand sein, den das Lebende einmal verlassen hat, und zu dem es über alle Umwege der Entwicklung zurückstrebt. Wenn wir es als ausnahmslose Erfahrung annehmen dürfen, daß alles Lebende aus inneren Gründen stirbt, ins Anorganische zurückkehrt, so können wir nur sagen: *Das Ziel alles Lebens ist der Tod,* und zurückgreifend: *Das Leblose war früher da als das Lebende*“[250].

Wie verhalten sich nun die Sexual- und Selbsterhaltungstriebe zu dem Todestrieb? Es soll zunächst bemerkt werden, daß sie in ihrer Zielstrebigkeit zu einer lebenserhaltenden Einheit verschmelzen. Beide sind die eigentlichen Lebenstriebe (Eros). Als schöpferische und aufbauende Macht wirkt der Eros dem Todesstreben (Thanatos) entgegen. So gewinnt er die Oberhand über die Todestriebe und wendet sich ständig gegen das Gleiten in den Tod. „Wenn das Konstanz-Prinzip im Sinne Fechners das Leben beherrscht, welches also dann ein Gleiten in den Tod sein sollte, so sind es die Ansprüche des Eros, der Sexualtriebe, welche als Triebbedürf-

---

248 S. Freud, Jenseits des Lustprinzips. Ges. Werke, Bd. XIII, S. 21.

249 Ebenda, S. 38.

250 Ebenda, S. 40.

nisse das Herabsinken des Niveaus aufhalten und neue Spannungen einführen[251]."

Ein weiteres Problem, das Freud bei der Umgestaltung seiner Auffassung über das Triebwesen beschäftigte, war die Bedeutung der Phänomene des Sadismus und des Masochismus. Freud hatte früher eine sadistische Komponente des Sexualtriebes angenommen, die sich selbständig machen und als Perversion das ganze Sexualleben der Person beherrschen kann. Nun taucht hier die Frage auf, wie sich dieser sadistische Trieb, der als dominierender Partialtrieb hervortritt, vom Eros ableiten läßt. Die Annahme liege aber nahe, „daß dieser Sadismus eigentlich ein Todestrieb ist, der durch den Einfluß der narzißtischen Libido vom Ich abgedrängt wurde, so daß er erst am Objekt zum Vorschein kommt. Er tritt dann in den Dienst der Sexualfunktion; im oralen Organisationsstadium der Libido fällt die Liebesbemächtigung noch mit der Vernichtung des Objekts zusammen, später trennt sich der sadistische Trieb ab und endlich übernimmt er auf der Stufe des Genitalprimats zum Zwecke der Fortpflanzung die Funktion, das Sexualobjekt so weit zu bewältigen, als es die Ausführung des Geschlechtsaktes erfordert"[252].

Was den Masochismus anbelangt, so vertritt Freud die Ansicht, „daß der dem Sadismus komplementäre Partialtrieb des Masochismus als eine Rückwendung des Sadismus gegen das eigene Ich zu verstehen sei ... Der Masochismus, die Wendung des Triebes gegen das eigene Ich, wäre dann in Wirklichkeit eine Rückkehr zu einer früheren Phase desselben, eine Regression"[253].

Das Studium der Phänomene Sadismus und Masochismus und deren Äußerungsformen im Seelenleben ermöglicht Freud also die außerordentliche Bedeutung der Aggression im menschlichen Leben zu erkennen. Die zerstörende Tendenz im menschlichen Wesen hat er der Wirkung eines Triebes zugeschrieben, den er als Destruktions- oder Aggressionstrieb bezeichnet. Dieser lebensfeindliche und zerstörende Trieb (Thanatos) wird von ihm, wie bereits erwähnt, dem Lebenstrieb (Eros) gegenübergestellt.

e) Die Systeme „Unbewußt", „Vorbewußt" und „Bewußt"

Die Gedanken, die Freud in seiner Schrift „Jenseits des Lustprinzips" (1920) entwickelte, werden nun in dem 1923 erschienenen theoretischen

[251] S. Freud, Das Ich und das Es, S. 275.
[252] Derselbe, Jenseits des Lustprinzips, S. 58.
[253] Ebenda, S. 59.

Werk „Das Ich und das Es", das als Vollendung seiner Ichpsychologie betrachtet werden muß, fortgesetzt. In dieser grundlegenden Arbeit unterzieht Freud die drei Termini Bewußt (Bw), Vorbewußt (Vbw) und Unbewußt (Ubw), mit denen er bis dahin die Struktur der Psyche zu erfassen versucht hatte, einer Kritik.

Die Unterscheidung zwischen Bewußtem und Unbewußtem ist die Grundvoraussetzung der Psychonalayse. Die pathologischen Vorgänge im Seelenleben lassen sich am besten durch diese Unterscheidung erklären. Die Psychoanalyse kann aber das Wesen des Psychischen nicht allein durch das Bewußtsein erfassen, vielmehr muß sie das Bewußtsein als eine Qualität des Psychischen betrachten[254]. Bewußtsein ist nach Freud ein rein deskriptiver Begriff, der sich auf die unmittelbarste Wahrnehmung bezieht[255]. Es hat also eine Wahrnehmungsfunktion. Wir können in Übereinstimmung mit früheren Formulierungen Freuds und neueren Beiträgen zur Ichpsychologie es als ein komplexes übergeordnetes Sinnesorgan auffassen. Das Bewußtsein als Sinnesorgan befindet sich topisch an der Grenze zwischen Innen- und Außenwelt und dient zur Wahrnehmung innerer und äußerer Reize.

Nun soll das Unbewußte[256] in Erwägung gezogen werden. Das Unbewußte kann man nicht direkt nachweisen. Nur aus gewissen Äußerungen des Seelenlebens können wir auf seine Existenz schließen. Bei der Betrachtung der Triebe stellen wir zum Beispiel fest, daß diese unserer Wahrnehmung nicht zugänglich sind. Was wir erkennen können, sind lediglich ihre psychischen Äußerungsformen.

Der Begriff des Unbewußten ist für die Psychoanalyse von größter Bedeutung. Dieser ist aus der Lehre von der Verdrängung entstanden. Das Verdrängte ist nach Freud das Vorbild des Unbewußten[257]. Hier unterscheidet er grundsätzlich zwischen einem latent Bewußten oder bewußt-

---

[254] Vgl. dazu S. Freud, Das Ich und das Es, S. 239.

[255] Ebenda, S. 240.

[256] Das Unbewußte wird von vielen Philosophen und Gelehrten als eine Fiktion betrachtet. Mit diesen setzt sich Freud folgendermaßen auseinander: „Den meisten philosophisch Gebildeten ist die Idee eines Psychischen, das nicht auch bewußt ist, so unfaßbar, daß sie ihnen absurd und durch bloße Logik abweisbar erscheint. Ich glaube, dies kommt nur daher, daß sie die betreffenden Phänomene der Hypnose und des Traumes, welche — vom Pathologischen ganz abgesehen — zu solcher Auffassung zwingen, nie studiert zu haben. Ihre Bewußtseinspsychologie ist aber auch unfähig, die Probleme des Traumes und der Hypnose zu lösen." Ebenda, S. 239.

[257] Ebenda, S. 241.

seinsfähigen Unbewußten und einem dynamisch verdrängten, d. h. nicht bewußtseinsfähigen Unbewußten[258]. Das Latente, das nur deskriptiv unbewußt ist, nennt er *vorbewußt*, und das dynamisch Verdrängte *unbewußt*[259].

Es stellte sich aber bei der Weiterentwicklung der psychoanalytischen Theorienbildung heraus, daß diese Unterscheidungen unzureichend sind[260]. Durch eine genauere Analyse des Begriffs „Ich" wird die Unzulänglichkeit der topographischen Betrachtungsweise deutlich. „Wir haben uns die Vorstellung von einer zusammenhängenden Organisation der seelischen Vorgänge in einer Person gebildet und heißen diese das Ich derselben. An diesem Ich hängt das Bewußtsein, es beherrscht die Zugänge zur Motilität, das ist: zur Abfuhr der Erregungen in die Außenwelt; es ist diejenige seelische Instanz, welche eine Kontrolle über all ihre Partialvorgänge ausübt, welche zur Nachtzeit schlafen geht und dann immer noch die Traumzensur handhabt. Von diesem Ich gehen auch die Verdrängungen aus, durch welche gewisse seelische Strebungen nicht nur vom Bewußtsein, sondern auch von den anderen Arten der Geltung und Betätigung ausgeschlossen werden sollen. Dies durch die Verdrängung Beseitigte stellt sich in der Analyse dem Ich gegenüber, und es wird der Analyse die Aufgabe gestellt, die Widerstände aufzuheben, die das Ich gegen die Beschäftigung mit dem Verdrängten äußert. Nun machen wir während der Analyse die Beobachtung, daß der Kranke in Schwierigkeiten gerät, wenn wir ihm gewisse Aufgaben stellen; seine Assoziationen versagen, wenn sie sich dem Verdrängten annähern sollen. Wir sagen ihm dann, er stehe unter der Herrschaft eines Widerstandes, aber er weiß nichts davon und selbst, wenn er aus seinen Unlustgefühlen erraten sollte, daß jetzt ein Widerstand in ihm wirkt, so weiß er ihn nicht zu benennen und anzugeben. Da aber dieser Widerstand sicherlich von seinem Ich ausgeht und diesem angehört, so stehen wir vor einer unvorhergesehenen Situation. Wir haben im Ich selbst etwas gefunden, was auch unbewußt ist . . . das heißt starke Wirkungen äußert, ohne selbst bewußt zu werden . . .[261]."

Durch diese Erfahrungen und Überlegungen kam Freud zu dem Ergebnis, daß man die Neurose nicht mehr nach der früheren Auffassung auf einen Konflikt zwischen dem Bewußten und dem Unbewußten zurückführen könne[262]. Statt also von einem solchen Konflikt zu sprechen,

---

[258] Ebenda.

[259] Ebenda.

[260] Ebenda, S. 243.

[261] Ebenda, S. 243 f.

[262] Ebenda, S. 244,

müsse man einen anderen Gegensatz einsetzen: „den zwischen dem zusammenhängenden Ich und dem von ihm abgespaltenen Verdrängten“[263]. Somit drängt sich die Erkenntnis auf, „daß das Ubw nicht mit dem Verdrängten zusammenfällt; es bleibt richtig, daß alles Verdrängte ubw ist, aber nicht alles Ubw ist auch verdrängt. Auch ein Teil des Ichs . . . ist sicherlich ubw. Und dies Ubw des Ichs ist nicht latent im Sinne des Vbw, sonst dürfte es nicht aktiviert werden, ohne bw zu werden, und seine Bewußtmachung dürfte nicht so große Schwierigkeiten bereiten. Wenn wir uns so vor der Nötigung sehen, ein drittes, nicht verdrängtes Ubw aufzustellen, so müssen wir zugestehen, daß der Charakter des Unbewußtseins für uns an Bedeutung verliert“[264].

Abschließend sei bemerkt, daß in den frühen Stadien der psychoanalytischen Theorienbildung das Unbewußte und das Bewußte als Systeme von überragender Bedeutung angesehen werden. Zu der Zeit der Niederschrift des theoretischen Werkes „Das Ich und das Es“ (1923) werden sie den strukturellen Begriffen Ich, Es, Über-Ich untergeordnet. Die frühere topographische Einteilung der Person in Unbewußtes, Vorbewußtes und Bewußtes wird also in dieser Arbeit durch die strukturelle Gliederung ersetzt.

f) Das Ich und das Es

Wie im vorausgehenden Kapitel dargestellt, führte Freud hinsichtlich der psychischen Systeme eine neue Hypothese ein. Die alte topographische Theorie ersetzte er durch die neue, sogenannte Strukturhypothese. Diese Hypothese faßt die psychischen Prozesse und Inhalte, die funktional aufeinander bezogen sind, zusammen und teilt aufgrund funktionaler Unterschiede verschiedene Gruppen ein. In seiner neuen Theorie unterschied Freud drei solcher funktional zusammenhängender Gruppen oder Strukturen, die er als das Es, das Ich und das Über-Ich bezeichnete. Als die älteste psychische Instanz umfaßt das Es den gesamten psychischen Apparat im Zeitpunkt der Geburt. Das Es wird als jene seelische Provinz betrachtet, in der sich die basale psychische Energetik vorfindet, aus der sich das Ich und das Über-Ich hinausentwickeln. In der Freudschen Sicht sind also das Ich und das Über-Ich ursprünglich gesehen Teile des Es, die sich im Laufe der Entwicklung des Individuums hinreichend differenzieren[265].

---

[263] Ebenda. [264] Ebenda, S. 244 f.

[265] Hinsichtlich der Differenzierung der oben aufgeführten psychischen Instanzen haben einige Psychoanalytiker später die Meinung vertreten, daß die

In seinem theoretischen Werk „Das Ich und das Es" bekennt sich Freud zum ersten Mal definitiv zu einer Auffassung, die er zeitlebens vertritt. Diese Auffassung findet darin Ausdruck, daß Freud in Anlehnung an die Arbeiten Groddecks bemerkt, daß wir nicht leben, sondern gelebt werden[266]. Was wir Ich nennen, verhalte sich im Leben wesentlich passiv. Wir werden also vom Es gelebt, d. h. von unbekannten Mächten[267]. Unter diesem Aspekt wäre das Es die treibende Kraft unseres Lebens, mit der wir uns zeitlebens auseinanderzusetzen haben.

Das Es ist mit dem Ich in Verbindung. Das Ich, aus dem Es stammend und an den Realerfahrungen konstituiert, steht zwischen Es, Über-Ich und Außenwelt. Über die Instanzen von Ich und Es schreibt Freud folgendermaßen: „Es ist leicht einzusehen, das Ich ist der durch den direkten Einfluß der Außenwelt unter Vermittlung von Wahrnehmung und Bewußtsein veränderte Teil des Es, gewissermaßen eine Fortsetzung der Oberflächendifferenzierung. Es bemüht sich auch, den Einfluß der Außenwelt auf das Es und seine Absichten zur Geltung zu bringen, ist bestrebt, das Realitätsprinzip an die Stelle des Lustprinzips zu setzen, welches im Es uneingeschränkt regiert. Die Wahrnehmung spielt für das Ich die Rolle, welche im Es dem Trieb zufällt. Das Ich repräsentiert, was man Vernunft und Besonnenheit nennen kann, im Gegensatz zum Es, welches die Leidenschaften enthält[268]."

„Infolge der vorgebildeten Beziehung zwischen Sinneswahrnehmung und Muskelaktion hat das Ich die Verfügung über die willkürlichen Bewegungen. Es hat die Aufgabe der Selbstbehauptung, erfüllt sie, indem es nach außen die Reize kennen lernt, Erfahrungen über sie aufspeichert

---

psychische Struktur des neugeborenen Kindes undifferenziert ist und daß sich aus ihr sowohl das Es, als auch das Ich und das Über-Ich hinausentwickeln. Was das Über-Ich anlangt, so haben Melanie Klein und ihre Anhänger die These aufgestellt, daß das Über-Ich als selbständiges psychisches System schon einige Zeit vor Ende des ersten Lebensjahres zu funktionieren beginne. Diese Hypothese wird aber von vielen Analytikern als nicht verifiziert angesehen.

[266] Vgl. dazu S. Freud, Das Ich und das Es, S. 251. Im Vorwort des bekannten Werkes von Georg Groddeck (Das Buch vom Es) bemerkt Lawrence Durrell, daß Groddeck der erste gewesen sei, der den Freudschen Theorien ihre volle Bedeutung auf dem Gebiete der organischen Krankheiten einräumte. (Das Buch vom Es, München o. J., S. 5.) — Über die ursprüngliche Anwendung des Ausdrucks „Es" sagt Freud: „Groddeck selbst ist wohl dem Beispiel Nietzsches gefolgt, bei dem dieser grammatikalische Ausdruck für das Unpersönliche und sozusagen Naturnotwendige in unserem Wesen durchaus gebräuchlich ist." (Das Ich und das Es, S. 251).

[267] Ebenda.

[268] Ebenda, S. 252 f.

(im Gedächtnis), überstarke Reize vermeidet (durch Flucht), mäßigen Reizen begegnet (durch Anpassung) und endlich lernt, die Außenwelt in zweckmäßiger Weise zu seinem Vorteil zu verändern (Aktivität); nach innen gegen das Es, indem es die Herrschaft über die Triebansprüche gewinnt, entscheidet, ob sie zur Befriedigung zugelassen werden sollen, diese Befriedigung auf die in der Außenwelt günstigen Zeiten und Umstände verschiebt oder ihre Erregungen überhaupt unterdrückt. In seiner Tätigkeit wird es durch die Beachtungen der in ihm vorhandenen oder in dasselbe eingetragenen Reizspannungen geleitet. Deren Erhöhung wird allgemein als Unlust, deren Herabsetzung als Lust empfunden. Wahrscheinlich sind es aber nicht die absoluten Höhen dieser Reizspannung, sondern etwas im Rhythmus ihrer Veränderung, was als Lust und Unlust empfunden wird. Das Ich strebt nach Lust, will der Unlust ausweichen. Eine erwartete, vorausgesehene Unluststeigerung wird mit dem *Angstsignal* beantwortet, ihr Anlaß, ob er von außen oder innen droht, heißt eine *Gefahr*. Von Zeit zu Zeit löst das Ich seine Verbindung mit der Außenwelt und zieht sich in den Schlafzustand zurück, in dem es seine Organisation weitgehend verändert. Aus dem Schlafzustand ist zu schließen, daß diese Organisation in einer besonderen Verteilung der seelischen Energie besteht[269]."

g) Das Über-Ich

In „Das Ich und das Es" gelangt Freud zu der Gewißheit, daß das Über-Ich das Ergebnis von zwei bedeutsamen biologischen Vorgängen ist. Diese sind einmal die Tatsache der anfänglichen Hilflosigkeit und Abhängigkeit des Menschen und zum anderen die Unterbrechung der Libidoentwicklung durch die Latenzperiode, die Freud als den Untergang des Ödipuskomplexes bezeichnet. Die Identifikationen des Über-Ichs sind die Folge des endgültigen Aufgebens der inzestuösen Objektbeziehungen des Ödipuskomplexes. Mit anderen Worten ist das Über-Ich, vom Es her betrachtet, Erbe der ödipalen Objektbeziehungen.

„Die für diese Auffassung entscheidende Tatsache ist nun, daß diese Neuschöpfung einer überlegenen Instanz im Ich aufs innigste mit dem Schicksal des Ödipuskomplexes verknüpft ist, so daß das Über-ich als der Erbe dieser für die Kindheit so bedeutungsvollen Gefühlsbindung erscheint. Wir verstehen, mit dem Auflassen des Ödipuskomplexes mußte das Kind auf die intensiven Objektbesetzungen verzichten, die es bei den Eltern untergebracht hatte, und zur Entschädigung für diesen Objekt-

269 S. Freud, Abriß der Psychoanalyse, S. 68 f.

verlust werden die wahrscheinlich längst vorhandenen Identifizierungen mit den Eltern in seinem Ich so sehr verstärkt. Solche Identifizierungen als Niederschläge aufgegebener Objektbesetzungen werden sich später im Leben des Kindes oft genug wiederholen, aber es entspricht durchaus dem Gefühlswert dieses ersten Falles einer solchen Umsetzung, daß deren Ergebnis eine Sonderstellung im Ich eingeräumt wird[270]."

8. Die allgemeine Theorie der Neurosen

a) Die Angstlehre

Das Phänomen „Angst"[271] stellt das Zentralproblem der Neurose dar. Bevor wir uns diesem Problem zuwenden, müssen wir folgendes kurz vermerken. Die neuen Theorien, die Freud auf dem gesamten Gebiet der

---

[270] Derselbe, Neue Folge der Vorlesungen zur Einführung in die Psychoanalyse, S. 70.

[271] In semantischer Hinsicht unterscheidet man in der deutschen Literatur zwischen Angst und Furcht. In seiner Tiefe und Fülle kann das Wort „Angst" nicht gleichbedeutend sein wie das Wort „Furcht". Einige theologisch orientierte Philosophen wie S. Kierkegaard, M. Heidegger, P. Tillich und andere machen einen grundsätzlichen Unterschied zwischen den beiden Begriffen. Die Angst wird als eine „unbestimmte, gegenstandslose, anonyme, unmotivierte Emotion" bezeichnet, während die Furcht als eine „bestimmte, auf einen bedrohlichen Gegenstand oder eine gefährliche Situation gerichtete, benennbare, entsprechend motivierte Gefühlslage" verstanden wird. (Vgl. hierzu Walter von Baeyer und Wanda von Baeyer-Katte, Angst. Frankfurt a. M. 1971, S.23.)

Bei manchen Philosophen und Schriftstellern wird aber die Furcht und nicht die Angst als eine allgemeine, unbestimmte und gegenstandslose Emotion betrachtet. Für Nietzsche und Kant zum Beispiel ist die Furcht das Grundphänomen. Sie ist die umfassende Stimmung, die aus der Tiefe der menschlichen Seele emporsteigt. (Ebenda). Auch bei Hegel ist die Furcht das wesensbestimmende und umfassende Phänomen. Im Verhältnis der Herrschaft und Knechtschaft stellt Hegel eine Todesfurcht fest. Die Furcht des Knechtes vor dem Herrn ist eine Art Furcht vor dem Tode: „Dies Bewußtsein hat nämlich nicht um dieses oder jenes, noch für diesen oder jenen Augenblick Angst gehabt, sondern um sein ganzes Wesen; denn es hat die Furcht des Todes, des absoluten Herrn, empfunden." (G. W. F. Hegel, Phänomenologie des Geistes. 6. Aufl., Hamburg 1952, S. 148.) Was die Stellungnahme Freuds zur Problematik von Angst und Furcht anbelangt, so vertritt er die Ansicht, daß sich Angst auf den Zustand beziehe und vom Objekt absehe, während Furcht die Aufmerksamkeit auf das Objekt richte. Unter Angst versteht Freud den „subjektiven Zustand, in den man durch die Wahrnehmung der ‚Angstentwicklung' gerät, und heißt diesen einen Affekt". (S. Freud, Vorlesungen zur Einführung in die Psychoanalyse, S. 410.)

psychoanalytischen Ich-Psychologie in seinen beiden Monographien: „Jenseits des Lustprinzips" und „Das Ich und das Es" entwickelte, bereiteten den Weg zu bedeutenden Fortschritten in der klinischen Anwendung der Psychoanalyse. Freud veröffentlichte mehrere Abhandlungen und kurze Artikel, in denen er eindeutig nachwies, wie sich diese neuen Theorien auf klinische Probleme anwenden lassen. Die in den Jahren 1924 und 1926 erschienenen Aufsätze mit den Titeln „Neurose und Psychose" und „Hemmung, Symptom und Angst" gelten als hervorragende Beispiele für solche fruchtbaren Anwendungen. Es besteht also eine enge Beziehung zwischen dem Hauptinhalt dieser Arbeiten und dem der oben genannten Monographien. „Neurose und Psychose" ist zum Beispiel ein Versuch, im Anschluß an die Ergebnisse, zu denen Freud in seiner kurz vorher publizierten Arbeit „Das Ich und das Es" gelangt war, die früheren Ideen und Erkenntnisse neu zu formulieren. In „Hemmung, Symptom und Angst" brachte er eine neue Theorie der Angst vor, die sich auf die Strukturhypothese gründete.

Diese Schrift ist ohne Zweifel das wertvollste Werk Freuds aus der Nachkriegszeit. Sie ist im wesentlichen eine umfassende Studie der verschiedenen Probleme der Angst und hat ihren Ursprung in den von Otto Rank entwickelten Gedanken über das Geburtstrauma. „Die Geburt ist", so lautet der von Freud früher formulierte Satz, „ebenso die allererste Lebensgefahr wie das Vorbild aller späteren, vor denen wir Angst empfinden, und das Erleben der Geburt hat uns wahrscheinlich den Affektausdruck, den wir Angst heißen, hinterlassen[272]." Die Annahme des Traumas der Geburt wird zu einem wichtigen Ausgangspunkt für weitere Überlegungen, die zu einer neuen Fundierung der Angstlehre führten. Wenn wir also die neue Theorie der Angst verstehen wollen, so müssen wir uns in erster Linie darüber im klaren sein, daß die Angst nach Freud eine ererbte, biologische Basis hat.

Die Formulierungen, die er in seiner Schrift „Hemmung, Symptom und Angst" brachte, gehen teilweise auf die früheren Gedanken über die Entstehung der Angst zurück und teilweise weit über diese hinaus. In diesem Zusammenhang soll besonders hervorgehoben werden, daß Freud den Hauptteil seiner früheren Theorien vollständig aufgegeben hat. Ursprünglich hatte er angenommen, daß die nicht adäquat abgeführte Sexualerregung wie Coitus interruptus und andere sexuelle Praktiken wie erzwungene Abstinenz u. dgl. Angstzustände erzeugen können[273].

[272] Derselbe, Beiträge zur Psychologie des Liebeslebens. Ges. Werke, Bd. VIII, S. 76.

[273] Derselbe, Hemmung, Symptom und Angst, S. 138.

Die Behauptung, daß krankhafte Angst nur verwandelte Libido sei, hat sich aber in der psychoanalytischen Praxis nicht verifiziert. Freud selbst ist von dieser ersten Angsttheorie später abgerückt[274].

In der neuen Theorie der Angst lokalisiert er jede Angst im bewußt erlebenden, sich mit der Realität auseinandersetzenden Ich. Das Ich wird also als eine Angststätte betrachtet. Angst entsteht dann nicht aus verdrängter Libido, sondern wird vom Ich durch ein Unlustsignal entbunden. Würde man — laut der früheren Annahme — die Angst auf eine Aufstauung der Libido und diese Aufstauung auf die Verdrängung zurückführen, so müßte dann die Verdrängung der Angst vorangehen. Hier aber taucht die Frage auf, was denn die Verdrängung verursacht haben könnte. Da diese Beweisführung zu einem Circulus vitiosus führte, so änderte Freud seine frühere Ansicht und gelangte zu dem Ergebnis, daß die Angst der Motor der Verdrängung sein muß und nicht deren Folgeerscheinung darstellen kann. Die aus dem Ich entstehende Angst gibt den Anstoß zur Verdrängung eines verpönten Triebanspruches. Der seiner normalen Abfuhrmöglichkeiten beraubte Trieb kann entweder in seiner Weiterentwicklung auf einer bestimmten Phase der infantilen Libidoorganisation fixiert bleiben, oder er kann später unter dem Druck der Angst auf eine frühere Entwicklungsstufe regredieren.

Aus seinen Überlegungen über die Entstehung der Angst aus dem Ich und ihren Ursprung im Geburtstrauma, das als Prototype späterer, psychologisch bedeutsamer traumatischer Situationen angesehen werden muß, gewann Freud die notwendige Einsicht in die Dynamik der psychischen Vorgänge und entwickelte seine Theorie der Neurosen, die wir kurz in den darauffolgenden Abschnitten darstellen werden.

b) Die Aktual- und Psychoneurosen

Freud teilt die Neurosen nach ihrer Ätiologie ein. Ursprünglich unterschied er zwei Neurosengruppen: Die Aktualneurosen[275] und die Psychoneurosen. Unter Aktualneurosen verstand er somatisch bedingte Störungen des psychischen und physiologischen Gleichgewichts als Folge der

---

[274] Ebenda.

[275] Die Psychoanalytiker glauben heute nicht mehr an die Existenz der Aktualneurosen. Sie sind der Meinung, daß es sich bei diesen vermutlich um eine Fehlkonzeption handelt, und daß die Annahme Freuds relativ wenig praktische Bedeutung hat. Die Aktualneurosen als selbständige Krankheitsgruppe gibt es wahrscheinlich nicht. Vermutlich handelte es sich ursprünglich um Angstzustände oder Mischzustände aus Depression und Angst.

Versagung von libidinöser Befriedigung oder als Folge der libidinösen Erschöpfung. Die Aktualneurosen umfassen vor allem die Neurasthenie, Angstneurose und Hypochondrie. Was die zweite Gruppe von Neurosen (Psychoneurosen) anlangt, bemerkt Freud, daß diese im Vergleich zu Aktualneurosen nicht der chemisch vermittelte, sondern der psychisch verarbeitete Ausdruck von längst-vergangenen Störungen der biologisch wichtigen Funktion seien[276]. Hier sehen wir die Vorstellung am Werke, daß die Libido sexualis, die, wenn ihr keine normale Abfuhr ermöglicht werde, oder überhaupt der seiner normalen Abfuhrmöglichkeiten beraubte Trieb zu krankhaften Spannungen im Organismus führen können.

Was die Ätiologie der ersten Neurosengruppe (Aktualneurosen) anbetrifft, so spielen die psychischen Mechanismen bei ihrer Entstehung keine Rolle. Bei der Betrachtung der Neurasthenie und Angstneurose stellt Freud fest, daß die erstere durch eine Verarmung an sexueller Erregung entstehe, während die letztere, in die auch die Hypochondrie einbezogen ist, durch die Anhäufung physischer Spannung zustande komme, die auch sexualer Herkunft ist. Freud nahm an, daß die Verarmung an Sexualerregung bei der Neurasthenie durch langdauernde exzessive Masturbation oder gehäufte Pollutionen entstehe[277]. Die Entstehung der Angstneurose sah er in einer nicht adäquat abgeführten Sexualenergie wie Coitus interruptus, Abstinenz und frustrane Erregung[278]. Diese Auffassung wurde aber später, wie bereits erwähnt, nicht mehr von Freud vertreten.

Zusammenfassend können wir sagen, daß bei der Ätiologie der sogenannten toxisch bedingten Neurosen (Aktualneurosen) schädliche Einflüsse des Sexuallebens entscheidend sind, ohne daß eine erbliche Belastung erforderlich wäre. Der sexuelle Faktor soll also in der Verursachung dieser Neurosen als wesentlich betrachtet werden. Bei den sog. psychogenen Neurosen (Psychoneurosen) ist jedoch zu bemerken, daß der erbliche Einfluß wichtiger ist. Dazu sagt Freud folgendes:

„Bei den Psychoneurosen ist der hereditäre Einfluß bedeutsamer, die Verursachung minder durchsichtig. Ein eigentümliches Untersuchungsverfahren, das als Psychoanalyse bekannt ist, hat aber gestattet zu erkennen, daß die Symptome dieser Leiden (der Hysterie, Zwangsneurose usw.) psychogen sind, von der Wirklichkeit unbewußter (verdrängter) Vorstellungskomplexe abhängen. Diese Methode hat uns aber auch diese

[276] Vgl. dazu S. Freud, „Psychoanalyse" und „Libidotheorie", S. 219.
[277] Derselbe, Studien über Hysterie, S. 497.
[278] Ebenda, S. 497 f.

unbewußten Komplexe kennen gelehrt und uns gezeigt, daß sie, ganz allgemein gesprochen, sexuellen Inhalt haben; sie entspringen den Sexualbedürfnissen unbefriedigter Menschen und stellen für sie eine Art von Ersatzbefriedigung dar. Somit müssen wir in allen Momenten, welche das Sexualleben schädigen, seine Betätigung unterdrücken, seine Ziele verschieben, pathogene Faktoren auch der Psychoneurosen erblicken[279]."

Freuds Forschungsarbeit und sein klinisches Hauptinteresse galten primär den Psychoneurosen. Für die Aktualneurosen interessierte er sich später nicht so besonders. Die Gruppe der Psychoneurosen hat er schließlich in die sog. Übertragungs- und narzißtischen Neurosen unterteilt. Die Übertragungsneurosen umfassen die Konversionshysterie, Angsthysterie und Zwangsneurosen. Zu den narzißtischen Neurosen gehören vor allem schwere neurotische Depressionen wie Melancholie, paranoide Zustände und jene Grenzfälle, die zwischen Schizophrenie und Depersonalisation liegen.

c) Die Übertragungsneurosen

Diejenigen Neurosen, die durch die Psychoanalyse grundsätzlich behandelt werden können, heißen nach Freud Übertragungsneurosen. Diese Bezeichnung wird dann verständlich, wenn wir uns daran erinnern, was Freud über den psychoanalytischen Prozeß sagte. Laut diesem Prozeß überträgt der Patient während der psychoanalytischen Behandlung seine unbewußten Wünsche und Ängste auf den Analytiker.

„Die Übertragungsneurosen entstehen nach dem Ergebnis aller unserer Analysen dadurch", so schreibt Freud in seinem grundlegenden Aufsatz „Neurose und Psychose", „daß das Ich eine im Es mächtige Triebregung nicht aufnehmen und nicht zur motorischen Erledigung befördern will, oder ihr das Objekt bestreitet, auf das sie zielt. Das Ich erwehrt sich ihrer dann durch den Mechanismus der Verdrängung; das Verdrängte sträubt sich gegen dieses Schicksal, schafft sich auf Wegen, über die das Ich keine Macht hat, eine Ersatzvertretung, die sich dem Ich auf dem Wege des Kompromisses aufdrängt, das Symptom; das Ich findet seine Einheitlichkeit durch diesen Eindringling bedroht und geschädigt, setzt den Kampf gegen das Symptom fort, wie es sich gegen die ursprüngliche Triebregung gewehrt hatte, und dies alles ergibt das Bild der Neurose[280]."

---

[279] S. Freud, Die kulturelle Sexualmoral und die moderne Nervosität. Ges. Werke, Bd. VII, S. 149.

[280] S. Freud, Neurose und Psychose. Ges. Werke, Bd. XIII, S. 388.

Wir haben bereits erwähnt, daß die Konversionshysterie, Angsthysterie und Zwangsneurose zu den Übertragungsneurosen zählen. Betrachten wir zunächst die Konversionshysterie. Freud hat seine Hysterielehre vor allem an den konversionshysterischen Erscheinungen entwickelt. In seinen Vorlesungen über Psychoanalyse bemerkt er, daß das Wesen der psychischen Erkrankung darin bestehe, daß die in den pathogenen Situationen entstandenen Affekte nicht zu einer normalen Abfuhr gelangten[281]. Diese Affekte können zum Teil im Seelenleben bestehen bleiben und als Quelle ständiger Erregung das psychische Gleichgewicht beeinträchtigen, oder aber sie setzen sich zum Teil in körperliche Innervationen und Hemmungen um. Für diesen letzteren Vorgang haben Freud und Breuer die Bezeichnung der „hysterischen Konversion" vorgeschlagen. Bei der Konversionshysterie handelt es sich, wenn wir die späteren Formulierungen Freuds in Betracht ziehen, um einen Konflikt zwischen der Triebregung und den — unter dem Einwirken des Über-Ichs erfolgenden — Verdrängungstendenzen des Ichs, der sich in somatische Innervationen oder Innervationshemmungen umsetzt.

Wenden wir nun unsere Aufmerksamkeit der Angsthysterie zu, so stellen wir fest, daß die hysterischen Symptome Konversionen einer zunächst verdrängten Angst sind und daß ihre eigentliche Ursache in der ursprünglichen Gefahrsituation liegt. Angsthysterien entstehen, wenn libidinöse Befriedigung bedroht und verboten wird. Die Einwirkung eines drohenden und bestrafenden Über-Ichs sowie die äußeren Ereignisse spielen bei ihrer Entstehung die zentrale Rolle. Dem Vorgang der Verdrängung soll auch eine besondere Bedeutung für die Angst bei der Hysterie zugeschrieben werden. Die Analyse der Angst bei gewissen Phobien führt uns zur Annahme, daß es sich bei der Angsthysterie um die typische Verdrängung der Wunschregungen aus dem Ödipuskomplex handelt. Die auf das Verbot des drohenden und bestrafenden Über-Ichs stoßende kindliche Phantasie, den gegengeschlechtlichen Elternteil besitzen zu wollen, führt meist zu autodestruktiven Impulsen und phobischen Ängsten. In der erfolgreichen Auflösung des Ödipuskomplexes sah Freud das Rezept zur Vermeidung der neurotischen Störungen.

Die Merkmale der Übertragungsneurosen lassen sich am deutlichsten durch die dritte Gruppe der Neurosen (Zwangsneurosen) beschreiben. In den „Vorlesungen zur Einführung in die Psychoanalyse" bemerkt Freud folgendes über die besonderen Wesenszüge der Zwangsneurosen:

---

[281] Derselbe, Über Psychoanalyse, S. 13.

„Die Zwangsneurose äußert sich darin, daß die Kranken von Gedanken beschäftigt werden, für die sie sich eigentlich nicht interessieren, Impulse in sich verspüren, die ihnen sehr fremdartig vorkommen, und zu Handlungen veranlaßt werden, deren Ausführung ihnen zwar kein Vergnügen bereitet, deren Unterlassung ihnen aber ganz unmöglich ist. Die Gedanken (Zwangsvorstellungen) können an sich unsinnig sein oder auch nur für das Individuum gleichgültig, oft sind sie ganz und gar läppisch, in allen Fällen sind sie der Ausgang einer angestrengten Denktätigkeit, die den Kranken erschöpft, und der er sich nur sehr ungern hingibt. Er muß gegen seinen Willen grübeln und spekulieren, als ob es sich um seine wichtigsten Lebensaufgaben handelte. Die Impulse, die der Kranke in sich verspürt, können gleichfalls einen kindischen und unsinnigen Eindruck machen, meist haben sie aber den schreckhaftesten Inhalt wie Versuchungen zu schweren Verbrechen, so daß der Kranke sie nicht nur als fremd verleugnet, sondern entsetzt vor ihnen flieht und sich durch Verbote, Verzichte und Einschränkungen seiner Freiheit vor ihrer Ausführung schützt. Dabei dringen sie niemals, aber wirklich kein einziges Mal, zur Ausführung durch; der Erfolg ist immer, daß die Flucht und die Vorsicht siegen. Was der Kranke wirklich ausführt, die sogenannten Zwangshandlungen, das sind sehr harmlose, sicherlich geringfügige Dinge, meist Wiederholungen, zeremoniöse Verzierungen an Tätigkeiten des gewöhnlichen Lebens, wodurch aber diese notwendigen Verrichtungen, das Zubettegehen, das Waschen, Toilettemachen, Spazierengehen zu höchst langwierigen und kaum lösbaren Aufgaben werden. Die krankhaften Vorstellungen, Impulse und Handlungen sind in den einzelnen Formen und Fällen der Zwangsneurose keineswegs zu gleichen Anteilen vermengt; vielmehr ist es Regel, daß das eine oder das andere dieser Momente das Bild beherrscht und der Krankheit den Namen gibt, aber das Gemeinsame all dieser Formen ist unverkennbar genug[282].“

Nach der psychoanalytischen Neurosenlehre kann man bei jeder Zwangsneurose eine ödipale Versuchungssituation mit entsprechenden sexuellen Phantasien in der Kindheit feststellen. Hier soll jedoch hinzugefügt werden, daß nicht nur die Verdrängung der inzestuösen Wünsche in der ödipalen Phase zu krankhaften Spannungen führen kann, sondern auch die anale Fixierung und die damit einhergehende Tendenz zu sadomasochistischen Triebstrebungen mit entsprechenden, unter dem Einwirken des Über-Ichs erfolgenden, Reaktionsbildungen des Ichs pathogen wirkt. Die Grundlage der Zwangsneurose sah Freud in einer Regression

---

[282] S. Freud, Vorlesungen zur Einführung in die Psychoanalyse, S. 265 f.

der Libido auf eine frühere Entwicklungsstufe, die anal-sadistische. Auf dieser Stufe entwickelt das Kind eine Liebe zu seinen Eltern, die mit aggressiven Wunschregungen verbunden ist. Die Beimischung dieser destruktiven Wünsche ist das Kennzeichen infantiler Objektbeziehungen. Zu beachten ist, daß sie auch in den späteren Objektbeziehungen des Zwangsneurotikers unbewußt wirksam bleibt.

d) Die narzißtischen Psychoneurosen

Die narzißtischen Neurosen erweisen sich im Gegensatz zu den Übertragungsneurosen durch die psychoanalytische Therapie als nicht behandelbar. Sie widerstehen der analytischen Behandlung. Bei diesen Störungen handelt es sich um die vollständige Entziehung der Libido von der Außenwelt. Der Entzug der libidinösen Besetzung von den Objekten der Außenwelt verursacht solche psychotische Erkrankungen, die uns als schwere endogene Depression, Paranoia u. dgl. bekannt sind. Die Kranken, die an einer narzißtischen Neurose leiden, sind am Vorgang der Analyse und an der Person des Analytikers nicht interessiert. Deshalb ist die Anwendung der Psychoanalyse auf die narzißtischen Psychoneurosen wie schwere Depressionen und paranoide Zustände nicht so leicht. Bei manchen Patienten nehmen beispielsweise der Abzug der libidinösen Objektbesetzungen, die regressive Wiederbesetzung des Ichs und die Fixierung auf dieser Stufe ein solches Ausmaß an, daß mit einer erfolgreichen Analyse überhaupt nicht zu rechnen ist.

Die narzißtischen Neurosen werden von Freud in seinem kurzen Aufsatz „Neurose und Psychose" im Zusammenhang mit der Strukturhypothese glänzend dargestellt und ihre Unterschiede zu den anderen Krankheitsgruppen, nämlich Übertragungsneurosen und Psychosen, folgendermaßen geschildert. Zunächst stellt Freud fest, daß es Affektionen geben müsse, denen ein Konflikt zwischen Ich und Über-Ich zugrunde liege[283]. Am Beispiel der Melancholie, die zur Krankheitsgruppe der narzißtischen Psychoneurosen gehört und in ihrer Erscheinungsform der normalen Trauer etwa ähnlich ist, versucht Freud zu zeigen, daß das Ich in der Tat um ein verlorenes Liebesobjekt trauere, mit dem es sich kraft der ins Ich zurückgezogenen Libido identifiziert. Der Melancholiker, der über seine Liebesunfähigkeit klagt, trauert also um ein verlorenes Objekt, mit dem er sich identifiziert. Dieses Objekt wird aber von ihm, unter der Einwirkung einer moralischen Angst, als lebensunwürdig wahrgenommen. Er introjiziert dann das entwertete Objekt und wird dadurch zum Opfer

---

[283] S. Freud, Neurose und Psychose, S. 390.

des Über-Ichs. Bei der Melancholie handelt es sich um einen Konflikt zwischen Ich und Über-Ich. Das Ich fühlt sich vom Über-Ich unerbittlich bedroht und bestraft. Das Gefühl der Herabsetzung und die angstvolle Verzweiflung des Melancholikers sind der Ausdruck des Konfliktes zwischen diesen Instanzen.

Vergleicht man nun die narzißtischen Neurosen mit den Psychosen und Übertragungsneurosen, so läßt sich erkennen, daß der Konflikt bei den Psychosen im Unterschied zu den ersteren zwischen Ich und Außenwelt stattfindet, während bei den letzteren der Konflikt zwischen Ich und Es besteht[284].

e) Die Psychosen

Unter Psychosen versteht man hier im engeren Sinn die verschiedenen Formen schizophrener Erkrankungen[285]. Diese sind vor allem durch völligen Realitätsverlust gekennzeichnet. Eine unrealistische, subjektive und auf Halluzinationen beruhende Beziehung zur Außenwelt ist auch ein Merkmal schizophrener Erkrankungen. Die Psychotiker sind unfähig, echte Beziehungen zur realen Umwelt aufrechtzuerhalten. Sie zeigen ein autistisches Verhalten. Oft sind sie nicht in der Lage, die Menschen, mit denen sie gelebt haben, wiederzuerkennen. Dieser Realitätsverlust ist also das entscheidende Merkmal der Psychose. Auch bei der Neurose ist der Kontaktverlust mit der äußeren Welt das ausschlaggebende Moment. Wird der Kontakt mit der realen Außenwelt ganz abgebrochen, dann nimmt das Gefühl der angstvollen Verzweiflung durch wahnhafte Erwartung von Strafen nach Selbstzerstörung zu. Hinsichtlich des Realitätsverlustes bei Neurose und Psychose schreibt Freud folgende Sätze:

---

[284] Ebenda.

[285] Trotz vieler Beiträge, die die Psychoanalyse zum Verständnis der schizophrenen Psychosen geleistet hat, ist dennoch das Problem der psychologischen Prozesse, die bei der Ätiologie dieser Psychosen eine Rolle spielen, nicht ganz gelöst. Die psychologischen Vorgänge spielen gewiß eine Rolle in der Verursachung der schizophrenen Gruppe von Psychosen. Dies bedeutet jedoch nicht, daß die organischen Prozesse unwichtig seien. Eine große Anzahl von Psychiatern ist heute der Meinung, daß schizophrene Erkrankungen auf physiologische Störungen der Gehirnfunktion zurückzuführen sind. Diese Ansicht soll aber dahingehend modifiziert werden, daß nicht jede psychotische Erscheinung eine direkte Folge organischer Störung oder Dysfunktion ist. Deshalb darf die psychologische Untersuchung der Psychosen nicht außer acht gelassen werden. Die psychoanalytischen und biochemischen Hypothesen sind beide für das Verständnis der Psychosen wertvoll und sollen einander ergänzen. Vgl. Robert Waelder, Die Grundlagen der Psychoanalyse. Frankfurt a. M. 1969, S. 160.

„Ich habe kürzlich einen der unterscheidenden Züge zwischen Neurose und Psychose dahin bestimmt, daß bei ersterer das Ich in Abhängigkeit von der Realität ein Stück des Es (Trieblebens) unterdrückt, während sich dasselbe Ich bei der Psychose im Dienste des Es von einem Stück der Realität zurückzieht. Für die Neurose wäre also die Übermacht des Realeinflusses, für die Psychose die des Es maßgebend. Der Realitätsverlust wäre für die Psychose von vorneherein gegeben; für die Neurose, sollte man meinen, wäre er vermieden[286].“ Mit anderen Worten ausgedrückt: „Die Neurose verleugnet die Realität nicht, sie will nur nichts von ihr wissen; die Psychose verleugnet sie und sucht sie zu ersetzen[287].“ An dieser Stelle unternimmt Freud den Versuch, die pathologischen Phänomene als graduell verschieden von normalen Zuständen zu veranschaulichen: „Normal oder ‚gesund‘ heißen wir ein Verhalten, welches bestimmte Züge beider Reaktionen vereinigt, die Realität so wenig verleugnet wie die Neurose, sich aber dann wie die Psychose um ihre Abänderung bemüht. Dies zweckmäßige, normale Verhalten führt natürlich zu einer äußeren Arbeitsleistung an der Außenwelt und begnügt sich nicht wie bei der Psychose mit der Herstellung innerer Veränderungen; es ist nicht mehr *autoplastisch*, sondern *alloplastisch*[288].“

Abschließend sei bemerkt, daß die Einsichten, die Freud in das Wesen der Neurose und Psychose gewann, ihn dazu führten, dem „Ich“ besondere Studien zu widmen. Denn aus tiefem Studium dieser Instanz kann eine vollständige Kenntnis über psychotische und neurotische Erscheinungen erwachsen.

9. Einige Betrachtungen über die Grundgedanken Freuds zur Kultur und Religion

a) Totem und Tabu

In diesem und den darauffolgenden Kapiteln wollen wir uns mit den Grundanschauungen Freuds über Vergangenheit und Zunkunft der Menschheit befassen. Diese Anschauungen finden wir vor allem in seinen theoretisch-spekulativen Werken wie „Totem und Tabu“, „Die Zukunft einer Illusion“, „Das Unbehagen in der Kultur“ und „Der Mann Moses und die monotheistische Religion“. Die Gedanken, die Freud in

[286] S. Freud, Der Realitätsverlust bei Neurose und Psychose. Ges. Werke, Bd. XIII, S. 363.

[287] Ebenda, S. 365.

[288] Ebenda, S. 365 f.

diesen Arbeiten entwickelt hat, lassen sich auf seine psychoanalytische Beschäftigung mit den individuellen menschlichen Konflikten zurückführen. „Totem und Tabu“ stellt beispielsweise die phylogenetische Parallele zur Ontogenese der Sexualität in den „Drei Abhandlungen zur Sexualtheorie“ dar.

Aus dem Untertitel dieses bedeutenden Werkes geht eindeutig hervor, daß Freud bestrebt ist, Übereinstimmungen im Seelenleben der Naturvölker und der Neurotiker aufzuweisen. Der erste Teil des Buches gibt uns einen Überblick über die anthropologische Literatur zur Inzestfrage. Gestützt auf die anthropologischen Forschungen von Frazer und anderen bringt Freud hier zum Ausdruck, daß das Inzestverbot den Ureinwohnern Australiens ein noch wesentlich strengeres Tabu bedeutete als den Menschen in den modernen Gesellschaften[289]. Bei den australischen Stämmen ist die Zugehörigkeit zum Totem die Grundlage aller sozialen Beziehungen und Verpflichtungen. An Stelle der religiösen und sozialen Institutionen findet man also bei diesen Sippen Australiens ein System des *Totemismus.* Es besteht nach Freud ein enger Zusammenhang zwischen Totemismus und Exogamie. Wo es Totems gibt, gibt es auch ein Gesetz, das den Sexualverkehr zwischen den Angehörigen desselben Totems verbietet[290]. Das System der Exogamie zwingt die Männer und Frauen dazu, ihre Sexualpartner außerhalb des eigenen Stammes zu suchen.

Hier erhebt sich die Frage, weshalb die australischen Stämme sowie die meisten Totemvölker die Inzestwünsche des Menschen als bedrohlich

---

[289] Die Arbeiten von J. G. Frazer sind auf dem Gebiete der Anthropologie von fundamentaler Bedeutung. An mehreren Stellen seines Werkes „Totem und Tabu“ bezieht sich Freud auf die Schriften Frazers über „Totemism and Exogamy“. Aus diesen Schriften zitiert Freud folgende Sätze über die Übertretung des Inzestverbotes bei den australischen Stämmen: „In Australia the regular penalty for sexual intercourse with a person of a forbidden clan is death. It matters not whether the woman be of the same local group or has been captured in war from another tribe; a man of the wrong clan who uses her as his wife is hunted down and killed by his clansmen, and so ist the woman; though in some cases, if they succeed in eluding capture for a certain time, the offence may be condoned. In the Ta-Ta-thi tribe, New South Wales, in the rare cases which occur, the man is killed but the woman is only beaten or speared, or both, till she is nearly dead; the reason given for not actually killing her being that she was probably coerced. Even in casual amours the clan prohibitions are strictly observed, any violations of these prohibitions ‚are regarded with the utmost abhorrence and are punished by death‘ (Howitt).“ Zit. nach S. Freud, Totem und Tabu. Ges. Werke, Bd. IX, S. 9.

[290] Ebenda, S. 8.

empfinden und sich so stark dagegen wehren. Die Psychoanalyse gibt Antwort auf diese Frage. Sie ist vor allem bestrebt, an die völkerpsychologischen Tatsachen mit neuem Verständnis heranzugehen. Eine nähere Betrachtung der Inzestscheu bei den Primitiven läßt erkennen, daß diese infantile Züge in sich trägt. Es besteht vor allem frappante Ähnlichkeit im Seelenleben der Wilden und der Neurotiker. Wie wir bereits an mehreren Stellen dieser Arbeit dargestellt haben, ist die erste sexuelle Objektwahl des Knaben eine inzestuöse. Im Laufe der Sexualentwicklung befreit sich der Heranwachsende von der Anziehung des Inzests. Der Neurotiker zeigt aber regelmäßig Züge des psychischen Infantilismus. Er ist nicht in der Lage, sich von den kindlichen Verhältnissen der Psychosexualität frei zu machen. Deshalb spielen die inzestuösen Fixierungen der Libido in seinem unbewußten psychischen Leben noch immer eine wichtige Rolle. Diese ontogenetische Darstellung ermöglicht es, nun eine phylogenetische Parallele zu ziehen. Derzufolge ist die Inzestscheu der primitiven Völker der Ausdruck starker Ablehnung ihrer einstigen, seither der Verdrängung verfallenen Inzestwünsche.

Im zweiten Teil seines Werkes, der mit dem Titel „Das Tabu und die Ambivalenz der Gefühlsregungen" versehen ist, zieht Freud Vergleiche zwischen den religiösen Sitten des Totemismus und den Zwangshandlungen der Neurotiker. Durch psychoanalytische Beobachtungen stellt er also fest, daß es zwischen den Symptomen der Zwangsneurose und den Tabugebräuchen auffällige Übereinstimmung gibt. Diese Übereinstimmung äußert sich in den folgenden Punkten: „1. In der Unmotiviertheit der Gebote, 2. in ihrer Befestigung durch eine innere Nötigung, 3. in ihrer Verschiebbarkeit und in der Ansteckungsgefahr durch das Verbotene, 4. in der Verursachung von zeremoniösen Handlungen, Geboten, die von den Verboten ausgehen[291]."

Der dritte Teil des Buches lautet „Animismus, Magie und Allmacht der Gedanken". Hier setzt sich Freud mit der Auffassung über die Entwicklungsgeschichte der menschlichen Weltanschauungen auseinander. Diese Entwicklungsgeschichte umfaßt drei Phasen: die animistische, religiöse und die wissenschaftliche. Im animistischen Stadium sind die Menschen weit vom wissenschaftlichen Denken entfernt. Sie leben in einer magischen Gedankenwelt und glauben, mit der Kraft ihrer Gedanken die reale Welt beeinflussen zu können. Im religiösen Stadium aber schreiben sie die Allmacht der Gedanken nicht sich selbst zu, sondern sie projizieren diese auf ihre Götter. Letztlich mußten die Menschen ihre magischen Vor-

[291] Ebenda, S. 39.

stellungen in der Phase der wissenschaftlichen Weltanschauung zugunsten einer objektiv-wissenschaftlichen Denkweise aufgeben. Diese Studien beschreibt Freud im Hinblick auf die Allmacht der Gedanken, die wir schon bei seinen Analysen der Zwangsneurotiker finden.

Das letzte Kapitel beschäftigt sich mit dem Thema „Die infantile Wiederkehr des Totemismus". Hier weist Freud darauf hin, daß der Ödipuskomplex ein universales Phänomen sei. Aufgrund der psychoanalytischen Untersuchungen gelangt er schließlich zu dem Ergebnis, „daß im Ödipus-Komplex die Anfänge von Religion, Sittlichkeit, Gesellschaft und Kunst zusammentreffen, in voller Übereinstimmung mit der Feststellung der Psychoanalyse, daß dieser Komplex den Kern aller Neurosen bildet, so weit sie bis jetzt unserem Verständnis nachgegeben haben. Es erscheint mir als eine große Überraschung, daß auch diese Probleme des Völkerseelenlebens eine Auflösung von einem einzigen konkreten Punkte her, wie es das Verhältnis zum Vater ist, gestatten sollten"[292].

b) Religion als Illusion

Die Theorien, die Freud in seinem Werk „Totem und Tabu" entwickelte, hat er in seinen späteren Schriften „Die Zukunft einer Illusion" und „Das Unbehagen in der Kultur" wieder aufgegriffen und vervollständigt. In „Die Zukunft einer Illusion" wendet er sich dem Problem der Entstehung der Religion zu. Hier aber können wir nicht seine Ansichten darüber ausführlich behandeln, da dies den thematischen Rahmen der Arbeit sprengen würde. Freud führt den Ursprung der Religion auf die kindliche Hilflosigkeit des Menschen zurück[293]. Seinen Beitrag zur Religionskritik[294] aufgrund des infantilen Wunschdenkens charakterisiert

[292] Ebenda, S. 188.

[293] Vgl. dazu S. Freud, Die Zukunft einer Illusion. Ges. Werke, Bd. XIV, S. 344 f. Vgl. auch seine Schriften aus den Jahren 1928—1933: Neue Folge der Vorlesungen zur Einführung in die Psychoanalyse, S. 181.

[294] Die Freudsche Religionskritik ist oft mißverstanden worden. In seiner Schrift „Das Unbehagen in der Kultur" bemerkt er, daß sich seine Kritik nicht gegen die tiefsten religiösen Gefühle richte, sondern gegen das, was der „gemeine Mann" unter Religion verstehe. Sie richtet sich also nur gegen äußere Religionsformen. (Vgl. hierzu: Das Unbehagen in der Kultur, Ges. Werke, Bd. XIV, S. 431.) Freud war primär an religiösen Regeln und Riten interessiert und nicht wie William James an der religiösen Erfahrung. Seine Kritik der Religiosität war keine theologische, sondern eine anthropologische. (Vgl. David Riesman, Freud und die Psychoanalyse. Frankfurt a. M. 1965, S. 128 und Alexander Mitscherlich, Nachwort zu: Sigmund Freud, Das Unbewußte. Frankfurt a. M. 1960, S. 452.)

er als einen Hinweis auf den möglichen Ursprung der religiösen Verhaltensweisen aus kindlicher Ohnmacht und Hilfsbedürftigkeit. Dieses Moment der menschlichen Hilflosigkeit spielt also in der psychoanalytischen Motivierung der Religionsbildung eine große Rolle. Das Gefühl der Ohnmacht des Menschen macht noch nicht das Wesen der Religiosität aus, „sondern erst der nächste Schritt, die Reaktion darauf, die gegen dies Gefühl eine Abhilfe sucht"[295].

Auf der Suche nach einer Abhilfe haben sich die Menschen, nachdem sie dem elterlichen Schutz entwachsen waren, die Idee Gottes geschaffen, um nach wie vor Schutz zu finden. Die Gottesvorstellung ist nach Freud ein Vaterbild, das in den Himmel projiziert ist. Ursprünglich hat das Kind eine Vorstellung von einem allmächtigen Vater, der in der Lage ist, seine Bedürfnisse zu befriedigen. Allmählich aber vergeht dieses Bild vom Vater, und an dessen Stelle tritt eine Phantasiegestalt (ein Vater im Himmel), der mit den gleichen Eigenschaften eines physischen Vaters ausgestattet ist. Die Psychoanalyse zeigt also den engen Zusammenhang zwischen Vaterkomplex und Gottesgläubigkeit und lehrt, „daß der persönliche Gott psychologisch nichts anderes ist als ein erhöhter Vater"[296]. Psychologisch gesehen wäre auch die Religion nichts anderes als eine „universelle Zwangsneurose"[297]. Die Zwangsneurose sei als pathologisches Gegenstück zur Religionsbildung und die Neurose als eine „individuelle Religiosiät" aufzufassen[298].

Bei der Betrachtung der anthropologischen Arbeiten Freuds über Religion soll jedoch nicht außer acht gelassen werden, daß diese unter dem Einfluß des 19. Jahrhunderts geschrieben worden sind. Das 19. Jahrhundert war vor allem von einer großen spirituellen Unruhe beherrscht. Deshalb enthalten die antireligiösen Schriften Freuds zu viel von diesem Jahrhundert, d. h. vom Jahrhundert Kierkegaards und Nietzsches. (Vgl. dazu Karl Stern, die dritte Revolution. Wien/Salzburg o. J., S. 94.) Wie die anderen Schriftsteller des 19. Jahrhunderts hat auch Freud sich besonders für das Phänomen Religion interessiert. In der zweiten Hälfte seines Lebens hat er unaufhörlich mit der religiösen Frage gerungen. Mit Recht bemerkt Scharfenberg: „Was Novalis von Spinoza sagte, daß er ein ‚Gottbesessener' gewesen sei, läßt sich vielleicht auch auf Freud anwenden." Joachim Scharfenberg, Sigmund Freud und seine Religionskritik. Göttingen 1968, S. 137.

[295] Vgl. S. Freud, Die Zukunft einer Illusion, S. 355.

[296] Derselbe, Eine Kindheitserinnerung des Leonardo da Vinci. Ges. Werke, Bd. VIII, S. 195.

[297] Derselbe, Zwangshandlungen und Religionsübungen. Ges. Werke, Bd. VII, S. 139.

[298] Ebenda, S. 138 f.

Obwohl Freud der Überzeugung war, daß Religion in Wirklichkeit eine Illusion sei, hat er aber dennoch offen zugegeben, daß sie noch zur Aufrechterhaltung von Gesetz und Ordnung notwendig sei, bis die Menschen eines Tages reif genug wären, ohne diese Illusion zusammenleben zu können.

c) Zur Kulturanalyse Freuds

Der Schrift „Die Zukunft einer Illusion" folgte drei Jahre später eine ausführlichere „Das Unbehagen in der Kultur". Die Grundgedanken dieser beiden Arbeiten stehen miteinander in Beziehung. In der letzteren ist Freud bestrebt, das Bedürfnis des Menschen nach einer religiösen Illusion im Hinblick auf die Triebe zu analysieren und die Probleme der Kulturentwicklung zu erforschen.

Nach Freud ist die Kultur auf Triebverzicht aufgebaut[299]. Sie beginnt mit der methodischen Unterdrückung der Primärtriebe. Die Menschen sind gezwungen, auf einen großen Teil ihrer Triebstrebungen nach sexueller und persönlicher Freiheit zugunsten der Kultur zu verzichten. In diesem Zusammenhang soll jedoch nicht außer acht gelassen werden, daß sich der Freudsche Kulturbegriff aus seinen psychologischen Konzeptionen ableiten läßt. Dazu bemerkt Marcuse: „Freuds Theorie der Kultur entspringt seiner psychologischen Theorie: seine Einsichten in den geschichtlichen Prozeß sind aus der Analyse des psychischen Apparats der Individuen abgeleitet, die die lebendige Substanz der Geschichte sind[300]." Der Kulturprozeß weist also nach Freud eine Analogie mit der Libidoentwicklung des Individuums auf[301]. Der Einzelne kann die Befriedigung seiner libidinösen Triebe verschieben und auf andere Wege verlegen. Mit anderen Worten, er kann seine Triebziele sublimieren. „Die Triebsublimierung ist ein besonders hervorstechender Zug der Kulturentwicklung, sie macht es möglich, daß höhere psychische Tätigkeiten, wissenschaftliche, künstlerische, ideologische, eine so bedeutsame Rolle im Kulturleben spielen. Wenn man dem ersten Eindruck nachgibt, ist man versucht zu sagen, die Sublimierung sei überhaupt ein von der Kultur erzwungenes Triebschicksal[302]."

Ein wichtiges Problem der Kulturentwicklung, das in der Schrift „Das Unbehagen in der Kultur" behandelt wird, ist das des Schuldgefühls.

---

[299] Vgl. dazu S. Freud, Das Unbehagen in der Kultur, S. 457.

[300] Herbert Marcuse, Triebstruktur und Gesellschaft. Frankfurt a. M. 1965, S. 107.

[301] Vgl. S. Freud, Das Unbehagen . . ., S. 457.

[302] Ebenda.

Dem Schuldbewußtsein mißt Freud eine wesentliche Rolle in der Entwicklung der Kultur bei[303]. Er stellt eine Beziehung zwischen diesem und dem Fortschritt fest und betont, daß mit dem Kulturfortschritt das Schuldgefühl „eine immer wachsende Verstärkung" erfährt[304].

Hinsichtlich der phylogenetischen Entwicklungsgeschichte des Schuldgefühls vertritt Freud die Auffassung, daß dies aus dem Ödipuskomplex stamme[305]. Seine Hypothese lautet: Die Tötung des Urvaters durch die Brüdervereinigung sei die Ursache für die Entstehung des Schuldgefühls der Menschheit gewesen[306]. Durch die Vatertötung hatten die Söhne ihre aggressiven Triebregungen befriedigt, aber die Liebe, die sie für ihren Vater empfanden, erzeugte dann bei ihnen ein Gefühl der Reue. „Diese Reue war das Ergebnis der uranfänglichen Gefühlsambivalenz gegen den Vater, die Söhne haßten ihn, aber sie liebten ihn auch; nachdem der Haß durch die Aggression befriedigt war, kam in der Reue über die Tat die Liebe zum Vorschein, richtete durch Identifizierung mit dem Vater das Über-Ich auf, gab ihm die Macht des Vaters wie zur Bestrafung für die gegen ihn verübte Tat der Aggression, schuf die Einschränkungen, die eine Wiederholung der Tat verhüten sollten. Und da die Aggressionsneigung gegen den Vater sich in den folgenden Geschlechtern wiederholte, blieb auch das Schuldgefühl bestehen und verstärkte sich von neuem durch jede unterdrückte und dem Über-Ich übertragene Aggression ... Es ist wirklich nicht entscheidend, ob man den Vater getötet oder sich der Tat enthalten hat, man muß sich in beiden Fällen schuldig finden, denn das Schuldgefühl ist der Ausdruck des Ambivalenzkonflikts, des ewigen Kampfes zwischen dem Eros und dem Destruktions- oder Todestrieb[307]."

d) *Moses und der Monotheismus*

Das Werk „Der Mann Moses und die monotheistische Religion"[308] gilt als der letzte Beitrag Freuds zu seinen theoretisch-spekulativen Über-

---

[303] Ebenda, S. 493 f. [305] Ebenda, S. 490. [307] Ebenda, S. 492.

[304] Ebenda, S. 492. [306] Ebenda.

[308] Es handelt sich bei diesem Werk um die letzte vollendete Arbeit Freuds, die er mehrfach umgeschrieben hat. Er hat sie erst in England zusammen mit zwei anderen Aufsätzen zum selben Thema herausgegeben. In der zweiten Vorbemerkung dieses Buches schreibt er folgende Sätze: „Ich fand die freundliche Aufnahme in dem schönen, freien, großherzigen England. Hier lebe ich nun, ein gern gesehener Gast, atme auf, daß jener Druck von mir genommen ist und daß ich wieder reden und schreiben — bald hätte ich gesagt: denken darf, wie ich will oder muß. Ich wage es, das letzte Stück meiner Arbeit vor die Öffent-

legungen. Es wurde bereits im vorausgehenden Kapitel dargestellt, daß Freud die Idee der Rekonstruktion der Geschichte einer prähistorischen Horde der Söhne und des großen Vatermordes entwickelte, nach der sich ein kollektives Schuldgefühl in der Seele der Menschen festgesetzt hatte. Nun unternimmt er in der oben genannten Schrift den Versuch, diese Idee in kühnster Verallgemeinerung weiter auszubauen, um die Entstehung der jüdischen und christlichen Religion psychoanalytisch erklären zu können.

Zunächst stellte er die These auf, daß Moses der Befreier des jüdischen Volkes, kein Jude, sondern ein Ägypter gewesen sei[309]. Der strenge Monotheismus, den Moses vertreten hat, sei aus den Lehren des ägyptischen Königs Ikhnaton, des Stifters der Atonreligion, übernommen worden[310]. Die Hypothese, die Freud schon hinsichtlich der Ermordung des Vaters durch die Urhorde aufgestellt hat, überträgt er nun auf die Beziehungen des jüdischen Volkes zu seinem Gesetzgeber und Befreier Moses, der, nach Freud, von den Juden umgebracht wurde. „Die von Sellin aus ihren Spuren in der Tradition erkannte, merkwürdigerweise auch vom jungen Goethe ohne jeden Beweis angenommene, Tötung des Moses durch sein Judenvolk wird so ein unentbehrliches Stück unserer Konstruktion, ein wichtiges Bindeglied zwischen dem vergessenen Vorgang der Urzeit und dem späten Wiederauftauchen in der Form der monotheistischen Religionen. Es ist eine ansprechende Vermutung, daß die Reue um den Mord an Moses den Antrieb zur Wunschphantasie vom Messias gab, der wiederkommen und seinem Volk die Erlösung und die versprochene Weltherrschaft bringen sollte. Wenn Moses dieser erste Messias war, dann ist Christus sein Ersatzmann und Nachfolger geworden, dann konnte auch Paulus mit einer gewissen historischen Berechtigung den Völkern zurufen: Sehet, der Messias ist wirklich gekommen, er ist ja vor Euren Augen hingemordet worden. Dann ist auch an der Auferstehung Christi

---

lichkeit zu bringen." (Der Mann Moses und die monotheistische Religion. Ges. Werke, Bd. XVI, S. 159.)

Freud hat sich während der letzten fünf Jahre seines Lebens, die er in Wien und London verbrachte, mit der historischen Gestalt des Moses intensiv beschäftigt. Er glaubte, das wirkliche Fundament der Religion entdeckt und eine geschichtliche Wahrheit über den Propheten Moses gefunden zu haben. Obwohl er der Ansicht war, daß seine Arbeit über Moses reale Hintergründe besitzt, hat er sie aber dennoch als einen „historischen Roman" bezeichnet. (Vgl. Oscar Mannoni, Sigmund Freud, Hamburg 1971, S. 152.)

[309] Vgl. hierzu S. Freud, Der Mann Moses . . ., S. 114.

[310] Ebenda, S. 123.

ein Stück historischer Wahrheit, denn er war der wiedergekehrte Urvater der primitiven Horde, verklärt und als Sohn an die Stelle des Vaters gerückt[311]."

So deutet Freud in seiner letzten vollendeten Arbeit den Ursprung der jüdischen und christlichen Religion und betrachtet das Christentum als die logische Weiterentwicklung des Judentums. Wir können aber nicht auf alle Einzelheiten dieser Arbeit eingehen, da dies den Rahmen unserer Bemühungen sprengen würde.

[311] Ebenda, S. 195 f.

III. Die Grundprobleme der Tiefenpsychologie (Adler, Jung, Rank, Ferenczi, Reich)

1. Die Individualpsychologie Alfred Adlers

a) Das Minderwertigkeitsgefühl und der Machtwille

Adler war der erste Schüler Freuds, der sich von ihm trennte und seine eigene Schule der Individualpsychologie[1] gründete. Er gilt als der erste bedeutende Kritiker der Psychoanalyse, der das Studium der tiefenpsychologischen Aspekte der menschlichen Seele zugunsten einer Darstellung der zwischenmenschlichen Beziehungen aufgegeben hat[2]. Ihm gebührt das große Verdienst, den Minderwertigkeitskomplex definiert zu haben, ein Terminus, der sich auf vielen Gebieten als fruchtbar erwiesen hat. Adler lehnte vor allem die Freudsche Theorie der sexuellen Ätiologie der Neurosen ab und führte an deren Stelle das Streben nach Macht als einzige Quelle der Neurosen ein. Das Machtstreben ist für ihn eine treibende Kraft menschlicher Handlungen. Seine Auffassung von Macht ist jedoch nicht identisch mit der von Nietzsche[3]. Nach Adler hat das Macht-

[1] Das Wort „Individualpsychologie" wurde oft mißverstanden. Einige Kritiker der Adlerschen Psychologie waren der Ansicht, daß Adler seiner Lehre eine ungeeignete Bezeichnung verliehen habe: „Eure Individualpsychologie ist doch gar nicht individualistisch; Ihr habt im Gegenteil fortgesetzt das Wort ‚Gemeinschaftsgefühl' im Munde!" Diese Kritik verliert aber ihre Beweiskraft, da sie terminologisch gesehen zwischen „individual" und „individualistisch" keine Unterscheidung macht. Adler gebraucht den Ausdruck „Individuum" im ursprünglichen Sinne von „das unteilbare Ganze". Er gab also seiner Lehre den Namen „Individualpsychologie", um den Gegensatz zur üblichen Partialpsychologie zum Ausdruck zu bringen. Vgl. Paul Rom, Alfred Adler und die wissenschaftliche Menschenkenntnis. Frankfurt a. M. 1966, S. 63 f.

[2] Vgl. dazu Josef Rattner, Individualpsychologie: Einführung in die tiefenpsychologische Lehre von Alfred Adler, München/Basel (1961), S. 11.

[3] Es war Nietzsche, der dem Willen zur Macht eine bedeutende Rolle im Seelenleben des Menschen zuschrieb. Nach ihm lassen sich unsere Triebe auf den Machtwillen reduzieren. (Vgl. hierzu Friedrich Nietzsche, Umwertung aller Werte, hrsg. von Friedrich Würzbach, Bd. I, München 1969, S. 249.)

Es ist schwer, nachzuweisen, ob und inwieweit die Schriften Nietzsches Adler zu einer Überschätzung des Machtwillens angeregt haben. Vieles spricht dafür, streben die Funktion, Minderwertigkeitsgefühle in abnormer Weise zu kompensieren. Seine Individualpsychologie führt also das menschliche Verhalten auf diese zwei wesentlichen Momente zurück: nämlich auf das situationsbedingte Minderwertigkeitsgefühl und auf den Versuch, dieses Minderwertigkeitsgefühl durch ein entsprechendes Streben nach Macht auszugleichen. „Das Gefühl der Minderwertigkeit, der Unsicherheit, der Unzulänglichkeit ist es", so schreibt Adler, „das die Zielsetzung im Leben erzwingt und ausgestalten hilft. Bereits in den ersten Tagen der Kindheit macht sich der Zug bemerkbar, sich in den Vordergrund zu drängen, die Aufmerksamkeit der Eltern auf sich zu lenken, zu erzwingen. Das sind die ersten Anzeichen für das erwachte Geltungsstreben des Menschen, das sich unter der Einwirkung des Minderwertigkeitsgefühls entwickelt und das Kind dazu führt, sich ein Ziel zu setzen, bei dem es der Umwelt überlegen erscheint.

Mitbestimmt wird die Setzung des Zieles der Überlegenheit durch die Größe des Gemeinschaftsgefühls. Wir können kein Kind, keinen Erwachsenen beurteilen, wenn wir nicht einen Vergleich ziehen zwischen dem in ihm vorhandenen Gemeinschaftsgefühl und dem Beitrag seines Strebens nach Macht und Überlegenheit über die andern. Das Ziel wird so aufgestellt, daß seine Erreichung die Möglichkeit bietet, Überlegenheit zu fühlen oder die eigene Persönlichkeit soweit zu heben, daß das Leben lebenswert erscheint. Dieses Ziel ist es auch, das den Empfindungen ihren Wert verleiht, die Wahrnehmungen lenkt und beeinflußt, die Vorstellungen gestaltet und die schöpferische Kraft leitet, mit der wir die Vorstellungen schaffen, Erinnerungen ausgestalten oder beiseite schieben[4]."

b) Der Lebensstil

Wie bereits dargestellt, ist das Minderwertigkeitsgefühl für die Individualpsychologie Adlers von entscheidender Bedeutung. Die Aufgabe seiner Psychologie besteht vor allem darin, das Verhalten des Menschen unter dem Aspekt des Konfliktes zwischen Minderwertigkeitsgefühl und

---

daß Adler, ohne Kenntnis der Gedanken Nietzsches die Bedeutung des Machtstrebens im Seelenleben erfaßt hat. Seine Ansicht über den Machtwillen ist jedoch verschieden von der Nietzsches. Für den letzteren ist der Wille zur Macht ein „Ausdruck höheren Menschentums" und wird von ihm als Ziel zur „Überwindung der Menschlichkeit zugunsten des Übermenschen" verstanden. (Vgl. dazu Manès Sperber, Alfred Adler oder das Elend der Psychologie. Wien—München—Zürich 1970, S. 107.)

[4] Alfred Adler, Menschenkenntnis. 6. Aufl., Zürich 1947, S. 55 f.

Machtstreben zu erforschen. Die Methode seiner psychologischen Persönlichkeitsforschung basiert auf der Annahme eines allgemeinen *Lebensstiles*. Unter Lebensstil versteht Adler die Überwindungsweise der Minderwertigkeitsgefühle während der frühen Entwicklungsphase des Individuums. In seiner frühen Kindheit entwickelt der Mensch für sein Verhalten einen Lebensplan, der meistens um das vierte Lebensjahr endgültig festgelegt wird. In ständiger Auseinandersetzung mit seinen Minderwertigkeitsgefühlen erwirbt das Kind die Grundlagen seines Verhaltens und entwickelt Vorstellungen über sich selbst und die Umwelt. Diese Periode ist von ausschlaggebender Bedeutung für die zukünftige Entwicklung des Individuums. In dieser Phase entscheidet es sich nämlich, ob der Mensch gesund oder neurotisch sein wird. Das spätere neurotische Verhalten der Person ist also von der Stärke ihrer Minderwertigkeitsgefühle während der frühen Kindheit abhängig. Das heißt: je stärker das Kind unter solchen Gefühlen leidet, desto mehr strebt es nach Macht und um so mehr versucht es, sich in die Rolle eines aggressiven und überlegenen Erwachsenen hineinzuspielen.

Deshalb schreibt Adler der Analyse der Kindheitssituation eine große Bedeutung für das Verständnis der Neurose zu: „Hierbei muß man stets versuchen, die Geschichte eines Menschen bis in seine früheste Kindheit zurückzuverfolgen, denn bereits die Eindrücke in der Säuglingszeit weisen das Kind in eine bestimmte Richtung und veranlassen es, auf die Fragen des Lebens in bestimmter Weise zu antworten. Für diese Antwort wird alles verwendet, was das Kind an Entfaltungsmöglichkeiten ins Leben mitbringt, und der Druck, dem es bereits in der Säuglingszeit ausgesetzt ist, wird bereits seine Art der Lebensbetrachtung, sein *Weltbild*, in primitiver Weise beeinflussen[6]."

c) Die Neurosentheorie

Im Gegensatz zur psychoanalytischen Neurosenlehre Freuds führt die Individualpsychologie Adlers sämtliche Erscheinungen der Neurose auf die Reaktion der Seele auf die Minderwertigkeitsgefühle zurück. Wie bereits zu Beginn dieses Kapitels erwähnt, wurde die Theorie Freuds hinsichtlich der ätiologischen Bedeutung der Sexualität für die Entstehung der Neurosen von Adler grundsätzlich abgewiesen. Anstelle dieser Theorie brachte Adler eine neue, die das Machtstreben für die neurotischen Erscheinungen verantwortlich machte.

---

[6] Ebenda, S. 63.

Das Adlersche Konzept vom Minderwertigkeitskomplex basiert auf seiner Hypothese der Organminderwertigkeit. Adler glaubte, daß die Art und Weise des Umgangs der Menschen mit ihren minderwertigen Organen ihre Charaktereigenschaften beeinflussen und ihren Lebensstil ändern könne[6]. Der Besitz solcher minderwertigen Organe führt zu einer Geringschätzung der eigenen Persönlichkeit und verursacht psychische Unsicherheit des Kindes[7]. Die geringe Wertschätzung der eigenen Person hat aber eine Überkompensation der Minderwertigkeitsgefühle zur Folge. In seinem Minderwertigkeitsgefühl neigt das Kind dazu, alle möglichen Mittel anzuwenden, um seinen eigenen Wert zu erhöhen. Um sich aus dieser unsicheren Situation retten zu können, ist das Kind bestrebt, Ziele zu verfolgen, die es dann von der Realität des Lebens entfernen. Hier soll besonders hervorgehoben werden, daß das Streben nach Macht und Sicherheit bei allen Menschen eine normale Erscheinung ist. Bei den Neurotikern handelt es sich aber um eine Überbetonung des Machtstrebens. Das Machtbewußtsein des nervösen Kindes manifestiert sich in seinem Eigensinn und seiner Aggression.

Die neurotischen und psychotischen Erscheinungen werden also von Adler auf Organminderwertigkeiten zurückgeführt[8]. Aus dem bisher Gesagten geht hervor, daß sich nach Adler das Leben des Neurotikers in Gegensätzlichkeiten abspielt, deren Urform der Minderwertigkeitskomplex und der Wille zur Macht sind. Um sich vor den Gefühlen der Minderwertigkeit zu sichern, wird vom Neurotiker die Neurose arrangiert. Die Neurose ist also nach der Auffassung Adlers, wie Waelder betont, „ein vom Ich her motiviertes Arrangement“[9]. „Sie ist geplant im Dienst selbsterhaltender und selbsterweiternder Tendenzen, ein Werkzeug im Kampf um Lebensraum[10].“ Wenn die Neurose arrangiert ist, dann kann man daraus schließen, daß Menschen krank sind, weil sie krank sein wollen[11]. Da die Neurotiker unter starken Minderwertigkeitsgefühlen leiden, so sind sie entmutigt und drücken sich vor ihrer Verantwortung[12]. Es ist nun die Aufgabe des Therapeuten, den entmutigten Patienten wieder die Ermutigung zu bieten und ihnen zu ermöglichen, sich in den Kreis der menschlichen Gemeinschaft hineinzufügen.

---

[6] Vgl. dazu G. S. Brett, History of Psychologie, ed. by R. S. Peters. London 1953, p. 693.

[7] Vgl. Max Nachmansohn, Hauptströmungen der Psychotherapie der Gegenwart. München 1965, S. 122.

[8] Ebenda.

[9] Vgl. hierzu Robert Waelder, Die Grundlagen der Psychoanalyse, S. 72.

[10] Ebenda, S. 71. [11] Ebenda, S. 70. [12] Ebenda, S. 71.

d) Die Psychotherapie

Aus den theoretischen Überlegungen zog Adler Schlußfolgerungen für seine individualpsychologische Psychotherapie. In der psychotherapeutischen Praxis führte er ein systematisches Verfahren ein, das es dem Therapeuten ermöglicht, die Persönlichkeit des Patienten einleuchtend zu analysieren und durch einen Ermutigungsprozeß seine Minderwertigkeitsgefühle zu beseitigen. Adler vertrat die Auffassung, daß im psychotherapeutischen Geschehen im Vergleich zum psychoanalytischen Verfahren Freuds eine aktive Wechselwirkung zwischen Therapeut und Patient zustandekommen soll[13]. Der Sinn der individualpsychologischen Heilpädagogik besteht darin, sowohl die Kinder als auch die Eltern über die Ursache ihrer neurotischen Störungen zu informieren[14]. Dieser Heilpädagogik zufolge ist eine Besserung der neurotischen Zustände der Patienten nur dann zu erwarten, wenn es dem Therapeuten gelingt, durch seine Behandlungsmethode eine Ermutigung direkt oder indirekt zu bewirken[15]. Im Gegensatz zu anderen heilpädagogischen Methoden, die den Prozeß der Ermutigung als unbedeutend betrachten, ist also die individualpsychologische Psychotherapie bestrebt, eben durch diesen Prozeß Heilungserfolge zu erzielen. Die Bedeutung der therapeutischen Ermutigung liegt vor allem darin, das Selbstwertgefühl des Patienten zu festigen, indem man ihn dazu anleitet, seine angenommene Minderwertigkeit zu überwinden. Die Ursache seiner gegenwärtigen Entmutigung soll aber in der frühen Kindheit gesucht werden. Irgendwann in seiner Kindheit begann der entmutigte Patient an seinem Wert und seiner Fähigkeit zu zweifeln, als er sich mit seinen Eltern und Geschwistern verglich und infolgedessen seine Wertlosigkeit erkannte. Er wählte dann die Mittel des Trotzes, der Faulheit und der Angst, um die Aufmerksamkeit der Umgebung auf sich zu lenken und Beachtung zu finden. In dem Streben, seine Minderwertigkeitsgefühle auf eine solche sozial wertlose Weise zu kompensieren, entwickelte er dann neurotische Tendenzen, die seine späteren Verhaltensstörungen verursachten.

Eine weitere Aufgabe der individualpsychologischen Psychotherapie besteht neben der zentralen Frage der therapeutischen Ermutigung in der erzieherischen Umwandlung des Patienten, der Korrektur seiner Irr-

---

[13] Vgl. dazu Josef Rattner, Individualpsychologie, S. 133.

[14] Ebenda, S. 132.

[15] Vgl. hierzu Rudolf Dreikurs, Die Individualpsychologie Alfred Adlers. In: Die Psychotherapie in der Gegenwart. Richtungen, Aufgaben, Probleme, Anwendungen. Hrsg. von Erich Stern. Zürich 1958, S. 85.

tümer und der Ermöglichung seiner endgültigen Rückkehr in die menschliche Gemeinschaft. Durch den Prozeß der erzieherischen Umstellung ermöglicht es der Therpeut dem Patienten, die Einsicht in seine selbstbestimmten Ziele zu gewinnen. Die Erkenntnis der Ziele kann dann den Patienten zu einer unmittelbaren Umwandlung führen. Wenn er klare Vorstellungen über sich selbst und seine Absichten hat, so gewinnt er dadurch nicht nur eine Macht über seine Gefühle, sondern auch ein Gefühl der Verantwortung. Dieses bietet ihm dann eine größere innere Sicherheit. Die Entfaltung seiner Persönlichkeit und seine moralische Entwicklung hängt also von der Erkenntnis der Ziele und der Stärke des Verantwortungsgefühls ab. So versucht die teleoanalytische Methode der Individualpsychologie mit ihrer therapeutischen Beeinflussung Änderungen im Wertsystem der Ratsuchenden herbeizuführen und dadurch heilpädagogische Erfolge zu erzielen. Über den Wert dieser Behandlungsmethode schreibt Nachmansohn folgendermaßen: „Es soll nicht bestritten werden, daß man mit den Adlerschen Forderungen nach Anpassung an die Gemeinschaft, nach Ermunterung und Ermutigung zur Überwindung der Minderwertigkeitsgefühle therapeutische Erfolge erzielen kann und erzielt hat. Seine Postulate sind zwar uralt, er hat aber doch das große Verdienst, sie in die Medizin eingeführt zu haben. Sein Vorgehen wird aber erst dann von wahrhaftem Erfolg begleitet sein, wenn seine Heilpädagogik sich aufbauen wird auf differenzierte psychologische Einsichten und Definitionen und nicht auf einer einseitigen Konstruktion über das Wesen der menschlichen Natur.

So ist bei Adler ideengeschichtlich ein Fortschritt überhaupt nicht zu finden, dagegen aber ein Fallenlassen der bedeutsamen Entdeckungen der modernen Psychologie und Biologie.

Demgegenüber bedeutet die Lehre Jungs eine organische Fortentwicklung alles dessen, was die moderne Psychotherapie und Psychologie an Ideen und Anregungen gebracht hat[16]."

2. Die Jungsche analytische Psychologie

a) Der Libidobegriff

Carl Gustav Jung (1875—1961) war in den Jahren 1907—1913 enger Mitarbeiter Freuds und Präsident der „Internationalen Psychoanalyti-

[16] Max Nachmansohn, S. 136 f.

schen Gesellschaft". Bald trennte er sich aber von Freud und begründete seine eigene Schule der sogenannten analytischen (komplexen) Psychologie. Seine Psychologie gründet auf den Arbeiten der psychotherapeutischen Pioniere wie Eugen Bleuler, Pierre Janet und Sigmund Freud. Im Unterschied zu naturwissenschaftlich-mechanistischen Konzeptionen Freuds versucht Jung das Verhalten des Menschen durch religionspsychologische und philosophische Betrachtungsweise, die auf einer wissenschaftlichen Grundlage beruht, zu erklären.

Die Auseinandersetzung mit der Freudschen Libidotheorie ließ Jung vor allem die Notwendigkeit eines umfassenden, psychologischen Energiebegriffs für die Erklärung psychischer Phänomene erkennen. Nach der Freudschen Auffassung bedeutet der Terminus Libido, wie wir bereits im Abschnitt über die „Libidotheorie" zum Ausdruck brachten, ein ausschließlich sexuelles Bedürfnis. Für ihn ist also die Libido ein Sammelbegriff für geschlechtliche Tendenzen bei den Menschen. Für Jung aber bedeutet Libido die seelische Energie schlechthin[17]. Darunter versteht er

---

[17] Jung schreibt, daß der von ihm vorgeschlagene Libidobegriff zu unendlich vielen Mißverständnissen geführt hat. Er betont aber, die physischen Phänomene seien immer von zwei verschiedenen Gesichtspunkten aus zu betrachten: einmal vom *mechanistischen* und zum anderen vom *energetischen* Gesichtspunkt. „Die mechanistische Anschauung ist rein kausal und begreift das Geschehnis als Folge aus einem Grunde, in der Weise nämlich, daß unveränderliche Substanzen nach festen Gesetzen ihre Beziehungen zueinander ändern.

Die energetische Anschauung dagegen ist im wesentlichen final und begreift das Geschehnis aus der Folge zum Grunde in der Weise, daß eine Energie den Veränderungen der Erscheinungen zugrunde liege, in eben diesen Veränderungen sich konstant erhalte und schließlich entropisch einen Zustand allgemeinen Gleichgewichts herbeiführe. Der energetische Ablauf hat bestimmte Richtung (Ziel), indem er unabänderlich (irreversibel) dem Potentialgefälle folgt. Die Energie ist keine Anschauung einer im Raum bewegten Substanz, sondern ein aus den Bewegungsbeziehungen abstrahierter Begriff. Seine Grundlagen sind also nicht die Substanzen selber, sondern ihre Beziehungen, während die Grundlage des mechanistischen Begriffs die im Raume sich bewegende Substanz ist." (C. G. Jung, Über die Energetik der Seele. Ges. Werke, Bd. 8, Zürich 1967, S. 3 f.) Nach Jung sind sowohl die mechanistische als auch die energetische Betrachtungsweise für das Verständnis seelischer Vorgänge notwendig. Wenn man nun die beiden Betrachtungsweisen nebeneinander ins Auge faßt, so ergibt sich eine dritte Anschauungsform, die sowohl mechanistisch wie energetisch ist. Hier fügt Jung hinzu, daß von den beiden Betrachtungsweisen die eine immer die Umkehrung der anderen ist. Das heißt: „Das Finalitätsprinzip ist die logische Umkehrung des Kausalitätsprinzips. Die Finalität ist nicht nur logisch möglich, sondern ist auch ein unerläßliches Prinzip der Erklärung, denn keine Naturerklärung kann nur mechanistisch sein." (Ebenda, S. 4.)

die Gesamtheit jener Kraft, die alle Tätigkeiten des psychischen Systems in Bewegung setzt und miteinander verbindet[18]. Nach ihm erscheint die psychische Energie, wenn aktualisiert, in den spezifischen dynamischen Phänomenen der Seele wie Trieb, Wunsch, Affekt, Arbeitsleistung, Aufmerksamkeit usw.[19]. Ist aber diese Energie nur potentiell vorhanden, so erscheint sie in spezifischen Errungenschaften, Möglichkeiten, Einstellungen und Bereitschaften[20]. Der Begriff der seelischen Energie wird aber von Jung weiter ausgebaut:

„Wenn wir uns auf den Boden des wissenschaftlichen commensense stellen und uns allzu weitreichender philosophischer Betrachtungen enthalten, so tun wir wohl am besten, wenn wir den psychischen Prozeß eben einfach als einen Lebensvorgang auffassen. Damit erweitern wir den engeren Begriff einer psychischen Energie zum weiteren Begriff einer *Lebens-Energie*, welche die sogenannte psychische Energie als eine Spezifikation subsumiert. Damit gewinnen wir den Vorteil, quantitative Beziehungen über den engeren Umfang des Psychischen hinaus in biologische Funktionen überhaupt verfolgen zu können, womit wir den unzweifelhaft vorhandenen und schon längst diskutierten Beziehungen von ‚Seele und Leib' vorkommenden Falles gerecht werden können.

Der Begriff einer Lebens-Energie hat nun nichts zu tun mit einer sogenannten Lebenskraft, denn diese wäre als Kraft nichts anderes als eine Spezifikation einer universalen Energie, womit das Sonderrecht einer Bio-Energetik gegenüber der physischen Energetik unter Übergehung der bis jetzt noch unausgefüllten Kluft zwischen dem physischen Prozeß und dem Lebensprozeß aufgehoben wäre. Ich habe vorgeschlagen, die hypothetisch angenommene Lebens-Energie mit Rücksicht auf den von uns beabsichtigten psychologischen Gebrauch als *Libido* zu bezeichnen und sie

---

Würde es nun nur bewegte Substanzen geben, so argumentiert Jung weiter, dann gäbe es nur Kausalerklärung. Aber es gibt laut der zweiten Anschauungsform auch die Bewegungsbeziehungen, die eine energetische Betrachtungsweise erforderlich machen (Ebenda). Aus diesen Überlegungen zog Jung Schlußfolgerungen für seinen Libidobegriff. Bei diesem Begriff handelt es sich um eine Abstraktion, die die dynamischen Relationen ausdrückt und auf einer Hypothese beruht, die in der Praxis verifizierbar ist. Er wird also nicht anders verwendet, als der analoge Ausdruck „Energie" in der Physik. Vgl. hierzu Jolande Jacobi, Die Psychologie von C. G. Jung. Zürich/Stuttgart 1959, S. 75.

[18] Ebenda.

[19] Vgl. dazu C. G. Jung, Über die Energetik der Seele, S. 16 f.

[20] Ebenda, S. 17.

von einem universalen Energiebegriff zu unterscheiden, in Wahrung des biologischen und psychologischen Sonderrechts eigener Begriffsbildung[21]."

b) Das persönliche und das kollektive Unbewußte

In diesem Abschnitt wollen wir uns dem Begriff des Unbewußten[22] in der Psychologie Jungs zuwenden. Aufgrund der Erscheinungen der Hysterie und Hypnose nahm Jung die Existenz des Unbewußten als bewiesen an. Ohne die hypothetische Annahme eines solchen Begriffes konnte er das Phänomen Traum und die Symptome der Psychoneurosen und Psychosen, die auf unbewußter seelischer Tätigkeit beruhen, nicht erklären.

Jung unterscheidet grundsätzlich zwischen einem „persönlichen" und einem „kollektiven" Unbewußten[23]. Das Unbewußte enthält also nach

[21] Ebenda, S. 18 f.

[22] Im Laufe des 18. und 19. Jahrhunderts bemühten sich einige Philosophen um die philosophische Begründung des Unbewußten. Sie nahmen an, daß das Subjekt des Erkennens, nämlich die Seele, auch einen dunklen, dem Bewußtsein nicht unmittelbar zugänglichen Bereich haben müsse. Die philosophische Idee des Unbewußten findet sich vor allem bei C. G. Carus und Ed. v. Hartmann. Eine Betrachtung der Hegelschen Philosophie läßt erkennen, daß diese eine „Selbstoffenbarung psychischer Hintergründe darstelle und psychologisch einen Einbruch des Unbewußten bedeute." (Vgl. hierzu C. G. Jung, Theoretische Überlegungen zum Wesen des Psychischen. Ges. Werke, Bd. 8, S. 199.)

Gegen Ende des 19. Jahrhunderts wurden an verschiedenen Orten Europas Versuche unternommen, das Unbewußte experimentell zu erfassen. Sigmund Freud in Österreich und Pierre Janet in Frankreich müssen als Bahnbrecher der empirischen Richtung hinsichtlich der Erfassung des Unbewußten angesehen werden. In der Geschichte der Tiefenpsychologie soll jedoch der Name Frederic W. H. Myers nicht außer acht gelassen werden, der die Bedeutung einer unbewußten Seele erkannte und den Begriff einer „subliminal consciousness" einführte. Über die Entdeckung dieses Begriffs im Jahre 1886 schreibt William James: „I cannot but think that the most important step forward that has occurred in psychology since I have been a student of that science is the discovery, first made in 1886, that, in certain subjects at least, there is not only the consciousness of the ordinary field, with its usual centre and margin, but an addition thereto in the shape of a set of memories, thoughts, an feelings which are extramarginal and outside of the primary consciousness altogether, but yet must be classed as conscious facts of some sort, able to reveal their presence by unmistakable signs. I call this the most important step forward because, unlike the other advances which psychology has made, this discovery has revealed to us an entirely unsuspected peculiarity in the constitution of human nature. No other step forward which psychology has made can proffer any such claim as this." William James, The Varieties of Religious Experience: A Study in Human Nature. New York (1902), p. 228.

ihm nicht nur „Persönliches, sondern auch Unpersönliches, Kollektives in Form vererbter Kategorien oder Archetypen[24].“ Die persönlichen Reminiszenzen beruhen auf tieferen Schichten des Unbewußten, wo die urtümlichen Bilder (Archetypen) schlummern. Das sogenannte persönliche Unbewußte wird von Jung folgendermaßen geschildert:

„Es enthält alle diejenigen psychischen Inhalte, welche im Laufe des Lebens vergessen worden sind. Ihre Spuren sind im Unbewußten noch erhalten, auch wenn jede bewußte Erinnerung erloschen ist. Außerdem enthält es alle subliminalen Eindrücke oder Perzeptionen, welche eine zu geringe Energie besaßen, um das Bewußtsein erreichen zu können. Dazu kommen noch die unbewußten Vorstellungskombinationen, welche noch zu schwach und zu undeutlich sind, um die Bewußtseinsschwelle überschreiten zu können. Schließlich finden sich im persönlichen Unbewußten auch alle diejenigen Inhalte, die sich als inkompatibel mit der bewußten Einstellung erweisen. Meist betrifft dies eine ganze Gruppe von Inhalten. Vor allen Dingen unterliegen der Verdrängung wegen Inkompatibilität diejenigen Inhalte, welche uns moralisch, ästhetisch oder intellektuell als unzulässig erscheinen[25].“

Wie verhält sich nun diese Vorstellung Jungs vom persönlichen Unbewußten zu dem Freudschen Begriff des Unbewußten? Hier müssen wir uns in Erinnerung zurückrufen, daß Freud zwischen einem sogenannten Latent-Unbewußten und einem Dynamisch-Unbewußten unterschied. Die psychischen Inhalte, die jederzeit ins Bewußtsein gehoben werden können, bezeichnete Freud als latent-unbewußt oder vorbewußt. Diejenigen Inhalte, die ohne Anwendung einer besonderen Technik nicht bewußt gemacht werden können, nannte er dynamisch-unbewußt oder verdrängt. Es läßt sich unschwer feststellen, daß Jung die beiden Arten von Inhalten in den Bereich des von ihm bezeichneten „persönlichen Unbewußten“ zusammengefaßt hat.

Was die Lehre vom kollektiven Unbewußten anlangt, so war auch diese schon bei Freud prinzipiell angelegt. Jung hat sie von Freud übernommen und systematisch ausgebaut. Der Gedanke, daß der Traum das „mythische“ Denken des Individuums darstelle, ist ein Beweis dafür, daß

[23] Vgl. dazu C. G. Jung, Bewußtes und Unbewußtes. Frankfurt a. M. 1957 (Fischer Bücherei: Nr. 175), S. 11.

[24] Derselbe, Die Beziehungen zwischen dem Ich und dem Unbewußten. Zürich 1963, S. 25.

[25] Derselbe, Die psychologischen Grundlagen des Geisterglaubens. Ges. Werke, Bd. 8, S. 350 f.

die Entdeckung des kollektiven Unbewußten auf Freud zurückgeht. Während Freud sich primär dem Studium des individuellen Unbewußten zuwandte, war Jung bestrebt, die Hypothese des kollektiven Unbewußten neuen heuristischen Betrachtungsweisen zu unterziehen. Jung hat allerdings durch seine Untersuchungen nicht nur ein neues Forschungsgebiet erschlossen, sondern auch unsere Kenntnis über die Struktur des Seelenlebens wesentlich erweitert. Seine Auffassung vom sog. kollektiven Unbewußten kommt in den folgenden Sätzen klar zum Ausdruck:

„... das kollektive Unbewußte ist keineswegs eine Art von obskurem Winkel, sondern der alles beherrschende Niederschlag der Ahnenerfahrung seit ungezählten Jahrmillionen, das Echo prähistorischen Weltgeschehens, dem jedes Jahrhundert einen unmeßbar kleinen Betrag an Variationen und Differenzierungen hinzufügt. Weil das kollektive Unbewußte ein in letzter Linie in der Hirn- und Sympathikus-Struktur sich ausdrückender Niederschlag des Weltgeschehens ist, so bedeutet es in seiner Gesamtheit eine Art von zeitlosem, gewissermaßen ewigem Weltbild, das unserem momentanen Bewußtseinsweltbild gegenübergestellt ist. Das heißt, mit anderen Worten ausgedrückt, nichts Geringeres als eine andere Welt, eine Spiegelwelt, wenn man so will. Aber unähnlich einem bloßen Spiegelbild, hat das unbewußte Bild eine ihm eigentümliche, vom Bewußtsein unabhängige Energie, vermöge welcher es gewaltige seelische Wirkungen entfalten kann. Wirkungen, die nicht breit an der Oberfläche der Welt erscheinen, sondern umso mächtiger von ihnen, aus dem Dunkeln heraus, uns beeinflussen, unsichtbar jedem, der das momentane Weltbild keiner genügenden Kritik unterzieht und damit auch sich selber verborgen bleibt. Daß die Welt nicht nur ein Außen, sondern auch ein Innen hat, daß sie nicht nur draußen sichtbar ist, sondern auch in zeitloser Gegenwart aus dem tiefsten und anscheinend subjektivsten Hintergrund der Seele übermächtig auf uns wirkt, halte ich für eine Erkenntnis, die unbeschadet der Tatsache, daß sie eine alte Weisheit ist, in dieser Form es verdient, als ein neuer weltanschauungsbildender Faktor gewertet zu werden[26]."

c) Das Wesen der Archetypen

Welches sind nun die Inhalte des kollektiven Unbewußten? Während die sogenannten *gefühlsbetonten Komplexe*, die die persönliche Intimität des Seelenlebens ausmachen, als Inhalte des persönlichen Unbewußten

[26] Derselbe, Analytische Psychologie und Weltanschauung. Ges. Werke, Bd. 8, S. 428 f.

bezeichnet werden, bilden dagegen die sogenannten *Archetypen* den Inhalt des kollektiven Unbewußten[27]. Jung definiert die Archetypen folgendermaßen:

„Die Archetypen sind, ihrer Definition entsprechend, Faktoren und Motive, welche psychische Elemente zu gewissen (als archetypisch zu bezeichnenden) Bildern anordnen, und zwar in einer Art und Weise, die immer erst aus dem Effekt erkannt werden kann. Sie sind vorbewußt vorhanden und bilden vermutlich die Strukturdominanten der Psyche überhaupt, vergleichbar dem unanschaulichen, potentiellen Vorhandensein des Kristallgitters in der Mutterlauge. Als Bedingungen a priori stellen die Archetypen den psychischen Spezialfall des dem Biologen vertrauten ‚pattern of behaviour' dar, welches allen Lebewesen ihre spezifische Art verleiht. Wie die Manifestationen dieses biologischen Grundplanes sich im Laufe der Entwicklung ändern können, so auch die des Archetypus. Empirisch gesehen ist aber der Archetypus innerhalb der Reichweite organischen Lebens überhaupt nie entstanden. Er tritt mit dem Leben auf den Plan[28]."

Die Jungsche Auffassung von Archetypen steht der Ideenlehre Platons nahe. Bei der Erarbeitung einer allgemeinen formalen Struktur der Archetypen wurde Jung besonders von Platon beeinflußt. Das archetypische Bild bezeichnete er als eine Art von präfigurierter Vorstellungsmöglichkeit, die die Erfahrung in eine bestimmte Richtung lenkt. Jung lehnt also den Standpunkt einer empirischen Wissenschaftlichkeit ab, nach dem die „Idee" nichts anderes sein kann, „als eine epiphänomenale, aposteriorische Abstraktion aus Erfahrungen"[29]. Er schließt sich der Kantschen Auffassung von Denkprinzipien an, derzufolge gewisse Kategorien unseres Denkens a priori gegeben sind[30].

„Was aber Kant für das logische Denken nachgewiesen hat, gilt für die Psyche in noch viel weiterem Umfang. Die Psyche ist so wenig wie der Geist (das Gebiet des Denkens) tabula rasa zu Beginn[31]." Es ist die Welt der Psyche, die unsere empirische Welt zum Teil abbildet, und zum anderen Teil diese gemäß der psychischen Voraussetzung formt. Die Archetypen werden nicht durch Erfahrung oder physische Tatsachen ver-

---

[27] Vgl. dazu derselbe, Bewußtes und Unbewußtes, S. 12.

[28] Derselbe, Symbolik des Geistes. Zürich 1951, S. 374.

[29] Derselbe, Psychologische Typen. Ges. Werke, Bd. 6, S. 326 f.

[30] Ebenda, S. 327.

[31] Ebenda.

mittelt, sondern sie beschreiben vielmehr, wie die Psyche die physische Welt erlebt. Aufgrund seiner wissenschaftlichen Erforschung der Mythen sowie einer psychologischen und psychopathologischen Kasuistik gelangte Jung zur Ansicht, daß die Archetypen „a priori vorhandene, vererbte und universal verbreitete Gegebenheiten"[32] sind. Sie sind nach ihm die sogenannten „Organe der prärationalen Psyche"[33], oder nach Bergson „les éternels incréés"[34].

Der Ausdruck „Archetypus" besagt, daß es sich bei den kollektiv-unbewußten Inhalten um altertümliche oder nach Jacob Burckhardt um „urtümliche Bilder" handelt. Diese Bilder sind die allgemeinsten und ursprünglichsten Vorstellungsformen der Menschheit. Sie beruhen nicht auf persönlichen Reminiszenzen, sondern auf tieferen Schichten des Unbewußten. Jung bezeichnet sie als vererbte Möglichkeiten menschlichen Vorstellens. Er spricht nicht von der Vererbung der Vorstellungen, sondern nur von der Möglichkeit des Vorstellens. Die Tatsache, daß bestimmte mythologische Motive und Sagenstoffe in der Geschichte der Menschheit in identischen Formen wiederholt in Erscheinung treten, und ferner der unverkennbare Sachverhalt, daß die Geisteskranken genau die gleichen Bilder und Vorstellungen reproduzieren können, die in den alten Texten vorhanden sind, beweisen nach Jung die Existenz von der vererbten Möglichkeit menschlichen Vorstellens. Die Forschungen Freuds über mythologische Bilder und Motive lassen diesen Vorgang am besten veranschaulichen. In einer seiner Schriften hat Freud dargestellt, wie Leonardo da Vinci in seinem späteren Leben von dem Gedanken durchdrungen war, daß er zwei Mütter hatte. Ein solcher Gedanke läßt sich auch bei anderen Künstlern feststellen. Zum Beispiel hatte auch Benvenuto Cellini die Phantasie der doppelten Abstammung. Durch das Studium verschiedener Sagen und Mythen wird festgestellt, daß viele Helden in der Geschichte von der Idee der zweifachen Abstammung besessen waren. Bei diesen Phantasien handelt es sich also um die allgemein verbreiteten urtümlichen Vorstellungsformen, die nicht auf persönlichen Reminiszenzen beruhen, sondern zu den tiefsten Geheimnissen der Geistesgeschichte der Menschheit gehören.

---

[32] C. G. Jung, Psychologische Determinanten des menschlichen Verhaltens. Ges. Werke, Bd. 8, S. 141.

[33] Derselbe, Psychologischer Kommentar zum Bardo Thödol. Ges. Werke, Bd. 11, S. 559.

[34] Vgl. Jolande Jacobi, S. 61.

d) Die psychologischen Typen

Ausgehend von dem Gegensatz zwischen Freud und Adler über den Ursprung der Neurosen, gelangte Jung zur Ausarbeitung einer Typologie, die großen heuristischen Wert besitzt. Jung wies darauf hin: wenn solche unterschiedlichen Ansichten hinsichtlich der Ätiologie der Neurosen möglich sind, so deshalb, weil nicht nur die Neurotiker, sondern auch die Analytiker von verschiedenem Temperament sind. Sowohl Freud als auch Adler gehen, wie Jung bemerkt, vom gleichen Erfahrungsmaterial aus; aber da beide aus persönlicher Eigenart die Dinge verschieden sehen, entwickeln sie auch verschiedene Meinungen über den Ursprung der Neurosen.

„Das Grundschema ist daher bei Freud die *Sexualität*, welche die stärkste Beziehung zwischen Subjekt und Objekt ausdrückt; bei Adler dagegen die *Macht* des Subjektes, welche am wirksamsten gegen die Objekte sichert und dem Subjekt eine jede Beziehung aufhebende und unangreifbare Isolierung gibt. Freud möchte das ungestörte Herausfließen der Triebe an ihre Objekte gewährleisten, Adler aber möchte den feindseligen Bann der Objekte durchbrechen, um das Ich von der Erstickung im eigenen Panzer zu erlösen. Erstere Ansicht dürfte daher im wesentlichen extravertiert, letztere dagegen introvertiert sein. Die extravertierte Theorie gilt für den extravertierten Typus, die introvertierte Theorie gilt für den introvertierten Typus... Der Extravertierte wird nämlich seine aus dem Unbewußten auftauchenden Phantasien auf ihren Triebgehalt reduzieren, seiner Theorie entsprechend, der Introvertierte aber auf seine Machtabsichten[35]."

Bei der Kontroverse Freud—Adler handelt es sich eigentlich um ein bloßes Paradigma unter zahlreichen möglichen psychologischen Typen. Ausgehend von dieser Kontroverse und aufgrund weiterer Erfahrungen und Beobachtungen gelangte Jung zur Aufstellung von zwei Grundeinstellungen: nämlich der Extraversion und der Introversion. Es gibt also nach ihm mindestens zwei verschiedene Menschentypen, von denen der eine sich mehr für das Subjekt und der andere sich mehr für das Objekt interessiert. Mit anderen Worten ausgedrückt, der erste, d. h. der Introvertierte hat ein negatives Verhältnis zum Objekt, während der letztere, nämlich der Extravertierte sich durch ein positives Verhältnis auszeichnet[36]. Diese beiden Einstellungstypen werden von Jung mit folgenden Worten ausführlich beschrieben:

---

[35] C. G. Jung, Psychologische Typen, S. 64.

„Die Extraversion ist gekennzeichnet durch Hinwendung zum äußeren Objekt, Aufgeschlossenheit und Bereitwilligkeit gegenüber dem äußeren Vorgang, Verlangen, sowohl auf diesen einzuwirken, wie sich von diesem bewirken zu lassen, Lust und Bedürfnis, dabei zu sein und mitzutun, Fähigkeit, Betrieb und Lärm jeglicher Art zu ertragen, ja als lustvoll zu empfinden, schließlich stetige Aufmerksamkeit auf die Beziehung zur Umwelt, Pflege und Unterhaltung von Freund- und Bekanntschaften ohne allzu peinliche Auslese, große Wichtigkeit, wie und ob man auf die Umgebung wirkt, daher starke Neigung zur eigenen Schaustellung. Weltanschauung und Ethik sind dementsprechend in der Regel möglichst kollektiver Natur mit starker Betonung des Altruismus, und das Gewissen hängt in hohem Maße von der Umgebungsmeinung ab. Moralische Bedenklichkeit fängt hauptsächlich dann an, wenn andere ‚drum wissen'. Religiöse Überzeugungen sind gewissermaßen von einem Mehrheitsbeschluß bedingt ...

Die Introversion dagegen, welche sich nicht dem Objekt, sondern dem Subjekt zuwendet und sich eben gerade nicht am Objekt orientiert, ist nicht ohne weiteres durchschaubar. Der Introvertierte kommt nämlich nicht entgegen, sondern ist wie auf einem ständigen Rückzug vor dem Objekt begriffen. Er ist dem äußeren Vorgang gegenüber verschlossen, tut nicht mit, hat eine ausgesprochene Gemeinschaftsunlust, sobald er sich unter zu vielen Menschen befindet. In größeren Versammlungen fühlt er sich einsam und verloren. Je mehr auf ihn eindringt, desto größer wird sein Widerstand dagegen. Er liebt das ‚Dabeisein' keineswegs, ebensowenig enthusiastisches Mittun und Nachahmung. Was er tut, wird er auf seine Art tun, indem er äußere Beeinflussung weitgehend ausschaltet. Sein Auftreten neigt zur Ungeschicklichkeit, er erscheint deshalb oft gehemmt, und es passiert ihm häufig, daß er durch eine gewisse schroffe oder verdrossene Unzugänglichkeit oder durch eine unzeitgemäße Bedenklichkeit die Leute vor den Kopf stößt. Seine besseren Eigenschaften behält er in erster Linie für sich, und nicht allzuselten tut er alles, um sie zu verheimlichen. Er ist leicht mißtrauisch, eigensinnig, leidet oft an Minderwertigkeitsgefühlen und ist aus diesem Grunde auch neidisch. Seine Ängstlichkeit gegenüber dem Objekt beruht nicht etwa auf Furchtsamkeit, sondern darauf, daß es ihm negativ, aufdrängerisch, überwältigend oder sogar bedrohlich erscheint. Er vermutet daher gerne schlechte Motive, hat eine ewige Angst, er könne sich lächerlich machen, ist in der Re-

---

[36] Derselbe, Seelenprobleme der Gegenwart. Zürich 1931, 5. Aufl. 1950, S. 115.

gel persönlich sehr empfindlich und umgibt sich daher mit einer Stacheldrahthecke, die oft so dicht und undurchdringlich ist, daß er selber lieber alles andere täte, als dahinter sitzen. Er wendet gegenüber der Welt ein ausgedehntes Sicherungssystem an, das aus Skrupulosität, Pedanterie, Sparsamkeit, Sorgfältigkeit, ängstlicher Gewissenhaftigkeit, Vorsicht, peinlicher Korrektheit, Höflichkeit und einem immer wachen Mißtrauen besteht. Sein Weltbild ermangelt der rosigen Töne, denn er ist kritisch und findet in jeder Suppe ein Haar. Unter normalen Umständen ist er pessimistisch und besorgt, denn Welt und Menschheit sind nicht gut, sondern erdrücken und überwältigen den Einzelnen, der sich nie in ihrem Schoße aufgenommen fühlt. Er nimmt aber auch die Welt nicht an, jedenfalls nicht unmittelbar, sondern es muß alles zuerst an seinen kritischen Maßstäben gemessen und bewertet werden. Schließlich wird nur das angenommen, was man aus so und so vielen subjektiven Gründen zum Eigenen machen kann[37]."

Nachdem Jung die Extraversion und Introversion als Typen der Einstellung gründlich studiert hatte, kam er jedoch später zu dem Ergebnis, daß es innerhalb dieser Typen gewaltige Unterschiede gebe. Es erschien ihm also fraglich, ob alle Menschen unter demselben Typus eingereiht werden können. Die Einteilung in zwei umfangreiche Gruppen von psychologischen Individualitäten hat Jung trotzdem beibehalten, aber versucht, diese weiter zu unterteilen:

„Es hat sich nun meiner Erfahrung gezeigt, daß ganz allgemein die Individuen sich unterscheiden lassen, nicht nur nach der universellen Verschiedenheit von Extra- und Introversion, sondern auch nach den einzelnen psychologischen Grundfunktionen. In dem gleichen Maße nämlich, wie äußere Umstände sowohl wie innere Disposition ein Vorherrschen von Extraversion veranlassen, begünstigen sie auch das Vorherrschen einer bestimmten Grundfunktion im Individuum. Als Grundfunktionen, d. h. als Funktionen, die sich sowohl genuin wie auch essentiell von anderen Funktionen unterscheiden, ergaben sich meiner Erfahrung das *Denken*, das *Fühlen*, das *Empfinden* und das *Intuieren*. Herrscht eine dieser Funktionen habituell vor, so entsteht ein entsprechender Typus. Ich unterscheide daher einen Denk-, einen Fühl-, einen Empfindungs- und einen intuitiven Typus. Jeder dieser Typen kann außerdem introvertiert oder extravertiert sein, je nach seinem Verhalten zum Objekt . . .[38]"

---

[37] Derselbe, Psychologische Typen, S. 594 ff.

[38] Ebenda, S. 5.

Laut dieser Unterscheidungen gibt es also nach Jung nicht Extravertierte und Introvertierte schlechthin, „sondern es gibt introvertierte und extravertierte Funktionstypen, wie Denktypen, Empfindungstypen usw.“[39]. Es ergeben sich somit acht Varianten von verschiedenen Menschentypen.

Mit diesem Orientierungsschema glaubte Jung die Gesamtheit der psychologischen Gegebenheiten bewältigen zu können. Er hat ohne Zweifel eine Typologie entwickelt, die von großem heuristischen Wert ist. Diese Typenlehre hat der modernen wissenschaftlichen Psychologie große Dienste erwiesen. Sie hat vor allem den Psychologen ein brauchbares Schema vermittelt, womit sie leichter die psychologischen Typen analysieren können. Hier aber muß hinzugefügt werden, daß die Jungsche Typenlehre nur dann von einer praktischen Bedeutung sein kann, wenn das Individuum in seiner Einmaligkeit und nicht nur sein Typus von den Therapeuten in Betracht gezogen wird.

e) Die Psychotherapie

Die Psychotherapie Jungs beruht auf seinen allgemeinen psychologischen Vorstellungen über die Formen und Struktur der Seele. Seine Psychotherapie weicht jedoch von der Freuds und Adlers ab. Während nach seiner Meinung Freud und Adler bei ihren psychologischen Erforschungen ihr Augenmerk nur auf einen bestimmten Trieb[40] richteten und die Ursachen seelischer Störungen auf die Vergangenheit der Patienten zurückzuführen versuchten, ist seine eigene (analytische) Psychologie bestrebt, die Totalität des psychischen Geschehens von verschiedenen Gesichtspunkten aus zu betrachten. Der Mensch in seiner Totalität soll also laut dieser Psychologie zum Gegenstand des Studiums gemacht werden. Deshalb schreibt Jung ebenfalls den religiösen Bedürfnissen des Menschen eine besondere Bedeutung zu. Auch die Zukunft des Einzelnen ist für ihn von großer Wichtigkeit. Das ist der Grund, weshalb er seine therapeutische Methode im Gegensatz zum retrospektiven und analytischen Verfahren Freuds als prospektiv und synthetisch bezeichnet.

In diesem Zusammenhang soll jedoch nicht unerwähnt bleiben, daß der Einfluß von Freuds kausaler Methode noch in den früheren Schriften Jungs vorhanden war. Die Beobachtung der antizipierenden Bedeutung

---

[39] Ebenda, S. 566.

[40] Hier sei daran erinnert, daß Freud die Sexualität und Adler das Machtstreben in den Mittelpunkt ihrer wissenschaftlichen Untersuchungen stellten.

der Träume war es aber, die Jung später veranlaßte, sich von dem kausal-reduktiven Verfahren Freuds loszulösen. Jung kam zu der Erkenntnis, daß dieses Verfahren für die Beschreibung der auftauchenden Bilder aus dem kollektiven Bereich nicht geeignet war. „Dieses Verfahren erreicht sein Ende in dem Moment, wo sich die Traumsymbole nicht mehr auf persönliche Reminiszenzen oder Strebungen reduzieren lassen, d. h. wenn die Bilder des absoluten Unbewußten reproduziert werden. Es wäre ganz sinnlos, diese Kollektivideen auf Persönliches reduzieren zu wollen, und nicht nur sinnlos, sondern direkt schädlich, wie mich die Erfahrung unliebsam lehrte. Die Bilder oder Symbole des absoluten Unbewußten geben nur dann Werte von sich, wenn sie einer synthetischen (nicht analytischen) Behandlung unterworfen werden. Wenn die Analyse (das kausal-reduktive Verfahren) das Symbol in seine Komponenten zersetzt, so integriert das synthetische Verfahren das Symbol zu einem allgemeinen und verständlichen Ausdruck[41]." Somit hat Jung bereits im Jahre 1917 die Notwendigkeit einer synthetischen Methode, die die analytische ergänzen soll, erkannt. Mit der Einführung seines prospektiv-konstruktiven Gesichtspunktes wollte er nicht die Bedeutung des kausal-reduktiven Verfahrens verneinen[42]. Vielmehr war er bemüht, die

[41] C. G. Jung, Die Psychologie der unbewußten Prozesse. Ges. Werke, Bd. 7, S. 88.

[42] In seinem Vorwort zur zweiten Auflage von „Collected Papers on Analytical Psychology" (1917) ist Jung bestrebt, sowohl der kausalen als auch der finalen Betrachtungsweise Gültigkeit zu verleihen. Die alleinige Gültigkeit der kausalen Auffassung in der Psychologie lehnt er jedoch als einseitig ab. „Denn daß wir psychologisch tagtäglich nach dem Zweckprinzip leben und arbeiten, so gut wie nach dem Kausalprinzip, das kann wohl niemand bestreiten. Darauf muß sich auch eine psychologische Theorie einrichten: sie kann etwas, das deutlich nach Zielen orientiert ist, nicht ausschließlich kausal erklären; sonst gelangt sie schließlich zu dem famosen *Moleschottschen* Grundsatz: ‚Was der Mensch ißt, das ist er'. Wir müssen uns immer wieder vor Augen halten: *Die Kausalität ist eine Anschauungsweise.* Sie behauptet den notwendigen und festen Zusammenhang der Ergebnisreihe: a — b — c — d — z. Weil dieser Zusammenhang fest ist und es der Anschauung entsprechend auch sein muß, so läßt sich die Reihe auch umkehren, in der logischen Betrachtung: *Finalität ist auch eine Anschauungsweise,* welche rein empirisch dadurch gerechtfertigt ist, daß es Ereignisreihen gibt, deren kausale Verknüpfung zwar evident ist, deren Sinn aber nur durch den Endeffekt verständlich wird ... Tatsächlich hat sich auch die moderne Physik von der reinen Mechanistik zum finalen Begriff der Erhaltung der Energie bekehren müssen, weil die mechanistische Erklärung nur reversible Prozesse kennt, in Tat und Wahrheit aber der Naturprozeß irreversibel ist. Diese Tatsache führte zur Anerkennung des Begriffes einer Energie, die nach einem Spannungsausgleich strebt, und damit eben nach einem bestimmten End-

Frage nach der Ursache durch diejenige nach dem Sinn und Zweck zu ergänzen. Er ist der Meinung, daß Freud die teleologische Betrachtungsweise außer acht gelassen und nur den Kausalismus in Vordergrund gestellt hat[43]. Über den Freudschen Kausalismus drückt sich Jung mit folgenden Worten aus: „Es liegt mir fern, die außergewöhnlichen Verdienste Freuds um die Erforschung der individuellen Psyche irgendwie schmälern zu wollen. Der begriffliche Rahmen aber, in welchen Freud die seelische Erscheinung spannte, erschien mir unerträglich eng. Ich meine damit keineswegs z. B. seine Neurosentheorie, die so eng sein kann als sie mag, wenn sie nur dem Erfahrungsmaterial adäquat ist — oder seine Traumtheorie, über die man in guten Treuen verschiedener Ansicht sein kann; ich meine vielmehr den reduktiven Kausalismus seines allgemeinen Standpunktes und das sozusagen vollständige Außerachtlassen der für alles Psychische so charakteristischen Zielgerichtetheit[44]."

Aus diesen Überlegungen über kausale und finale Betrachtungsweisen zog Jung Konsequenzen für die Erarbeitung einer Einfallsmethode, die er als *Amplifikationsverfahren* bezeichnete. Obwohl kein zwingender Zusammenhang zwischen dieser Methode und seiner psychologischen Grundanschauung besteht, läßt sich dennoch eine Affinität feststellen. Ebenfalls kann man eine gewisse Affinität des kausal-reduktiven Gesichtspunktes mit der Methode der freien Assoziation verzeichnen. Vergleicht man nun die Methode des freien Einfalls mit dem Amplifikationsverfahren, so stellt man fest, daß beide zunächst von den einzelnen Elementen des seelischen Vorgangs ausgehen. Während aber die erstere, d. h. die linear verlaufende Technik, sich nach einer lückenlosen Kette von Assoziationen richtet, um vom manifesten zum latenten Inhalt vorzudringen, ist das letztere Verfahren formal gesehen radiärer und inhaltlich dagegen hermeneutischer Natur. Im Gegensatz zum Freudschen Verfahren der „reductio in primam figuram" ist die Amplifikationsmethode eine Erweiterung, eine bewußte Anreicherung. Mit folgenden Ausführungen versucht Jacobi den Unterschied zwischen beiden Methoden zu verdeutlichen:

---

zustand." (C. G. Jung, Vorreden zu den „Collected Papers on Analytical Psychology". Ges. Werke, Bd. 4, S. 341 ff.)

[43] Jung mißt der teleologischen Betrachtungsweise eine besondere Bedeutung für die Erklärung der seelischen Phänomene bei. Für ihn ist das Leben sogar das „Teleologische par excellence". „Es ist Zielstrebigkeit selber, und der lebende Körper ist ein System von Zweckmäßigkeiten, welche sich zu erfüllen trachten." (Derselbe, Seele und Tod. Ges. Werke, Bd. 8, S. 464.)

[44] Derselbe, Symbole der Wandlung. Olten 1971, S. VIII.

„In der Amplifikationsmethode Jungs werden die einzelnen Traummotive so lange durch ein analoges, sinnverwandtes Material von Bildern, Symbolen, Sagen, Mythen usw. bereichert und dadurch in allen Nuancen ihrer Sinnmöglichkeiten, ihrer verschiedenen Aspekte aufgezeigt, bis ihre Bedeutung in völliger Klarheit aufleuchtet... Als Ausgangspunkt werden vier verschiedene Elemente, Trauminhalte A, B, C, D genommen. Die Amplifikation verbindet sie miteinander nach allen möglichen Richtungen hin, mit allen möglichen Entsprechungen, Analogien usw., bis zu ihrem größtmöglichen Umfang und ihrer letzten erkennbaren Wesenheit; z. B. ergänzt, erweitert und bereichert sie die Figur des wirklichen Vaters, die als Traumelement vorkäme, bis zur ‚Idee' alles ‚Väterlichen' schlechthin. Die Reduktion, die annimmt, daß die einzelnen Traumelemente eine ‚Entstellung' ursprünglich anderer Inhalte darstellen, führt die vier Punkte so lange durch eine Kette des freien Assoziierens zurück, bis sie, eingefangen durch den Zwang der kausalen Verbundenheit in jenen einen Punkt X münden, von dem sie ausgingen und den zu ‚entstellen', zu ‚verdecken' ihre Aufgabe war. Die Amplifikation ‚erhellt' somit alle möglichen Bedeutungen der vier Punkte in ihrem jetzigen gegenwärtigen Sinn für den Träumer, die Reduktion führt sie bloß zurück zu einer Komplexstelle. Freud fragt mit der Reduktion nach dem ‚warum?', ‚von woher?', ‚wovon?'; Jung hingegen fragt bei der Traumdeutung vor allem ‚wozu?'[45]."

Wir sehen also, daß Freud bei seiner Analyse der psychischen Vorgänge wesentlich ätiologisch orientiert ist, während Jung mehr prospektiv eingestellt ist. Die Art, wie Jung die Träume deutet, weicht folglich von dem analytisch-reduktiven Verfahren Freuds ab. Jung fordert vor allem die Patienten auf, das im Traum oder in der Phantasie Gesehene zu malen. Dadurch, daß die Patienten veranlaßt werden, ihr Seelenleben anschaulich darzustellen, werden sie zwangsläufig zu einer größeren psychischen Tätigkeit angehalten. Nachdem sie ihr Innenleben plastisch oder malerisch gestaltet haben, fühlen sie sich gleichzeitig von der Bürde ihrer drückenden Zustände irgendwie befreit. Der Sinn der malerischen Darstellung der seelischen Zustände liegt vor allem darin, daß der Patient zur Selbständigkeit herangezogen wird. Indem er sein Innenleben malt, ist er nicht mehr vom Therapeuten abhängig. Durch diesen Darstellungsprozeß werden nicht nur die stärksten seelischen Wandlungen sichtbar, sondern in ihm manifestiert sich auch das kollektive Unbewußte. Hier aber muß hinzugefügt werden, daß die Heilung allein durch

[45] J. Jacobi, S. 127 ff.

diese Tätigkeit nicht herbeigeführt werden kann. Vielmehr müssen auch andere Momente in Betracht gezogen werden. Neben einer verstandesmäßigen Erklärung der kollektiven Bilder ist auch ein emotionales und intuitives Verständnis dieser Bilder von ausschlaggebender Bedeutung. Eine Heilung kann nur dann erfolgen, wenn der Therapeut alle diese Gesichtspunkte berücksichtigt und versucht, dadurch die unbewußten Kräfte des Patienten in eine normale Richtung zu mobilisieren.

Fragt man nun nach der Bedeutung der Psychotherapie Jungs, so soll jedoch nicht außer acht gelassen werden, daß diese entscheidend von der Psychoanalyse Freuds beeinflußt worden ist. Jung hat alle wertvollen Gedanken Freuds übernommen und diese zur Grundlage einer neuen Psychotherapie gemacht. Damit hat er gewiß der modernen Tiefenpsychologie große Dienste erwiesen, aber seine Verdienste dürfen uns nicht über einige Schwächen seiner Psychologie hinwegtäuschen.

3. Die Psychologie Otto Ranks

a) Das Trauma der Geburt

Otto Rank gehörte wie Adler, Jung, Abraham u. a. zu den Schülern Freuds, der sich im Verlauf der späteren Jahre mehr und mehr von seinem Lehrer löste. Im Jahre 1924 veröffentlichte Rank sein Hauptwerk „Das Trauma der Geburt", das in der psychoanalytischen Literatur eine Zeitlang Anerkennung fand. Wir haben bereits zu Beginn des Kapitels über „Die allgemeine Theorie der Neurosen" darauf hingewiesen, daß die Schrift Freuds „Hemmung, Symptom und Angst" ihren Ursprung in den von Rank entwickelten Vorstellungen über das Geburtstrauma hat.

Weiterhin wurde zum Ausdruck gebracht, daß die Annahme des Traumas der Geburt zum Ausgangspunkt weiterer Erwägungen wurde, die dann die Grundlage für eine neue Theorie der Angst bildeten.

Freud hatte bereits die Bedeutung der Angst für die Entstehung neurotischer Erscheinungen erkannt und sie nicht mehr als ein neurotisches Symptom neben anderen, sondern als Ursache für jede Symptombildung betrachtet. Was Rank anbetrifft, so war er bestrebt, die Quelle zu entdecken, der die Angst selbst entstammt. Er glaubte, in der Geburt das größte Trauma gefunden zu haben. Die Angst bei der Geburt erzeugt im neugeborenen Kind das Reservoir, von dem die späteren Angstzustände herrühren. Aus dieser Überlegung zog Rank Konsequenzen für seine Psychotherapie. Seine Therapie ist eine Wiederholung der Geburtssituation. Die Aufgabe des Therapeuten besteht vor allem darin, das Geburtstrauma am Anfang der Therapie zu behandeln. Während der therapeutischen Behandlung legt der Therapeut den Termin des Endes der Behandlung ausdrücklich fest. Er nimmt eine aktivere Rolle ein und ist bemüht, den Patienten ständig herauszufordern, mit anderen Worten, ihn immer wieder zu attackieren, bis der Patient rebelliert und die Autorität des Therapeuten ablehnt. Dieser Prozeß führt schließlich zur Heilung des Patienten. Dadurch wird er vor allem ermutigt, seinen eigenen Willen zu aktivieren und die konstruktiven Elemente in seiner Persönlichkeit zu mobilisieren[46].

b) Die typologischen Konstruktionen

Wie ersichtlich, ist die Psychotherapie Ranks eine ausgesprochene Willenstherapie. Die wesentliche Aufgabe dieser Therapie besteht darin, den Neurotiker, der sich zwischen der Freiheit und Individuierung des schöpferischen Menschen und den Bindungen der „Durchschnittsmenschen" bewegt, zu veranlassen, die negativen Äußerungen seines Willens in positive zu verwandeln[47]. Hier soll also hinzugefügt werden, daß Rank drei verschiedene Menschentypen unterscheidet, den neurotischen, den normalen und den schöpferischen oder künstlerischen Typus. Seine Typologie weicht aber vom psychoanalytischen System Freuds ab. Es scheint also zweifelhaft zu sein, ob Rank mit seinen typologischen Konstruktionen jemals zur Erweiterung des Freudschen Systems beigetragen hat. Dazu Toman: „Auch hiermit ist Rank keine wirkliche Verbesserung oder Erweiterung des Freudschen Modells gelungen, sondern bestenfalls eine sehr allgemeine Typologie, die mit dem Modell Freuds überdies nichts mehr zu tun hat. Der Normale und der Neurotiker als Typen sind dabei nicht einmal neu, und die Konzeption des schöpferischen Menschen resultiert aus Ranks Widerwillen ihn wie Freud als einen Sublimierer aufzufassen. Freuds Modell schien ihm völlig ungeeignet zur Beschreibung des schöpferischen Menschen. Ob allerdings Freud, der sich ausdrücklich einer Theorie der schöpferischen Begabung und künstlerischen Technik enthielt, oder Rank mehr auf gerade diesem Gebiet geleistet hat, bleibt dahingestellt[48]."

---

[46] Vgl. dazu Robert A. Harper, Psychoanalysis and Psychotherapy. Englewood Cliffs, N. J. 1959, p. 53.

[47] Vgl. hierzu Dieter Wyss, Die tiefenpsychologischen Schulen, S. 271.

[48] Walter Toman, Dynamik der Motive. Eine Einführung in die klinische Psychologie. 2. Aufl., Darmstadt 1970, S. 75.

c) *Die Kritik des Ödipuskomplexes*

Die von Freud aufgestellte psychoanalytische Theorie des Ödipuskomplexes wird von Rank als nicht verifiziert abgelehnt. In seinen soziologischen und anthropologischen Untersuchungen gelangt Rank zu Ergebnissen, die dieser Theorie völlig entgegengesetzt sind. Er vertritt vor allem die Ansicht, daß die von Freud in „Totem und Tabu" aufgestellte Hypothese über die Urhorde nicht auf die Gesellschaftsformen der primitiven Völker in der Frühgeschichte der Menschheit angewandt werden kann. Sich auf die anthropologischen und ethnographischen Forschungsresultate der modernen Sozialanthropologie stützend, weist Rank auf jene Gesellschaftsstruktur der Urgeschichte hin, die durch eine Art Gruppenehe ausgezeichnet war. In einer solchen Gruppenheirat, in der wenig Raum für Eifersucht vorhanden war, herrschte ein uneingeschränkter und regelloser Geschlechtsverkehr.

Die Gruppenfamilie wurde allmählich durch das Matriarchat abgelöst. In der matriarchalischen Familie war der Bruder der Mutter das männliche Familienoberhaupt und handelte an der Stelle von dem Vater[49]. In einem solchen vorpatriarchalischen Familiensystem bestand der Konflikt nicht zwischen Vater und Sohn, sondern zwischen Neffen und Onkel mütterlicherseits. Erst mit der Entwicklung der patrilinearen Gesellschaftsstruktur begann der Kampf des Individuums gegen den Vater. Nur in dieser bestimmten Kulturepoche könnte man, wie Rank nachzuweisen versucht, von einem Ödipuskomplex sprechen, der in der griechischen Mythologie seinen Ausdruck findet. Der in dieser Mythologie geschilderte Kampf des Ödipus, der seinen Vater ermordete und seine Mutter zum Weibe nahm, wird von Rank als ein Kampf des sich unsterblich wünschenden Sohnes gegen den Vater angesehen. Symbolisch betrachtet, stellt der Vater laut Rank das sog. Gruppen-Ich und die sexuelle Vorstellungswelt dar.

In diesem Zusammenhang muß noch hinzugefügt werden, daß die Mitglieder der vorpatriarchalischen Sozietäten den Zusammenhang zwischen

---

[49] Die führenden Vertreter der modernen Sozial- und Kulturanthropologie wie Bronislaw Malinowski, Margaret Mead und Ruth Benedict haben durch ausgedehnte Feldstudien verschiedene kulturelle Systeme erforscht und sind zu dem Ergebnis gekommen, daß aus unbekannten wirtschaftlichen und gesellschaftlichen Gründen bei vielen primitiven Gesellschaften ein matrilineares Familiensystem entsteht, dessen verdrängter Kernkomplex aus gegenseitiger Anziehung von Schwester und Bruder und aus einer gegenseitigen Haß-Liebe (ambivalenten Gefühlsregungen) zwischen Neffen und Onkel mütterlicherseits besteht.

Vaterschaft und Zeugung oder Mutterschaft und Empfängnis nicht kannten. Menschen, die noch nicht erkannt hatten, daß die Geburt eine Folge der Zeugung sei, hatten nicht nur in den matriarchalischen Gesellschaften existiert, sondern auch vorher in früheren Sozietäten mit Gruppenehe-Systemen. Erst mit der Entstehung und Entwicklung der patriarchalischen Gesellschaftsform begann das Individuum, die Zusammenhänge von Geschlechtsverkehr und Empfängnis allmählich zu erkennen. Die Erkenntnis dieser Zusammenhänge in der patriarchalen Gesellschaft deutet, wie Rank ausdrücklich betont, auf die sexuelle Vorstellungswelt ihrer Mitglieder hin. Der Konflikt zwischen einem sich unsterblich wünschenden Individuum (Sohn) und dem Kollektiv (Vater) in einer solchen Gesellschaft bedeutet nach Rank nichts anderes als der Tatbestand, daß der erstere (d. h. das individuelle Ich) das patriarchalische Prinzip (das Gruppen-Ich) noch nicht akzeptiert hatte.

Hinsichtlich der Frage der Universalität des Ödipuskomplexes herrscht unter den Psychoanalytikern und Anthropologen keine Übereinstimmung. Nach dem neuesten Stand der empirischen Sozial- und Kulturanthropologie ist diese Frage nach wie vor ungelöst. Eines scheint aber klar zu sein, daß sowohl die psychoanalytische Theorie des Ödipuskomplexes in bezug auf die Erklärung der patrilinearen Sozialorganisationen als auch die neueren anthropologischen Theorien im Hinblick auf die Beschreibung der matrilinearen Gesellschaftsstruktur für das Verständnis der primitiven Gesellschaften von Bedeutung sind. Anne Parsons schreibt:

„When we look at the present state of theoretical knowledge, we might come to the conclusion that the question of whether or not the Oedipus complex is universal is one which should not be asked in such a way as to create the impression that there is a yes or no answer. In the first place, the theoretical assumption that there are infantile sexual wishes is one which has proved so useful, and has brought together such a variety of clinical facts, that it seems simply foolish to abandon the general Freudian scheme until such a point when we have an alternative that appears scientifically more valuable. In retrospect, one might say that the major point that Jones wished to maintain was simply the idea that there is an infantile sexual life. Secondly, the main point which Malinowski was supporting is now also so well established that we need not any longer be defensive about it — that human societies do structure family patterns in different ways according to laws of kinship, or particular phrasings of the incest taboo, that by no means can be derived directly from the biological facts of mating and reproduction. These latter simply cannot explain facts such as the extreme significance given to the brother-sister incest taboo by the Trobrianders in comparison to ourselves. Taking these two points for granted, we might then proceed to ask again the same questions which were asked by Jones and Malinowski and to re-evaluate some of the major points made by each in the light of contemporary psychoanalytic and anthropological knowledge[50]."

4. Die Stellung Sandor Ferenczis in der Geschichte der Psychoanalyse

a) Ferenczi und Freud

Sandor Ferenczi (1873—1933) gehört zu den ersten Schülern Sigmund Freuds. Er war eine Zeitlang sehr eng mit Otto Rank verbunden. Als Rank sich von Freud abwandte, distanzierte sich Ferenczi von Rank. Fünfundzwanzig Jahre lang hielt Ferenczi Freud die Treue. Im Jahre 1926 wurde Ferenczi von der New School for Social Research in New York eingeladen, um dort über psychoanalytische Themen Vorlesungen zu halten. Freud hatte seinerseits diese Lehrtätigkeit an der New School gebilligt. Neben verschiedenen Vorlesungen und Vorträgen über Psychoanalyse hielt Ferenczi ferner Seminare über therapeutische Technik für die Mitglieder der New Yorker psychoanalytischen Vereinigung und der American Psychoanalytic Association ab und führte eine Reihe von Analysen durch.

Nach Ferenczis Rückkehr aus New York hatte Freud den Verdacht, daß sich in der Geisteshaltung seines Schülers eine Emanzipationstendenz abzeichne. Hier muß aber hinzugefügt werden, daß etwa von der zweiten Hälfte der zwanziger Jahre an zwischen den beiden eine sich ständig vertiefende Meinungsverschiedenheit hinsichtlich der technischen Probleme der Behandlung deutlich erkennbar wurde[51]. Nicht die theoretischen Gesichtspunkte, sondern die Probleme des aktiven Vorgehens in der psychotherapeutischen Situation bildeten die zentrale Streitfrage zwischen den beiden Männern.

Der Bruch zwischen Freud und Ferenczi bedeutet jedoch nicht, daß der erstere dem letzteren innerhalb der psychoanalytischen Bewegung

[50] Anne Parsons, Is the Oedipus Complex Universal? The Jones-Malinowski Debate Revisited and a South Italian „Nuclear Complex". In: The Psychoanalytic Study of Society. Ed. by Warner Muensterberger and Sidney Axelrad. Vol. III, New York 1964, p. 281.

[51] Vgl. dazu Michael Balint, Einleitung in die Schriften Sandor Ferenczis zur Psychoanalyse. Frankfurt a. M. 1970, S. X.

keine Bedeutung beigemessen hat. Im Gegenteil hat sich Freud über die Persönlichkeit und Stellung Ferenczis in der Geschichte der Psychoanalyse ganz positiv geäußert. „Das Österreich geographisch so nahe verbundene, ihm wissenschaftlich so entfremdete Ungarn hat der Psychoanalyse bisher nur einen Mitarbeiter geschenkt, S. Ferenczi, aber einen solchen, der wohl einen Verein aufwiegt[52]." In seinem Nachruf 1933 rühmt Freud besonders die Originalität und Vielseitigkeit Ferenczis sowie den Reichtum seiner Begabungen und spricht von einer liebenswerten, menschenfreundlichen Persönlichkeit[53].

b) Die neue Behandlungsmethode

Der wichtigste Grund für die Entfremdung zwischen Freud und Ferenczi lag in dem Versuch des letzteren, seine Behandlungsmethode radikal zu ändern. Hier darf jedoch nicht außer acht gelassen werden, daß bevor Ferenczi zu der neuen therapeutischen Methode überging, hatte er den Freudschen Standpunkt vertreten, nach dem die Analyse im wesentlichen neutral und ohne aktive Beteiligung des Therapeuten durchgeführt werden soll.

An Freuds Forderung anknüpfend, machte Ferenczi die sexuelle Abstinenz zur Vorschrift. Das heißt, während der Behandlung soll der Patient äußerst abstinent sein, denn nur dadurch kann er seine Probleme in die Behandlung bringen. Die Anwendung dieses Verfahrens brachte bei Ferenczis Patienten heftige Affekte und Reaktionen hervor. Eine Zeitlang glaubte er, daß diese auf die emotionalen Erfahrungen der frühen Entwicklungsphasen zurückgehen. Als es sich dann herausstellte, daß die Aggressionen der Patienten eine direkte Folge ihrer Lebensschwierigkeiten waren, die sich in der therapeutischen Situation äußerten, nahm Ferenczi Abschied von der sog. klassischen psychoanalytischen Methode.

Der Hauptgrund für die Modifizierung seiner therapeutischen Technik lag vor allem in der Feststellung, daß die entstandenen Störungen bei den Neurotikern auf Liebesmangel während ihrer Kindheit zurückgehen. Ferenczi kam zu der Schlußfolgerung, daß dieser Mangel an Liebe durch eine echte Liebe von seiten des Analytikers kompensiert werden muß[54].

---

[52] S. Freud, Zur Geschichte der psychoanalytischen Bewegung, a. a. O., S. 73.

[53] Derselbe, Gedenkworte, Ges. Werke, Bd. XVI, S. 267.

[54] „Um 1931 war Ferenczi dazu gelangt", so schreibt Paul Roazen, „Patienten zu küssen und sich von ihnen küssen zu lassen, alles Teil der Mutterzärtlichkeit, die seiner Meinung nach die Patienten brauchten; Freud machte sich jedoch Sorgen, ob bei künftigen Anhängern der Auffassungen Ferenczis nicht als näch-

Mit anderen Worten muß der Analytiker in der Therapie eine aktivere Rolle spielen. Da die Neurotiker als Kinder von ihren Eltern nicht geliebt und akzeptiert worden sind, muß der Therapeut die Rolle der Eltern übernehmen und eine echte und warme Atmosphäre schaffen, damit die Kindheitserlebnisse in der analytischen Situation intensiver wiederbelebt werden können. Die Patienten dürfen sogar während der Behandlung ihre kindertümliche Sprache benützen und die Ereignisse ihrer Kinderzeit dramatisieren.

Nach Ferenczi soll also die Analyse für die Patienten zu einer wirklich neuen Erfahrung werden und nicht nur in der Verbalisierung der freien Assoziationen stehen bleiben. Er ist der Ansicht, daß die Persönlichkeit des Therapeuten als ein Instrument der Behandlung dienen müsse und daß der Therapeut seine eigenen Fehler dem Patienten gegenüber einzugestehen habe[55]. Dadurch kann er dem Patienten beweisen, daß nicht alle Eltern selbstgerecht, intolerant und lieblos sind[56].

c) *Die Entspannungstherapie*

Ferenczi glaubte, mit seiner „Entspannungstherapie" eine neue Welt der konstruktiven Interaktionen für den Patienten eröffnet zu haben[57]. „Die Gefahr seiner Methode ist", so schreibt Toman, „daß das Eingeständnis eines Fehlers durch den Analytiker vom Patienten zu Verteidigungszwecken ausgenützt werden und in dem Versuch enden kann, den Analytiker zu analysieren. Eine andere Schwierigkeit liegt darin, daß der Neurotiker in seiner Kindheit objektive oft genügend Liebe und Akzeptierung erhalten hat. Er konnte sie lediglich schon damals nicht annehmen, oder sie reichte zu keiner Zeit aus, um seine Feindseligkeit zu beschwichtigen. Das Wohlwollen des Analytikers in der Behandlungssituation befestigt unter Umständen seinen Abwehrapparat, statt ihn aufzudecken und zu schwächen. Diese beiden Bedenken äußerte zuerst Freud[58]."

Durch die Entwicklung einer neuen therapeutischen Methode wollte Ferenczi nicht eine selbständige Theorie der Psychoanalyse bilden und

---

stes das ‚Abtatscheln' auf der Liste stehen werde, und dann vielleicht das ‚Beschauen und Zeigen' und so fort bis zum letzten Sexualakt." Paul Roazen, Sigmund Freud und sein Kreis. Eine biographische Geschichte der Psychoanalyse. (Freud and His Followers). Übers. von G. H. Müller, Bergisch Gladbach 1976, S. 357.

[55] Vgl. dazu Walter Toman, S. 77.

[56] Vgl. Robert A. Harper, p. 56.

[57] Ebenda.

[58] Walter Toman, S. 77 f.

damit völlig mit Freud brechen[59]. Aber einige Anhänger Ferenczis führten seine Technik weiter und entwickelten daraus eigene Theorien[60]. Diese Theorien überbetonen die Bedeutung der heilenden Wirkung der Liebe und empfehlen dem Analytiker, den feindlichen Provokationen des Patienten mit besonderer Liebe und Akzeptierung entgegenzutreten.

d) Die Dramatisierung

Wir haben bereits erwähnt, daß die Patienten während der Behandlung eine kindertümliche Sprache benützen und die Ereignisse ihrer frühen Entwicklungszeit dramatisieren dürfen. Bei der „Dramatisierung" handelt es sich um einen weiteren Kunstgriff, der von Ferenczi zur Anregung des Patienten angewandt wurde. Über den therapeutischen Wert der Dramatisierung schreibt Harper folgende Sätze: „As Moreno has independently demonstrated, dramatization of emotional disturbances seems at times to be an effective therapeutic technique (especially in group situations). It seems doubtful, however, that its greatest value comes in individual therapeutic situations where the therapist permits himself to get emotionally involved (as Ferenczi apparently often did). The matter of ‚love' of the patient, too, when carried to a Ferenczi-like extreme, can evidently be a block to understanding as readily as aloofness and frigidity can. Ferenczi apparently did not understand (as Horney was later explicit in demonstrating), that love can be neurotically as well as healthily employed by the patient and the therapist. Hence, therapeutically offered ‚love' will not necessarily heal the patient any more than the hostility engendered by Ferenczi in his earlier methodological experiments[61]."

5. Wilhelm Reichs biofunktionale Therapie

a) Charakteranalyse

Wilhelm Reich ist die Gründung des Wiener Seminars für psychoanalytische Therapie zu verdanken, dessen Leitung er von 1924 bis 1930 innehatte. Im Jahre 1932 kam es zwischen ihm und Freud wegen einer Kontroverse über die Existenz des Todestriebes und die Funktion dieses Triebes bei der Verursachung des Masochismus zu einem Bruch. Anknüpfend an die therapeutischen Erfahrungen Ferenczis, nach

[59] Vgl. dazu Robert A. Harper, p. 57.

[60] Ebenda.

[61] Ebenda, p. 56.

welchen das Verhalten der Patienten in der Behandlungssituation — wie körperliche Haltungen, Gebärden, Mimik usw. — von entscheidender Bedeutung ist, richtete Reich sein Augenmerk auf diejenigen Verhaltensweisen der Patienten, die jedesmal während der Behandlung in Erscheinung traten und sich als stereotyp erwiesen[62]. Das Verhalten der Patienten in der Analyse ist nach Reich der Ausdruck von emotionalen Konflikten, und zwar nicht nur von aktuellen, sondern auch von habituellen oder Charakterkonflikten. In diesem Zusammenhang spricht Reich auch von den sogenannten Charakterwiderständen. Bei diesen handelt es sich um die stereotypen Verhaltensweisen der Kranken in der therapeutischen Behandlung. In seinem Werk „Charakteranalyse"[63] ist Reich bestrebt, die Bedeutung der Charakterwiderstände für die Analyse nachzuweisen.

„Gewisse klinische Rücksichten nötigen uns, unter den Widerständen, denen wir bei der Behandlung unserer Kranken begegnen, eine besondere Gruppe als ‚Charakterwiderstände' zu unterscheiden. Sie erhalten ihr besonderes Gepräge nicht durch deren Inhalt, sondern von der spezifischen Wesensart des Analysierten. Der Zwangscharakter entwickelt formal spezifisch andere Widerstände als der hysterische Charakter, dieser wieder andere als der genital-narzißtische, triebhafte oder neurasthenische Charakter. Die Form der Reaktionen des Ichs, die je nach dem Charakter bei gleichbleibenden Erlebnisinhalten verschieden ist, läßt sich ebenso auf kindliche Erlebnisse zurückführen wie der Inhalt der Symptome und Phantasien[64]."

Die Analyse der Charakterwiderstände war der erste Schritt in der Therapie Reichs. In der Beseitigung solcher Widerstände sah er die notwendige Vorbereitung für die Hauptanalyse. In Einklang mit den früheren Formulierungen Freuds über die Libidotheorie dachte Reich, daß die Aufhebung der Charakterwiderstände dem Patienten die Bewußtmachung seines verdrängten, infantilen Sexualmaterials ermöglichen kann und ihn vor allem befähigt, seine libidinösen Kräfte besser zur Entfaltung zu bringen. Nachdem der Patient ständig auf seine Charakterwiderstände aufmerksam gemacht worden ist, kann die Analyse seiner

[62] Vgl. dazu Friedrich Doucet, Forschungsobjekt Seele. Eine Geschichte der Psychologie. München 1971, S. 278.

[63] In dieser grundlegenden Arbeit (1933) unternimmt Reich den Versuch, die von Karl Abraham begonnene psychoanalytische Charakterologie weiter zu entwickeln. Er hat die Charaktertypen um den hysterischen, den phallischnarzißtischen und den Zwangscharakter weiter ausgebaut.

[64] Wilhelm Reich, Charakteranalyse. 3. Aufl., Köln/Berlin 1971, S. 66.

Libidoentwicklung beginnen. In der Analyse der Libidoentwicklung ist Reich orthodoxer als Freud.

b) Die Funktion des Orgasmus

In seiner Schrift „Die Funktion des Orgasmus" versucht er nachzuweisen, daß die Neurotiker hauptsächlich an Schwierigkeiten sexueller Art in Form unvollständig erlebter Orgasmen leiden[65]. Das Ziel seiner Therapie ist die Erreichung der „orgastischen Potenz" durch den Neurotiker. Reich sieht also in der somatischen Libidostauung, die durch einen ungenügenden Orgasmus verursacht wird, den ausschlaggebenden Faktor für die Entstehung seelischer Konflikte. Seine extrem somatisch-naturalistische Auffassung kommt in den folgenden Sätzen zum Ausdruck:

„Die seelische Gesundheit hängt von der *orgastischen Potenz* ab, das heißt vom Ausmaß der Hingabe- und Erlebnisfähigkeit am Höhepunkt der sexuellen Erregung im natürlichen Geschlechtsakt. Ihre Grundlage bildet die unneurotische charakterliche Haltung der Liebesfähigkeit. Die seelischen Erkrankungen sind Folgen der Störung der natürlichen Liebesfähigkeit. Bei orgastischer Impotenz, unter der die überwiegende Mehrzahl der Menschen leidet, entstehen Stauungen biologischer Energie, die zu Quellen irrationaler Handlungen werden. Die Heilung der seelischen Störungen fordert in erster Linie die Herstellung der natürlichen Liebesfähigkeit. Sie ist von sozialen Bedingungen ebenso abhängig wie von psychischen.

Die seelischen Krankheiten sind Ergebnisse der gesellschaftlichen Sexualunordnung. Diese Unordnung hat seit Jahrtausenden die Funktion, die Menschen den jeweils vorhandenen Seinsbedingungen psychisch zu unterwerfen, die äußere Mechanisierung des Lebens zu verinnerlichen. Sie dient der *seelischen Verankerung* der mechanisierten und autoritären Zivilisation durch Verunselbständigung der Menschen[66]."

So mißt Reich dem Orgasmus, der kaum von Freud beachtet wurde, eine große Bedeutung für die Entstehung neurotischer Erkrankungen bei.

---

[65] Harper weist mit Recht darauf hin, daß die moderne Neurosenlehre diese von Reich vertretene Meinung nicht teilen kann: „Reich contended that the real test of the cure of the patient was his achievement of full orgastic potency. This view can scarcely be held today with any scientific validity, for studies of schizophrenics and other highly disturbed patients indicate that some of them have full orgastic potency." Robert A. Harper, p. 58 f.

[66] Wilhelm Reich, Die Funktion des Orgasmus. Sexualökonomische Grundprobleme der biologischen Energie. 4. Aufl., Köln/Berlin 1970, S. 17 f.

Fragt man nach dem wissenschaftlichen Wert seiner Theorie, so darf nicht außer acht gelassen werden, daß diese von der modernen Neurosenlehre als nicht verifiziert abgelehnt worden ist. Die Studien über Schizophrenie haben gezeigt, daß einige Schizophrene trotz der Erreichung vollständiger Potenz dennoch unter Bewußtseinsspaltung leiden. Noch problematischer scheint die von Reich entwickelte Theorie einer biophysikalischen Energie zu sein, die er durch äußerst fragwürdige Experimente zu begründen versuchte. Die von ihm genannte Orgon-Theorie will die Existenz eines biophysikalischen Fluidums, das sowohl im Organismus als auch im Kosmos vorhanden ist, beweisen. Alle seelischen Erscheinungen sind laut dieser Theorie nur die psychische Beschreibung biophysikalischer Vorgänge des Orgons. Wir wollen aber nicht auf die Einzelheiten der Orgon-Lehre eingehen, da sie keinerlei wissenschaftliche Gültigkeit besitzt. Sie ist von den Wissenschaftlern nicht mehr ernstgenommen und als metaphysische Mystifikation betrachtet worden.

IV. Die Grundlagen der Neopsychoanalyse (Horney, Fromm, Sullivan)

1. Karen Horneys Theorie der Neurose

a) Kritik an der Libidotheorie

Karen Horney (1885—1952) war eine deutsche Psychologin, die in den frühen 30er Jahren in die Vereinigten Staaten (New York) emigrierte. Dort gründete sie im Rahmen ihrer klinischen Tätigkeiten die Gesellschaft „for the Advancement of Psychoanalysis". Während ihres langen Aufenthaltes in den USA hat Horney einige Werke veröffentlicht, die in der psychoanalytischen Literatur eine besondere Stellung einnehmen[1].

Nach ihrer Übersiedlung in die Vereinigten Staaten brach Horney mit der klassischen psychoanalytischen Bewegung und versuchte, die psychoanalytische Theorie erneut aufzustellen. Zunächst unterzog sie die ätiologische Rolle der Sexualität für die Entstehung der Neurosen und die Libidotheorie einer eindringlichen Untersuchung. Bei ihrer Kritik an der Libidotheorie ging sie davon aus, daß diese Theorie auf ungerechtfertigten Analogien und Generalisierungen aufgebaut ist: „In short, then, the libido theory in all its contentions is unsubstantiated. This is the more remarkable since it is one of the cornerstones on which psychoanalytical thinking and therapy rest. The assumption that every striving for pleasure is at bottom a striving for libidinal satisfaction is arbitrary. What is offered as evidence are unwarranted and often gross generalizations of certain good observations. Similarities existing between physiological functions and mental behavior or mental strivings are used to demonstrate that the former determine the latter. Peculiarities in the sexual

---

[1] Die wichtigsten Publikationen Horneys sind: „New Ways in Psychoanalysis", „The Neurotic Personality of Our Time", „Our Inner Conflicts" und „Neurosis and Human Growth".

Diese Werke wenden sich hauptsächlich an den gebildeten Laien und weniger an den Fachmann.

sphere are off-hand assumed to engender similar co-existing peculiarities in character traits[2]."

Horney vertritt die Auffassung, daß die von Freud konzipierte, biologisch fundierte Libidotheorie nur begrenzt auf die mitteleuropäische Kultur der Jahrhundertwende und nicht auf außereuropäische Kulturen anwendbar sei. Eine biologische Fundierung der geistigen Merkmale sowie die Zurückführung der in unserer Zivilisation häufig in Erscheinung tretenden Objektbeziehungen auf eine biologisch bestimmbare menschliche Natur hält Horney für unbegründet[3]. Die durch die Zivilisation geprägten Verhaltensweisen der Menschen, die sogenannten „cultural patterns", liefern nach ihr den Maßstab für das Krank- oder Gesundsein. Sie erkennt also den kulturellen Einflüssen auf die Entstehung der Neurosen eine besondere Bedeutung zu. In ihrer Schrift „Der neurotische Mensch unserer Zeit" versucht Horney unter anderem durch eine realistische Darstellung zeittypischer Konfliktsituationen nachzuweisen, daß zum Beispiel der Konflikt zwischen dem Gebot christlicher Nächstenliebe und dem harten Wettbewerb der modernen Industriegesellschaft zu einer Neurose führen kann. Der neurotische Mensch wird also von ihr als das Opfer dieses alles durchdringenden Wertekonflikts betrachtet. Würde man nach Horney die kulturelle Bedingtheit von Neurosen leugnen, so gelangte man zu einem einseitig verzerrten Bild über seelische Erkrankungen.

„Freuds Außerachtlassen der kulturellen Faktoren führt nicht nur zu falschen Verallgemeinerungen, sondern verhindert auch in großem Maß das Verständnis der eigentlichen Kräfte, die unsere Haltungen und Handlungen bestimmen. Ich glaube, daß diese Mißachtung der Hauptgrund dafür ist, daß die Psychoanalyse, insofern sie getreulich den von Freud eingeschlagenen theoretischen Pfaden folgt, trotz ihrer anscheinend unbegrenzten Möglichkeiten in eine Sackgasse geraten zu sein scheint, die sich in dem üppigen Wachstum verworrener Theorien und dem Gebrauch wesenloser Terminologien offenbart[4]."

Wir sollen uns vor allem darüber Klarheit verschaffen, was Freud unter dem Begriff „Libido" versteht. Es ist nicht leicht, die Libido befriedigend zu definieren. Freud hat sich diesbezüglich an keine einheitliche

[2] Karen Horney, New Ways in Psychoanalysis. New York 1939, p. 68.

[3] Vgl. dazu dieselbe, Der neurotische Mensch unserer Zeit. München 1964, S. 14 f.

[4] Ebenda, S. 15.

Definition gehalten. In seinen ersten Arbeiten über die Angstneurose definiert er die Libido als eine Energie, die sich eindeutig von der somatischen Sexualerregung unterscheidet. In der ersten Ausgabe der „Drei Abhandlungen zur Sexualtheorie" setzt er die Libido mit dem sexuellen Wunsch gleich, der nach Befriedigung strebt. In „Vorlesungen zur Einführung in die Psychoanalyse" wird sie von ihm als eine Kraft interpretiert, durch die sich der Sexualtrieb ausdrückt. Bei näherer Betrachtung der verschiedenen Definitionen, die Freud zu geben versucht, wird klar, daß er mit diesem Begriff „die allen Äußerungen der Sexualität zugrundeliegende und auf den Lustgewinn aus den erogenen Zonen gerichtete sexuelle Energie"[5] bezeichnen will.

So weit über die Freudsche Konzeption der Libido. Es gibt eine Anzahl namhafter Psychologen, die die Freudsche Libidotheorie als eine Fiktion betrachten. Der bekannte Schüler Freuds, Alfred Adler, wendet sich gegen die Auffassung seines Lehrers, daß alle neurotischen Konflikte, Regressionen auf eine frühere biologische Entwicklungsstufe der Sexuallibido seien[6]. In seinem grundlegenden Werk „Über den nervösen Charakter" kritisiert Adler folgendermaßen den Begriff der Libido: „Endlich ist es ein Mißbrauch einer Abstraktion, wenn aus den verschiedenartig zusammengesetzten psychischen Bewegungen mittels einer Petitio principii als leitendes Motiv die Suche nach Lust herausgeholt wird, während man vorher schon jede Regung als lustsuchend-libidinös erklärt hat. Schillers Scharfblick, der sich an Kant geschult hatte, sah viel weiter, als er der ‚Philosophie' für die Zukunft wenigstens die Lenkung des irdischen Geschehens einräumte, sie derweilen freilich noch von ‚Hunger und Liebe' abhängig glaubte. Die Lenkung aber, wie Freud es tut, der Sexualität, oder was bei ihm dasselbe ist oder war, der Libido, verallgemeinernd der Liebe zuzuschreiben, ist eine Vergewaltigung des logischen Denkens, selbst eine Fiktion schlechter Art, die als Dogma genommen zu großen Widersprüchen und Begriffsverstümmelungen führen mußte, weil sie mit der Wirklichkeit allzusehr kontrastierte[7]."

---

[5] Friedrich Dorsch, Psychologisches Wörterbuch. Hrsg. unter Mitwirkung von Werner Traxel. Einführung in die mathematische Behandlung psychologischer Probleme (Wilhelm Witte). 8., neub. und erw. Aufl., Hamburg/Bern 1970, S. 249.

[6] Vgl. dazu Friedrich W. Doucet, Psychoanalytische Begriffe. Vergleichende Textdarstellung: Freud — Adler — Jung. München 1972, S. 97.

[7] Alfred Adler, Über den nervösen Charakter. Grundzüge einer vergleichenden Individual-Psychologie und Psychotherapie. Mit einer Einführung von Wolfgang Metzger. Frankfurt a. M. 1972, S. 76.

Nicht nur Adler, sondern auch die führenden Vertreter der Neopsychoanalyse, wie Karen Horney und Erich Fromm, bestreiten den wissenschaftlichen Wert der psychoanalytischen Libidotheorie. Nachdem Horney mit der klassischen psychoanalytischen Bewegung gebrochen hatte, versuchte sie eine neue Theorie über die Entstehung der Neurosen aufzustellen. Zunächst unterzog sie die ätiologische Rolle der Sexualität hinsichtlich der Entstehung der seelischen Störungen und die Libidotheorie einer genaueren Untersuchung. Bei ihrer Kritik an der Libidotheorie ging sie von der Überlegung aus, daß diese Theorie auf ungerechtfertigten Analogien und Generalisierungen aufgebaut ist.

Nach Horney kann eine Theorie unerwiesen sein und dennoch als eine brauchbare Arbeitshypothese der Vertiefung und Erweiterung unserer Erkenntnisse dienen[8].

Diese Auffassung bezieht sich vor allem auf die Begrenztheit der Libidotheorie. Horney betont, daß sich diese Theorie bis zu einem gewissen Grad für bestimmte Beobachtungen und Feststellungen als konstruktiv erwiesen hat[9]. Sie hat vor allem unsere Einsichten in das Wesen des Sexuallebens erweitert und uns dazu verholfen, Ähnlichkeiten zwischen den Charakterzügen und den sexuellen Eigentümlichkeiten zu erkennen[10].

Die eigentliche Schwäche der Libidotheorie aber liegt laut Horney nicht in der Behauptung, daß viele Attitüden und Triebe einen sexuellen Ursprung haben[11]. Vielmehr liegt ihr Hauptmangel in dem Umstand, daß sie als eine Triebtheorie die Illusion entstehen läßt, die libidinösen Manifestationen seien die letzten Quellen aller Charaktermerkmale[12]. Diese Illusion wird noch durch die Vorstellung genährt, die nur solche Erklärungen des seelischen Geschehens gelten läßt, welche den biologischen Wurzeln eines Charakterzuges die größte Bedeutung zuschreiben[13]. Solche Deutungen der psychischen Vorgänge, welche nur die verdrängten Gefühle, Wünsche und Ängste des Individuums, die mit seinen infantilen Trieben in Beziehung stehen, in den Vordergrund der Charakteranalyse stellen und den Einfluß der sozio-kulturellen Faktoren außer acht lassen, sieht Horney als eine aus theoretischen Vorurteilen geborene Illusion an[14]. Eine biologische Fundierung der geistigen Merkmale sowie die Zu-

[8] Vgl. Karen Horney, New Ways in Psychoanalysis, p. 68.

[9] Ebenda, p. 69.

[10] Ebenda.

[11] Ebenda.

[12] Ebenda, p. 70.

[13] Ebenda.

rückführung der in unserer Zivilisation häufig vorkommenden Objektbeziehungen auf eine biologisch bestimmbare menschliche Natur hält Horney für unerwiesen. Die durch die Kultur geprägten Verhaltensmuster der Menschen, die sog. „cultural patterns“ liefern nach Horney den Maßstab für das Krank- oder Gesundsein. Deshalb lehnt Horney die von Freud konzipierte, biologisch fundierte Libidotheorie, die Verallgemeinerungen zuläßt, ab.

Ihrer Ansicht nach kann diese Theorie nur begrenzt auf die mitteleuropäische Kultur der Jahrhundertwende und nicht auf außereuropäische Kulturen angewandt werden.

b) Gesellschaft, Kultur und die Entstehung der Neurose

Nachdem Horney die Freudsche Libidotheorie einer eindringlichen Analyse unterzogen hatte, begann sie eine neue Theorie über die Entstehung der Neurosen aufzustellen. Während Freud bei der Fundierung seiner psychoanalytischen Neurosenlehre von der Überzeugung ausging, daß alle neurotischen Erscheinungen, Regressionen auf ein früheres bio-

---

[14] Ebenda. — Mit solchen Ausführungen wirft Horney Freud vor, er habe in seiner psychoanalytischen Persönlichkeitstheorie nur auf die biologischen Wurzeln eines Charakterzuges hingewiesen und die Bedeutung der soziokulturellen Determinanten des Verhaltens unberücksichtig gelassen. Die Kritik Horneys an der Freudschen Triebpsychologie richtet sich vor allem auf seine Hypothese, daß die Kindheitserlebnisse den Verlauf der Persönlichkeitsentwicklung der Erwachsenen determinieren. Adorno schreibt:

„Als schwerstwiegende Konsequenz aus der Polemik gegen Freuds Triebpsychologie wird die zentrale Rolle der Kindheitserinnerungen, die zum Kern der psychoanalytischen Theorie gehört, bestritten. Insbesondere Freuds Annahme, ‚daß Erlebnisse im späteren Lebensalter zum großen Teil eine Wiederholung von Kindheitserlebnissen sind‘, erregt Anstoß. Während Freud, orientiert am Modell des Traumas, neurotische und andere Charakterzüge so weit wie möglich auf einzelne Vorgänge im Leben des Kindes, Erlebnisse, zurückzudatieren sucht, nimmt Horney an, ‚daß bestimmte Triebe und Reaktionen bei einem Menschen wiederholt die gleichen Erlebnisse mit sich bringen müssen. So kann z. B. ein Hang zur Heldenverehrung von folgenden widerstreitenden Trieben bestimmt sein: grenzenloser Ehrgeiz von so destruktiver Art, daß sich der Betreffende fürchtet, ihm nachzugeben, oder die Neigung, erfolgreiche Menschen zu vergöttern, sie zu lieben und an ihrem Erfolg teilzunehmen, ohne selbst etwas zustande bringen zu müssen, gleichzeitig aber ein äußerst destruktiver und versteckter Neid auf sie‘.“

Theodor W. Adorno, Die revidierte Psychoanalyse. In: Frankfurter Beiträge zur Soziologie, Bd. 10. Soziologica II, Reden und Vorträge von Max Horkheimer und Theodor W. Adorno. Frankfurt a. M. 1962, S. 97.

logisches Stadium der Sexuallibido sind und daß die seelischen Konflikte ohne ausführliche Kenntnis der Lebensumstände des Neurotikers, vor allem der bestimmenden Einflüsse seiner frühen Kindheitserlebnisse nicht verstanden werden können, stellte Horney in ihrer grundlegenden Schrift „Der neurotische Mensch unserer Zeit" die psychoanalytische Theorie der Neurosen erneut auf, indem sie eine realistische Darstellung zeittypischer Konfliktsituationen, wie zum Beispiel das Problem der Angst und das auf diese Angst antwortende Sicherheitsstreben zur Grundlage ihrer Neurosentheorie machte.

In den zeittypischen Konflikten, die in den zivilisierten Gesellschaften existieren, sieht also Horney die Ursache für die Entstehung der Neurosen. Der Konflikt zwischen dem Gebot christlicher Nächstenliebe und dem harten Wettbewerb in der modernen Industriegesellschaft kann nach Horney zu einer Neurose führen. „Der erste zu erwähnende Widerspruch ist der zwischen Wettbewerb und Erfolg einerseits und brüderlicher Liebe und Demut andererseits. Auf der einen Seite wird alles getan, uns auf den Weg des Erfolges zu jagen, was heißt, daß wir uns nicht nur durchsetzen, sondern auch aggressiv und imstande sein müssen, andere aus unserem Weg zu drängen. Andererseits sind wir voll von christlichen Idealen, die erklären, es sei selbstsüchtig, etwas für uns selbst zu wollen, wir müßten demütig sein und ‚die andere Backe darbieten' und nachgeben. Für diesen Widerspruch gibt es nur zwei Lösungen innerhalb einer normalen Spannweite, nämlich entweder eine dieser Bestrebungen ernst zu nehmen und die andere beiseite zu lassen oder beide ernst zu nehmen, was zur Folge hat, daß das Individuum nach beiden Richtungen hin ernstlich gehemmt wird[15]."

So hält Horney den individuellen Wettbewerb in unserer modernen Zivilisation für einen der wesentlichsten Aspekte der sozialen Beziehungen der Menschen. Die moderne Industriegesellschaft beruht, ökonomisch gesehen, auf dem Grundsatz des persönlichen Konkurrenzkampfes. Dieser Kampf beherrscht laut Horney nicht nur unsere beruflichen Beziehungen, sondern darüber hinaus auch unsere gesellschaftlichen Verhältnisse, unsere freundschaftlichen und sexuellen Beziehungen. Er trägt aber allmählich die Keime destruktiver Rivalität, der Herabsetzung, der Mißgunst und des Neides in jede menschliche Beziehung und stört dadurch die sozialen Verhältnisse der Individuen nicht nur innerhalb der Gesellschaft, sondern auch der gesamten Familiensituation. Hier fügt Horney

---

[15] Karen Horney, Der neurotische Mensch unserer Zeit, S. 180.

hinzu, daß „die Rivalität zwischen Vater und Sohn, Mutter und Tochter, zwischen einem Kind und einem anderen, kein allgemein menschliches Phänomen, sondern die Reaktion auf kulturbedingte Anreize ist[16].“ Im Gegensatz zu Freud, der in seiner psychoanalytischen Theorie des Ödipuskomplexes dieses Rivalentum auf eine biologisch bestimmbare menschliche Natur zurückführt, betrachtet Horney es als das Ergebnis gegebener kultureller Bedingungen[17].

In „Der neurotische Mensch“ gelangt Horney zu dem Ergebnis, daß Neurosen nicht Regressionen auf eine frühere biologische Entwicklungsstufe der Libidoorganisation sind, sondern daß sie durch kulturelle Faktoren erzeugt werden. Sie entstehen, mit anderen Worten dargelegt, aus den gestörten menschlichen Beziehungen. Die allgemeinen Lebensbedingungen in der modernen Industriegesellschaft geben nach Horney den Nährboden für neurotische Konflikte ab. Ein Nährboden für solche Konflikte ist gegeben, wo zwischen den Mitgliedern einer Gesellschaft Gefühle der Feindseligkeit, der Furcht und der Entfremdung herrschen. Mit dieser These wendet sich also Horney gegen die Freudsche Auffassung, daß es sich bei einer Neurose um zwanghafte Triebe oder Instinkte handelt, die nach Befriedigung streben. „Wenn Neurosen jedoch aus gestörten menschlichen Beziehungen erwüchsen, könnte diese Behauptung keine Gültigkeit haben. Die Ergebnisse, zu denen ich in dieser Hinsicht kam, sind kurz folgende: Zwanghafte Triebe sind spezifisch neurotischer Natur. Sie stammen aus Gefühlen wie Isoliertheit, Hilflosigkeit, Furcht und Feindseligkeit, und sind ein Versuch, mit der Welt trotz dieser Gefühle fertig zu werden. Ihr Ziel ist in erster Linie Sicherheit, nicht Befriedigung. Ihren zwanghaften Charakter verdanken sie der Angst, die hinter ihnen lauert[18].“

2. Die Persönlichkeitstheorie Erich Fromms

a) Die Charakterologie

Erich Fromm ist ein weiterer Neofreudianer, der im Jahre 1933 nach den Vereinigten Staaten auswanderte. Vor seiner Emigration wurde er in Europa als Soziologe, Psychologe und Psychoanalytiker ausgebildet. Durch seine Bücher, die er in den USA veröffentlichte, hat er nicht nur

---

[16] Ebenda, S. 178.

[17] Ebenda.

[18] Karen Horney, Unsere inneren Konflikte. Neurosen in unserer Zeit — Entstehung, Entwicklung und Lösung. Übers. von Gertrud Lederer-Eckardt. München 1973, S. 10.

einen großen Einfluß auf andere Psychoanalytiker ausgeübt, sondern auch auf zahlreiche Soziologen, Philosophen und Religionswissenschaftler. Seine Hauptwerke sind: „Escape from Freedom" und „Man for Himself". In diesen Schriften ist Fromm bestrebt, die Prinzipien einer philosophisch-anthropologisch orientierten Psychoanalyse, die der Entwicklung des Menschen einen besonderen Sinn beimißt, niederzulegen.

In „Man for Himself"[19] entwickelt Fromm eine Charakterologie, die nicht an der Libidotheorie, sondern an der Kultur orientiert ist.

„Der hauptsächlichste Unterschied zwischen der hier vorgetragenen und der Freudschen Theorie besteht darin, daß die eigentliche Basis des Charakters nicht in den verschiedenen Formen der Libido gesehen wird, sondern in den verschiedenen Arten, in denen sich ein Mensch zur Welt in Beziehung setzt[20]." Die von Fromm konzipierte kultur-orientierte Typologie umfaßt fünf verschiedene Charaktertypen. Diese sind der rezeptive, ausbeuterische, hortende, markt-orientierte und schließlich der sogenannte produktive Typus[21]. Hier unterscheidet Fromm grundsätzlich zwischen *produktiven* und *nichtproduktiven* Persönlichkeitstypen[22]. Bei der Darstellung dieser Grundformen des Charakters soll jedoch klargestellt werden, daß es sich nicht um die Charakterbeschreibung bestimmter Individuen, sondern um idealtypische Konstruktionen handelt[23].

Wie bereits oben dargelegt, sucht Fromm den Kern des Charakters nicht in den verschiedenen Formen der Libido, sondern in den verschiedenen Orientierungen, in denen sich der einzelne zur Umwelt in Beziehung setzt. Nach Fromm setzt sich das Individuum folgendermaßen zur Welt in Beziehung:

„1. Durch Aneignung und Assimilierung der Dinge;
2. indem er sich zu den Menschen (und zu sich selbst) in Beziehung setzt[24]."

Das erstere bezeichnet Fromm als „Assimilationsprozeß" und das letztere als „Vergesellschaftungsprozeß"[25]. In diesem Zusammenhang de-

[19] Dieses Werk ist in der deutschen Übersetzung unter dem Titel „Psychoanalyse und Ethik" erschienen.

[20] Erich Fromm, Psychoanalyse und Ethik. 2. Aufl., Stuttgart/Konstanz 1954, S. 73.

[21] Ebenda, S. 77 ff.

[22] Ebenda, S. 76.

[23] Ebenda, S. 77.

[24] Ebenda, S. 73.

[25] Ebenda.

finiert er den Charakter als die „(relativ permanente) Form, in welche die Energie des Menschen während des Prozesses der Assimilation und Vergesellschaftung geleitet wird“[26]. In der Wechselwirkung mit den Mitmenschen unterscheidet Fromm folgende elementare Beziehungen: „die symbiotische Beziehung, die destruktive Beziehung und Liebe“[27].

Bei der symbiotischen Beziehung handelt es sich um die Verbindung des Individuums mit anderen Mitmenschen. In einer solchen Beziehung ist der Mensch bereit, um die Gefahr des Alleinseins auszuschalten, die anderen zu „verschlingen“, oder von ihnen „verschlungen zu werden“[28]. Die Erscheinungsformen der symbiotischen Beziehung sind verschiedenartig. Die aktive, sadistische Form kann rational als „Liebe“, und die passive, masochistische Form als „Opfer“ bezeichnet werden[29].

Im Gegensatz zur symbiotischen Verbindung gründet sich die destruktive Beziehung auf Distanz und Zerstörungssucht[30]. Auch hier sind verschiedene Formen zu unterscheiden. Das Sich-Zurückziehen von den anderen, und zwar in beschränktem Ausmaß, stellt die eine normale Form menschlicher Beziehungen dar. Die andere Erscheinungsform des Sich-Zurückziehens, die als aktive Form bezeichnet wird, ist die sogenannte Zerstörungssucht. Hier handelt es sich um den Wunsch des Menschen, die anderen zugrunde zu richten, aus Angst, von ihnen zerstört zu werden.

Die letzte von Fromm genannte Möglichkeit menschlichen Zusammenlebens ist Liebe. „Liebe ist die produktive Form der Beziehung zu anderen und zu sich selbst. Sie bedeutet Verantwortungsgefühl, Fürsorglichkeit, Achtung und Verständnis und den Wunsch, daß der andere Mensch wachsen und sich entfalten möge. Sie ist der Ausdruck von Vertrautheit zwischen zwei Menschen, mit der Voraussetzung, daß die Persönlichkeit beider unangetastet bleibt[31].“

Aus diesen Überlegungen schließt Fromm auf die Affinität, die zwischen den verschiedenen Orientierungsmöglichkeiten im Assimilations- und Vergesellschaftungsprozeß existiert[32]. So baut er eine Charakterologie auf, die nicht von der Libidotheorie, sondern von der Kultur ausgeht.

Auf diesen charakterologischen Grundkonzeptionen beruht die Psychotherapie Fromms. Hier taucht die Frage auf, was die Neurose überhaupt

[26] Ebenda, S. 74.
[27] Ebenda, S. 123.
[28] Ebenda.
[29] Ebenda.
[30] Ebenda, S. 124.
[31] Ebenda, S. 125.
[32] Ebenda, S. 125 f.

für Fromm bedeutet. Für ihn ist die Neurose das Ergebnis des Scheiterns auf dem Wege zur Individuation. Sie ist, mit anderen Worten, der Ausdruck der Angst vor der Freiheit und des Risikos der Freiheit, die durch die spezifisch anthropologische Situation des Menschen geschichtlich determiniert ist. Die Befreiung von der Neurose kann nur durch Liebe und Vernunft erreicht werden. Je mehr der Mensch in seiner frühen Kindheit Liebe und Harmonie erfährt, desto fähiger wird er sein, das Risiko der Freiheit zu ertragen. Der heilenden Kraft der Liebe mißt also Fromm eine große Bedeutung bei.

„Im Gegensatz zu der symbiotischen Vereinigung ist die reife Liebe Eins-Sein unter der Bedingung, die eigene Integrität und Unabhängigkeit zu bewahren, und damit auch die eigene Individualität. Die Liebe des Menschen ist eine aktive Kraft, die die Mauern durchbricht, durch die der Mensch von seinen Mitmenschen getrennt ist, und die ihn mit den anderen vereint. Die Liebe läßt ihn das Gefühl von Isolation und Getrenntheit überwinden, erlaubt ihm aber, sich selbst treu zu bleiben und seine Integrität, sein So-Sein zu bewahren. In der Liebe ereignet sich das Paradox, daß zwei Wesen eins werden und doch zwei bleiben.[33]“

b) Individuum und soziale Umwelt

In seinen Hauptwerken wie „Escape from Freedom“ und „Man for Himself“ konstruiert Fromm, wie bereits erwähnt, eine Charakterologie, die nicht an der psychoanalytischen Libidotheorie, sondern an der Kultur orientiert ist. Nicht in den verschiedenen Formen der Libido, sondern in den verschiedenen Arten, in denen sich der einzelne zur sozialen Umwelt in Beziehung setzt, sieht Fromm die Grundlage des individuellen Charakters[34]. Keineswegs will Fromm die Bedeutung der psychoanalytischen Charakterologie Freuds bagatellisieren. „Freud hat zum Problem der Charakterologie Einsichten geliefert, die von entscheidender Bedeutung für das Verständnis des masochistischen und damit des autoritären Charakters sind ... Der Charakter entwickelt sich nach Freud im Sinne einer Anpassung der Triebstruktur an bestimmte gesellschaftliche Bedingungen, indem durch Sublimierung und Reaktionsbildungen die Triebimpulse zu Charakterzügen transformiert im Ich erscheinen[35].“

[33] Erich Fromm, Die Kunst des Liebens. Berlin 1965, S. 39 f.

[34] Vgl. Erich Fromm, Psychoanalyse und Ethik, S. 73.

[35] Derselbe, Theoretische Entwürfe über Autorität und Familie. (Sozialpsychologischer Teil.) In: Studien über Autorität und Familie. Mit Beiträgen von E. Fromm, M. Horkheimer, H. Mayer, H. Marcuse u. a. Forschungsberichte aus dem Institut für Sozialforschung, Bd. I, Paris 1936, S. 113.

In seinem gehaltvollen Aufsatz „Die psychoanalytische Charakterologie und ihre Bedeutung für die Sozialpsychologie" (1932) schreibt Fromm, diese Charakterologie bilde den Ansatzpunkt für eine Sozialpsychologie, deren Aufgabe die Beschreibung der durch die Eigenart der Gesellschaft bedingten, typischen Charakterzüge sei[36]. Diese Charakterzüge seien aber andererseits in der libidinösen Struktur verankert[37]. Die libidinösen Triebe liefern, laut der psychoanalytischen Charakterologie, die notwendige Energie zum gesellschaftlichen Verhalten des Menschen. Die charakterologischen Befunde Freuds haben gezeigt, daß bestimmte Charakterzüge, wie Ordnungsliebe, Sparsamkeit und Eigensinn, in der spezifischen Triebstruktur des Individuums verwurzelt sind[38]. Freud

[36] Derselbe, Analytische Sozialpsychologie und Gesellschaftstheorie. (The Crisis of Psychoanalysis.) Frankfurt a. M. 1970, S. 57.

[37] Ebenda, S. 58.

[38] Es gibt eine Reihe psychoanalytischer Untersuchungen zur Charakterbildung, die von namhaften Schülern Freuds, wie Karl Abraham, Otto Fenichel und Ernest Jones angestellt wurden. Diese Autoren beriefen sich auf die grundlegende Arbeit Freuds „Charakter und Analerotik". In seinen charakterologischen Studien versuchte Abraham, analog zu Freuds fundamentaler Untersuchung, bestimmte Charakterzüge auf libidinöse Impulse zurückzuführen. Nach Abraham lassen sich außer der bereits von Freud postulierten Trias von analen Charaktereigenschaften: Ordentlichkeit, Geiz und Trotz noch zahlreiche andere aufstellen. Die Beiträge Abrahams zur psychoanalytischen Charakterologie umfassen nicht nur die Lehre vom Analcharakter, sondern auch die Oralerotik als Quellgebiet für die Charakterbildung. Was die orale Erotik anbetrifft, so vertritt Abraham die Auffassung, daß diese Phase der Libidoentwicklung, wenn auch noch undifferenzierter als die anale ist, gleichfalls auf den Charakter des Individuums einwirkt. Ihm zufolge begegnet man häufig in der Analyse solchen Menschen, „deren gesamte Charakterbildung aus dem befriedigten Zustand ihrer Libido im oralen Entwicklungsstadium der frühen Kindheit zu erklären ist". Während eine möglichst ungestörte, glückliche orale Befriedigung in der Kindheit die Charakterentwicklung positiv beeinflussen kann, erschwert eine orale Versagung, d. h. ein gestörtes, mit viel Unlust verbundenes Saugen (wie etwa ungenügender Milchmenge oder plötzlichem Absetzen von der Brust usw.) die Entfaltung des individuellen Charakters. Vgl. Karl Abraham, Psychoanalytische Studien zur Charakterbildung und andere Schriften. Hrsg. und eingel. von Johannes Cremerius. Frankfurt a. M. 1969, S. 212. Neben Abraham, Jones und Ferenczi nimmt Otto Fenichel als großer Systematiker der psychoanalytischen Theorie eine besondere Stellung in der Schule Freuds ein. Fenichel zeichnet sich vor allem durch seine bedeutsame Arbeit „Spezielle Psychoanalytische Neurosenlehre" aus, die er im Jahre 1931 veröffentlichte. Seine Beiträge zur psychoanalytischen Theorie umfassen in erster Linie solche Gebiete, wie die Psychopathologie der Neurosen, die Metapsychologie und die Struktur der Person. Der Schwerpunkt seiner Untersuchungen — soweit sie das Gebiet der Psychopathologie der Neurosen betreffen — liegt auf der Bedeutung des

führt also diese Eigenschaften, die nicht zufällig entstehen, auf die frühe Kindheit solcher Personen zurück, bei denen die Lustempfindung an der Darmentleerung und ihren Produkten eine wesentlich große Rolle spielte. In seinem kurzen Aufsatz „Charakter und Analerotik" ist er bemüht, die Beziehungen zwischen der frühkindlichen Analerotik und der oben erwähnten Trias von Charaktereigenschaften zu zeigen. Er geht zunächst von der Beobachtung aus, daß man in der Analyse recht häufig einen Typus entdecken kann, „der durch das Zusammentreffen bestimmter Charaktereigenschaften ausgezeichnet ist, während das Verhalten einer gewissen Körperfunktion und der an ihr beteiligten Organe in der Kindheit dieser Personen die Aufmerksamkeit auf sich zieht[39]."

Fromm sieht die Beobachtungen und Untersuchungen Freuds als richtig an, insofern diese die irrationale Natur der oralen und analen Wünsche, die das menschliche Sexual- und Gefühlsleben beeinflussen, aufdecken[40]. Was er aber bei Freud als falsch betrachtet, sind seine Deutungen hinsichtlich der Beziehung zwischen erogenen Zonen und den Charakterzügen[41]. Die Überreizung oder Verhinderung bezüglich der erogenen Zonen verursachen laut Fromm keine Fixierung im Charakter eines Menschen und haben keinerlei Bedeutung für die Charakterbildung[42].

„Der Unterschied zwischen Freuds biologischer und meiner soziologischen Orientierung gewinnt im Hinblick auf die Probleme der Charakterologie besondere Bedeutung. Nach Freuds Annahme hat das Kind in Verbindung mit dem Vorgang des Gefüttertwerdens und sich Entleerens an den sog. erogenen Zonen (Mund und anus) Lustempfindungen, und diese erogenen Zonen behalten in späteren Jahren infolge von Überreizung, Lustverweigerung oder besonderer konstitutioneller Sensitivität ihren libidinösen Charakter, obwohl nach normaler Entwicklung die Genitalzone primäre Bedeutung gewinnen müßte. Dies Stehenbleiben

---

Kastrationskomplexes für die Entstehung und Entwicklung der Neurosen. Außer diesem Gebiet hat Fenichel auch zahlreiche Beiträge zum Problem der Charakterbildung und Charakterstörung geleistet. Für ihn ist der Charakter eine gewohnheitsmäßige Haltung. Innerhalb des Charakters unterscheidet er zwischen solchen Charakterzügen, die nur in bestimmten Situationen in Erscheinung treten, und anderen, die unveränderlich sind. Für weitere Studien über dieses Thema siehe sein grundlegendes Werk: Perversionen, Psychosen, Charakterstörungen. Spezielle Psychoanalytische Neurosenlehre. Wien 1931.

[39] S. Freud, Charakter und Analerotik, S. 203.

[40] Vgl. Erich Fromm, Die Furcht vor der Freiheit. Frankfurt a. M. 1966, S. 283.

[41] Ebenda. [42] Ebenda, S. 284.

auf einer prä-genitalen Stufe führe zu Sublimierungen und Reaktionsbildungen, die zu Charaktereigenschaften wurden. So sei z. B. der Spartrieb die Sublimation des unbewußten Stuhlverhaltungs-Wunsches. Und eine Person, die ohne eigenes Mühen alles von andern zu erhalten hoffe, sei unbewußt von dem Wunsche, gestillt zu werden, getrieben, welcher sich in dem Verlangen nach Beistand, nach Wissen etc. sublimiert habe[43]."

Im Gegensatz zur instinktivistischen Betrachtungsweise der Freudschen Charakterologie sucht Fromm den Kern des Charakters in den verschiedenen Orientierungen, in denen sich das Individuum zur Welt in Beziehung setzt. Fromm unterscheidet grundsätzlich zwischen produktiven und nichtproduktiven Orientierungen[44]. Hier bemerkt er, daß es sich bei diesen Konzeptionen nicht um die Charakterbeschreibung bestimmter Menschentypen, sondern um idealtypische Konstruktionen handelt. Innerhalb der nichtproduktiven Orientierungen macht er die Unterscheidung zwischen vier verschiedenen Grundformen des Charakters. Diese sind der rezeptive, ausbeuterische, hortende und markt-orientierte Charaktertypus. Was die produktive Orientierung, mit anderen Worten, den produktiven Persönlichkeitstypus anlangt, so hebt Fromm besonders hervor, daß Freud und seine Schüler durch ihre psychoanalytischen Studien und klinischen Untersuchungen hauptsächlich ein Bild des neurotischen und kaum eines normalen und gereiften Charakters entwickelt haben[45].

„Dieser Charakter, von Freud als genitaler Charakter bezeichnet, blieb ein vages und abstraktes Gebilde. Freud definiert ihn als diejenige Charakterstruktur, bei der die orale und die anale Libido ihre dominierende Stellung zugunsten der genitalen Libido eingebüßt haben, die auf die geschlechtliche Verbindung mit einem Angehörigen des entgegengesetzten Geschlechtes ausgeht. Die Freudsche Beschreibung des genitalen Charakters bietet kaum mehr als die Feststellung, daß es sich um die Charakterstruktur eines Individuums handelt, welches sich sexuell und gesellschaftlich normal verhält.[46]"

Dem Freudschen Begriff des genitalen Charakters stellt Fromm seine eigene Konzeption des produktiven Charakters gegenüber. Mit diesem Begriff will Fromm das „Wesen des vollentwickelten Charakters untersuchen, der das Ziel jeder menschlichen Entwicklung ist und zugleich dem

[43] Ebenda, S. 282 f.

[44] Derselbe, Psychoanalyse und Ethik, S. 76.

[45] Vgl. ebenda, S. 98.

[46] Ebenda, S. 98 f.

Ideal der humanistischen Ethik entspricht... Die produktive Orientierung bezieht sich auf eine fundamentale Verhaltensweise, nämlich darauf, wie der Mensch sich in allen Bereichen menschlicher Erfahrung in Beziehung setzt. Sie betrifft geistige, gefühlsmäßige und Sinnesreaktionen auf Menschen, Gegenstände und auf sich selbst. Produktivität ist die Geschicklichkeit des Menschen, seine Fähigkeiten zu gebrauchen und die in ihm schlummernden Möglichkeiten zu verwirklichen"[47].

3. Harry Stack Sullivans Psychologie der zwischenmenschlichen Beziehungen

a) Parataxische Verzerrungen

Harry Stack Sullivan (1892—1949), der in den Vereinigten Staaten großes Ansehen genießt, wird zu den Neo-Freudianern gezählt, obwohl er die soziologischen Faktoren nicht so intensiv wie die anderen Vertreter der Neopsychoanalyse in Betracht gezogen hat. Der Grund, weshalb die Neo-Freudianer Sullivan als zu ihrer Gruppe gehörig ansehen, liegt in seiner besonderen Akzentuierung der interpersonellen Beziehungen. Nach ihm ist der Mensch das Produkt der Wechselwirkung mit anderen Menschen, und die seelischen Konflikte sind das Ergebnis gestörter zwischenmenschlicher Beziehungen. War für Freud die Neurose der Ausdruck des Konfliktes zwischen Es, Ich und Über-Ich und die Psychose eine Folge der Störungen zwischen Ich und Außenwelt[48], so liegt der Grundkonflikt nach Sullivan zwischen dem Individuum und der Außenwelt, die aus anderen menschlichen Wesen besteht[49]. Sullivan führt die intrapsychischen Störungen auf interpersonelle Konflikte zurück. Sowohl die Neurose als auch die Psychose haben also, seiner Ansicht nach, ihre Ursache in den gestörten zwischenmenschlichen Beziehungen.

Die Konzeption Sullivans über interpersonelle Beziehungen schloß nicht nur Interaktionen zwischen zwei oder mehreren Personen ein, sondern auch solche, die zwischen diesen und Phantasiepersonen stattfinden. Solche Beziehungen, die nur in der Vorstellung vorhanden sind und mit

---

[47] Ebenda, S. 99 f.

[48] Siehe darüber das Kapitel „Die allgemeine Theorie der Neurosen", den Abschnitt „Die narzißtischen Psychoneurosen".

[49] Vgl. dazu F. G. Alexander/S. T. Selesnick, Geschichte der Psychiatrie. Ein kritischer Abriß der psychiatrischen Theorie und Praxis von der Frühgeschichte bis zur Gegenwart. Zürich 1969, S. 457.

den realen Personen nichts zu tun haben, wurden von Sullivan als *parataxische Verzerrungen* bezeichnet. Eine der Hauptaufgaben seiner Therapie bestand in der Beseitigung dieser Verzerrungen.

b) Die Psychotherapie

Ausgehend von der Definition des Menschen als Produkt der interpersonellen Beziehungen zog Sullivan entsprechende Schlußfolgerungen für seine Therapie. Nach ihm ist die Behandlung eine gegenseitige Wechselwirkung zwischen Therapeut und Patient. Der Therapeut soll stets im Auge behalten, daß zwischen seinen Gedanken und Gefühlen und denen des Patienten eine ständige Wechselwirkung existiert. Er soll vor allem in der Behandlungssituation anpassungsfähig sein und nicht alle Patienten gleich behandeln. Wenn er zum Beispiel mit den Zwangsneurotikern und Schizophrenen zu tun hat, so muß er ihnen in der Behandlungssituation mehr Freiheit geben als anderen Patienten.

Es soll besonders hervorgehoben werden, daß Sullivan einer der ersten gewesen ist, der Schizophrene analytisch behandelte. Er hatte in der Anwendung psychotherapeutischer Methoden auf Schizophrenie hervorragende klinische Erfahrungen und besaß die seltene Fähigkeit, sich mit den unter dieser Krankheit leidenden Menschen zu verständigen. Sullivan sah in der Schizophrenie den gelungenen Versuch des Psychotikers, sich der Realität durch die Verdrängung der realitätsangepaßten Funktionen zu entziehen. Die Verdrängung kann aber nach ihm durch eine geeignete Behandlung beseitigt werden.

„Im Umgang mit seinen schizophrenen Patienten", so schreibt Rattner, „ging er von der zutiefst humanen Anschauung aus, daß in jedem Kranken — auch im Psychotiker — immer mehr Allgemeinmenschliches als Besonderes sei. An diese durch die Krankheit verstümmelte oder entstellte Menschlichkeit anzuknüpfen, erschien ihm als das zentrale Anliegen der analytischen Psychotherapie. Die (Freudsche) Auffassung, daß der Schizophrene übertragungsunfähig und damit nicht behandelbar sei, widerlegte er mit der Erklärung, daß beim schizophrenen Patienten ‚alles Übertragung ist'. Diese ist unter Umständen so stark, daß sich der Patient an den Psychotherapeuten mit derselben Intensität anschließt wie ein Säugling an die Mutter, die für ihn Nahrung und Leben bedeutet[50]."

[50] Vgl. dazu Josef Rattner, Psychologie der zwischenmenschlichen Beziehungen. Eine Einführung in die neopsychoanalytische Sozialpsychologie von H. S. Sullivan. Entwicklungspsychologie, Psychopathologie, Psychotherapie, Sozialpsychologie. 2. Aufl. Olten und Freiburg im Breisgau 1969, S. 152.

c) Die Psychoneurosen

Da dem Problem der Übertragung bei der Behandlung der schizophren erkrankten Menschen eine große Bedeutung zukommt, so wollen wir hier diesbezüglich die Auffassung Freuds mit der Sullivans vergleichen. Wie wir wissen, hat Freud die Neurosen nach ihrer Ätiologie eingeteilt. Ursprünglich unterschied er zwischen zwei verschiedenen Neurosengruppen: den Aktualneurosen und den Psychoneurosen. Die Gruppe der Psychoneurosen unterteilte er weiter in die sog. Übertragungs- und narzißtischen Neurosen. Zu den Übertragungsneurosen zählte er vor allem die Konversionshysterie, Angsthysterie und Zwangsneurose, und zu den narzißtischen Neurosen schwere neurotische Depressionen, wie Melancholie[51], paranoide Zustände und jene Grenzfälle der Geisteskrankheiten, die sich zwischen Schizophrenie und Depersonalisation befinden[52].

[51] Abgesehen von der psychoanalytischen Literatur, in der der Begriff „Melancholie" häufig auftaucht, findet man ihn gelegentlich auch in den Werken namhafter Soziologen, wie Robert King Merton. Im Gegensatz zur psychoanalytischen Theorie, die bestrebt ist, die Melancholie durch Strukturhypothese zu erklären, versucht Merton, sie in das soziologische Konzept einzupassen. In seinem grundlegenden Werk „Social Theory and Social Structure" widmet er die Kapitel „Social Structure and Anomie" und „Continuities in the Theory of Social Structure and Anomie" der Analyse des abweichenden Verhaltens und des Melancholie-Begriffs. Obwohl dieser Begriff erst im letztgenannten Kapitel vorkommt, spricht aber Merton bereits im ersten Kapitel von den Voraussetzungen, die eine soziologische Betrachtungsweise der Melancholie ermöglichen. Melancholie erscheint ihm dann als Ordnungsverlust oder Un-Ordnung. In seinen Untersuchungen bezieht er sich also nicht auf Persönlichkeit, sondern auf Rollenverhalten in bestimmten Situationen. Dabei entwickelt er eine Typologie verschiedener Formen individueller Anpassung (A Typology of Modes of Individual Adaptation). Diese Anpassungsarten sind: Konformität, Innovation, Ritualismus, Rückzugsverhalten und Rebellion. Vgl. Robert K. Merton, Social Theory and Social Structure. 9. Printing, London 1964, p. 140.

Merton differenziert — in der oben genannten Typologie — die Anpassungsarten nach der Akzeptierung oder Zurückweisung kultureller Ziele und institutionalisierter Mittel zu deren Erreichung. Hierzu bemerkt Wolf Lepenies:

„In der Konformität werden Ziele und Mittel, die in einer Kultur bereitgestellt sind, akzeptiert, in der Innovation Ziele akzeptieret und Mittel abgelehnt, im Ritualismus Ziele abgelehnt und Mittel akzeptiert, im Rückzugsverwalten werden Ziele und Mittel abgelehnt, und in der Rebellion geschieht das gleiche, nur werden hier die abgelehnten Mittel und Ziele sofort durch neue ersetzt. Offensichtlich erscheint das Rückzugsverhalten, dem hier besonderes Interesse zu gelten hat, im schärfsten Gegensatz zur Konformität und Rebellion, zu Verhaltensweisen also, die sich im Vergleich zueinander auf den Enden eines Kontinuums anordnen lassen." Wolf Lepenies, Melancholie und Gesellschaft. Frankfurt a. M. 1972, S. 10.

Während die Übertragungsneurosen durch die Psychoanalyse grundsätzlich behandelt werden können, erweisen sich die narzißtischen Psychoneurosen durch die psychoanalytische Therapie als nicht behandelbar. Bei den letzteren Neurosen handelt es sich nach Freud um die vollständige Entziehung der Libido von den Objekten der Außenwelt. Der Entzug der libidinösen Besetzung von der Außenwelt verursacht solche psychotische Erkrankungen, die von den Psychoanalytikern und Psychiatern als schwere endogene Depression, Paranoia und dgl. bezeichnet werden. Bei denjenigen Patienten, die unter schweren Depressionen und paranoiden Zuständen leiden, nehmen zum Beispiel der Abzug der libidinösen Objektbesetzungen, die regressive Wiederbesetzung des Ichs und die Fixierung auf dieser Stufe ein solches Ausmaß an, daß die Anwendung der Psychoanalyse, wie Freud ausdrücklich betont, nicht möglich ist.

Das Konzept der libidinösen Regression auf die Entwicklungsphasen der frühen Kindheit sowie das der vollständigen Entziehung der Libido von den Objekten der Außenwelt stehen also im Zentrum der psychopathologischen Theorien über die Übertragungsneurosen (Angsthysterie, Zwangsneurose) und psychotischen Erkrankungen (Paranoia, Schizophrenie), die Freud in der Zeit von 1896 bis 1923 entwickelte. Was die Schizophrenie angeht, so veröffentlichte Freud 1896 einen Fallbericht, in dem er die Verdrängung infantiler libidinöser Erlebnisse und die damit verbundenen unverarbeiteten Kindheitserinnerungen, die Wahnvorstellungen erzeugen, für das Zustandekommen krankhafter Symptome verantwortlich machte[53]. In einer anderen psychoanalytischen Untersuchung über die schizophrenen Geistesstörungen, die er 1908 anstellte, gelangte er zu dem Ergebnis, daß in der Schizophrenie die Objektliebe des Kranken verschwindet und seine Libido auf eine frühere Phase, die als Autoerotik bekannt ist, zurückgeht[54].

Dieser narzißtische Zustand ist also nach Freud das Ergebnis der Regression von der Objektliebe auf ein früheres Stadium der Libidoentwicklung, in der das Selbst des Schizophrenen als Liebesobjekt erlebt wird[55]. „Bei der Schizophrenie hat sich uns ... die Annahme aufgedrängt, daß nach dem Prozesse der Verdrängung die abgezogene Libido kein

[52] Für weitere Studien über die Klassifikation der Neurosen siehe David Stafford-Clark, Was Freud wirklich sagte, S. 118 f.

[53] Vgl. Thomas Freeman, John L. Cameron und Andrew McGhie, Studien zur chronischen Schizophrenie. (Chronic Schizophrenia.) Mit einem Vorwort von Anna Freud, übers. von Thomas Frank. 2. Aufl., Frankfurt a. M. 1970, S. 39.

[54] Ebenda.

[55] Ebenda, S. 40.

neues Objekt suche, sondern ins Ich zurücktrete, daß also hier die Objektbesetzungen aufgegeben und ein primitiver objektloser Zustand von Narzißmus wieder hergestellt werde[56]."

Die psychopathologischen Erklärungen Freuds im Hinblick auf die schizophrenen Erkrankungen wurden aber im Jahre 1923 weiter modifiziert. 1924 übertrug er die allgemeine Psychopathologie auf die von ihm entwickelte Strukturhypothese (Es, Ich und Über-Ich). Mit Hilfe dieses Strukturmodells versuchte er also das Wesen der Neurose und Psychose zu beschreiben: „die Neurose sei der Erfolg eines Konflikts zwischen dem Ich und seinem Es, die Psychose aber der analoge Ausgang einer solchen Störung in den Beziehungen zwischen Ich und Außenwelt[57]."

Unter Psychosen versteht Freud im engeren Sinne die verschiedenen Formen schizophrener Geistesstörungen. Diese sind vor allem durch völligen Realitätsverlust charakterisiert. Eine unrealistische, subjektive und auf Halluzinationen beruhende Beziehung zur Umwelt ist ein Charakteristikum schizophrener Psychosen. Die Psychotiker sind nicht in der Lage, echte Beziehungen zur Außenwelt aufrechtzuerhalten. Oft sind sie unfähig, die Menschen, mit denen sie gelebt haben, wiederzuerkennen. Sie zeigen ein autistisches Verhalten. Solche Psychosen können also, wie Freud bemerkt, durch die psychoanalytische Therapie nicht behandelt werden. „Die Unfähigkeit dieser Patienten zur Übertragung — soweit der Krankheitsprozeß reicht — ihre daraus folgende therapeutische Unzulänglichkeit, die ihnen eigentümliche Ablehnung der Außenwelt, das Auftreten von Zeichen einer Überbesetzung des eigenen Ichs, der Ausgang in völlige Apathie, all diese klinischen Charaktere scheinen zu der Annahme eines Aufgebens der Objektbesetzungen trefflich zu stimmen[58]."

---

[56] S. Freud, Das Unbewußte, S. 295.

[57] Derselbe, Neurose und Psychose, S. 387. Über die Bedeutung des Freudschen Strukturmodells für die Erklärung des psychotischen Prozesses siehe auch das Buch von Marina Neumann-Schönwetter, Psychosexuelle Entwicklung und Schizophrenie. Zur Theorie familialer Sozialisation in der bürgerlichen Gesellschaft. Frankfurt a. M. 1973, S. 47 ff.

Für weitere Studien über Neurose und Psychose siehe auch die Arbeiten von Hans Strotzka, Übersicht über einige Grundlagen der speziellen Neurosenlehre, und von Alois M. Becker, Das psychoanalytische Konzept der Charakterneurose. In: Neurose, Charakter, soziale Umwelt. Beiträge zu einer speziellen Neurosenlehre, hrsg. von Hans Strotzka. München 1973.

[58] S. Freud, Das Unbewußte. S. 295.

d) Neurose, Psychose und interpersonelle Beziehungen

Wie bereits dargestellt, widerlegt Sullivan die Ansicht Freuds, daß der Schizophrene übertragungsunfähig und damit nicht behandelbar sei. Sullivan hat also die Heilung schizophrener Psychotiker durch die Anwendung psychotherapeutischer Methoden für möglich gehalten. Seiner Meinung nach soll die Behandlung eine gegenseitige Wechselwirkung zwischen Therapeut und Patient sein. In der Behandlungssituation soll der Psychotherapeut vor allem anpassungsfähig sein und nicht alle seelisch gestörten Menschen gleich behandeln. Im Falle von Schizophrenen muß er zum Beispiel versuchen, auf deren Wünsche einzugehen und ihnen ihr Kranksein durch vorsichtige Worte und Deutungen verständlich zu machen. Da der Schizophrene während seiner seelischen Entwicklung das Gefühl der Geborgenheit entbehren mußte und keine echte Kindheit erleben durfte, so ist es die Aufgabe des Therapeuten, mit ihm psychotherapeutisch die Kindheit neu anzufangen.

Diese psychotherapeutischen Aussagen Sullivans, die wir hier in Betracht gezogen haben, basieren auf seiner sozialpsychologischen Konzeption des Menschen, die ihn nur im Lichte der interpersonellen Beziehungen studiert. Für Sullivan ist der Mensch sowohl in der Krankheit wie auch in der Gesundheit das Produkt der Wechselwirkung mit anderen Menschen und die Neurose das Ergebnis gestörter zwischenmenschlicher Beziehungen. Während die Neurose für Freud einen Konflikt zwischen Ich und Es und die Psychose einen solchen zwischen Ich und Außenwelt darstellte, besteht der Grundkonflikt nach Sullivan zwischen dem Individuum und der Außenwelt, die andere menschliche Wesen umfaßt. Sullivan führt also die Ursache sowohl der Neurose wie auch der Psychose auf die gestörten zwischenmenschlichen Beziehungen zurück. Im Falle von Psychose spricht er von einer schwereren Dissoziation der Persönlichkeit. Bei der Psychose handelt es sich um einen Prozeß, in welchem das Selbst des Psychotikers in zunehmendem Maße in seiner Sicherheitsfunktion versagt. Mit anderen Worten ausgedrückt, bricht sein Selbst infolge einer verlorenen Realitätsorientierung zusammen. Angesichts der übermächtig werdenden Bedrohungen der Außenwelt und der daraus resultierenden mannigfaltigen Angstzustände gibt sich das Selbst auf und gerät in eine autistische Erlebniswelt. Sullivan ist weit davon entfernt, die schizophrenen Psychosen auf die somatisch bedingten Geisteskrankheiten zurückzuführen. Im Versagen des Selbst in seiner Anpassungsfunktion sieht er die Ursache der Entstehung schizophrener Geistesstörungen.

Die Psychologie Sullivans gewinnt in den USA eine wachsende Bedeutung und wird von vielen tiefenpsychologisch orientierten Psychiatern als die Psychiatrie unserer Zeit angesehen. Neben Schultz-Hencke, Horney und Fromm gehört Sullivan zu den wichtigsten Repräsentanten der sogenannten Neopsychoanalyse. Zu seinen Lebzeiten hat Sullivan neben einer großen Anzahl von hervorragenden psychologischen und psychiatrischen Aufsätzen nur ein einziges Buch unter dem Titel „Conceptions of Modern Psychiatry" veröffentlicht. In diesem Werk stellt er die These auf, daß der Mensch das Produkt der Wechselwirkung mit anderen Menschen und die Neurose eine Folge gestörter zwischenmenschlicher Beziehungen ist. Wie Horney und Fromm rückt Sullivan von der Freudschen Triebtheorie ab und versucht, den Menschen in interpersonellen Kategorien zu analysieren.

V. Zur Situation der Daseinsanalytik Existenzphilosophie von Husserl, Heidegger Jaspers, Sartre, Binswanger, Boss und Frankl

1. Husserls Phänomenologie

a) Philosophie der Wissenschaft

Wir kommen jetzt zu jener bedeutsamen Richtung innerhalb der modernen Psychotherapie, die als Existenzanalyse bekannt ist. Die Grundlage dieser Psychotherapie ist eine Verknüpfung der Psychoanalyse Sigmund Freuds mit Husserls Phänomenologie und Heideggers Existenzialontologie.

Husserls beschreibende Phänomenologie ist ein Versuch, den eigentlichen Gehalt apriorischer Erkenntnisse auf anschaulichen Gegebenheiten zu umreißen. Diese von ihm begründete Metawissenschaft gehört zu den wichtigsten philosophischen Richtungen des 20. Jahrhunderts. Der wesentliche Unterschied zwischen der phänomenologischen Methode und den mathematisch-logischen Disziplinen besteht darin, daß jene die Wesenheiten in den Vordergrund stellt und diese die empirischen Tatsachen in Betracht ziehen.

Das Hauptwerk Husserls „Logische Untersuchungen" wendet sich ausdrücklich gegen den Psychologismus. In diesem Werk entwickelt er vor allem einen neuen Begriff der Wissenschaft.

„Wissen im engsten Sinne des Wortes ist Evidenz davon, daß ein gewisser Sachverhalt besteht oder nicht besteht; z. B. daß S P ist oder nicht ist; also ist auch die Evidenz davon, daß ein gewisser Sachverhalt in dem oder jenem Grade wahrscheinlich ist, in Beziehung darauf, daß er dies ist, ein Wissen im engsten Sinne; dagegen liegt hier in Beziehung auf den Bestand des Sachverhaltes selbst (und nicht seiner Wahrscheinlichkeit) ein Wissen im weiteren, geänderten Sinne vor... Zum Begriff der Wissenschaft und ihrer Aufgabe gehört nun aber mehr als bloßes Wissen. Wenn wir innere Wahrnehmungen, einzeln oder gruppenweise, erleben und als daseiend anerkennen, so haben wir Wissen, aber noch lange nicht Wissenschaft... Zum Wesen der Wissenschaft gehört... die Einheit des Begründungszusammenhanges, in dem mit den einzelnen Erkenntnissen auch die Begründungen selbst und mit diesen auch die höheren Komplexionen von Begründungen, die wir Theorien nennen, eine systematische Einheit erhalten ... Die Systematik, die der Wissenschaft eignet, natürlich der echten und rechten Wissenschaft, erfinden wir nicht, sondern sie liegt in den Sachen, wo wir sie einfach vorfinden, entdecken. Die Wissenschaft will das Mittel sein, unserem Wissen das Reich der Wahrheit, und zwar in größtmöglichem Umfange, zu erobern; aber das Reich der Wahrheit ist kein untergeordnetes Chaos, es herrscht in ihm Einheit der Gesetzlichkeit; und so muß auch die Erforschung und Darlegung der Wahrheiten systematisch sein, sie muß deren systematische Zusammenhänge widerspiegeln und sie zugleich als Stufenleiter des Fortschrittes benützen, um von dem uns gegebenen oder bereits gewonnenen Wissen aus in immer höhere Regionen des Wahrheitsreiches eindringen zu können[1]."

b) Nomologische und eidetische Wissenschaften

Nachdem Husserl das Wesen der Wissenschaft durch logische Untersuchungen ergründet hat, versucht er zwischen zwei Arten von Wissenschaften zu unterscheiden. Es gibt also nach ihm *nomologische* und *eidetische* Wissenschaften: „Die Wissenschaften, in denen der Gesichtspunkt der Theorie, der prinzipiellen Einheit das Gebiet bestimmt, und welche somit in ideeller Geschlossenheit alle möglichen Tatsachen und generellen Einzelheiten umfassen, die in einer Grundgesetzlichkeit ihre Erklärungsprinzipien haben, nennt man, nicht eben passend, *abstrakte* Wissenschaften. Am bezeichnendsten hießen sie eigentlich *theoretische* Wissenschaften. Doch wird dieser Ausdruck im Gegensatz zu den praktischen und normativen Wissenschaften gebraucht ... Einer Anregung von J. v. Kries folgend, könnte man diese Wissenschaften fast ebenso charakteristisch als *nomologische* Wissenschaften bezeichnen, sofern sie im Gesetz das einigende Prinzip, wie das wesentliche Forschungsziel besitzen[2]."

Während die nomologischen Wissenschaften auf sinnlicher Erfahrung beruhen, gehen die sog. eidetischen Wissenschaften vom Sehen des Eidos aus. Ihr Hauptanliegen ist also die *Wesensschau.* Nicht zufällige Tatsachen, sondern Wesenszusammenhänge bilden ihren Gegenstand. Durch intellektuelle Anschauung und vollkommen voraussetzungslos sind die eidetischen Wissenschaften bemüht, in das Wesen der Dinge vorzudringen.

---

[1] Edmund Husserl, Logische Untersuchungen. Bd. I, 5. Aufl. Tübingen 1968, S. 14 f.

[2] Ebenda, S. 233 f.

Husserls Philosophie der Wesensschau hat zahlreiche Philosophen des 20. Jahrhunderts stark beeinflußt. Unter diesen nimmt Max Scheler, dank seiner Originalität, eine besondere Stellung ein. Scheler hat die Phänomenologie Husserls in pragmatischer Hinsicht weiterentwickelt und ihr neue Perspektiven eröffnet. Nach Scheler gibt es drei verschiedene Wissensarten[3]. Die erste ist das „Herrschafts- oder Leistungswissen"[4]. Bei dieser Wissensart handelt es sich um das induktive Wissen der positiven Wissenschaften. Das Erkenntnisobjekt dieser Wissenschaften ist die Wirklichkeit. Die zweite Art des Wissens ist das sog. „Wesens- oder Bildungswissen"[5]. Hier hat Scheler die philosophische Grundwissenschaft im Sinne Aristoteles' vor Augen. Die von Aristoteles genannte „erste Philosophie" ist die Wissenschaft von der Wesensstruktur alles dessen, was ist. „Daß es sich bei diesem Wesenswissen um eine dem Herrschaftswissen scharf entgegengesetzte Art des Wissens und des ihm entsprechenden Seins handelt — um ein gewaltiges Feld eigenmethodischer philosophischer Forschung —, ist erst vor relativ kurzer Zeit durch E. Husserl und seine Schule wieder entdeckt worden. Im Herrschaftswissen werden . . . die Gesetze der raumzeitlichen Koinzidenzen der zufälligen Weltwirklichkeiten und ihres Soseins aufgesucht. Umgekehrt wird bei dieser zweiten Forschungsrichtung gerade streng methodisch abgesehen von der zufälligen Raumzeitstelle und von dem, was zufällig so oder anders ist[6]." Die dritte Wissensart ist das „metaphysische oder Erlösungswissen"[7]. Diese ergibt sich aus der Verknüpfung der Ergebnisse der positiven Wissenschaften mit dem Wesens- oder Bildungswissen[8]. Das Erkenntnisobjekt dieser dritten Forschungsrichtung sind zunächst die Grenzprobleme der Wissenschaften. Hier wird gefragt: „Was ist das Leben?", und „wie ist die Metaphysik des Absoluten möglich?"

Auf diesen grundlegenden Gedanken baut Scheler seine berühmt gewordene Wissenssoziologie auf. Sein besonderes Verdienst besteht vor allem darin, so bemerkt Horkheimer, „die Wissenschaft insgesamt auf eine Reihe von Gegenständen erst wieder hingewiesen und an manchen Stellen einer durch konventionelle Blickverengung weniger gehemmten Betrachtungsweise Bahn gebrochen zu haben"[9].

---

[3] Vgl. Max Scheler, Philosophische Weltanschauung. München 1954, S. 7, sowie Die Wissensformen und die Gesellschaft. Bern/München 1960, S. 31.

[4] Derselbe, Philosophische Weltanschauung.

[5] Ebenda.

[6] Ebenda, S. 9.

[7] Ebenda, S. 7.

[8] Ebenda, S. 12.

[9] Max Horkheimer, Bemerkungen über Wissenschaft und Krise. In: Kritische Theorie, Bd. I, hrsg. von Alfred Schmidt. Frankfurt a. M. 1968, S. 4.

2. Heideggers Existenzialontologie

a) Dasein und Existenz

Husserls Philosophie der Wesensschau hat, wie bereits dargelegt, zahlreiche Denker des 20. Jahrhunderts entscheidend beeinflußt. Diese Philosophie führt bei Heidegger[10] zur Ergründung der Grundbestimmung des menschlichen Daseins und vor allem zu der Frage nach dem Sinn von Sein.

Die Frage nach dem Sinn des Seins ist das Hauptanliegen des epochemachenden Werkes Heideggers. Heidegger will vor allem die Seinshypostase des metaphysischen Denkens einer kritischen Überprüfung unterziehen. Er spricht vom Sein des Seienden, vom Sinn des Seins, vom Geschick sowie von der Wahrheit des Seins. Will man die Frage nach dem Sinn von Sein ergründen, so muß man ein Seiendes aufsuchen, das so zugänglich ist, wie es an sich selbst ist. Das Sein ist jedoch nicht so etwas wie das Seiende, sondern das, was Seiendes als Seiendes bestimmt.

Die Analyse des Seienden als Dasein ist der Ausgangspunkt der philosophischen Untersuchungen Heideggers. Im ersten Kapitel von „Sein und Zeit“ schreibt er folgende Sätze zum Thema der Analytik des Daseins: „Das Seiende, dessen Analyse zur Aufgabe steht, sind wir je selbst. Das Sein dieses Seienden ist je meines. Im Sein dieses Seienden verhält sich dieses selbst zu seinem Sein. Als Seiendes dieses Seins ist es seinem eigenen Sein überantwortet. Das Sein ist es, darum es diesem Seienden je selbst geht. Aus dieser Charakteristik des Daseins ergibt sich ein Doppeltes:

1. Das „Wesen“ dieses Seienden liegt in seinem Zu-sein. Das Was-sein (essentia) dieses Seienden muß, sofern überhaupt davon gesprochen werden kann, aus seinem Sein (existentia) begriffen werden. Dabei ist es gerade die ontologische Aufgabe zu zeigen, daß, wenn wir für das Sein dieses Seienden die Bezeichnung Existenz wählen, dieser Titel nicht die ontologische Bedeutung des überlieferten Terminus existentia hat und haben kann; existentia besagt ontologisch soviel wie Vorhandensein, eine Seinsart, die dem Seienden vom Charakter des Daseins wesensmäßig

[10] Heidegger gehört zu den einflußreichsten Philosophen unserer Zeit. Er ist ein sehr origineller Denker. Er studierte und promovierte bei Rickert in Freiburg und später habilitierte er sich bei Husserl mit einer Arbeit über die Kategorien- und Bedeutungslehre des Duns Scotus. Im Jahre 1923 wurde Heidegger als Professor nach Marburg berufen und nach fünfjähriger Lehrtätigkeit dort kehrte er als Nachfolger Husserls nach Freiburg zurück.

nicht zukommt. Eine Verwirrung wird dadurch vermieden, daß wir für den Titel existentia immer den interpretierenden Ausdruck Vorhandenheit gebrauchen und Existenz als Seinsbestimmung allein dem Dasein zuweisen.

Das „Wesen“ des Daseins liegt in seiner Existenz. Die an diesem Seienden herausstellbaren Charaktere sind daher nicht vorhandene „Eigenschaften“ eines so und so „aussehenden“ vorhandenen Seienden, sondern je ihm mögliche Weisen zu sein und nur das. Alles So-sein dieses Seienden ist primär Sein. Daher rückt der Titel „Dasein“, mit dem wir dieses Seiende bezeichnen, nicht sein Was aus, wie Tisch, Haus, Baum, sondern das Sein.

2. Das Sein, darum es diesem Seienden in seinem Sein geht, ist je meines. Dasein ist daher nie ontologisch zu fassen als Fall und Exemplar einer Gattung von Seiendem als Vorhandenem. Diesem Seienden ist sein Sein „gleichgültig“, genau besehen, es „ist“ so, daß ihm sein Sein weder gleichgültig noch ungleichgültig sein kann. Das Ansprechen von Dasein muß gemäß dem Charakter der Jemeinigkeit dieses Seienden stets das Personalpronomen mitsagen: „ich bin“, „du bist“.

Und Dasein ist meines wiederum je in dieser oder jener Weise zu sein. Es hat sich schon immer irgendwie entschieden, in welcher Weise Dasein je meines ist. Das Seiende, dem es in seinem Sein um dieses selbst geht, verhält sich zu seinem Sein als seiner eigensten Möglichkeit. Dasein ist je seine Möglichkeit und es „hat“ sie nicht nur noch eigenschaftlich als ein Vorhandenes. Und weil Dasein wesenhaft je seine Möglichkeit ist, kann dieses Seiende in seinem Sein sich selbst „wählen“, gewinnen, es kann sich verlieren, bzw. nie und nur „scheinbar“ gewinnen. Verloren haben kann es sich nur und noch nicht sich gewonnen haben kann es nur, sofern es seinem Wesen nach mögliches eigentliches, das heißt sich zueigen ist. Die beiden Seinsmodi der Eigentlichkeit und Uneigentlichkeit — diese Ausdrücke sind im strengen Wortsinne terminologisch gewählt — gründen darin, daß Dasein überhaupt durch Jemeinigkeit bestimmt ist. Die Uneigentlichkeit des Daseins bedeutet aber nicht etwa ein „weniger“ Sein oder einen „niedrigeren“ Seinsgrad. Die Uneigentlichkeit kann vielmehr das Dasein nach seiner vollsten Konkretion bestimmen in seiner Geschäftigkeit, Angeregtheit, Interessiertheit, Genußfähigkeit.

Die beiden skizzierten Charaktere des Daseins: einmal der Vorrang der „existentia“ vor der essentia und dann die Jemeinigkeit — zeigen schon an, daß eine Analytik dieses Seienden vor einen eigenartigen phänomenalen Bezirk gestellt wird. Dieses Seiende hat nicht und nie die Seinsart des innerhalb der Welt nur Vorhandenen. Daher ist es auch nicht in der Weise des Vorfindens von Vorhandenem thematisch vorzugeben. Die rechte Vorgabe seiner ist so wenig selbstverständlich, daß deren Bestimmung selbst ein wesentliches Stück der ontologischen Analytik dieses Seienden ausmacht. Mit dem sicheren Vollzug der rechten Vorgabe dieses Seienden steht und fällt die Möglichkeit, das Sein dieses Seienden überhaupt zum Verständnis zu bringen. Mag die Analyse noch so vorläufig sein, sie fordert immer schon die Sicherung des rechten Ansatzes.

Das Dasein bestimmt sich als Seiendes je aus einer Möglichkeit, die es ist und in seinem Sein irgendwie versteht. Das ist der formale Sinn der Existenzverfassung des Daseins. Darin liegt aber für die ontologische Interpretation dieses Seienden die Anweisung, die Problematik seines Seins aus der Existenzialität seiner Existenz zu entwickeln. Das kann jedoch nicht heißen, das Dasein aus einer konkreten möglichen Idee von Existenz konstruieren. Das Dasein soll im Ausgang der Analyse gerade nicht in der Differenz eines bestimmten Existierens interpretiert, sondern in seinem indifferenten Zunächst und Zumeist aufgedeckt werden. Diese Indifferenz der Alltäglichkeit des Daseins ist nicht nichts, sondern ein positiver phänomenaler Charakter dieses Seienden. Aus dieser Seinsart heraus und in sie zurück ist alles Existieren, wie es ist. Wir nennen diese alltägliche Indifferenz des Daseins Durchschnittlichkeit.

Und weil nun die durchschnittliche Alltäglichkeit das ontische Zunächst dieses Seienden ausmacht, wurde sie und wird sie immer wieder in der Explikation des Daseins übersprungen. Das ontisch Nächste und Bekannte ist das ontologisch Fernste, Unerkannte und in seiner ontologischen Bedeutung ständig Übersehene. Wenn Augustinus fragt: Quid autem propinquius meipso mihi? und antworten muß: ego certe laboro hic et laboro in meipso: factus sum mihi terra difficultatis et sudoris nimii, dann gilt das nicht nur von der ontischen und vorontologischen Undurchsichtigkeit des Daseins, sondern in einem noch erhöhten Maße von der ontologischen Aufgabe, dieses Seiende in seiner phänomenal nächsten Seinsart nicht nur nicht zu verfehlen, sondern in positiver Charakteristik zugänglich zu machen.

Die durchschnittliche Alltäglichkeit des Daseins darf aber nicht als ein bloßer „Aspekt" genommen werden. Auch in ihr und selbst im Modus der Uneigentlichkeit liegt a priori die Struktur der Existenzialität. Auch in ihr geht es dem Dasein in bestimmter Weise um sein Sein, zu dem es sich im Modus der durchschnittlichen Alltäglichkeit verhält und sei es auch nur im Modus der Flucht davor und des Vergessens seiner. Die Explikation des Daseins in seiner durchschnittlichen Alltäglichkeit gibt aber nicht etwa nur durchschnittliche Strukturen im Sinne einer verschwimmenden Unbestimmtheit. Was ontisch in der Weise der Durchschnittlichkeit ist, kann ontologisch sehr wohl in prägnanten Strukturen gefaßt werden, die sich strukturell von ontologischen Bestimmungen etwa eines eigentlichen Seins des Daseins nicht unterscheiden[11]."

b) Das In-der-Welt-sein

Das Dasein ist also nach Heidegger dadurch gekennzeichnet, daß es existiert und daß es je meines ist (Jemeinigkeit). Im zweiten Kapitel von „Sein und Zeit" betrachtet Heidegger das In-der-Welt-sein als Grundverfassung des Daseins überhaupt. „Dasein ist Seiendes, das sich in seinem Sein verstehend zu diesem Sein verhält. Damit ist der formale Begriff von Existenz angezeigt. Dasein existiert. Dasein ist ferner Seiendes, das je ich selbst bin. Zum existierenden Dasein gehört die Jemeinigkeit als Bedingung der Möglichkeit von Eigentlichkeit und Uneigentlichkeit. Dasein existiert je in einem dieser Modi, bzw. in der modalen Indifferenz ihrer.

Diese Seinsbestimmungen des Daseins müssen nun aber a priori auf dem Grunde der Seinsverfassung gesehen und verstanden werden, die wir das In-der-Welt-sein nennen. Der rechte Ansatz der Analytik des Daseins besteht in der Auslegung dieser Verfassung.

Der zusammengesetzte Ausdruck „In-der-Welt-sein" zeigt schon in seiner Prägung an, daß mit ihm ein einheitliches Phänomen gemeint ist. Dieser primäre Befund muß im Ganzen gesehen werden. Die Unauflösbarkeit in zusammenstückbare Bestände schließt nicht eine Mehrfältigkeit konstitutiver Strukturmomente dieser Verfassung aus. Der mit diesem Ausdruck angezeigte phänomenale Befund gewährt in der Tat eine dreifache Hinblicknahme. Wenn wir ihm unter vorgängiger Festhaltung des ganzen Phänomens nachgehen, lassen sich herausheben:

1. Das „in der Welt"; in bezug auf dieses Moment erwächst die Aufgabe, der ontologischen Struktur von „Welt" nachzufragen und die Idee der Weltlichkeit als solcher zu bestimmen.

[11] Martin Heidegger, Sein und Zeit. 11., unveränderte Aufl., Tübingen 1967, S. 41 ff.

2. Das Seiende, das je in der Weise des In-der-Welt-seins ist. Gesucht wird mit ihm das, dem wir im „Wer?“ nachfragen. In phänomenologischer Aufweisung soll zur Bestimmung kommen, wer im Modus der durchschnittlichen Alltäglichkeit des Daseins ist.

3. Das In-Sein als solches; die ontologische Konstitution der Inheit selbst ist herauszustellen. Jede Hebung des einen dieser Verfassungsmomente bedeutet die Mithebung der anderen, das sagt: jeweilig ein Sehen des ganzen Phänomens. Das In-der-Welt-sein ist zwar eine a priori notwendige Verfassung des Daseins, aber längst nicht ausreichend, um dessen Sein voll zu bestimmen[12].“

In diesem Zusammenhang soll hinzugefügt werden, daß es sich beim In-Sein weder um die Beziehung von Subjekt und Objekt noch um ein Seinsverhältnis zweier im Raum ausgedehnter Seienden handelt.

Das In-Sein hat vielmehr nach Heidegger den Seinsmodus des Besorgens. Von der Existenz her ist das Sichkümmern um anderes Dasein der Grund des In-der-Welt-seins. Die Fürsorge für anderes Dasein (d. h. Mitmenschen) erweist sich für Heidegger nicht als eine nebensächliche Sache, sondern als Hauptgrund der menschlichen Existenz.

„Das In-der-Welt-sein des Daseins hat sich mit dessen Faktizität je schon in bestimmte Weisen des In-Seins zerstreut oder gar zersplittert. Die Mannigfaltigkeit solcher Weisen des In-Seins läßt sich exemplarisch durch folgende Aufzählung anzeigen: zutunhaben mit etwas, herstellen von etwas, bestellen und pflegen von etwas, verwenden von etwas, aufgeben und in Verlust geraten lassen von etwas, unternehmen, durchsetzen, erkunden, befragen, betrachten, besprechen, bestimmen . . . Diese Weisen des In-Seins haben die noch eingehend zu charakterisierende Seinsart des Besorgens. Weisen des Besorgens sind auch die defizienten Modi des Unterlassens, Versäumens, Verzichtens, Ausruhens, alle Modi des „Nur noch“ in bezug auf Möglichkeiten des Besorgens. Der Titel „Besorgen“ hat zunächst seine vorwissenschaftliche Bedeutung und kann besagen: etwas ausführen, erledigen, „ins Reine bringen“. Der Ausdruck kann auch meinen: sich etwas besorgen im Sinne von „sich etwas verschaffen“. Ferner gebrauchen wir den Ausdruck auch noch in einer charakteristischen Wendung: ich besorge, daß das Unternehmen mißlingt. „Besorgen“ meint hier so etwas wie befürchten. Gegenüber diesen vorwissenschaftlichen, ontischen Bedeutungen wird der Ausdruck „Besorgen“ in der vorliegenden Untersuchung als ontologischer Terminus (Existenzial) ge-

[12] Ebenda, S. 52 f.

braucht als Bezeichnung des Seins eines möglichen In-der-Welt-seins. Der Titel ist nicht deshalb gewählt, weil etwa das Dasein zunächst und in großem Ausmaß ökonomisch und „praktisch" ist, sondern weil das Sein des Daseins selbst als Sorge sichtbar gemacht werden soll. Dieser Ausdruck ist wiederum als ontologischer Strukturbegriff zu fassen. Der Ausdruck hat nichts zu tun mit „Mühsal", „Trübsinn" und „Lebenssorge", die ontisch in jedem Dasein vorfindlich sind. Dergleichen ist ontisch nur möglich ebenso wie „Sorglosigkeit" und „Heiterkeit", weil Dasein ontologisch verstanden Sorge ist. Weil zu Dasein wesenhaft das In-der-Welt-sein gehört, ist sein Sein zur Welt wesenhaft Besorgen[13]."

c) *Die Wissenschaft vom Sein*

Es ist jedoch nicht unsere Absicht, die Existenzphilosophie Heideggers in all ihren Einzelheiten im Rahmen dieser Arbeit darzustellen. Wir wollen lediglich jene Aspekte seiner Philosophie erhellen, die für die Entwicklung der modernen Psychotherapie von Bedeutung sind.

Mit seiner existentialen Analytik (Fundamentalontologie) will Heidegger die Grundlage jeder Ontologie und aller Wissenschaften geben. In „Sein und Zeit" ist er vor allem bestrebt, durch die Klärung der Seinsfrage den Begriff einer Wissenschaft vom Sein zu entwickeln. Die wissenschaftliche Methode, mit der er die Seinsfrage erläutern will, ist eine phänomenologische.

Worin besteht aber der wesentliche Zug der phänomenologischen Methode. Es soll vor allem klargestellt werden, daß Phänomen hier nicht als Erscheinung im Vulgärsinne des Wortes zu verstehen ist, sondern als das Sich-an-ihm-selbst-zeigende. Die phänomenologische Methode ist ein spezielles Erkenntnisverfahren, das primär in einem geistigen Schauen des Gegenstandes besteht[14]. Bei der Anwendung dieses Verfahrens muß man eine rein objektivistische, d. h. eine dem Gegenstand zugewandte Haltung einnehmen, um in das Wesen der Sachen eindringen zu können[15]. Demgemäß würde dann der Grundsatz der Phänomenologie lauten: „zu den Sachen selbst"[16]. Die Phänomenologie wird von Heidegger als Hermeneutik auf die Existenz angewandt, um deren Struktur beschreiben zu können. Ausgehend von der Hermeneutik des Daseins will Heidegger eine umfassende Wissenschaft vom Sein (universale phänomenologische

[13] Ebenda, S. 56 f.

[14] Vgl. dazu I. M. Bochinski, Die zeitgenössischen Denkmethoden. 2., neubearbeitete Aufl. München 1959, S. 23.

[15] Ebenda. [16] Ebenda.

Ontologie) begründen, welche allen philosophischen Fragen die Richtung zeigen soll.

3. Jaspers Ontologie der Transzendenz

a) Philosophische Weltorientierung

Karl Jaspers gehört neben Martin Heidegger zu den maßgebenden Vertretern der Existenzphilosophie in Deutschland. Während Heidegger bestrebt ist, eine universale phänomenologische Ontologie zu entwickeln, die sich auf die Prinzipien einer umfassenden Wissenschaft vom Sein gründet, verzichtet Jaspers ausdrücklich auf eine wissenschaftliche Analyse der menschlichen Existenz und stellt somit das eigentlich Existenzphilosophische in den Mittelpunkt seiner Untersuchungen.

In seinen philosophischen Arbeiten stellt Jaspers fünf Fragen, die das Fundament seines philosophischen Denkens bilden. Diese sind: Was ist Wissenschaft? Was ist Wahrheit? Was ist der Mensch? Wie ist Kommunikation möglich? Was ist Transzendenz? Das Hauptanliegen der Philosophie ist nach Jaspers ein Transzendieren. Dies vollzieht sich in dreifacher Weise: in Weltorientierung, Existenzerhellung und Metaphysik. Jaspers unterscheidet vor allem zwischen einer empirischen und einer philosophischen Weltorientierung.

„Weltorientierung ist in sich zu scheiden als forschende und philosophische Weltorientierung. Forschende Weltorientierung ist das Erkennen, das sich durch die Selbsterziehung eines die Objektivität suchenden Denkens hervorbringt. Obgleich dieses Denken nur in empirischen Individualitäten wirklich ist, deren faktische Welten zunächst gar nicht eine sind, ist es ihm möglich, das Erkannte gemeinsam mit jedem als Bewußtsein überhaupt zu haben. Zwar sind soviel Welten, wie es Individuen denkenden Bewußtseins gibt; aber diese Vielfachheit selbst wird der Weltorientierung wieder zum Gegenstand.

Es vollzieht sich eine sich erweiternde Kreisbewegung. Das empirische Individuum, zunächst gebunden in seiner Subjektivität, möchte in der Objektivität die wirkliche Welt erfassen, die ihm zunächst in ihrer Vielfalt ist, und in die es die eigene Individualität als eine von zahllosen Fällen mit aufnehmen müßte. Es würde ein Sein gewonnen, das als das allgemeingültige losgelöst wäre von der individuellen Gebundenheit. Das Subjekt, das als Schein darin eingehend sich als diesen Faktor der Täuschung auch erkennen und zugunsten solcher Objektivität aufheben müßte, ist sich jedoch als seine besondere Wirklichkeit stets wieder da in seiner Gebundenheit. Es kennt den Sprung ins Allgemeine der Welt als mögliche Befreiung von Schranken, wie es die Rückkehr kennt zu einer Wirklichkeit seiner selbst. Es bleibt sich das Wunder, aus winziger Besonderheit das Ganze der Welt als das Allgemeine und das Gültige zwar nicht faktisch, doch in der Absicht ergreifen zu können.

Objektive Erkenntnis als Weltorientierung finden wir allein in den Wissenschaften, wie sie bis heute geworden sind. Ohne sie ist keine philosophische Weltorientierung möglich. Ohne unablässige Aneignung der wissenschaftlichen Weltorientierung und ohne eigenes Forschen wird das Philosophieren leer, weil stofflos. Es muß an die harte, zwingende Weise des Daseins stoßen, um zum eigentlichen Sein als Möglichkeit über das Wissen hinaus vorzudringen. Nur wer leidenschaftlich sich in der faktischen Weltorientierung bewegt hat, kann wahrhaftig die philosophische Weltorientierung darin finden.

Philosophische Weltorientierung faßt nicht letzte Ergebnisse der Wissenschaften zu einem einheitlichen Weltbild zusammen, sondern zeigt die Unmöglichkeit eines solchen gültigen Weltbildes als des einen und absoluten; sie sucht die Fragwürdigkeiten der faktischen Weltorientierung.

Es ist wie eine selbstverständliche Voraussetzung des Verstandes in seiner Weltorientierung, daß das Weltall da ist. Ob der Verstand, alle Weltorientierung überschreitend, den metaphysischen Prozeß der Weltschöpfung denkt, oder ob er ein positivistisches Bild des mechanischen Weltgeschehens oder ein soziologisches Bild der Notwendigkeit des Geschichtsablaufs entwirft, jedesmal wird ein Ganzes vermeintlich selbst in den Griff der ihre Gegenstände erobernden Erkenntnis genommen. Es bedarf ausdrücklicher Gedankengänge, um diese Fixierung zum Ganzen, insbesondere eines Weltalls im Weltbilde rückgängig zu machen: durch Reduktion auf die faktische Bewährung des gemeinten Wissens in meiner Situation und durch Gedanken, welche Risse, Widersprüche und Grenzen in jedem Weltalldenken aufzeigen. Philosophische Weltorientierung wendet sich auf die Prinzipien und den Sinn der in den Wissenschaften zur Erscheinung kommenden Erkenntnisvollzüge.

Eine zweite Voraussetzung des Verstandes ist, daß alles, was sei, auch gegenständlich und wißbar sei, daß Sein identisch sei mit Objektsein oder damit, als Objekt gedacht werden zu können. Diese Verabsolutierung des Verstandes wird durch den Gedanken in Frage gestellt, daß das Sein als Objektsein nicht aus sich besteht, sondern als solches Sein für ein erkennendes Subjekt ist, wie es diesem erscheint. Wenn das in der Weltorientierung sich zeigende Sein die Tendenz hat, sich uns als das Sein schlechthin aufzudrängen, so macht philosophische Weltorientierung bewußt, daß alles Sein der weltorientierenden Wissenschaften als ein jeweils bestimmtes und darum besonderes gar nicht das Sein schlechthin ist; sie dringt im Wissen dieser Seinsweisen von einer zur anderen und über alle hinaus. Das objektive Sein der Weltorientierung ist in keiner Gestalt für sich selbst zu isolieren. Philosophisch fasse ich erst Fuß in ihm, wenn ich ursprünglich weiß, daß ich es durchbrechen muß.

Die dritte Voraussetzung des Verstandes ist, das Mächtige und eigentlich Seiende sei das in der Zeit Dauernde: die Materie, in die alles Leben zurücksinkt; danach das biologische Leben, von dem das Seelische und Geistige abhängig bleibt; danach die Menschenmassen und der Mensch in seinem Durchschnitt sowie die materiell bedingten soziologischen Prozesse (die den Ideen des Geistes höchstens zufällig und vorübergehend Raum lassen oder sie benutzen). Der Verstand legt Wert und Akzent dorthin, wo Erfolg durch sichtbare kausale Wirkung ist. Das der Existenz als das Beste Geltende ist ihm das Ohnmächtigste. Die Stille der existentiellen Kommunikation ist dem Weltwissen nicht zugänglich als nur im Äußerlichgewordensein. Die Nichtobjektivität der Macht der Ideen, ja ihre völlige Machtlosigkeit für den redlichen Blick empirischen Wissens, ist gerade Kennzeichen, daß es sich hier um Sein als Freiheit, nicht um Sein als Bestand handelt. Was Sache der Freiheit ist, ist unmöglich in ein Wissen um Verlauf und Geschehen zu verwandeln.

Alle diese Voraussetzungen sind für das Wissen in empirischer Weltorientierung in der Tat richtig. Wäre die Welt als wißbares Objektsein alles, so sprächen sie letzte Wahrheiten aus; dann wäre Welt als Ansichsein, Sein identisch mit objektiv gültigem Gewußtsein, darin das zeitlich Dauernde das eigentlich Seiende. Erst das Durchbrechen der Weltgeschlossenheit in der philosophischen Weltorientierung macht in der Rückkehr zu mir selbst möglich, daß ich offen werde für Transzendenz[17]."

So weit über die Unterscheidung von empirischer und philosophischer Weltorientierung. Aus diesen Ausführungen Jaspers geht also eindeutig hervor, daß die philosophische Weltorientierung ohne die wissenschaftliche nicht möglich ist. Andererseits aber ist die wissenschaftliche Erkenntnis ohne Philosophie ratlos[18]. Für Jaspers sind die Wissenschaften Werkzeuge der Philosophie.

---

[17] Karl Jaspers, Philosophie I. Philosophische Weltorientierung. 4. Aufl., Berlin/Heidelberg/New York 1973, S. 29 ff.

[18] Derselbe, Existenzphilosophie, 2. Aufl., Berlin 1956, S. 8.

b) Existenzerhellung

Das große philosophische Werk Jaspers' gliedert sich in Weltorientierung, Existenzerhellung und Metaphysik. Das Unterfangen der Philosophie ist, wie bereits dargelegt, ein Transzendieren. Dies schreitet von der wissenschaftlichen fort zur philosophischen Weltorientierung, führt zur Existenzerhellung und mündet in der Metaphysik. Bevor der Begriff „Existenzerhellung" veranschaulicht werden kann, müssen wir uns Klarheit darüber verschaffen, was Jaspers unter „Existenz" versteht. Eine eigentliche Definition des Begriffs „Existenz" findet sich nirgends in den Schriften Jaspers'. Was in mythischer Sprache „Seele" bedeutet, heißt in philosophischer Sprache „Existenz"[19]. Bei dieser handelt es sich um ein Sein, das dem gesamten Weltsein gegenübersteht. Sie ist das eigentliche Selbstsein des Menschen, das sich durch unbedingte und freie Willensentscheidung verwirklichen soll. Das Unbedingtheitsmoment wird von Jaspers in den Vordergrund seiner existenzphilosophischen Betrachtungen gestellt. Die Existenz gewinnt nach ihm nur in bezug auf Transzendenz (d. h. die Gottheit) an Sinn. Neben dem Unbedingtheitsmoment wird das Möglichkeitsmoment besonders betont. Das existenzielle Sein des Menschen ist nicht mit seinem faktischen Dasein schon gegeben. Mit anderen Worten, das Dasein als solches ist nicht Existenz. Der Mensch ist im Dasein mögliche Existenz[20].

Was bedeutet nun die Existenzerhellung? Handelt es sich bei der Existenz um einen wirklich vollzogenen Durchbruch des Weltseins, so ist die Existenzerhellung nichts anderes als die denkende Vergewisserung dieses Durchbruchs[21]. „Existenzerhellung im weitesten Sinne", so schreibt Jaspers, „kann alles Philosophieren heißen; sie ist in der philosophischen Weltorientierung und der Metaphysik nicht weniger als in dem im besonderen Existenzerhellung genannten Denken. Auf das All mich richtend, verliere ich mich in seiner Ungeschlossenheit und werde auf mich zurückgeworfen; in diesem Rückwurf fällt der Akzent nicht auf das Dasein, in das ich vom All hinabglitte, sondern auf mich selbst in meiner Freiheit. Habe ich in der Metaphysik die Erfahrung gemacht, daß keine ihrer Objektivitäten gültig für jedermann ist, trifft wieder der Rückstoß mich selbst, so daß sich im Selbstsein mein Sein zur Transzendenz erhellt.

---

[19] Derselbe, Philosophie II. Existenzerhellung. 4. Aufl., Berlin/Heidelberg/New York 1973, S. 1.

[20] Ebenda, S. 2.

[21] Ebenda, S. 8.

Ist daher kein Philosophieren, das nicht auf seinem Wege Existenz erhellt, so ist doch von Existenzerhellung in einem besonderen Sinne zu reden: als von dem Sprechen in den signa des Ursprungs und der Möglichkeiten meiner selbst, um fühlbar zu machen das Unbedingte gegen das Relative, die Freiheit gegen das bloß Allgemeine, die Unendlichkeit möglicher Existenz gegen die Endlichkeit des Daseins. Aber die so im Denken sich hervortreibende Gegenständlichkeit muß wieder mich von sich auf mich selbst zurückwerfen. Dieser Abstoß aber hat einen anderen Charakter als der vom All und von der Transzendenz: verhält sich dort Existenz zu einem Anderen, so hier zu der gedachten Möglichkeit ihrer selbst. Es ist der Rückstoß existenzerhellenden Denkens von sich; Existenzerhellung ist daher hier im Kreisen um sich selbst.

Existenzerhellendes Denken, unfähig zur Seinserkenntnis, bringt vielmehr Seinsgewißheit hervor, wenn es das aktive Denken im Leben selbst ist; es ermöglicht die Seinsgewißheit, wenn es in philosophischer Sprache appellierend sich mitteilt. Es wagt rückhaltlos die in der philosophischen Weltorientierung gewonnene Schwebe. Mit der Klarheit aber, welche im ganzen erreichbaren Umfang des Philosophierens die Freiheit der Existenz durchdringt, offenbart sich nur um so entschiedener ihre Transzendenz. Jeder ihrer Wege führt in die Metaphysik.

Solange der Mensch sich über sein Dasein zu erheben vermag, wird daher das Philosophieren zum Aufschwung in der Metaphysik drängen. Sie ist dem Existierenden die Erhellung, in der — aus der Welt in Kommunikation unter Existenzen — Transzendenz anspricht. Hier ist, worauf es dem Menschen eigentlich ankommt. Hier kann er sich am tiefsten betrügen, hier auch als Denkender die tiefste Gewißheit seiner selbst finden[22]."

c) Metaphysik

Das dritte philosophische Werk Jaspers' beschäftigt sich ausführlich mit dem Problem der Metaphysik. Wie bereits dargelegt, wird die Existenz des Menschen nach Jaspers nur in bezug auf Transzendenz sinnvoll. Das Dasein als solches ist nicht Existenz. Es hat keinen Grund und ist zerrissen. Das wahre Sein, das absolut ungegenständlich ist, ist Transzendenz. Die Transzendenz erscheint aber als metaphysische Gegenständlichkeit in Mythologie, Theologie und Philosophie[23]. Diese sind vor allem bemüht, das Sein der Transzendenz objektiv durch überlie-

---

[22] Derselbe, Philosophie I, S. 32 f.

[23] Derselbe, Philosophie III. Metaphysik. 4. Aufl., Berlin/Heidelberg/New York 1973, S. 25 f.

ferte Sprache zur Darstellung zu bringen. Die Metaphysik, welche von der Transzendenz handelt, beschäftigt sich hauptsächlich mit Symbolen und Chiffren. Das metaphysische Denken ist nach Jaspers durch folgende Gesichtspunkte gekennzeichnet:

„In Grenzsituationen unbedingt handelnd, erfährt Existenz ihre Orientierung in den Chiffren der Transzendenz, welche als absolute Gegenständlichkeit ihr Bewußtsein erfüllen, wie Gegenstände in der Welt das Bewußtsein überhaupt.

Geht man aber in der Metaphysik direkt auf absolute Gegenständlichkeit zu als Chiffre der Transzendenz, so kann man sie nicht fassen. Es ist Berührung mit ihren existentiellen Wurzeln zu suchen. Erst durch Erhellung der eigenen Grenzsituationen und der eigenen Unbedingtheit des Handelns geschieht diese Berührung, für welche die Gegenständlichkeit der Symbole Geltung erhält, weil ihr Gehalt fühlbar wurde. Die systematische Analyse der absoluten Gegenständlichkeit, ihre Aneignung und — soweit sie nicht bloß als Anschauung und Geschichte, sondern als gedachter Begriff ist — ihre Schöpfung ist die philosophische Metaphysik.

Auf Fragen, die nicht vom Bewußtsein überhaupt, sondern von möglicher Existenz in den Grenzsituationen gestellt werden, finde ich in der Welt keine Antwort, die als ein allgemeines Wissen für alle gültig wäre. Aber Existenz hört, wenn sie geschichtlich sich selbst versteht im Blick auf das Sein, Antwort: in Bildern und Begriffen, die als jeweils endlicher Gegenstand Symbol sind, ergibt sie sich der Tiefe transzendenten Grundes. Zum Bewußtsein in befragter Gegenständlichkeit gebracht wird das Symbol Chiffre: Handschrift eines Anderen, welche, allgemein unlesbar, existentiell entziffert wird. Sofern der Gegenstand festgehalten werden soll, als ob er selbst in seiner Objektivität die Transzendenz sei, erweist er sich ohne Bestand und zerfällt. Wo aber in ihm ein Absolutes für Existenz zur Erscheinung kommt, ist er auf unvergleichliche Art wirklich. Er bringt im Verschwinden seines Gegenstandseins das eigentliche Sein für Existenz zur Gegenwart.

Damit tritt eine Gegenständlichkeit auf, die in den Analysen der Seinsbegriffe nicht vorkam. Die ihr zugehörenden Gegenstände sind keine Wirklichkeiten in dem Sinne, daß sie mir irgendwo empirisch als Objekte gegeben werden könnten. Als diese sind sie vom Standpunkte realistischer Forschung des Daseins in der Welt vage Phantasien des Bewußtseins. Sie sind im Bewußtsein absolute Gegenstände für Existenz, sofern diese sich in ihnen durchsichtig und ihrer Transzendenz gewiß wird. Nicht der Verstand, sondern die Phantasie, aber nicht die beliebige des Bewußtseins, sondern sie als das Spiel des existentiellen Grundes, wird Organ, durch das Existenz sich des Seins vergewissert . . .

Aus der Geschichtlichkeit menschlicher Existenzen, wie sie objektiv geworden ist in der Überlieferung, begegnet uns eine unermeßliche Welt der metaphysischen Gegenstände, welche kein empirisches Dasein haben, das ihrem Sinn adäquat wäre. Sie sind entsprungen der im Gegenständlichen zur Transzendenz greifenden Existenz. Sie sind Sprache von einem anderen her, aber als so sprechende nicht die objektiven Gegenstände, als die sie auch für das Bewußtsein überhaupt ihren nichtigen Bestand haben, sondern etwas vertretend, das als es selbst nie gegenständlich werden kann. Darum sind die Symbole nicht Wirklichkeit, die man greifen kann, oder Gültigkeit, die man zwingend denken muß, sind sie Chiffren von Wirklichkeiten, die in ihrem Gedachtwerden sich offenbaren, als solche nur vernehmbar für Existenz, die sie liest als Sprache im Medium des Bewußtseins überhaupt[24]."

d) *Daseinsanalyse*

Wir haben uns bis jetzt mit drei wichtigsten Aspekten der Jaspersschen Existenzphilosophie, nämlich der philosophischen Weltorientierung, der Existenzerhellung und der Metaphysik befaßt. Des weiteren haben wir die Unterschiede zwischen Dasein und Existenz kennengelernt. Es wurde also klargestellt, daß das existentielle Sein des Menschen nicht mit seinem faktischen Dasein schon gegeben und folglich der Mensch im Dasein mögliche Existenz ist.

Der Begriff des Daseins wird von Jaspers zu Beginn seines philosophischen Werkes „Philosophie I: Philosophische Weltorientierung" mit dem des Bewußtseins in Verbindung gebracht. Alles Dasein ist nach Jaspers Bewußtsein[25]. Er unterscheidet zwischen Gegenstandsbewußtsein, Selbstbewußtsein und daseiendem Bewußtsein[26].

„Wenn Dasein Bewußtsein ist, so doch nicht nur in einem der bestimmten Bewußtseinsbegriffe oder ihrer Einheit. Ihnen gegenüber steht das Unbewußte. Dieses aber hat sein Sein für uns nur dadurch, daß es entweder als es selbst bewußt oder Gegenstand des Bewußtseins wird, also eine Erscheinung annimmt, die sein Sein für Bewußtsein als Gegenstand im Bewußtsein erst möglich macht.

Das Unbewußte denken wir in mehreren Bedeutungen, entsprechend den bestimmten Bewußtseinsbegriffen. Im Sinne des intentionalen Be-

---

[24] Derselbe, Philosophie I, S. 33 f.

[25] Ebenda, S. 9. [26] Ebenda, S. 7.

wußtseins (Gegenstandsbewußtsein) ist unbewußt das Ungegenständliche. Im Sinne des Selbstbewußtseins ist unbewußt, was als erlebt und gegenständlich gegenwärtig doch nicht ausdrücklich reflektierend als gewußt beurteilt wurde. Im Sinne des nur daseienden Bewußtseins ist unbewußt, was überhaupt in keinem Sinne innerlich erlebt da ist, das schlechthin Außerbewußte.

Daß alles Dasein Bewußtsein ist, heißt nicht, daß Bewußtsein alles ist, wohl aber, daß für uns nur ist, was ins Bewußtsein tritt, dem es erscheint. Das Unbewußte ist für uns so, wie es bewußt wird[27]."

Nachdem Jaspers die Begriffe Dasein, Bewußtsein und das Unbewußte präzise untersucht hat, beschäftigt er sich mit der Aufgabe der Daseinsanalyse als Bewußtseinsanalyse. „Was als Daseinsanalyse vor jeder partikularen Forschung in der Welt — faktisch aber erst nach vollzogener Forschung — gedacht wird, ist also entweder ein Schema für das Bewußtsein überhaupt, welches das Netzwerk der Seinsweisen und des Geltungsseins zeigt; oder es ist ein Grundriß der Daseinswirklichkeit des Bewußtseins, deren psychische Mächte als Libido, Angst, Sorge, Machtwille, Todesangst und Todestrieb bestimmt werden; oder es ist das geschichtliche Selbstverständnis eines Bewußtseins in seiner Gewordenheit[28]."

e) Kritik an der Psychoanalyse

Während für Jaspers alles Dasein Bewußtsein und das Unbewußte nichts anderes als eine psychische Qualität des Bewußtseins ist, geht Freud von der Grundannahme aus, daß das Unbewußte das eigentliche Seelenleben darstellt, das nicht direkt ins Bewußtsein treten kann. Das Wesen des Psychischen läßt sich nach Freud durch die Daten des Bewußtseins allein nicht erfassen. Durch das Postulat unbewußter Seelentätigkeit können, wie Freud ausdrücklich betont, nicht nur die pathologischen Vorgänge adäquater beschrieben, sondern auch die Phänomene der Hypnose und des Traumes vollständiger erklärt werden. Die Kritiker der Psychoanalyse gehen von der Überzeugung aus, daß die Einführung der Konzeption unbewußter seelischer Vorgänge in die Psychologie völlig überflüssig sei. Sie betrachten alle Äußerungen des Seelenlebens als Wahrnehmungsfunktionen des Bewußtseins. Das, was Freud z. B. als Verdrängung der Triebe und Zensur bezeichnet, ist nach Jaspers im Bewußtsein verständlich zu erfahren[29]. An Freuds Lehren übt Jaspers folgende Kritik:

---

[27] Ebenda, S. 9.
[28] Ebenda, S. 12.
[29] Derselbe, Allgemeine Psychopathologie, S. 451.

„1. Bei Freud handelt es sich tatsächlich um verstehende Psychologie, nicht um kausale Erklärung, wie Freud meint.

2. Freud lehrt in überzeugender Weise viele einzelne verständliche Zusammenhänge kennen. Wir verstehen, wie ins Unbemerkte verdrängte Komplexe sich in Symbolen wieder zeigen. Wir verstehen die Reaktionsbildungen auf verdrängte Triebe, die Unterscheidung der primären, echten von den sekundären, nur als Verkleidungen und Ersatz vorhandenen seelischen Vorgänge. Freud führt hier teilweise Lehren Nietzsches detailliert aus. Er dringt vor ins unbemerkte Seelenleben, das durch ihn zum Bewußtsein erhoben wird.

3. Auf der Verwechslung verständlicher Zusammenhänge mit kausalen Zusammenhängen beruht die Unrichtigkeit der Freudschen Forderung, daß alles im Seelenleben, daß jeder Vorgang verständlich (sinnvoll determiniert) sei. Nur die Forderung unbegrenzter Kausalität, nicht die Forderung unbegrenzter Verständlichkeit besteht zu Recht. Mit diesem Irrtum hängt ein anderer zusammen. Freud macht aus verständlichen Zusammenhängen Theorien über die Ursachen des gesamten seelischen Ablaufs, während Verstehen seinem Wesen nach nie zu Theorien führen kann, dagegen kausale Erklärungen immer zu Theorien führen müssen (die verstehende Deutung eines einzelnen seelischen Vorgangs — nur solche einzelne Deutung kann es geben — ist natürlich keine Theorie).

4. In zahlreichen Fällen handelt es sich bei Freud nicht um ein Verstehen und Ins-Bewußtsein-Heben unbemerkter Zusammenhänge, sondern um ein „als ob Verstehen“ außerbewußter Zusammenhänge. Wenn man bedenkt, daß der Psychiater akuten Psychosen gegenüber weiter nichts als Verworrenheit, Desorientierung, Leistungsdefekte oder sinnlose Wahnideen bei Orientierung konstatierte, so muß es als ein Fortschritt erscheinen, wenn es gelingt, durch „als ob verständliche“ Zusammenhänge in diesem Chaos vorläufig etwas zu charakterisieren und zu ordnen (z. B. die Wahninhalte der Dementia praecox). Ebenso war es früher ein Fortschritt, wenn die Art der Verteilung hysterischer Sensibilitäts- und Motilitätsstörungen aus dem verständlichen Zusammenhang mit den groben anatomischen Vorstellungen der Kranken charakterisiert wurde. Besonders die Untersuchungen Janets ergeben übrigens, daß es tatsächlich Abspaltungen seelischer Zusammenhänge bei der Hysterie gibt. Man hat es im selben Individuum in extremen Fällen mit zwei Seelen zu tun, die nichts voneinander wissen. In solchen tatsächlichen Spaltungen hat das „als ob Verstehen“ eine reale Bedeutung. Es ist nicht eine beweiskräftig zu beantwortende Frage, wieweit solche Abspaltungen vorkommen (Janetsche Fälle sind sehr selten), ob auch bei der Dementia

praecox eine Abspaltung tatsächlich existiert (wie z. B. Jung und Bleuler lehren). Man wird gut tun, hier sein endgültiges Urteil zu suspendieren. Die Freudschen Forscher sind jedenfalls in der schnellen Annahme von Abspaltungen sehr unvorsichtig und die „als ob verständlichen" Zusammenhänge, die z. B. Jung bei der Dementia praecox glaubte aufzudecken, sind zum großen Teil wenig überzeugend.

5. Ein Fehler der Freudschen Lehren besteht in der zunehmenden Simplizität seines Verstehens, die mit der Verwandlung der verständlichen Zusammenhänge in Theorie zusammenhängt. Theorien drängen zur Einfachheit, das Verstehen findet unendliche Mannigfaltigkeit. Freud glaubt nun, ungefähr alles Seelische auf Sexualität in einem weiten Sinne gleichsam als die einzige primäre Kraft verständlich zurückführen zu können. Besonders Schriften mancher seiner Schüler sind durch diese Simplizität unerträglich langweilig. Man weiß immer schon vorher, daß in jeder Arbeit dasselbe steht. Hier macht die verstehende Psychologie keine Fortschritte mehr[30]."

4. Sartres Existenzphilosophie

a) Die existentielle Psychoanalyse

Ähnlich wie Karl Jaspers wendet sich auch Jean-Paul Sartre gegen die Psychoanalyse Sigmund Freuds. In „Das Sein und das Nichts" legt Sartre die Grundlage zu einer existentiellen Psychologie, die der Freudschen entgegentritt. Sartre wirft der Psychoanalyse vor, daß sie die menschliche Persönlichkeit auf reduzierbare Tendenzen und Triebe zurückführt.

Sartres Kritik richtet sich vor allem auf die Begriffe „Libido" und „Machtwille": „Nichts hindert, a priori eine ‚menschliche Realität' zu konzipieren, die nicht im Willen zur Macht ihren Ausdruck findet, deren Libido nicht den ursprünglichen und undifferenzierten Entwurf konstituiert[31]." Nach Sartre stellt der Mensch nicht eine Anhäufung von Trieben dar, sondern eine Ganzheit. An der Quelle des Ich erkennt Sartre eine ursprüngliche Wahl, die nichts anderes ist als das Sein jeder menschlichen Wirklichkeit. Sartre faßt die Grundzüge seiner existentiellen Psychoanalyse folgendermaßen zusammen:

---

[30] Ebenda, S. 452 f.

[31] Jean-Paul Sartre, Das Sein und das Nichts. Versuch einer phänomenologischen Ontologie. (L'Etre et le Néant.) Übers. von Justus Streller. Hamburg 1962, S. 719.

„Aufgrund dieser Tatsache verstehen wir, daß die existentielle Psychoanalyse nicht von einem grundlegenden „Komplex", der eben die Seinswahl ist, bis zu einer Abstraktion, wie die Libido eine ist, zurückzugehen braucht, um durch diese Abstraktion den Komplex erklären zu lassen. Der Komplex ist äußerste Wahl, er ist Seinswahl und macht sich zu einer solchen. Jedesmal, wenn er ans Licht gezogen wird, erweist er sich als offensichtlich irreduzibel. Daraus folgt mit Notwendigkeit, daß die Libido und der Wille zur Macht für die existentielle Psychoanalyse weder als allgemeine und allen Menschen gemeinsame Merkmale noch als irreduzibel in Erscheinung treten werden. Höchstens könnte es vorkommen, daß man am Schluß einer Untersuchung festzustellen hat, sie drückten in ihrer Eigenschaft von besonderen Gesamtheiten bei gewissen Subjekten eine grundlegende Wahl aus, die indessen weder auf das eine noch auf das andere reduziert werden könnte. Denn wir haben gesehen, daß die Begierde und die Sexualität überhaupt eine grundlegende Anstrengung des Für-sich ausdrücken, sein von Anderen entfremdetes Sein wieder in Besitz zu bekommen. Der Wille zur Macht setzt, ursprünglich, auch das Sein für Andere voraus, das Verstehen des Anderen sowie die Wahl, sein Heil mit Hilfe des Anderen zu versuchen. Die Grundlage dieser Einstellung muß in einer Urwahl enthalten sein, die die radikale Gleichsetzung des An-und-für-sich mit dem Für-den-Anderen-Sein verständlich macht.

Die Tatsache, daß das letzte Glied dieser existentiellen Untersuchung eine Wahl sein muß, ist für die Psychoanalyse, deren Methode und hauptsächliche Charakterzüge wir skizzieren, besonders typisch: damit verzichtet sie darauf, eine mechanische Einwirkung der Umwelt auf das fragliche Subjekt anzunehmen. Die Umwelt kann auf das Subjekt nur in genau dem Maße einwirken, in dem dieses sie versteht, das heißt, in dem dieses sie in Situation verwandelt. Keine objektive Darstellung dieser Umwelt kann uns also etwas nützen. Von Anfang an verweist die als Situation verstandene Umwelt auf ein wählendes Für-sich, geradeso wie das Für-sich durch sein Sein in der Welt auf die Umwelt verweist. Indem wir auf alle mechanischen Verursachungen verzichten, verzichten wir zugleich auf allgemeingültige Deutungen des fraglichen Symbolismus. Da es nicht unser Ziel sein kann, empirische Gesetzmäßigkeiten von Aufeinanderfolge zu ermitteln, können wir keine allgemeine Symbolik schaffen. Sondern der Psychoanalytiker muß jedesmal eine Symbolik in Abhängigkeit von dem besonderen, von ihm betrachteten Fall neu erfinden. Wenn das Sein eine Ganzheit ist, so ist tatsächlich nicht zu verstehen, wieso elementare Symbolbeziehungen bestehen können (Kot =

Gold, Nadelkissen = Brust usw.), die auf alle Fälle eine konstante Bedeutung behalten, das heißt unbeeinträchtigt bleiben, wenn man von einem bedeutsamen Insgesamt zu einem anderen Insgesamt übergeht. Außerdem wird der Psychoanalytiker niemals den Umstand aus den Augen verlieren dürfen, daß die Wahl etwas Lebendiges ist und daß sie folglich von dem untersuchten Subjekt jederzeit widerrufen werden kann[32]."

Es darf jedoch nicht außer acht gelassen werden, daß Sartre in seinem großen philosophischen Werk „Das Sein und das Nichts" nicht nur die Unterschiede, sondern auch die Ähnlichkeiten seiner existentiellen und der Freudschen Psychoanalyse gezeigt hat. Nach Sartre gehen beide Psychoanalysen von einem bestimmten Grundsatz aus. Während die empirische Psychoanalyse Freuds bestrebt ist, den *Komplex* zu bestimmen, sucht die existentielle Psychoanalyse Sartres die *ursprüngliche Wahl* in den Vordergrund ihrer Untersuchungen zu stellen[33]. Die letztere faßt die „Ganzheit des Daseienden in einer prälogischen Synthese" zusammen[34]. Und die erstere ist vor allem darauf aus, durch das Studium des Lebenslaufs, der Briefe und Tagebücher sowie durch die Analyse der Träume, das Leben des Subjekts von der Geburt bis zum Beginn der Therapie zu rekonstruieren[35]. Beide Psychoanalysen sind bestrebt, das menschliche Sein als ein „fortwährendes Zugeschichtewerden" zu untersuchen und die Bedeutung und Richtung dieser Geschichte aufzuzeigen[36].

b) Das Unbewußte und das präreflexive cogito (Descartes, Sartre, Freud)

Die existentielle Psychoanalyse Sartres lehnt die Lehre von der Existenz eines unbewußten Seelenlebens ab. In seiner 1947 der Société Française de Philosophie vorgelegten Arbeit über das Thema „Conscience de soi et connaissance de soi" geht Sartre von der folgenden Überlegung aus:

„Es gibt ein ontologisches Gebiet. Ich glaube, daß es auf diesem Gebiet leicht ist, zu zeigen, daß es kein Unbewußtes gibt, aber gleichzeitig ist es zu leicht, denn das wird nichts gelten gegenüber der Erfahrung der Psychoanalytiker und der Mediziner; und wenn man wirklich durch Erfahrung unbewußte Tatsachen entdecken kann, müßte man sich fragen, ob der ontologische Beweis nicht voreilig gewesen ist.

[32] Ebenda, S. 719 f.
[33] Ebenda, S. 716 f.
[34] Ebenda, S. 717.
[35] Ebenda, S. 716.
[36] Ebenda.

Es gibt ebenso einen eigenen psychologischen Standpunkt, von dem aus man mit anderen Argumenten versuchen kann zu beweisen, daß es kein Unbewußtes gibt.

Da Sie sich auf das Gebiet des Instrumentalismus gestellt haben, möchte ich Ihnen sagen, daß ich das Unbewußte für nutzlos halte. Es gibt da eine Illusion der Psychoanalytiker. In allen Fällen, in denen man sich auf das Unbewußte beruft, könnte man sich auf andere Begriffe berufen; und selbst, wenn bestimmte dieser Begriffe nicht so umfassend wären, müßte man den Begriff des Unbewußten korrigieren und alle Schwierigkeiten sehen, die er nach sich zieht[37]."

Nachdem Sartre die Existenz des Unbewußten geleugnet hat, versucht er, diesen Begriff durch einen anderen zu ersetzen. Er stellt sich dann die Aufgabe den sog. Begriff „cogito" im Sinne Descartes' erneut zu untersuchen. Für Sartre ist cogito nur die Manifestation des Bewußtseins: „Wenn ich erkenne, bin ich mir bewußt, zu erkennen[38]." Vom kartesianischen cogito ausgehend, gelangt Sartre zu dem Begriff des „präreflexiven cogito". Mit dieser Konzeption will er den Irrtum vermeiden, der Erkenntnis ein „substantielles Sein" beizulegen[39]. Während Descartes die materielle Seite des cogito unterdrückt, ist Sartre bestrebt, die psychologische Seite zu unterdrücken[40]. Der letztere betrachtet das Bewußtsein als Seinsweise und ist nicht geneigt, ihm ein substantielles Sein zuzuschreiben. Er will die Unvollkommenheiten des cogito beseitigen, mit anderen Worten, es von den idealistischen und solipsistischen Elementen befreien.

„Wenn wir auf das präreflexive Sein des Bewußtseins zurückkommen, entdecken wir, daß das Bewußtsein Bewußtsein von etwas ist. Man kann hier zeigen, daß Husserl seinem Prinzip untreu gewesen ist und daß die phänomenologische Reduktion ihn zum Idealismus geführt hat. Wenn das Bewußtsein transzendent ist, bedeutet das, daß es auf ein Sein gerichtet (portée) entsteht, das nicht es (das Bewußtsein) ist[41]."

Laut Sartre impliziert also das Bewußtsein in seinem Sein kein unbewußtes und transphänomenales Sein. Wenn dies zutrifft, dann bedeutet es, daß die Freudsche Entdeckung des Unbewußten sinnlos wäre. Selbstverständlich können wir die Existenz des Unbewußten nicht direkt nach-

---

[37] Jean-Paul Sartre, Bewußtsein und Selbsterkenntnis. Die Seinsdimension des Subjekts. Übers. von M. Fleischer und H. Schöneberg. Reinbek bei Hamburg 1973, S. 73 f.

[38] Ebenda, S. 6.

[39] Ebenda.

[40] Ebenda, S. 70.

[41] Ebenda, S. 8 f.

weisen. Wir sind aber in der Lage, nur aus gewissen Äußerungen des Seelenlebens auf die Existenz eines solchen das Bewußtsein transzendierenden Bereiches zu schließen. Die psychischen Energien sind nicht unserer Wahrnehmung zugänglich. Was erkennbar ist, sind lediglich die verschiedenen Erscheinungsformen dieser Energien.

Das Wesen des Psychischen läßt sich nach Freud nicht allein durch das Bewußtsein erfassen. Vielmehr muß das Bewußtsein als eine Qualität des Psychischen betrachtet werden. Die Unterscheidung zwischen Bewußtem und Unbewußtem ist die Grundvoraussetzung der Psychoanalyse. Die pathologischen Vorgänge im Seelenleben können am besten durch diese Unterscheidung erklärt werden. Ganz abgesehen vom Pathologischen lassen sich die Phänomene des Traumes und der Hypnose ohne die Annahme des Unbewußten nicht beschreiben.

c) Die Absurdität des Seins
(Das Subjekt und die Kontingenz der Situation)

Es wurde oben dargestellt, daß Sartre den Begriff „cogito" erneut analysiert hat. Cogito ist für ihn nur eine Manifestation des Bewußtseins. Vom cartesianischen cogito ausgehend, gelangt er zu der Konzeption des präreflexiven cogito. Während die Selbstgewißheit des cogito für Descartes ein von der Vernunft beherrschtes Universum enthüllt, das nach sinnvollen Kausalgesetzen funktioniert, wird nun das cogito in der Existenzphilosophie Sartres in eine absurde Welt geworfen, in der es keinen Sinn findet[42].

Die Welt ist also für Sartre sinnlos und das Subjekt befindet sich in einem eisernen Zirkel von Enttäuschung und Mißerfolg[43]. Die Welt ist in ihrem Wesen gottlos und läßt keinen Raum für Metaphysik und Transzendenz[44]. Während die cartesianische Welt noch einem Schöpfer Raum gibt, der uns nicht betrügen kann, sucht die Sartresche Philosophie die Sinnlosigkeit der Welt zu beweisen und damit das Absurde zu rationalisieren.

Sartre übernimmt Heideggers Konzeption der „Geworfenheit des Menschen" in eine vorgegebene Situation. In diesem Zusammenhang macht Sartre Gebrauch vom Terminus „Kontingenz der Situation", um die Stellung des Menschen und die Bedingungen seiner wahren Freiheit erklären zu können. Mit seiner Philosophie, die sich auf die konkrete

[42] Vgl. dazu Herbert Marcuse, Kultur und Gesellschaft. Bd. 2, Frankfurt a. M. 1965, S. 49.

[43] Ebenda, S. 50.

[44] Ebenda.

menschliche Existenz gründet, will Sartre nicht nur die Struktur des Daseins in einer absurden Welt beschreiben, sondern auch die ethischen Postulate eines gnadenlosen Lebens aufstellen.

d) Für-sich-Sein und An-sich-Sein (Pour-soi und En-soi)

„Das Sein und das Nichts“ (L'Etre et le Néant) beschäftigt sich von Anfang an mit der Konzeption über radikal verschiedene Seinsweisen. Diese sind: „Für-sich-Sein“ und „An-sich-Sein“ (Pour-soi; En-soi). In der philosophischen Terminologie Sartres ist Für-sich-Sein identisch mit dem menschlichen Sein (Bewußtsein, cogito). Das An-sich-Sein wird dadurch gekennzeichnet, daß es ist, was es ist. In seinen metaphysischen Bemerkungen über An-sich und Für-sich schreibt Sartre folgende Sätze:

„Unsere Untersuchungen haben es uns ermöglicht, auf die erste Frage zu antworten: das Für-sich und das An-sich werden durch eine synthetische Verbindung geeint, die nichts anderes ist als das Für-sich selber. Das Für-sich ist nämlich nichts anderes, als die reine Nichtung des An-sich; es ist wie ein Seinsloch im Inneren des Seins. Man kennt jene nette Fiktion, mit deren Hilfe gewisse Popularwissenschaftler das Prinzip von der Erhaltung der Energie zu illustrieren pflegen: wenn es passierte, sagen sie, daß ein einziges der Atome, die das Universum bilden, vernichtet würde, so würde sich daraus eine Katastrophe ergeben, die sich über das ganze Universum ausdehnen und insbesondere das Ende der Erde und des Sonnensystems bedeuten würde. Dieses Bild kann unseren Zwecken dienen: das Für-sich erscheint als eine winzige Nichtung, die im Inneren des Seins ihren Anfang nimmt; und diese Nichtung genügt, damit dem An-sich ein vollständiger Umsturz widerfährt. Dieser Umsturz ist die Welt. Das Für-sich besitzt keine andere Realität, als die Nichtung des Seins zu sein. Ihre einzige Qualifikation erhält sie von dem Umstand, daß sie Nichtung eines individuellen und besonderen An-sich ist, und nicht eines Seins im allgemeinen. Das Für-sich ist nicht das Nichts überhaupt, sondern eine Privation eigener Art; es konstituiert sich als Privation dieses Seins-hier. Wir haben also keine Veranlassung, uns über die Art und Weise Gedanken zu machen, in der das Für-sich mit dem An-sich vereint werden kann, denn das Für-sich ist in keiner Weise eine selbständige Substanz. Sofern es Nichtung ist, wurde es zu etwas Gewesenem durch das An-sich; sofern es innere Verneinung ist, läßt sich vom An-sich verkünden, was es nicht ist und was es folglich zu sein hat[45].“

---

[45] Jean-Paul Sartre, Das Sein und das Nichts, S. 773 f.

Das Für-sich strebt ständig danach, An-sich zu werden. Aber diese Tendenz, die aus dem Für-sich ein An-sich machen will und umgekehrt, ist ewig zum Scheitern verurteilt. Dieses ontologische Scheitern formt und durchdringt nach Sartre das ganze Sein des Menschen.

5. Die empirisch-phänomenologische Daseinsanalyse von Ludwig Binswanger

a) Einleitung (Binswanger, Freud, Heidegger, Husserl)

Wir haben einige wesentliche Aspekte der existentiellen Psychoanalyse Sartres kennengelernt. Ein anderer Vertreter der modernen Existenzphilosophie, dem wir eine große Aufmerksamkeit schenken sollen, ist Ludwig Binswanger. Sein Buch „Grundformen und Erkenntnis menschlichen Daseins“ gehört zu den markantesten Publikationen der modernen Anthropologie und wird in der Geschichte dieser wissenschaftlichen Disziplin seine besondere Stellung behalten. Dieses Buch hat nicht nur eine große Bedeutung für Philosophie und Psychologie, sondern auch für Psychotherapie der Gegenwart.

Die empirisch-phänomenologische Daseinsanalyse Binswangers ist aus seiner Auseinandersetzung mit der Psychoanalyse Freuds einerseits und der Beschäftigung mit Heideggers Existenzialontologie andererseits entstanden. Auch die Phänomenologie Husserls ist von ausschlaggebender Bedeutung für die Entstehung dieser Daseinsanalytik gewesen. Sie wäre also ohne Überwindung des Freudschen Positivismus und ohne die Phänomenologie Husserls sowie die spätere Fundamentalontologie Heideggers nicht möglich geworden. Sie baut sich auf der spezifischen Existenzphilosophie Husserlscher und Heideggerscher Prägung, welche die apriorischen Strukturen des Daseins freilegt, auf und sucht einzelne faktisch vorkommende Daseinszustände und deren Abwandlungen in pathologischen Störungen zu erklären.

b) Kritik an dem naturalistisch-positivistischen Menschenbild (homo natura)

An dieser Stelle verweisen wir auf das Kapitel: „Versuch einer Darstellung der wissenschaftlichen Psychologie“, in welchem wir erklärt haben, daß Freuds Manuskript mit dem Titel „Entwurf einer Psychologie“ für das Verständnis seiner Hypothesen und Theorien von unschätzbarem Wert ist. Viele Gedanken, die er in diesem „Entwurf“ entwickelte, sind in seine späteren Schriften eingegangen und gehören teilweise zum festen Bestand seines psychoanalytischen Systems. In der Einleitung dieser Arbeit schreibt Freud, es sei sein Ziel, eine naturwissenschaftliche Psychologie zu entwickeln, nach der die psychischen Vorgänge als quantitative Prozesse innerhalb des Nervensystems beschrieben werden können. Hier darf aber nicht unberücksichtigt bleiben, daß sich Freud Jahre später von dem Versuch der unmittelbaren Gleichsetzung elektro-physiologischer und quantitativ meßbarer Vorgänge mit seelischen, innerhalb des Nervensystems, zurückgezogen hat.

Die Hypothesen, welche Freud im „Entwurf" entwickelt hat, stellen den gedanklichen Hintergrund dar, auf dem seine psychoanalytischen Erkenntnisse beruhen. In diesem Zusammenhang soll erwähnt werden, daß das naturwissenschaftlich-positivistische Menschenbild Freuds von Anfang an sein ganzes psychologisches Schaffen durchzogen hat.

In seiner Auseinandersetzung mit Freud wendet sich Binswanger gegen das naturalistisch-positivistische Menschenbild und erklärt, daß Freud in seiner Tiefenpsychologie den Begriff des „homo natura" entwickelte, der nicht alle Dimensionen des menschlichen Seins erfassen kann. Seiner Auffassung nach ist die genetisch orientierte Psychoanalyse Freuds also durch eine naturwissenschaftliche Methode der Reduktion gekennzeichnet, die der Ganzheit und Wirklichkeit des Menschen nicht gerecht zu werden vermag. Die wissenschaftliche Konzeption des „homo natura" wird von Binswanger folgendermaßen geschildert:

„Die Idee des homo natura können wir nach all dem nun dahin präzisieren, daß sie eine echt naturwissenschaftliche, biologisch-psychologische Idee ist, eine naturwissenschaftliche Konstruktion wie die biologisch-physiologische Idee des Organismus, die chemische Materie als Inbegriff der Elemente und ihrer Verbindungen, die physikalische des Lichts usw. Die Wirklichkeit des Phänomenalen, ihre Eigenart und Eigengeschichtlichkeit, wird verschlungen von den ‚angenommenen' Kräften, Strebungen und den sie beherrschenden Gesetzen[46]."

Um den Begriff „homo natura" näher spezifizieren zu können, wendet sich Binswanger an die Freudsche Konzeption des psychischen Apparates:

„Der Gesamtmechanismus des psychischen Apparates wird nun bekanntlich aus der Tiefe, dem Es, in Bewegung gesetzt durch die psychi-

[46] Ludwig Binswanger, Ausgewählte Vorträge und Aufsätze. Bd. I, Bern 1947, S. 166. Hier zitiert nach Dieter Wyss, Die tiefenpsychologischen Schulen von den Anfängen bis zur Gegenwart, S. 283.

sche Repräsentanz der Triebhaftigkeit überhaupt, den Wunsch. Das Wünschen ist die einzige Bedeutungsrichtung, in die der Freudsche homo natura eingespannt ist. Aber schon das ist eine nur aus der allgemeinen Destruktion des Menschseins, auch des primitiven, erklärliche Konstruktion; denn der wirkliche Mensch, erst recht der primitive, strebt ja nie nach Lust überhaupt, sondern nach einem bestimmten Etwas, dessen Besitz oder Erlebnis ihm Lust gewährt. Damit stehen wir aber schon inmitten des Reiches der Bedeutung und ihrer einzelnen Aufsplitterungen, der einzelnen Bedeutsamkeiten. Nur ein Wesen, das nur wünschen kann, vermögen wir uns eingespannt zu denken zwischen Trieb und Illusion. Und umgekehrt, nur wenn wir ein solches Wesen konstruieren, können wir Urweisen menschlicher Existenz, wie die religiöse, sittliche oder künstlerische, für Illusionen erklären oder auf das Bedürfnis nach Illusionen zurückführen. Das Wünschen ist nicht konstitutiv für den Menschen überhaupt, wohl aber für den, dem homo natura eingebauten, psychischen Apparat! Was diesen und seine einzelnen Arbeitsweisen zutiefst in Bewegung setzt, das ist ein Wunsch. Das hat Freud mit geradezu erstaunlicher Konsequenz in seiner Lehre durchgeführt, am eindringlichsten auf dem Gebiete des Mechanismus der Traumarbeit[47]."

Aus diesen Ausführungen Binswangers geht eindeutig hervor, daß das naturalistisch-positivistische Menschenbild Freuds keineswegs alle Aspekte des menschlichen Daseins erfassen kann.

c) *Die apriorische und transzendentale Struktur des Daseins*

Wenn Binswanger der Auffassung ist, daß die Idee des „homo natura" im Sinne einer wissenschaftlichen Konstruktion der Ganzheit und Wirklichkeit des Menschen nicht gerecht werden kann, so besagt dies jedoch nicht, daß er der Tiefenpsychologie Freuds keine Bedeutung beimißt. Binswanger geht es nicht um totale Verwerfung der Psychoanalyse Freuds, sondern um Überwindung seines Positivismus. Trotz der Ablehnung des positivistischen Menschenbildes ist Binswanger ein Verehrer, ja sogar Verteidiger Freuds geblieben. In seiner empirisch-phänomenologischen Daseinsanalyse ist Binswanger bestrebt, eine Verbindung zwischen psychoanalytischen, anthropologischen und philosophisch-phänomenologischen Erkenntnissen und Theorien herzustellen.

Die modifizierte Tiefenpsychologie Freuds und die Existenzialontologie Heideggers sowie die Phänomenologie Husserls sind, wie bereits dargestellt, die Grundlagen der Daseinsanalytik Binswangers. Binswanger

[47] Ebenda.

bezieht sich vor allem auf die Bedeutung der philosophisch-phänomenologischen Betrachtungsweise im Sinne Heideggers, welche die apriorischen und transzendentalen Strukturen des menschlichen Daseins als „In-der-Welt-sein" freilegt. Dem Heideggerschen Konzept des In-der-Welt-seins fügt Binswanger sein neues des „Über-die-Welt-hinaus-seins" hinzu[48]. „Im In-der-Welt-sein als Besorgen finden wir keine Momente des Daseins, also keine Existenzialien, von der Art der Imagination oder der Begnadung im Sinne der Liebe, finden wir kein Du und kein Wir, keine ‚absolute' Sicherheit und sehr vieles andere nicht, das wir als Über-die-Welt-hinaus-sein (oder auch als Überschwang der Liebe) bezeichnen. Dabei darf aber keinesfalls übersehen werden, daß das Über-die-Welt-hinaus-sein nicht ohne In-der-Welt-sein (der Überschwung nicht ohne den transzendentalen Überstieg) denkbar ist, weswegen wir auch immer vom In-der-Welt-über-die-Welt-hinaus-sein sprechen, damit anzeigend, daß Welt hier, wie bei Heidegger, durchaus nicht gegenständlich aufgefaßt werden darf, etwa als Diesseits, und damit Über-die-Welt-hinaus-sein auch nicht im Sinne irgend einer Jenseitigkeit[49]."

Während Heidegger in seiner Fundamentalontologie die düsteren, durch Sorge und Angst charakterisierten Daseinsperspektiven in den Mittelpunkt seiner Untersuchungen stellt, ist Binswanger bestrebt, anhand seiner empirisch-phänomenologischen Existenzanalyse, die Aspekte und Momente eines durch Liebe und Harmonie gekennzeichneten Daseins als des Über-die-Welt-hinaus-seins zu erhellen.

6. Die Daseinsanalytik von Medard Boss

a) Kritik an der bio-deterministischen Persönlichkeitstheorie Freuds

Es wurde bereits dargelegt, daß sich Binswanger, trotz seiner Verwerfung der naturalistisch-positivistischen Denkweise Freuds, um die Synthese von psychoanalytischen, anthropologischen und philosophisch-phänomenologischen Theorien bemüht hat. Wie Binswanger akzeptiert auch der bekannte Schweizer Psychoanalytiker, Medard Boss, die Bedeutung der Freudschen Entdeckungen für die moderne Psychotherapie, lehnt aber dessen naturwissenschaftlichen Determinismus entschieden ab.

Um die Kritik Boss' an der bio-deterministischen Persönlichkeitstheorie Freuds besser zu verstehen, müssen wir uns an einige Begriffe erinnern,

[48] Vgl. hierzu Ludwig Binswanger, Grundformen und Erkenntnis menschlichen Daseins. 5. Aufl., München/Basel 1973, S. 14 f.

[49] Ebenda.

die in der Psychoanalyse eine wichtige Rolle spielen. Diese Begriffe sind: Unbewußt, Vorbewußt, Bewußt, Es, Ich und Über-Ich. Die Unterscheidung zwischen Bewußtem und Unbewußtem ist die Grundvoraussetzung der Psychoanalyse. In den frühen Stadien der psychoanalytischen Theorienbildung werden das Unbewußte und das Bewußte von Freud als Systeme von überragender Bedeutung bewertet. In seiner grundlegenden Arbeit „Das Ich und das Es", das als Vollendung seiner Ichpsychologie angesehen werden muß, sucht Freud die drei Termini Bewußt, Vorbewußt und Unbewußt, mit denen er bis 1923 die Struktur der Psyche beschrieben hatte, einer Kritik zu unterziehen. Diese Konzepte werden zu der Zeit der Niederschrift des oben erwähnten Werkes (1923) den strukturellen Begriffen Es, Ich und Über-Ich untergeordnet. Mit anderen Worten ausgedrückt, wird die frühere topographische Einteilung der Person in Unbewußtes, Vorbewußtes und Bewußtes zugunsten der strukturellen Gliederung aufgegeben. Die sog. Strukturhypothese faßt die psychischen Prozesse und Inhalte, die funktional aufeinander bezogen sind, zusammen und teilt aufgrund funktionaler Unterschiede verschiedene Gruppen ein.

Nach Boss' Auffassung hat Freud mit seinem abstrakten Persönlichkeitsmodell die unmittelbare Erlebniswirklichkeit zu einer Theorie reduziert, welche das psychische Leben als die Funktion eines Apparates zu begreifen sucht. In seiner Kritik an der bio-deterministischen Persönlichkeitstheorie Freuds wendet sich Boss vor allem gegen die Begriffe des Unbewußten und des psychischen Apparates:

„Die erste der beiden besteht nach Freuds eigenen Worten in der Annahme, ‚daß das Seelenleben die Funktion eines Apparates ist, dem wir räumliche Ausdehnung und Zusammensetzung aus mehreren Stücken zuschreiben, den wir uns also ähnlich vorstellen wie ein Fernrohr, ein Mikroskop und dergleichen'. Seine zweite, grundlegende Annahme leitete Freud von der vermeintlichen Feststellung einer ‚Lückenhaftigkeit in der Reihe der Bewußtseinsakte' ab. Er schloß aus dieser ‚Lückenhaftigkeit': ‚das Psychische an sich ist unbewußt'. In Wirklichkeit sind jedoch sowohl das Urteil einer ‚Lückenhaftigkeit' in der Reihe der Bewußtseinsakte, wie die daraus erschlossene Unbewußtheit des ‚Psychischen an sich' lediglich gedankliche Folgerungen aufgrund eines unbedacht übernommenen naturwissenschaftlichen Glaubenssatzes. Sie beruhen ganz und gar auf dem vorwissenschaftlichen, die damalige Naturwissenschaft fundierenden Vorurteil, es gebe Wirkliches immer nur in Gestalt geschlossener, lückenloser Kausalzusammenhänge zwischen vorhandenen Gegenständen. Nur aufgrund dieser philosophischen Vormeinung konnte dem Theoretiker Freud das wissentliche Seelenleben erstens überhaupt ‚lückenhaft', zweitens demzufolge nicht eigentlich wirklich und eines ihm zugrunde liegenden realen, die verlangten lückenlosen Kausalzusammenhänge aufweisenden Substrates bedürftig erscheinen. Als eine derartige ‚wirkliche' Basis eignet sich allerdings nichts besser als die Annahme einer eigenen ‚topischen' Seelenschicht des ‚Unbewußten'. Da ein ‚Unbewußtes' als Unbewußtes per definitionem unkontrollierbar ist, ließen sich in dieses ohne Gefahr alle jene lückenlosen Kausalzusammenhänge hineindenken, die in der unmittelbar gegebenen Wirklichkeit nicht wahrzunehmen sind, die man jedoch für unerläßlich hielt, um ‚der Psyche' eine eigene Realität zusprechen zu dürfen. Zudem erwies sich die Annahme eines ‚Unbewußten' auch deshalb vonnöten, weil man nur mit seiner Hilfe die ‚Richtigkeit' all der mannigfaltigen theoretischen Vorstellungen über das dynamische und ökonomische Funktionieren der fernröhrenartigen Psyche ‚beweisen' konnte. Denn als welch höchst mysteriöse Ereignisse würden sich ohne die gedankliche Hilfskonstruktion eines Unbewußten selbst die geläufigsten und zentralsten Vorstellungen der psychoanalytischen Theorie entpuppen! Wie soll zum Beispiel ohne Zuflucht zu einem ‚Unbewußten' eine ‚psychische Projektion' auch nur vorstellbar sein? Wie soll, mit anderen Worten, je ohne Kunstgriff ein psychisches Ding eines subjektiven seelischen Innen- und Eigenraumes, eine eigene feindselige Absicht etwa, aus einer Psyche herausgeworfen werden, sich dann an Dinge oder Mitmenschen anheften und so mit ihnen verschmelzen können, daß schließlich Bestandteile der eigenen Psyche nur noch als äußere Wirklichkeiten wahrgenommen werden? Auch mit dem Begriff der ‚Übertragung' wies zwar Freud wohl auf ein entscheidendes Phänomen aller ärztlichen Behandlung hin. Doch die Interpretation, die er ihm bereits mit dieser Benennung gab, hat im Grunde zur Voraussetzung, daß es so etwas wie Gefühle an sich, losgelöst von den gefühlten Dingen oder wahrgenommenen Mitmenschen, gebe. Denn nur unter der Annahme derart dinghaft isolierter, eigenständig vorhandener Gefühle kann man sich denken, daß sich zum Beispiel ein Haß von einem Vater ablösen und im Verlaufe einer Psychoanalyse auf den Analytiker übertragen lasse. Daß aber solche für sich bestehende Gefühle in Wirklichkeit nie wahrzunehmen sind, hatte schon Brentano im Jahre 1874 nachgewiesen. Darum mußte Freud, wie mit der ‚Projektion', so auch mit seinen losgelösten, frei verschiebbaren Affekten und ihren ‚Übertragungsvorgängen' in das Reich seines gedanklich supponierten, unüberprüfbaren ‚Unbewußten' fliehen. Jede Theorie hat indessen derartige Ausflüchte mit einem schwerwiegenden Verlust an Wirklichkeitsgehalt zu bezahlen. Freud selbst blieb allerdings sein Leben lang der Überzeugung, die Hypothese des Unbewußten durch den unbestreitbaren Tatbestand als Wirklichkeit ausgewiesen zu haben, daß Menschen sehr viel in ihrem Leben ohne ihr eigenes Wissen tun, daß sie insbesondere ihre zahllosen Fehlhandlungen des Alltagslebens unwissentlich begehen. Mag aber noch so viel Menschliches unwissentlich geschehen, das aus solch konkreten unwissentlichen Verhaltensweisen gedanklich erschlossene Vorhandensein eines besonderen Dinges, eines eigenen ‚Reiches' oder einer ‚Seelenschicht des Unbewußten' hat mit der Wirklichkeit selbst nichts mehr zu tun, sondern ist und bleibt eine reine Abstraktion[50]."

b) Die Integration von psychoanalytischer Praxis und daseinsanalytischem Menschenverständnis (Freud, Heidegger)

Nachdem Boss das abstrakte Menschenbild der psychoanalytischen Theorien kritisiert hat, stellt er sich die Aufgabe, eine Verbindung zwischen psychoanalytischer Praxis und daseinsanalytischem Menschenverständnis herzustellen. Wie schon angedeutet, hat Boss die Bedeutung der Freudschen Entdeckungen für die moderne Psychotherapie erkannt. Seiner Auffassung nach wird die Tiefenpsychologie Freuds insgeheim vom daseinsanalytischen Menschenverständnis getragen. „. . . je eingehender wir uns in den eigentlichen Sinngehalt von Freuds Aussagen über seine faktischen Wahrnehmungen und über seine therapeutischen Maßnahmen vertiefen, um so deutlicher sehen wir seine ganze psychoanalytische Praxis unmittelbar, wenn auch insgeheim nur, auf eben jenen Einsichten in das Menschenwesen ruhen, die Heideggers Daseinsanalytik zwei Jahrzehnte später freizulegen und offen zu sagen wußte[51]."

Ein gründliches Studium der Schriften Freuds und Heideggers zeigt, wie Boss ausdrücklich betont, „daß für beide die Sprache der eigentliche Wohnort dieses Helligkeitsbereiches des Seins, des Menschen nämlich, ist. Weil nur in ihr das Anwesen, das Vorliegen der Dinge festgemacht ist, nennt Heidegger die Sprache das Haus des Seins und entläßt Freud seine Analysanden nicht eher, als bis sie alles, was ihnen an bislang verdeckten Verhaltensmöglichkeiten in ihren Einfällen begegnete, rückhaltlos ‚ausgesprochen', des ausführlichsten in Worte gefaßt und damit unwiderruflich sich angeeignet haben"[52].

[50] Medard Boss, Psychoanalyse und Daseinsanalytik. Bern/Stuttgart 1957, S. 21 ff.

[51] Ebenda, S. 77.

[52] Ebenda, S. 84.

Sowohl Freud als auch Heidegger sind in ihren psychologischen und anthropologischen Untersuchungen bestrebt, das unmittelbare Wesen der tatsächlichen Verhaltensweisen konkreter Menschen in konkreten Situationen zu erfassen[53]. Beide machen von den Grundworten wie Wahrheit, Freiheit, Helligkeit, Offenheit, Verstehen usw. Gebrauch, um das Menschenwesen charakterisieren zu können[54]. Die Fundamentalontologie Heideggers bildet nach Boss die Grundlage des daseinsanalytischen Menschenverständnisses. Die ontologischen Apriori-Strukturen oder Existenzialien im Sinne Heideggers und die ontischen Gegebenheiten der Psychologie dürfen nicht, wie Boss sagt, zwei verschiedenen Etagen zugeordnet werden[55].

7. Die Existenzanalyse und Logotherapie (Viktor E. Frankl)

a) Existenzanalyse als anthropologische Explikation personaler Existenz

Während Boss in seiner Kritik an dem bio-deterministischen Persönlichkeitsmodell Freuds sich gegen den Begriff des Unbewußten wendet und ihn als eine irreführende und überflüssige Hypostase betrachtet, geht Frankl in seiner Existenzanalyse und Logotherapie vom Postulat unbewußter Seelentätigkeit aus und sucht, zwischen jenem triebhaft Unbewußten im Sinne der Psychoanalyse und dem geistig Unbewußten zu unterscheiden.

Nach der Existenzanalyse Frankls gibt es also nicht nur unbewußte Triebhaftigkeit, sondern auch unbewußte Geistigkeit. Im Gegensatz zur Psychoanalyse als einer Analyse auf Triebhaftigkeit hin ist die Existenzanalyse auf eine Analyse der Sinnhaftigkeit ausgerichtet. „Sieht die Psychoanalyse das menschliche Dasein als beherrscht an von einem Willen zur Lust, und die Individualpsychologie als bestimmt vom ‚Willen zur Macht', so die Existenzanalyse als durchwaltet von einem Willen zum Sinn. Sie kennt nicht nur einen ‚Kampf ums Dasein' und, darüber hinaus, allenfalls auch noch ‚gegenseitige Hilfe' . . ., sondern auch das Ringen um den Sinn des Daseins — und gegenseitigen Beistand in diesem Ringen[56]."

[53] Ebenda, S. 76. [54] Ebenda, S. 75. [55] Ebenda, S. 76.

[56] Viktor E. Frankl, Der Wille zum Sinn. Ausgewählte Vorträge über Logotherapie. Mit einem Beitrag von Elisabeth S. Lukas. Bern/Stuttgart/Wien 1972, S. 114.

Es ist die Aufgabe der Existenzanalyse als anthropologischer Explikation personaler Existenz, „das unbewußte, implizite Menschenbild der Psychotherapie bewußt zu machen, zu explizieren, zu entfalten, zu entwickeln . . ."[57]. Jede Psychotherapie beruht nach Frankls Ansicht auf anthropologischen Prämissen und Implikationen. Mit anderen Worten ausgedrückt, liegt jeder Psychotherapie immer schon eine anthropologische Konzeption zugrunde. Es ist das besondere Verdienst Frankls, nachgewiesen zu haben, daß keine Psychotherapie ohne Weltanschauung und Menschenbild möglich ist.

b) Existenzanalyse als Therapie kollektiver Neurosen

Das Hauptanliegen der Existenzanalyse als anthropologischer Explikation personaler Existenz ist, wie bereits geschildert, das unbewußte Menschenbild der Psychotherapie bewußt zu machen. In Anlehnung an Paul Schilder konzediert auch Frankl, daß die Psychoanalyse sowohl eine Philosophie als auch eine Psychologie sei[58]. Ihnen zufolge, sind sich die Psychotherapeuten ihrer Weltanschauung, die hinter deren Psychotherapie steht, nicht bewußt. „Eine Psychotherapie, die sich für wertfrei hält, ist in Wirklichkeit bloß wertblind[59]."

Die anthropologische Konzeption, welche der Tiefenpsychologie Freuds zugrunde liegt, will das menschliche Dasein als beherrscht von einem Willen zur Lust beschreiben. „In Wirklichkeit ist der Mensch aber nicht ein von Triebhaftem getriebener, sondern er wird von Werthaftem gezogen. Nur eine Vergewaltigung der Sprache läßt es zu, daß im Zusammenhang mit Werten von einem Getrieben-sein oder einem Gedrängtwerden gesprochen wird. Die Werte ziehen mich an, aber sie treiben mich nicht an. Für die Verwirklichung von Werten entscheide ich mich in Freiheit und Verantwortlichkeit, zur Verwirklichung von Werten entschließe ich mich, der Welt der Werte entschließe ich mich; aber bei alledem kann nicht von Triebhaftigkeit die Rede sein. Gewiß hat nicht nur das Seelische, sondern auch das Geistige seine Dynamik; die Dynamik des Geistigen wird aber nicht von Triebhaftigkeit, sondern von Wert-

[57] Derselbe, Grundriß der Existenzanalyse und Logotherapie. In: Grundzüge der Neurosenlehre, Bd. 2. Von: Gustav Bally, Walter Bräutigam, Paul Christian, Viktor E. Frankl, Victor E. Freiherr von Gebsattel, Hans Giese, Gustav R. Heyer, Johannes Hirschmann, Ernst Kretschmer, Paul Matussek, J. L. Moreno, Hemmo Müller-Suur, J. H. Schultz, Werner Schwidder, Wolfgang von Siebenthal, Berthold Stokvis, Ambros Uchtenhagen, Eckart Wiesenhütter. München/Berlin/Wien 1972, S. 657.

[58] Ebenda, S. 656.

[59] Ebenda.

strebigkeit fundiert. In diese geistige Wertstrebigkeit geht die seelische Triebhaftigkeit, gehen die Triebe ein als ‚speisende' Energie[60]."

Der Wille zur Lust, den wir als Lustprinzip auffassen können, steht, wie Frankl deutlich nachgewiesen hat, im Mittelpunkt der psychologischen und anthropologischen Untersuchungen Freuds. Der psychoanalytische Begriff der Neurose beruht auf diesem anthropologischen Konzept des Menschen. Für Freud läuft die Neurose letzten Endes auf einen Kompromiß zwischen konfligierenden Trieben oder aber den Ansprüchen und Konflikten psychischer Instanzen (Es, Ich, Über-Ich) hinaus. Einer solchen Konzeption liegt, laut Frankl, ein mechanistisches Modell zugrunde. In diesem Zusammenhang soll hinzugefügt werden, daß der Freudsche Begriff der Neurose einerseits dem „prüden" und andererseits dem „lüsternen" Zeitgeist („der sog. viktorianischen Plüschkultur") entspricht[61].

Nach Frankls Auffassung hat jede Zeit ihre Neurose und braucht ihre Psychotherapie. Der Mensch von heute leidet nicht mehr so sehr wie zur Zeit von Freud und Adler an einer sexuellen Frustration oder an einem Minderwertigkeitsgefühl, sondern eher an einem lähmenden Gefühl der Sinnlosigkeit. Heute sind wir also, wie Frankl ausdrücklich betont, „nicht mit einer sexuellen, sondern mit einer existenziellen Frustration konfrontiert"[62].

Frankl definiert die Neurose als eine psychogene Erkrankung. Was die Klassifikation der Neurosen anbetrifft, so teilt er sie in somatogene, noogene und soziogene ein. Nach ihm gibt es Neurosen, abgesehen von solchen im klinischen Sinne, auch in einem metaklinischen und paraklinischen Sinne. Die kollektiven Neurosen (Quasi-Neurosen) gehören zum Beispiel zur Neurosengruppe in einem paraklinischen Sinne. Diese werden von Frankl nach folgenden Gesichtspunkten beschrieben und durch 4 Symptome charakterisiert:

„1. Provisorische Daseinshaltung. Der Mensch von heute lebt anscheinend überhaupt nur noch im Hinblick, in ständigem Hinschielen auf die künftige Atombombe.

2. Fatalistische Lebenseinstellung. Sagt sich der provisorisch Eingestellte, es sei nicht nötig zu handeln und sein Schicksal in die Hand zu

[60] Viktor E. Frankl, Anthropologische Grundlagen der Psychotherapie. Bern/Stuttgart/Wien 1975, S. 270.

[61] Derselbe, Das Leiden am sinnlosen Leben. Psychotherapie für heute. Freiburg/Basel/Wien 1977, S. 38.

[62] Ebenda, S. 11.

nehmen, so sagt sich der fatalistisch Eingestellte: es ist dies gar nicht möglich.

3. Kollektivistisches Denken. Verabsäumt es der Mensch im Sinne dieser beiden Daseinshaltungen, die Situation zu ergreifen, so zeigt sich bei den zwei weiteren Symptomen einer Pathologie des Zeitgeistes, daß er es kaum mehr vermag, die Person zu erfassen, will heißen sich selbst und den anderen qua Person.

4. Fanatismus. Ignoriert der kollektivistisch Eingestellte seine eigene Persönlichkeit, so der Fanatiker die des anderen, des anders Denkenden.

Es hat den Anschein, als wären die beiden ersten Symptome eher in der westlichen und die beiden letzten eher in der östlichen Welt zu finden.

Nun wissen wir, daß nicht nur ein seelischer, sondern auch ein sittlich-geistiger, beispielsweise ein Gewissenskonflikt zu einer Neurose führen kann. Wir bezeichnen sie als noogene Neurose. Es ist nun begreiflich, daß ein Mensch ebensolange, wie er eines Gewissenskonflikts überhaupt fähig ist, gegenüber dem Fanatismus, ja gegenüber der kollektiven Neurose, gefeit sein wird. Umgekehrt wird jemand, der an einer kollektiven Neurose leidet, also beispielsweise ein politisch Fanatisierter, in dem Maße, in dem er wieder fähig wird, seine Gewissensstimme zu hören, ja unter ihr zu leiden — im gleichen Maße wird er auch instand gesetzt, seine kollektive Neurose zu überwinden.

Mit einem Wort: Während eine Koexistenz von kollektiver Neurose und klinischer Gesundheit möglich ist, ist das Verhältnis von kollektiver Neurose und noogener Neurose umgekehrt proportional.

Alle vier Symptome der kollektiven Neurose: die provisorische Daseinshaltung und die fatalistische Lebenseinstellung, das kollektivistische Denken und der Fanatismus — lassen sich zurückführen auf Flucht vor der Verantwortung und Scheu vor der Freiheit. Freiheit und Verantwortlichkeit aber machen die Geistigkeit des Menschen aus. Der heutige Mensch aber ist geistesüberdrüssig, und dieser Geistesüberdruß ist das Wesen des zeitgenössischen Nihilismus[63]."

c) *Das existentielle Vakuum*

Die heutigen Menschen leiden nicht mehr so sehr, wie Frankl in allen seinen Werken deutlich zu zeigen versucht, an einer sexuellen Frustration oder an einem Minderwertigkeitsgefühl, sondern eher an einem Sinn-

[63] Derselbe, Grundriß der Existenzanalyse und Logotherapie, S. 689.

losigkeitsgefühl. Der Patient von heute leidet also nicht so sehr am Gefühl, daß er weniger Wert hat als die anderen Mitmenschen, sondern vielmehr unter dem Gefühl, daß sein Dasein keinen Sinn hat. Im Gegensatz zur Zeit von Freud, ist unser Zeitalter nicht durch eine sexuelle, sondern eine existentielle Frustration gekennzeichnet.

Mit seinem Begriff des existentiellen Vakuums will Frankl die Situation der Menschen im Zeitalter der Automation schildern. Das existentielle Vakuum, mit anderen Worten, das Gefühl des verlorenen Daseinssinns manifestiert sich vor allem durch Langeweile. Dazu Frankl:

„Das existentielle Vakuum kann sowohl manifest werden als auch latent bleiben. Manifest wird es im Zustand der Langeweile, und wenn Arthur Schopenhauer einmal gemeint hat, der Menschheit sei es anscheinend bestimmt, stets zwischen den beiden Extremen von Not und Langeweile hin und her zu pendeln, so hat er nicht nur Recht behalten, sondern es läßt sich füglich sagen, daß uns Psychiatern die Langeweile bereits mehr zu schaffen gibt als die Not, wobei die Sexualnot nicht ausgenommen, sondern eingeschlossen ist. Wir leben in einem Zeitalter der einsetzenden Automation, und sie beschert dem Menschen ein zunehmendes Ausmaß von Freizeit. Mit ihr aber weiß er kaum etwas anzufangen. Aber nicht nur der Feierabend, sondern auch der Lebensabend stellt den Menschen vor die Frage, wie er seine Zeit ausfüllen soll: auch die Überalterung der Bevölkerung konfrontiert den oft jäh aus seiner beruflichen Arbeit herausgerissenen Menschen mit seinem existentiellen Vakuum. Schließlich ist es, neben dem Alter, die Jugend, bei der wir vielfach sehen können, wie sehr der Wille zum Sinn frustriert wird; denn die Jugendverwahrlosung ist wohl nur zum Teil auf die leibliche Akzeleration zurückzuführen: die gleichzeitige geistige Frustration ist, wie immer mehr anerkannt wird, ebenso ausschlaggebend[64].“

d) Logotherapie als spezifische Therapie noogener Neurosen

Die existenzielle Frustration kann, wie Frankl klinisch nachgewiesen hat, zu neurotischen Erkrankungen führen. Laut Frankl müssen die Neurosen nicht unbedingt im psychischen Bereich wurzeln. Ihre Ursache kann durchaus im noetischen oder geistigen Bereich liegen. In solchen Fällen, wo letztlich ein geistiges Problem oder ein moralischer Konflikt der Neurose ätiologisch zugrunde liegt, spricht Frankl in seiner Logotherapie von „noogener Neurose“.

[64] Viktor E. Frankl, Die Psychotherapie in der Praxis. 3., erweiterte und neu bearbeitete Aufl. Wien 1975, S. 52.

Während die Existenzanalyse eine anthropologische Forschungsrichtung darstellt, ist die Logotherapie eine psychotherapeutische Behandlungsmethode. Beide sind je eine Seite ein und derselben Theorie. Die Logotherapie ist sozusagen die therapeutische Ausgestaltung der Existenzanalyse. Als spezifische Therapie noogener Neurosen ist die Logotherapie bestrebt, dem Menschen in seiner existentiellen Krise, die im Bereich des Geistigen begründet ist, zu helfen. Um diese Aufgabe zu erfüllen, wendet die Logotherapie eine Reihe von Techniken an. Die sogenannte *paradoxe Intention*, die häufig bei der Behandlung von Phobien und Zwangsneurosen angewandt wird, stellt die wichtigste therapeutische Methode in der Logotherapie dar. Gemäß dieser Methode werden die Patienten, die z. B. unter Phobien leiden, aufgefordert, genau das zu tun, wovor sie sich fürchten.

Was das philosophische Prinzip der Sinnfindung in der Logotherapie anlangt, so will dies jedoch dem Patienten nicht einen Daseinssinn geben, sondern ihm nur sein Verantwortlichsein bewußt machen. In diesem Zusammenhang schreibt Frankl folgende Sätze: „Die Logotherapie versucht, den Patienten auf einen konkreten und persönlichen Sinn hinzuordnen und auszurichten. Sie ist aber nicht dazu da, dem Dasein des Patienten einen Sinn zu geben — schließlich und endlich wird auch niemand von der Psychoanalyse — die sich doch so sehr mit der Sexualität befaßt — erwarten oder gar verlangen, daß sie Ehen vermittelt, oder von der Individualpsychologie — die sich doch so sehr mit der Sozietät beschäftigt —, daß sie Stellen vermittelt; nun, ebensowenig werden von der Logotherapie Werte vermittelt. Es geht ja nicht darum, daß wir dem Patienten einen Daseinssinn geben — als ob eine mit Werten so explizit umgehende Psychotherapie wie die Logotherapie etwas anderes im Sinne hätte als das eine: sozusagen das Wertgesichtsfeld des Patienten zu erweitern, so daß er des vollen Spektrums personaler und konkreter Sinn- und Wertmöglichkeiten gewahr wird. Aber die Logotherapie macht dem Patienten nur sein Verantwortlichsein bewußt, um ihn dann sich selbst entscheiden zu lassen, wofür: für die Erfüllung welchen konkreten Sinnes und für die Verwirklichung welcher persönlichen Werte — und wovor: ob überhaupt vor etwas (vor dem Gewissen oder vor der Gesellschaft) und nicht vielmehr vor jemandem (vor Gott) — er sein eigenes Dasein als Verantwortlichsein auslegt und ausdeutet. So oder so: Es geht nicht darum, daß wir dem Patienten einen Daseinssinn geben, sondern einzig und allein darum, daß wir ihn instand setzen, den Daseinssinn zu finden[65]."

[65] Derselbe, Grundzüge der Neurosenlehre, S. 711.

e) Die leiblich-seelisch-geistige Einheit des Menschen (Dimensionalontologie)

Die Logotherapie Frankls entwickelt sich aus seiner anthropologischen Konzeption vom Menschen. Wie bereits dargestellt, liegt jeder Psychotherapie laut Frankl eine anthropologische Vorstellung zugrunde. Frankl wendet sich vor allem gegen die Unitas der Neuropsychiatrie, die nur die leiblich-seelische Einheit des Menschen in Betracht zieht. Diese Einheit macht jedoch bei weitem noch nicht, wie Frankl an mehreren Stellen seines Werkes „Anthropologische Grundlagen der Psychotherapie“ gezeigt hat, den ganzen Menschen aus. Zur Ganzheit des Menschen gehört vielmehr noch ein Drittes, nämlich das Geistige. „Das Geistige aber ist nicht nur eine eigene Dimension, sondern auch die eigentliche Dimension des Menschseins. Sosehr jedoch die geistige Dimension die eigentliche ausmacht, sowenig handelt es sich bei ihr um die einzige Dimension des Menschseins. Ist doch der Mensch eine leiblich-seelisch-geistige Einheit und Ganzheit[66].“

Die Dimensionalontologie Frankls will also neben dem Physiologischen und Psychologischen auch das Noologische als eine Dimension des einheitlich-ganzheitlichen Menschseins gelten lassen. Allein die psychosomatische Einheit macht nicht die Wirklichkeit und Ganzheit des Menschen aus. Zu dieser Ganzheit gehört vielmehr das Geistige oder das Noetische.

Über das Problem des Geistigen im Menschen gibt es verschiedene philosophische, anthropologische und psychologische Lehrmeinungen. Da dieses Problem für die moderne Psychotherapie von zentraler Bedeutung ist, wollen wir im nächsten Kapitel den Versuch unternehmen, ihm durch philosophisch-phänomenologische Betrachtungsweise gerecht zu werden.

---

[66] Ebenda, S. 659.

VI. Die Integration von philosophischen anthropologischen, soziologischen und tiefenpsychologischen Erkenntnissen und Theorien

1. Das Leib-Seele-Problem in der modernen Philosophie

a) Wesen und Begriff der geistigen Akte (Jaspers, Husserl)

Um seine Dimensionalontologie philosophisch und phänomenologisch begründen zu können, bezieht sich Frankl in seiner grundlegenden Arbeit „Anthropologische Grundlagen der Psychotherapie" vor allem auf die Aussagen von Immanuel Kant, Nicolai Hartmann, Ludwig Klages, Martin Heidegger, Karl Jaspers sowie Max Planck und Werner Heisenberg. In seinem fundamentalen Werk „Metaphysische Anfangsgründe der Naturwissenschaft" postuliert Kant die Notwendigkeit der Metaphysik, die a priori vor dem Physischen steht und als Voraussetzung möglicher Erfahrung betrachtet werden muß. Die Notwendigkeit der Metaphysik für die Erfahrung wird auch von Planck gefordert. In „Sinn und Grenzen der exakten Wissenschaft" ist er bemüht, nachzuweisen, daß das metaphysisch Reale räumlich nicht hinter dem, sondern vor dem erfahrungsmäßig Gegebenen steht. Das sinnliche Rohmaterial, mit anderen Worten, unsere Sinnesempfindungen und Wahrnehmungen sind für Planck nicht die einzige Quelle der Erkenntnis.

Nun wollen wir uns im folgenden dem philosophisch-psychologischen Begriff der geistigen Akte zuwenden, da dies das Geistige im Menschen am besten veranschaulichen kann.

Es werden nach Jaspers grundsätzlich folgende drei Elemente sowohl bei Wahrnehmungen als auch bei Vorstellungen unterschieden[1]: Erstens das Empfindungsmaterial wie zum Beispiel grün, blau, rot, Ton usw. Die Wahrnehmungen der äußeren Welt bringen das Material für die inneren Vorstellungen. Zweitens die räumlich-zeitliche Ordnung und drittens der intentionale Akt. Der intentionale Akt (die meinende Gerichtetheit auf etwas) beseelt das Empfindungsmaterial. Die Wahrnehmungsakte ge-

[1] Vgl. Karl Jaspers, Allgemeine Psychopathologie. Berlin 1959, S. 52.

winnen also ihre Bedeutung erst durch die rationalen Akte. Hier ist von einem Bedeutungsbewußtsein zu sprechen[2].

Es sind jedoch nicht die Wahrnehmungsakte, sondern vielmehr die Verstandestätigkeiten, die auf die Bedeutung der geistigen Akte hinweisen. Der menschliche Verstand ist nicht nur durch Vollbringung der Wahrnehmungsakte, die hauptsächlich auf vitalen Vorgängen beruhen, charakterisiert, sondern auch durch eine Kenntnisnahme von dem Vollzug der Wahrnehmungsakte[3].

Die animalisch-vitalen Lebensvorgänge wie Empfindungen, Gefühle, Phantasmen usw. sind etwas unmittelbar Wahrnehmbares und Anschauliches, während die geistigen Akte, die sich auf dieselben richten, etwas Unanschauliches sind. Folgende Unterscheidung ist zur Erklärung der Akte von zentraler Bedeutung.

Husserl unterscheidet zwischen transzendenten und immanenten Wahrnehmungen bzw. Akten: die immanent gerichteten Akte oder immanent bezogenen intentionalen Erlebnisse sind nach ihm solche, deren Wesen es fordert, daß ihre intentionalen Gegenstände zu demselben Erlebnisstrom gehören wie sie selbst[4]. Hier kann ein Akt auf einen Akt desselben Ich bezogen sein. In diesem Prozeß ist zu beobachten, daß das Bewußtsein und sein Gegenstand eine individuelle und durch Erlebnisse hervorgebrachte Einheit bilden. Alle auf Wesen gerichteten Akte, oder auf intentionale Erlebnisse anderer Ich mit anderen Erlebnisströmen sowie alle auf Dinge und Realitäten gerichteten Akte, bezeichnet Husserl als transzendende Akte[5].

b) Akt-Psychologie: Synthese zwischen naturwissenschaftlichen und philosophisch-psychologischen Erkenntnissen (Brentano)

Mit der Aktpsychologie sei jene Richtung in der Geschichte der Psychologie gemeint, die eine Synthese zwischen naturwissenschaftlichen Erkenntnissen und philosophisch-psychologischen Auffassungen aufzustellen versucht. Diese Richtung wird besonders durch die österreichischen Psychologen Franz Brentano, Carl Stumpf und A. v. Meinong vertreten.

---

[2] Ebenda.

[3] Vgl. Melchior Palagyi, Naturphilosophische Vorlesungen Leipzig 1924, S. 288.

[4] Vgl. Edmund Husserl, Ideen zu einer reinen Phänomenologie und phänomenologische Philosophie. Bd. III, Tübingen 1950, S. 85.

[5] Ebenda.

Die phänomenologischen Arbeiten Edmund Husserls tragen Wesentliches zur Vertiefung dieser Tendenz bei. Prinzipiell erfährt die Aktpsychologie eine thomistische Prägung, die besonders bei Franz Brentano festzustellen ist. Sein Werk „Psychologie vom empirischen Standpunkt" (1874) verläßt nicht den Boden des Thomismus[6]. Verbunden mit der aristotelisch-thomistischen Tradition fordert Brentano empirisches Vorgehen und experimentelle Methoden. Nach Brentano bestehen die seelischen Gegebenheiten in den sog. seelischen Akten, die in ihrer Gesamtheit die Seele ausmachen. In innerer Wahrnehmung sieht er die Quelle aller psychologischen Erfahrung.

Mit innerer Wahrnehmung sei jene Vollkommenheit der Überzeugung verstanden, die den unmittelbar evidenten Erkenntnissen innewohnt[7].

„Mit jedem psychischen Akt", schreibt Brentano, „ist daher ein doppeltes inneres Bewußtsein verbunden, eine darauf bezügliche Vorstellung und ein darauf bezügliches Urteil, die sogenannte innere Wahrnehmung, welche eine unmittelbare, evidente Erkenntnis des Aktes ist[8]."

Die psychischen Akte sind nach ihm eine meinende, intentionale Stellungnahme des Ich. Sie richtet sich immer auf etwas. Die Intentionalität ist ein Kennzeichen für jedes psychische Phänomen. Die Aktpsychologie Brentanos stellt den Akt in Gegensatz zu den psychischen Inhalten und betont ausdrücklich das Gerichtetsein des Aktes auf die intendierten Gegenstände.

Dieses Gerichtetsein oder Sich-richten-auf empfängt eine spezifische Form in verschiedenen psychischen Erscheinungen. Zum Beispiel ist in den Vorstellungen, auch in den Wahrnehmungen, das Intendierte der Inhalt, so ist bei den Gemütsbewegungen wie Haß und Liebe das Verneinen oder Vorziehen das entscheidende Kriterium. Bei den Urteilen nimmt die Seele ablehnend oder anerkennend Stellung zu etwas.

c) Das Sein des Geistes und der Logos der Wesenheiten (Husserl, Scheler, Klages)

Seit Jahrtausenden haben sich die Menschen bemüht, jene geheimnisvolle Natur des menschlichen Denkens zu erfassen. Daß das Organ des Denkens, Logos, Vernunft, Geist, Verstand usw. mit einem zeitlosen und

---

[6] Vgl. Wilhelm Hehlmann, Geschichte der Psychologie. Stuttgart 1963, S. 230.

[7] Vgl. Franz Brentano, Psychologie vom empirischen Standpunkt. Hamburg 1955, S. 202.

[8] Ebenda, S. 203.

ewigen Bereich des menschlichen Daseins verbunden ist, wurde seit Platon verschiedenartig ausgelegt[9].

Erst in der sog. Lehre von der dauerlosen Punktualität des geistigen Bewußtseinsaktes von Klages und Palagyi, die auf anthropologischen Grundlagen basiert, erfährt dieses Bemühen eine säkularisierte Prägung[10]. In dieser Hinsicht dürfen uns auch die grundlegenden Arbeiten Edmund Husserls nicht entgehen, die die Ideenerkenntnis an eine phänomenologische Reduktion der Weltdinge anknüpfen[11].

Seine deskriptive Wissenschaft, die als Phänomenologie bekannt ist, hat eine entscheidende Bedeutung für die Psychologie gewonnen. Husserls beschreibende Phänomenologie ist ein Versuch, den eigentlichen Gehalt apriorischer Erkenntnisse auf anschaulichen Gegebenheiten zu umreißen. Nach ihm haben die bewußten Vorgänge eine noetisch-noematische Struktur. Was seine Aktpsychologie anbelangt, so ist er doch der Aktpsychologie Brentanos zu Dank verpflichtet. Sowohl bei Brentano als auch bei Husserl ist die Intentionalität der Akte als wesentliches Kennzeichen für psychische Phänomene zu betrachten. Mit der Intentionalität der Akte ist eine meinende, intentionale Stellungnahme des Ich in Erwägung gezogen.

Max Scheler spricht von dem sog. Akt der Ideierung: „Wollen wir uns die Besonderheit, die Eigenartigkeit dessen, was wir ‚Geist' nennen, im einzelnen klarer machen, so knüpfen wir am besten an einen spezifisch geistigen Akt an, den Akt der Ideierung[12]."

Nach ihm vollzieht der Mensch bewußt oder unbewußt einen Prozeß der Aufhebung des Wirklichkeitscharakters der Dinge[13].

In diesem Prozeß der Wesenserfassung offenbart sich aus der konkreten Dingwelt der Logos der Wesenheiten[14]. Jener Akt der Entwicklung, heißt es nach Scheler, vollzieht nun ein Sein des Geistes, und der Geist in seiner Gestalt als reiner Wille (durch einen Willensakt) kann auf die Inaktualisierung des Gefühlszentrums einwirken[15].

---

[9] Vgl. Hans Kunz, Die anthropologische Bedeutung der Phantasie. Basel 1946, S. 163.

[10] Vgl. Hans Kunz, S. 163.

[11] Vgl. Max Scheler, Die Stellung des Menschen im Kosmos. München 1947, S. 49.

[12] Ebenda, S. 46.

[13] Ebenda, S. 48.

[14] Ebenda.

[15] Ebenda, S. 51.

Der Geist ist nach Klages ein außerzeitlich Seiendes, durch dessen Kraft die urteilsfähigen Wesen zu einem und demselben Begriff der Einheit gelangen[16]. Unter Geist versteht er nichts anderes als das Vermögen zur Hervorbringung der Akte[17]. Urteilen, Erfassen und Begreifen werden zu Tätigkeiten des Geistes gerechnet.

„Wäre der Geist", so sagt Klages, „etwas auch nicht dasselbe mit dem Urteilsvermögen, dem Verstande, der Vernunft, so würde doch immer er es sein, durch dessen Gegenwärtigkeit in uns wir ein Urteilsvermögen besäßen, und nur darauf käme es für unsere Überlegungen an[18]."

Bei Klages wird das Seelische dann begreiflich, wenn das gesamte leiblich-seelische Geschehen in Betracht gezogen wird. Seine Grundannahme von der Polarität zwischen Geist und Seele spielt eine entscheidende Rolle für das Verständnis geistiger Akte.

Der Erlebnisstrom repräsentiere das Seelische, und das reflektierende Moment im geistigen Akt deute auf das Sein des Geistes an. Alles psychische Geschehen sei ein Wechsel von den erlebten Bildern und geistigen Akten.

d) Subjekt und Objekt (Ichpunkt, Espunkt)

Sprechen wir von der Polarität der Akte, so meinen wir damit, daß der Akt eine rationale Beziehung zwischen Espunkt und Ichpunkt (Klages)[19] oder Ichpol und Gegenpol (Husserl)[20] anknüpft.

Espunkt und Ichpunkt sind Mittelpunkt eines Geschehens. Der Espunkt des äußeren und der Ichpunkt des inneren Geschehens. Sie bilden ergänzende Denkgegenstände, sofern sie aufeinander beziehbare Stellen sind.

Die Beziehbarkeit erfordert jedoch ein Mitbezogensein jedes Punktes auf die irrationale Wirklichkeit. Was die Leistung der Akte anlangt, so läßt diese zwei wesensverschiedene, aber nicht trennbare Seiten erkennen: „Setzung des dadurch begriffenen Punktes und Teilung der von ihm mitbezogenen Wirklichkeit[21]."

---

[16] Vgl. Ludwig Klages, Der Geist als Widersacher der Seele. München/Bonn 1960, S. 62.

[17] Ebenda, S. 61. [18] Ebenda, S. 61—62. [19] Ebenda, S. 84.

[20] Vgl. Edmund Husserl, Bd. IV, S. 105.

[21] Ludwig Klages, S. 84—85.

In der Polarität der Akte sind jedoch Ichpol und das Objekt als Gegenpol von radikal verschiedener Art und Herkunft. Das reine Ich oder das Subjekt funktioniert als Ausstrahlungszentrum, auch als Einstellungszentrum alles Bewußtseinslebens in allen Akten desselben Bewußtseinsstromes. Es ist das Tätigkeitszentrum alles theoretischen, praktischen und wertenden Stellungnehmens, aller Aktionen und Affektionen. Das Aufmerken, Erfassen und Beziehen zählen noch zu den weiteren Tätigkeiten des Ich.

Die intentionalen Bezogenheiten auf Objekte, die als Akt bezeichnet werden können, strahlen nun von dem Ichpunkt aus. Bei diesen Strahlungen vollzieht sich ein doppelter Prozeß, nämlich ein Vorlauf und ein Rücklauf. In mannigfachen und wechselnden phänomenologischen Eigenheiten strömen diese Strahlungen einmal vom Zentrum aus, und zwar durch die Akte auf die Objekte hin und wiederum vom Objekt in der Richtung zum Zentrum.

Bezüglich der Struktur der Akte, die vom Zentrum ausstrahlen, sei auf eine Form dieser hingewiesen, „die ein Analogon in der Zentralisierung aller sinnlichen Phänomene in Beziehung auf den Leib hat“[22].

Husserl fährt fort: „Im absoluten Bewußtsein haben wir immerfort ein ‚Feld‘ der Intentionalität und nun ‚richtet‘ sich der geistige Blick des Aufmerkens bald auf ‚dies‘, bald auf ‚das‘[23].“ Mit Spranger gesprochen: „in jedem geistigen Akt waltet die Totalität des Geistes[24].“

e) *Intermittenz der geistigen Akte (Palagyi kontra Kant)*

Hier geht es um das positive Merkmal der geistigen Tätigkeiten in ihrem spezifisch intermittierenden Charakter. Ein Blick auf unsere Willensakte deutet schon auf die Intermittenz unserer geistigen Aktivitäten an. Wäre unser Wollen ein kontinuierlich fließendes Wollen, so könnten wir vor lauter Wollen niemals zur Ausführung irgendeines einzigen Willens gelangen. Im Gegensatz zu den geistigen Akten haben unsere animalischen Lebensvorgänge und Erlebnisse, wie z. B. die Farbenempfindungen, einen fließenden Charakter. Zur weiteren Charakterisierung animalischer Lebensvorgänge sei noch hinzugefügt, daß sie außerdem einen anschaulichen Fluß haben. Die geistigen Akte sind durch ihre Unanschaulichkeit und Intermittenz gekennzeichnet. „Wären auch

[22] Edmund Husserl, Bd. IV, S. 105.

[23] Ebenda, S. 105—106.

[24] Eduard Spranger, Lebensformen. Tübingen 1950, S. 38.

die geistigen Akte fließend", sagt Palagyi, „so wäre unsere Welt ein absolut gestaltloser Strom, d. h. etwas Unerkennbares[25]."

Da der Mensch nicht die Fähigkeit besitzt, innerhalb einer bestimmten Zeitspanne beliebig viele unmittelbare Willensimpulse hervorzubringen, so müssen seine unmittelbaren Willensimpulse nur in gewissen Zeitabständen aufeinander folgen. Diese nur in zeitlichen Intervallen aufeinanderfolgenden Willensimpulse bezeichnet Palagyi als Intermittenz[26].

Es sind nicht die rein mechanischen Bewegungen, wie das Fallen eines Steines oder das Rollen einer Kugel, die das Verhalten eines Menschen ausmachen, sondern vielmehr ist das menschliche Verhalten durch seine echten willkürlichen Bewegungsimpulse charakterisiert. Diese willkürlichen Bewegungen oder unmittelbaren Willensimpulse haben einen auffallend periodisch artikulierten Charakter[27]. Dazu Palagyi: „Da nämlich die menschliche Bewegung durch intermittierende Willensimpulse geregelt sein soll, so muß sie einen periodisch artikulierten Charakter haben[28]." Er betont ausdrücklich, daß alle Gedankengänge des menschlichen Geistes denselben Charakter haben wie seine Willensimpulse[29].

Einige Untersuchungen zeigen ganz deutlich, daß auch die Akte unserer Sinneswahrnehmung nicht einer fließenden Natur sind, d. h., wir sind nicht in der Lage, beliebig eine große Anzahl von Wahrnehmungsakten in einer Sekunde zu produzieren. An Hand zahlreicher Beispiele und experimenteller Beobachtungen, wie z. B. durch die Versuche mit dem Farbenkreisel, kann man also feststellen, daß es immer einen Bruchteil einer Sekunde dauert, bis ein Wahrnehmungsakt zu dem anderen übergeht. Wenn sich die Scheibe eines Farbenkreisels langsam dreht, so treten die einzelnen Farben klar und sichtbar hervor. Bei einer höheren und bestimmten Geschwindigkeit verschmelzen sich jedoch die farbigen Sektoren zu einer Mischfarbe.

Wären nun unsere Wahrnehmungsakte keiner intermittierenden, sondern einer fließenden Natur, so daß wir unendlich viele Akte in der Sekunde vollziehen könnten, dann wäre es uns möglich, die letzten Geheimnisse der Natur zu enthüllen und in das Unendlich-Kleine einzudringen[30].

Eine Erscheinungswelt würde dann für uns nicht mehr existieren, wenn wir nach Belieben in einer kurzen Zeit unzählig viele Wahrneh-

[25] M. Palagyi, S. 13.

[26] Ebenda, S. 12.

[27] Ebenda.

[28] Ebenda.

[29] Ebenda.

[30] Ebenda, S. 14.

mungsakte produzieren könnten. Es würde sogar keine Zeit überhaupt mehr geben.

Nach Palagyi muß eine kontinuierlich fließende Erscheinungswelt durch eine intermittierende geistige Fähigkeit ergänzt und erfaßt werden[31]. Aus dem intermittierenden Charakter unseres Geistes geht hervor, daß wir, ausgerüstet durch eine geistige Agilität, einer kontinuierlich fließenden Welt gerecht zu werden suchen[32]. Es liegt also in der Natur der Sache begründet, daß ein kontinuierlich fließender Vorgang jemals von einem intermittierenden Geiste völlig erforscht werden kann.

Aus diesen Untersuchungen Palagyis geht ganz deutlich hervor, daß die menschliche Erkenntnis immer eine begrenzte bleiben muß.

Hier landen wir auf der sogenannten Erkenntniskritik, die als Wissenschaft von den Schranken des menschlichen Wissens handelt. Auch die Kantsche Erkenntnistheorie mußte, nach Palagyi, daran scheitern, daß sie die Dinge an sich als etwas Unerkennbares darstellte, indem sie den Eindruck erweckte, als ob die Erscheinungen und Empfindungen durchaus etwas Bekanntes seien[33].

Es bleibt also unserem intermittierenden Geist völlig verschlossen, auch die Empfindungen, die sich zeitlich aus grenzenlosen Abschnitten zusammensetzen, zu erfassen.

Palagyi schreibt: „Es gibt in der ganzen Welt für uns Menschen nichts Rätselhafteres als die ununterbrochen fließende, ewig flüchtige, niemals völlig festzuhaltende und den listigsten Experimenten entschlüpfende Erscheinung[34]."

f) Zeitlosigkeit oder Überzeitlichkeit geistiger Akte

Es existiert im Menschen ein Faktor, der sich dem zeitlichen Fließen des Erlebens wie etwas Zeitloses oder Überzeitliches entgegen hält[35]. Dieser Faktor manifestiert sich in einem Denkakt, der nicht nur den Wesenskern des Wissens und Meinens bildet, sondern auch des Wollens, dessen Ursprung in einem inneren Sichentscheiden liegt[36].

Dieser im Menschen existente zeitlose oder überzeitliche Faktor kann also als geistiger Akt genannt werden. Denken und Wollen können als diejenigen Tätigkeiten des Ich bezeichnet werden, in denen der geistige

[31] Ebenda.

[32] Ebenda.

[33] Ebenda, S. 15.

[34] Ebenda.

[35] Vgl. H. Kunz, S. 182.

[36] Ebenda.

Akt besonders deutlich hervortritt. Betrachten wir jenen Augenblick der Entscheidung als ein inneres Stillstehen, einen dauerlosen Einbruch in das Strömen des seelischen Geschehens, so gewinnen wir den Eindruck eines Willensaktes, in dem sich ein etwas Unbewegtes im Vergleich zu seiner Entäußerung als leibliche Bewegtheit vollzieht[37].

Sprechen wir ferner von der Zeitlosigkeit geistiger Akte, mit Klages gesprochen von der sog. Außerzeitlichkeit der Gegenständlichkeit, so müssen wir uns einige Gedanken über den Akt des Erfassens machen.

Dazu Klages: „Wir können nicht vom Akt des Erfassens sprechen, ohne ein Etwas zu setzen, dem die Fähigkeit innewohnt, ihn zu vollbringen[38].“ Er gibt dem Erfassenden den Charakter einer Außerzeitlich- und Außerräumlichkeit[39]. Das Erfassende wird also der Zeit entrückt, so daß es weder ein Dasein im Raum noch in der Zeit hat.

Hat die Gegenständlichkeit den Charakter der Außerzeitlichkeit, so hat das Zeitliche also keineswegs den Charakter der Gegenständlichkeit. Findet nun das Erfassende durch zahlreiche Akte das Außerzeitliche, dann bleibt aber dem Erfassenden das Zeitlichvergängliche für immer verborgen.

Zur Klärung der oben erwähnten Ausführungen mögen uns folgende Beispiele eine Klarheit verschaffen. Wenn wir einen Baum wahrnehmen, sei es durch flüchtiges Erblicken oder durch ein längeres Betrachten, so gewinnen wir dadurch nicht nur den Eindruck der Erscheinung des Baumes, sondern wir werden uns vielmehr der Gegenwärtigkeit eines seienden Dinges bewußt. Geben wir nun unserem Bewußtsein die Form eines Urteils, dann beziehen wir uns gar nicht auf die Erscheinung des Baumes. Mit anderen Worten ausgedrückt, bezieht sich das Existenzialurteil nicht auf ein seiendes Es, sondern auf ein individuelles Es.

Wenn wir den Baum wahrnehmen und damit urteilen, daß hier ein Baum existiert, so haben wir ihn nicht nur aus der Umklammerung seiner Erscheinung, sondern gleichzeitig auch ein Hier und Jetzt der Erscheinung aus dem Raum und dem Fließen der Zeit vollkommen gelöst.

[37] Ebenda, S. 180—181. [38] L. Klages, S. 13. [39] Ebenda.

2. Psychoanalyse, Wissenschaft und Philosophie

a) Psychoanalyse und Akt-Psychologie (Freud, Brentano)

In den vorhergehenden Abschnitten haben wir uns ausführlich mit den philosophischen Problemen der Akt-Psychologie befaßt. Wir haben zur Darstellung gebracht, daß die Akt-Psychologie bestrebt ist, eine Synthese zwischen naturwissenschaftlichen Erkenntnissen und philosophisch-psychologischen Auffassungen aufzustellen. Die Akt-Psychologie wurde in der Geschichte der Psychologie erst durch Franz Brentano, dann durch Carl Stumpf und A. v. Meinong vertreten.

Diese Psychologie erfährt prinzipiell eine thomistische Prägung, die vor allem bei Brentano anzutreffen ist. Sein Buch „Psychologie vom empirischen Standpunkt", das mit der aristotelisch-thomistischen Tradition stark verbunden ist, fordert experimentelle Methoden und empirische Verfahren.

Wir haben bereits eingangs im Kapitel über „Ursprünge der psychologischen Grundkonzeptionen Freuds" erwähnt, daß die Brentanosche Akt-Psychologie neben der Darwinschen Evolutionstheorie und den Theorien von Lamarck, Haeckel, Helmholtz, Herbart, Fechner, Brücke u. a. den Entwicklungsgang der Freudschen Gedanken mitbestimmt hat. Schon als Medizinstudent machte Freud einmal in der Woche, wie sein Biograph Ernest Jones berichtet, „einen Abstecher in die Philosophie in Brentanos Leseseminar"[40]. Außer den Seminarien über Philosophie besuchte Freud auch eine Vorlesung Brentanos über die Logik Aristoteles'[41]. Durch Brentano gewann Freud Vertrautheit mit Philosophie.

Was den Einfluß der Brentanoschen Akt-Psychologie auf die psychoanalytische Persönlichkeitstheorie anlangt, so ist dies in der internationalen psychoanalytischen Literatur nicht ausdrücklich diskutiert worden. „Doch entspricht die zentrale Position der Triebe", so sagt Rapaport mit Recht, „in Freuds Theorie sowohl Brentanos Interpretation der Reizaufnahme wie der Reizbeantwortung im Sinne von intentionalen Akten, in scharfem Gegensatz zu den Interpretationen der anglo-sächsischen Empiriker. In den frühen Phasen der Freudschen Ich-Psychologie erscheint Brentanos Einfluß sogar noch überzeugender. Der Begriff Intention taucht auf, das Problem der Realitätsprüfung führt zu einer Analyse des ‚Glaubens an die Realität' und zu Unterscheidungen

[40] Ernest Jones, Das Leben und Werk von Sigmund Freud. Bd. I, S. 57.

[41] Ebenda, S. 58.

zwischen dem, was wahrgenommen und was begriffen, was wirklich und was nur gedacht ist, im Sinne Brentanos. Dieser Einfluß ist in den Arbeiten über Metapsychologie überall zu fühlen[42]."

Es steht außer Zweifel, daß die Akt-Psychologie Brentanos und die Arbeiten Freuds über Metapsychologie in scharfem Gegensatz zu den Auffassungen und Theorien der anglo-sächsischen Empiriker stehen. Nach Brentanos Ansicht sind die psychischen Akte eine meinende, intentionale Stellungnahme des Ich. Die Intentionalität ist ein Merkmal für jedes psychische Phänomen. Die Psychologie Brentanos stellt also den Akt in Gegensatz zu den psychischen Inhalten und hebt das Gerichtetsein des Aktes auf die intendierten Gegenstände besonders hervor.

b) Metapsychologie und philosophische Erkenntnistheorie (Freud, Kant)

Durch Brentano wurde Freud mit der allgemeinen Philosophie vertraut. Mit großer Wahrscheinlichkeit gewann Freud auch den erheblichen Teil seines Wissens über die Philosophie Kants durch Brentano. Wir wollen nun versuchen, dokumentarisch nachzuweisen, daß zwischen der philosophischen Gedankenwelt Kants und den metapsychologischen und anthropologischen Vorstellungen Freuds gewisse Beziehungen existieren.

Es soll zunächst klargestellt werden, daß Freud sich schon immer für die Philosophie stark interessierte. Dies geht eindeutig aus zwei Briefen hervor, die er an Wilhelm Fließ geschrieben hatte. Am 1. Januar 1896 schrieb Freud folgenden Satz: „Ich sehe, wie Du auf dem Umwege über das Arztsein Dein erstes Ideal erreichst, den Menschen als Physiologe zu verstehen, wie ich im geheimsten die Hoffnung nähre, über dieselben Wege zu meinem Anfangsziel der Philosophie zu kommen[43]." Und im Brief vom 2. 4. 1896 äußert sich Freud folgendermaßen: „Ich habe als junger Mensch keine andere Sehnsucht gekannt als die nach philosophischer Erkenntnis, und ich bin jetzt im Begriffe sie zu erfüllen, indem ich von der Medizin zur Psychologie hinüberlenke[44]."

Soweit über das Interesse Freuds für die Philosophie überhaupt. Was die Kantsche Philosophie und Epistemologie anbetrifft, so läßt sich ohne weiteres feststellen, daß Freud diese Philosophie nicht nur bewundert, sondern auch deren Bedeutung für die Anthropologie und Psychologie er-

[42] David Rapaport, Die Struktur der psychoanalytischen Theorie, S. 17.

[43] Sigmund Freud: Aus den Anfängen der Psychoanalyse (1887—1902) S. 125.

[44] Ebenda, S. 142.

kannt hat. An mehreren Stellen seiner Werke zitiert Freud Kant und in einer der wenigen spezifischen Äußerungen über Philosophie bezeichnet er die Psychoanalyse (vor allem deren Begriff des Unbewußten) als psychologische Entsprechung der philosophischen Auffassungen Kants.

„Es bleibt uns in der Psychoanalyse gar nichts anderes übrig, als die seelischen Vorgänge für an sich unbewußt zu erklären und ihre Wahrnehmung durch das Bewußtsein mit der Wahrnehmung der Außenwelt durch die Sinnesorgane zu vergleichen. Wir hoffen sogar aus diesem Vergleich einen Gewinn für unsere Erkenntnis zu ziehen. Die psychoanalytische Annahme der unbewußten Seelentätigkeit erscheint uns einerseits als eine weitere Fortbildung des primitiven Animismus, der uns überall Ebenbilder unseres Bewußtseins vorspiegelte, und andererseits als die Fortsetzung der Korrektur, die Kant an unserer Auffassung der äußeren Wahrnehmung vorgenommen hat. Wie Kant uns gewarnt hat, die subjektive Bedingtheit unserer Wahrnehmung nicht zu übersehen und unsere Wahrnehmung nicht für identisch mit dem unerkennbaren Wahrgenommenen zu halten, so mahnt die Psychoanalyse, die Bewußtseinswahrnehmung nicht an die Stelle des unbewußten psychischen Vorganges zu setzen, welcher ihr Objekt ist. Wie das Physische, so braucht auch das Psychische nicht in Wirklichkeit so zu sein, wie es uns erscheint. Wir werden uns aber mit Befriedigung auf die Erfahrung vorbereiten, daß die Korrektur der inneren Wahrnehmung nicht ebenso große Schwierigkeit bietet wie die der äußeren, daß das innere Objekt minder unerkennbar ist als die Außenwelt[45].“

Diese Bemerkungen Freuds lassen uns erkennen, daß der epistemologische Gehalt der Psychoanalyse dem Apriorismus Kants sehr nahe und dem anglo-sächsischen Empirismus fern steht. Da Freud das Postulat unbewußter seelischer Vorgänge als psychologisches Gegenstück zu Kants philosophischen Thesen betrachtet, so wollen wir uns kurz einigen wichtigen Aspekten seiner Philosophie zuwenden.

Kant wurde durch den *Empirismus* Lockes, sowie durch die skeptischen Folgerungen, die Hume hinsichtlich der Möglichkeit sicheren Wissens aus den philosophischen Gedanken Lockes gezogen hatte, beeinflußt. Die kritizistische Philosophie Kants entwickelte sich aus dem Gegensatz zwischen dem Empirismus Lockes und Humes und dem Rationalismus Descartes', Spinozas und Leibniz'. Während die Exponenten des Empirismus die Erfahrung als die einzige Quelle unseres gesamten Wissens be-

[45] Derselbe, Das Unbewußte, S. 270.

trachteten, gingen die Rationalisten von angeborenen, allgemein feststehenden Ideen aus, um zur Erkenntnis des Weltzusammenhangs gelangen zu können. Beide Richtungen waren in ihrer Betrachtungsweise einseitig. Die rationalistische Richtung überschätzte die Gültigkeit unserer Vernunfterkenntnis und verkannte die Bedeutung der Erfahrung, während die empiristische die objektive Gültigkeit der Verstandeserkenntnis verneinte und versuchte, a posteriori, d. h. durch Erfahrung allein, ein sicheres und gültiges Wissen zu erreichen.

Es ist nun das große Verdienst Kants, die beiden Richtungen eingehend geprüft, ihre einseitigen Anschauungen nachgewiesen, und die menschliche Erkenntnis auf eine sichere Grundlage gestellt zu haben. Er hebt zunächst hervor, daß jede Erkenntnis sowohl von empirischen als auch von rationalen Faktoren abhängig ist:

„Daß alle unsere Erkenntnis mit der Erfahrung anfange, daran ist gar kein Zweifel; denn wodurch sollte das Erkenntnisvermögen sonst zur Ausübung erweckt werden, geschähe es nicht durch Gegenstände, die unsere Sinne rühren und teils von selbst Vorstellungen bewirken, teils unsere Verstandestätigkeit in Bewegung bringen, diese zu vergleichen, sie zu verknüpfen oder zu trennen, und so den rohen Stoff sinnlicher Eindrücke zu einer Erkenntnis der Gegenstände zu verarbeiten, die Erfahrung heißt? Der Zeit nach geht also keine Erkenntnis in uns vor der Erfahrung vorher, und mit dieser fängt alle an.

Wenn aber gleich alle unsere Erkenntnis mit der Erfahrung anhebt, so entspringt sie darum doch nicht eben alle aus der Erfahrung. Denn es könnte wohl sein, daß selbst unsere Erfahrungserkenntnis ein Zusammengesetztes aus dem sei, was wir durch Eindrücke empfangen, und dem, was unser eigenes Erkenntnisvermögen (durch sinnliche Eindrücke bloß veranlaßt) aus sich selbst hergibt, welchen Zusatz wir von jenem Grundstoffe nicht eher unterscheiden, als bis lange Übung uns darauf aufmerksam und zur Absonderung desselben geschickt gemacht hat.

Es ist also wenigstens eine der näheren Untersuchung noch benötigte und nicht auf den ersten Anschein sogleich abzufertigende Frage: ob es ein dergleichen von der Erfahrung und selbst von allen Eindrücken der Sinne unabhängiges Erkenntnis gebe. Man nennt solche *Erkenntnisse a priori,* und unterscheidet sie von den *empirischen,* die ihre Quellen a posteriori, nämlich in der Erfahrung, haben[46]."

[46] Immanuel Kant, Kritik der reinen Vernunft. Hrsg. von Wilhelm Weischedel. Bd. III der Theorie-Werkausgabe. Frankfurt a. M. 1968, S. 45.

So versucht Kant in seiner grundlegenden Schrift „Kritik der reinen Vernunft“ das Erkenntnisvermögen im Hinblick auf seine transzendentalen Funktionen zu untersuchen und die *synthetischen Urteile a priori* von den auf Erfahrung gegründeten Erkenntnissen zu unterscheiden. Aufgrund dieser Einteilung gelangt Kant zur Unterscheidung zwischen eigentlicher und uneigentlicher Wissenschaft. „Eigentliche Wissenschaft“, so schreibt er in den „Metaphysischen Anfangsgründen der Naturwissenschaft“, „kann nur diejenige genannt werden, deren Gewißheit apodiktisch ist; Erkenntnis, die bloß empirische Gewißheit enthalten kann, ist ein nur uneigentlich so genanntes Wissen. Dasjenige Ganze der Erkenntnis, was systematisch ist, kann schon darum Wissenschaft heißen, und, wenn die Verknüpfung der Erkenntnis in diesem System ein Zusammenhang von Gründen und Folgen ist, so gar *rationale* Wissenschaft. Wenn aber diese Gründe oder Prinzipien in ihr, wie z. B. in der Chemie, doch zuletzt bloß empirisch sind, und die Gesetze, aus denen die gegebenen Facta durch die Vernunft erklärt werden, bloß Erfahrungsgesetze sind, so führen sie kein Bewußtsein ihrer *Notwendigkeit* bei sich (sind nicht apodiktisch-gewiß) und alsdenn verdient das Ganze in strengem Sinne nicht den Namen einer Wissenschaft, und Chemie sollte daher eher systematische Kunst, als Wissenschaft heißen[47].“

Nach der philosophischen Erkenntnistheorie Kants ist also jede Erkenntnis sowohl von empirischen als auch von rationalen Faktoren abhängig. Wie bereits dargestellt, steht der epistemologische Gehalt der Tiefenpsychologie Freuds mit ihrem Begriff der unbewußten Determination der Philosophie Kants am nächsten und dem Empirismus anglo-sächsischer Prägung am fernsten. Der philosophische Grundgedanke Kants lautet, daß die reale Außenwelt in Wirklichkeit nicht so ist, wie sie uns erscheint. Die durch Erfahrung gegründete Erkenntnis bezieht sich nicht auf die sog. „Dinge an sich“, sondern nur auf deren Erscheinungen. Unsere ganze Erkenntnis, die zwar mit der Erfahrung anhebt aber nicht vollständig aus der Erfahrung entspringt, wird durch apriorische Anschauungsformen gestaltet.

Mit seinem Postulat unbewußter seelischer Vorgänge geht Freud einen Schritt weiter und behauptet, daß nicht nur das Physische (reale Außenwelt), sondern auch das Psychische (unbewußte Seelentätigkeit) in Wirklichkeit anders ist. In diesem Sinne versteht er seine Psychologie des

---

[47] Derselbe, Metaphysische Anfangsgründe der Naturwissenschaft. Bd. IX, S. 12.

Unbewußten als die Fortsetzung der Korrektur, welche Kant hinsichtlich unserer Wahrnehmung der äußeren Welt vorgenommen hat.

c) *Das Unbewußte, der Apriorismus, die Metaphysik und Wissenschaft (Freud, Kant, Heisenberg, Planck, Einstein, Russell)*

Wie schon geschildert, betrachtet Freud die psychoanalytische Annahme der unbewußten Seelentätigkeit als Fortsetzung der Korrektur, welche Kant an unserer Auffassung der äußeren Wahrnehmung vorgenommen hat. Freuds Methode der Persönlichkeitsforschung stimmt mit der der philosophischen Anthropologie Kants insofern überein, als beide bestrebt sind, zwischen unmittelbarer Erscheinung der realen Außenwelt und unserer subjektiven Wahrnehmung der physischen und psychischen Welt eine scharfe Trennung zu machen.

Während Kant in seiner philosophischen Anthropologie uns warnt, die subjektive Bedingtheit unserer Wahrnehmung nicht außer acht zu lassen und unsere Wahrnehmung nicht mit dem unerkennbaren Wahrgenommenen gleichzusetzen, mahnt uns Freud in seiner psychoanalytischen Persönlichkeitstheorie, die Bewußtseinswahrnehmung nicht an die Stelle der unbewußten Seelentätigkeit zu setzen. „Wie das Physische, so braucht auch das Psychische nicht in Wirklichkeit so zu sein, wie es uns erscheint[48].“ Wir wollen nun den Versuch unternehmen, den Apriorismus Kants und das Unbewußte Freuds vom Standpunkt der Wissenschaftsphilosophie und Erkenntnistheorie zu analysieren.

In seinem grundlegenden Werk „Kritik der reinen Vernunft“ hat Kant die Frage aufgeworfen, ob es eine von aller Erfahrung und allen Sinneseindrücken unabhängige Erkenntnis gebe. Nachdem er das Erkenntnisvermögen im Hinblick auf seine transzendentalen Funktionen untersucht hatte, gelangte er zu dem Ergebnis, daß unsere Erkenntnis sowohl von den empirischen als auch von den rationalen Faktoren abhängig ist. Mit den Empiristen stimmt Kant darin überein, daß unsere Erkenntnis mit der Erfahrung anfängt. Er fügt aber hinzu, daß sie doch nicht immer aus der Erfahrung entspringt.[49] Daher unterscheidet er die sog. synthe-

---

[48] Sigmund Freud, Das Unbewußte, S. 270.

[49] Daß es solche von der Erfahrung unabhängige Erkenntnisse gibt, kann man am besten durch folgendes Beispiel veranschaulichen. Der Satz, daß die „Sonne jeden Morgen aufgeht“, ist ein solcher, den wir nur aus der Erfahrung entnehmen. Er ist also ein empirischer Begriff, der von der Vergangenheit abgeleitet und in die Zukunft projiziert wird. Diese empirische Erkenntnis gibt aber unseren Urteilen keine Allgemeinheit, d. h. sie lehrt uns nicht, daß z. B.

tischen Urteile a priori von den Erkenntnissen a posteriori, d. h. von den auf Erfahrung gegründeten Urteilen. Die zentrale Frage lautet also bei ihm, ob die synthetischen Urteile a priori möglich sind. Durch metaphysische Argumente versucht Kant nachzuweisen, daß nicht nur Raum und Zeit, sondern auch das Kausalgesetz sowie das Gesetz von der Erhaltung der Materie den apriorischen Anschauungsformen des Subjekts zuzuschreiben sind.

Fragt man nun nach der Bedeutung der synthetisch-apriorischen Erkenntnis für die moderne Physik, so muß man ihr, wie Heisenberg betont, nur einen relativen Wert beimessen. „Die Relativitätstheorie hat unsere Ansichten über Raum und Zeit verändert, sie hat in der Tat ganz neue Züge von Raum und Zeit ans Licht gebracht, von denen in Kants apriorischen Formen der reinen Anschauung nichts zu sehen war. Das Kausalgesetz wird in der Quantentheorie nicht oder jedenfalls nicht in der gleichen Weise wie in der klassischen Physik angewandt, und das Gesetz von der Erhaltung der Materie ist für die Elementarteilchen nicht mehr richtig. Natürlich konnte Kant die neuen Entdeckungen nicht vorhersehen. Aber da er überzeugt war, daß seine Vorstellungen die Grundlage für jede Metaphysik der Zukunft, die sich wissenschaftlich nennt, bilden müßten, ist es interessant, nachzusehen, wo seine Argumente falsch gewesen sind... Was Kant nicht vorausgesehen hatte, war die Möglichkeit, daß diese apriorischen Begriffe zwar die Voraussetzung für die Wissenschaft sein können, daß sie aber zur gleichen Zeit doch nur einen begrenzten Anwendungsbereich besitzen. Wenn wir ein Experiment durchführen, so müssen wir eine Kausalkette von Vorgängen annehmen, die von dem atomaren Vorgang durch unseren Apparat hindurch schließlich bis zum Auge des Beobachters führt. Wenn man diese Kausalkette nicht voraussetzt, so kann man nichts über den atomaren Vorgang wissen. Wir dürfen aber dabei nicht vergessen, daß die klassische Physik und das Kausalgesetz nur einen begrenzten Anwendungsbereich besitzen. Es war das grundlegende Paradoxon der Quantentheorie, das von Kant nicht vorhergesehen werden konnte. Die moderne Physik hat Kants Aussage über die Möglichkeit von synthetischen Urteilen a priori aus einer metaphysischen in eine praktische Aussage verwandelt. Die synthetischen Urteile a priori erhalten dadurch den Charakter einer relativen Wahrheit[50].“

---

obenerwähntes Ereignis auch anders sein könnte. Da wir uns Ausnahmen von dieser Regel vorstellen können, so haben wir auch Urteile, die aus Vernunftgründen gewonnen werden.

[50] Werner Heisenberg, Physik und Philosophie. Berlin 1959, S. 67 ff.

Die Physiker des 20. Jahrhunderts wie Planck, Einstein und Heisenberg wären also nicht bereit, Kant zu folgen, sofern das von ihm benützte Wort „a priori" in einem absoluten Sinne gebraucht wird. In der wissenschaftlichen Theorie der modernen Physik sind die apriorischen Anschauungsformen, die von Kant als absolut betrachtet wurden, nicht mehr in ihrer ursprünglichen Struktur enthalten.[51] Wenn die moderne Physik bestrebt ist, die absolutistischen Vorstellungen Kants hinsichtlich der Erkenntnisse a priori zu überwinden und ihnen nur den Charakter einer relativen Wahrheit zuzuschreiben, besagt dies jedoch nicht, daß sie einem „naiven Realismus" verfallen wäre. Vom Standpunkt der modernen Physik ist der naive Realismus sogar logisch falsch. Dazu Russell:

„We all start form ‚naive realism', i. e., the doctrine that things are what they seem. We think that grass is green, that stones are hard, and that snow is cold. But physics assures us that the greenness of grass, the hardness of stones, and the coldness of snow, are not the greenness, hardness, and coldness that we know in our own experience, but something very different. The observer, when he seems to himself to be observing a stone, is really, if physics is to be believed, observing the effects of the stone upon himself. Thus science seems to be at war with itself: when it most means to be objective, it finds itself plunged into subjectivity against its will. Naive realism leads to physics, and physics, if true, shows that naive realism is false. Therefore naive realism, if true, is false; therefore it is false[52]."

Aus diesen Formulierungen Russels geht eindeutig hervor, daß das sinnliche Rohmaterial nicht die einzige Quelle unserer Erkenntnis sein kann. Andererseits darf aber die Erkenntnis sich nicht, wie Einstein betont, nur im Bereich der Metaphysik bewegen. „Damit Denken nicht in ‚Metaphysik' bzw. in leeres Gerede ausarte, ist nur notwendig, daß genügend viele Sätze des Begriffssystems mit Sinnenerlebnissen hinreichend sicher verbunden seien und daß das Begriffssystem im Hinblick auf seine Aufgabe, das sinnlich Erlebte zu ordnen und übersehbar zu machen, möglichste Einheitlichkeit und Sparsamkeit zeige. Im übrigen aber ist das ‚System' ein (logisch) freies Spiel mit Symbolen nach (logisch) willkürlich gegebenen Spielregeln. Dies alles gilt in gleicher Weise für das Denken des Alltags und für das mehr bewußt systematisch gestaltete Denken in den Wissenschaften.

---

[51] Ebenda, S. 69.

[52] Bertrand Russell, An Inquiry into Meaning and Truth. London 1965, p. 13.

Es wird nun klar sein, was gemeint ist, wenn ich folgendes sage: Hume hat durch seine klare Kritik die Philosophie nicht nur entscheidend gefördert, sondern ist ihr auch ohne seine Schuld zur Gefahr geworden, indem durch diese Kritik eine verhängnisvolle ‚Angst vor der Metaphysik' ins Leben trat, die eine Krankheit des gegenwärtigen empiristischen Philosophierens bedeutet; diese Krankheit ist das Gegenstück zu jenem früheren Wolken-Philosophieren, welches das Sinnlich-Gegebene entbehren und vernachlässigen zu können glaubte[53]."

Mit Einstein teilt auch Planck die Meinung, daß im wissenschaftlichen Weltbild des 20. Jahrhunderts das Gespenst der metaphysischen Angst beseitigt werden müsse. „Das Wesentliche ist", schreibt Planck, „daß die Welt der Sinnesempfindungen nicht die einzige Welt ist, die begrifflich existiert, sondern daß es noch eine andere Welt gibt, die uns allerdings nicht unmittelbar zugänglich ist, auf die wir aber nicht nur durch das praktische Leben, sondern auch durch die Arbeit der Wissenschaft immer wieder mit zwingender Deutlichkeit hingewiesen werden. Denn das große Wunder der unablässig fortschreitenden Vervollkommnung des wissenschaftlichen Weltbildes treibt den Forscher notgedrungen dazu, nach dessen endgültiger Gestaltung zu suchen. Und da man das, was man sucht, auch als vorhanden annehmen muß, so befestigt sich bei ihm die Überzeugung von der tatsächlichen Existenz einer realen Welt im absoluten Sinn[54]."

Die Aussagen von Planck, Heisenberg, Einstein und Russell lassen erkennen, daß das sinnliche Rohmaterial nicht die einzige Quelle der Erkenntnis und die Erfahrung nicht das einzige Kriterium der Wahrheit sein können. Diese Wissenschaftler teilen mit Kant die Ansicht, daß außer einer Welt der Sinneswahrnehmungen auch eine andere existiert, die uns nicht unmittelbar zugänglich ist. Was Freud anbetrifft, so existiert auch für ihn nicht nur die Sinnes- und Bewußtseinswahrnehmung, sondern auch ein anderer Bereich (die Welt des Unbewußten), der in Wirklichkeit anders ist, als er uns erscheint. Die Existenz dieses psychischen Bereiches läßt sich nicht direkt nachweisen. Nur aus gewissen Äußerungen des Seelenlebens können wir auf die Existenz eines solchen das Bewußtsein transzendierenden Bereiches schließen. Die psychischen Energien sind unserer Wahrnehmung nicht unmittelbar zugänglich. Was erkennbar ist, sind lediglich verschiedene Erscheinungsformen dieser Energien.

---

[53] Albert Einstein, Bertrand Russell und das philosophische Denken. In: Mein Weltbild. Berlin 1955, S. 39.

[54] Max Planck, Sinn und Grenzen der exakten Wissenschaft, Hrsg. von Fritz Krafft. München 1971, S. 18.

Wir haben bereits zu Beginn dieses Kapitels gezeigt, daß zwischen der Freudschen Methode der Persönlichkeitsforschung und der Kantschen der philosophischen Anthropologie frappante Ähnlichkeiten existieren. Beide Forschungsmethoden sind vor allem darauf aus, die subjektive Bedingtheit unserer Wahrnehmung der physischen und psychischen Welt nachzuweisen und die Unerkennbarkeit des Wahrgenommenen hervorzuheben.

Sowohl die philosophische Erkenntnistheorie Kants als auch die psychoanalytische Freuds gehen von dem Standpunkt aus, daß die Erfahrung die Grundlage der Erkenntnis bildet. Jede Erkenntnis beginnt, wie Kant ausdrücklich betont, mit der Erfahrung, aber sie entspringt doch nicht vollständig aus der Erfahrung. Während Kant bestrebt ist nachzuweisen, daß die transzendentalen Funktionen oder rationalen Tätigkeiten des Geistes den Gegenstand der Erfahrung bestimmen, geht Freud von der Annahme aus, daß die irrationalen oder affektiven Tätigkeiten der Seele den Erfahrungsgegenstand konstituieren. Eine sorgfältige Analyse der beiden Erkenntnistheorien zeigt, daß bei der Konstituierung der Erfahrung eine spontane seelische Aktivität, die nicht direkt erkennbar ist, die wichtigste Rolle spielt. Diese Aktivität geschieht nach der Kantschen Theorie durch ein rationales und zeitloses Ich (von oben) und nach der Freudschen durch ein irrationales und zeitloses Es (von unten).

Das Zeitlose ist bei Kant transzendental oder rational und bei Freud prärational oder naturhaft. In diesem Zusammenhang wäre angebracht, den Kantschen und Freudschen Begriff von Zeit kurz darzustellen. Freud mißt diesem Begriff eine große Bedeutung bei: „Ich gestatte mir an dieser Stelle ein Thema flüchtig zu berühren, welches die gründlichste Behandlung verdienen würde. Der Kantsche Satz, daß Zeit und Raum notwendige Formen unseres Denkens sind, kann heute infolge gewisser psychoanalytischer Erkenntnisse einer Diskussion unterzogen werden. Wir haben erfahren, daß die unbewußten Seelenvorgänge an sich ‚zeitlos' sind. Das heißt zunächst, daß sie nicht zeitlich geordnet werden, daß die Zeit nichts an ihnen verändert, daß man die Zeitvorstellung nicht an sie heranbringen kann. Es sind dies negative Charaktere, die man sich nur durch Vergleichung mit den bewußten seelischen Prozessen deutlich machen kann. Unsere abstrakte Zeitvorstellung scheint vielmehr durchaus von der Arbeitsweise des Systems W-Bw hergeholt zu sein und einer Selbstwahrnehmung derselben zu entsprechen[55]."

[55] Sigmund Freud, Jenseits des Lustprinzips. Ges. Werke Bd. XIII, S. 27 f.

Zeit und Raum sind, wie wiederholt dargestellt, den apriorischen Anschauungsformen des Subjekts zuzuschreiben (Kant). Wie bereits erörtert, hat die Relativitätstheorie Einsteins neue Züge von Raum und Zeit ans Licht gebracht, die den apriorischen Formen der reinen Anschauung eine relative Bedeutung beimessen. Die apriorischen Begriffe sind zwar die Voraussetzung für die Wissenschaft, sie besitzen aber eine begrenzte Anwendungsmöglichkeit in der Wissenschaft. Sie haben sozusagen, wie Heisenberg in seinem Buch „Physik und Philosophie" schreibt, den Charakter einer relativen Wahrheit. Wenn wir nun Freud darin zustimmen, daß unsere abstrakte Zeitvorstellung mit der Arbeitsweise und den Funktionen des Systems W-Bw (Wahrnehmungs-Bewußtsein) zusammenhängt, dann kommen wir dem Standpunkt der modernen Physik näher.

3. Psychoanalyse, Soziologie und Sozialphilosophie

a) Der Einfluß Freuds auf die moderne Soziologie

In den letzten Kapiteln haben wir versucht, die Beziehungen zwischen Psychoanalyse, Philosophie und Wissenschaft zu zeigen.

In diesem Teil der vorliegenden Arbeit wollen wir der Frage nachgehen, ob zwischen psychoanalytischer Theorie und moderner Soziologie Beziehungen existieren. Bevor aber das Problem der Zusammenhänge zwischen diesen wissenschaftlichen Disziplinen ausführlich diskutiert wird, sollen kurz einige Gesichtspunkte hinsichtlich des allmählichen Einflusses der Psychoanalyse auf die Soziologie besprochen werden.

Eine sorgfältige Untersuchung der soziologischen Literatur in Europa und den USA während des ersten und zweiten Jahrzehnts unseres Jahrhunderts zeigt, daß die Soziologen der Psychoanalyse keine besondere Beachtung schenkten. Bis etwa 1920 standen sie den Entdeckungen Freuds sehr skeptisch gegenüber. Nach langem Zögern aber entschlossen sie sich, sich der psychoanalytischen Erkenntnisse und Theorien zu bedienen.

Was die Entwicklung des wissenschaftlichen Interesses an der Psychoanalyse in den USA anbelangt, so muß man das Jahr 1909 als den Beginn der offiziellen Einführung der Psychoanalyse betrachten. Im Herbst dieses Jahres lud Stanley Hall, der Präsident der Clark University, Freud und Jung ein, an der 20. Jahrfeier der hiesigen Universität teilzunehmen. Im darauffolgenden Jahr wurden Freuds „Drei Abhandlungen zur Sexualtheorie" von A. A. Brill ins Englische übertragen. Es verging etwa ein Jahrzehnt bis die Psychoanalyse in den USA ihre erste offizielle Anerkennung fand. Im Dezember 1920 versammelte sich in Washington eine Gruppe von amerikanischen Soziologen mit der Absicht, über die Bedeutung der psychoanalytischen Psychologie für das Programm der American Sociological Society zu diskutieren. Der Soziologe Ernest R. Groves eröffnete die Diskussion mit einer Arbeit über Soziologie und psychoanalytische Psychologie, auf welche dann Schriftstücke zu demselben Thema von anderen Soziologen, wie William A. White, Edith R. Spaulding, Phyllis Blanchard, Clarence A. Robinson und Ivy R. Peters folgten[56]. Die Psychoanalytiker haben ihrerseits mit ihren Beiträgen auf dem Gebiet der Familiensoziologie die späteren Versammlungen (1928) der American Society bereichert.

In den 20er Jahren erschien eine Reihe soziologischer Arbeiten, die sich mit den Anwendungsmöglichkeiten psychoanalytischer Konzeptionen in den Sozialwissenschaften beschäftigten. Thomas D. Eliot veröffentlichte 1927 einen Artikel mit dem Titel „The Use of Psychoanalytic Classification in the Analysis of Social Behavior", in welchem er die Namen derjenigen Sozialwissenschaftler erwähnte, die bis zu jener Zeit von den Begriffen der Psychiatrie und Psychoanalyse für die Untersuchung des sozialen Verhaltens Gebrauch gemacht hatten. Folgende Wissenschaftler wurden in seiner Namensliste genannt: Ogburn, Sorokin, Groves, Miller, Becker, Peters, Burgese, Rice und Wolfe.

Das Interesse an den Anwendungsmöglichkeiten psychoanalytischer Konzeptionen in den Sozialwissenschaften wurde bei zahlreichen anderen amerikanischen Soziologen, Anthropologen und Politologen erweckt, welche neben der oben erwähnten Gruppe einer späteren Generation angehörten. Hier sei besonders auf die Namen L. S. Cottrell, J. Dollard, K. Young, W. Waller, H. D. Lasswell, B. Malinowski, M. Mead, E. Sapir und T. Parsons hingewiesen. In diesem Zusammenhang darf jedoch nicht außer acht gelassen werden, daß von der Seite der Psychologen und Psychoanalytiker hervorragende, systematische Arbeiten existieren, die sich ebenfalls mit den Beziehungen zwischen Psychoanalyse und Soziologie befassen. Die Namen H. S. Sullivan, K. Horney und E. Fromm sollen hier in erster Linie erwähnt werden.

---

[56] Vgl. dazu Ernest W. Burgess, The Influence of Sigmund Freud upon Sociology in the United States. In: The American Journal of Sociology. Vol. XLV, Chicago/Illinois 1939—40, p. 365.

Unter den oben erwähnten Wissenschaftlern verdient der Name Talcott Parsons eine besondere Beachtung. Als anerkannter Soziologe unserer Zeit hat Parsons nicht nur die Bedeutung der Psychoanalyse für die Sozialwissenschaften erfaßt, sondern selbst auch versucht, sie in seine soziologischen Theorien aufzunehmen. Obwohl Freud in dem umfangreichen Werk Parsons' „The Structure of Social Action" im Rahmen der Entstehungsgeschichte der allgemeinen Handlungstheorie so gut wie keinen Platz gefunden hatte, wurde er aber später in allen wichtigen sozialpsychologischen Arbeiten[57] Parsons' neben Max Weber und Emile Durkheim ausführlich behandelt.

Hier kann die Frage gestellt werden, weshalb Parsons als Soziologe sich für die Tiefenpsychologie Freuds interessiert hat. Er schreibt selbst, daß das Studium der Verhaltensmuster der Ärzte in den späten dreißiger Jahren und vor allem die Anregungen Elton Mayos ihn zu der intensiven Lektüre der Werke Freuds geführt haben[58]. Sein Interesse an der Psychoanalyse geht aber auf ein früheres Datum zurück. Bereits in den frühen zwanziger Jahren hatte Parsons sich oberflächlich mit Freud befaßt. Diese erste und vorübergehende Beschäftigung mit der Freudschen Psychologie war verständlich, nachdem Parsons die Durkheimsche Überwindung der utilitaristischen Handlungstheorie durch Vorstellung einer organizistischen Harmonisierung von Individuum und Gesellschaft aufgenommen hatte. Es muß aber gesagt werden, daß der Einfluß Freuds auf Parsons während dieser Periode im Vergleich zu den späten dreißiger Jahren wesentlich geringer war. Die spezifischen Impulse, welche von der intensiven Lektüre der Schriften Freuds ausgingen, wurden erst in der zweiten Periode deutlich erkennbar. Kurz nach der Veröffentlichung seines bedeutsamen Werkes „The Structure of Social Action" (1937) begann Parsons, sich mit der Psychoanalyse eingehend zu beschäftigen. Parsons bedauerte es, daß er in diesem Buch die Freudschen Theorien nicht berücksichtigt hatte. Im Vorwort zur zweiten Auflage derselben Arbeit bringt er sein Versäumnis folgendermaßen zum Ausdruck:

[57] Die bedeutendsten Schriften Parsons, in denen Freud eine besondere Stellung eingenommen hat, sind folgende: „The Contribution of Psychoanalysis to Social Science"; „The Superego and the Theory of Social Systems"; „The Father Symbol: An Appraisal in the Light of Psychoanalytic and Sociological Theory"; „The Incest Taboo in Relation to Social Structure and the Socialization of the Child"; „Social Structure and the Development of Personality: Freud's Contribution to the Integration of Psychology and Sociology".

[58] Talcott Parsons, Social Structure and Personality. 2. Printing, New York 1965, p. 13.

„A major one-sidedness of the Book is its relative neglect of the psychological aspects of the total conceptual scheme — a balance which a thorough revision would certainly have to attempt to redress. Here, at least, one figure in the same generation as the others, that of Freud, looms up as having played a cardinal role in a development which, in spite of the differences of his starting points and empirical concerns, must be regarded as a vital part of the same general movement of thought. Psychology is probably richer in significant secondary figures than is true on the sociological side, but no other one seems closely to approach the stature of Freud. So much is this the case that a fulldress analysis of Freud's theoretical development seen in the context of the ‚theory of social action' — and adaptation of the rest of the book to the results of such an analysis — would seem indispensable to the kind of revision which ought to be undertaken[59]."

Bei der Aufstellung einer allgemeinen, systematischen Handlungstheorie geht also Parsons später nicht nur von den Soziologien Paretos, Durkheims und Webers aus, sondern auch von der Tiefenpsychologie Freuds. Seiner Ansicht nach haben sich die drei ersten in ihren Theorieansätzen einem kohärenten, theoretischen System angenähert, das als *voluntaristische Handlungstheorie* gekennzeichnet werden müsse[60]. Parsons übernimmt wesentliche Aspekte der psychoanalytischen Theorie. Er rezipiert die Freudsche Sozialisationstheorie, vor allem seine Lehre des Über-Ichs, insofern diese zur Lösung des Hobbesschen Ordnungsproblems beiträgt.

b) Das Über-Ich und die moralischen Werte (Freud, Durkheim)

Der psychoanalytische Begriff des Über-Ichs stellt einen der wichtigsten Punkte dar, an denen es möglich ist, direkte Beziehungen zwischen Psychoanalyse und Soziologie herzustellen. Vom geschichtlichen Standpunkt aus betrachtet, bildet die Annahme von der Existenz dieser Teilstruktur der Persönlichkeit, die Über-Ich genannt wird, das Zentrum eines wirklichen und wissenschaftlichen Annäherungsprozesses. In der fast gleichzeitigen, aber selbständigen Entdeckung der Internalisierung moralischer Werte durch Durkheim und Freud sieht Talcott Parsons

[59] Derselbe, The Structure of Social Action. A Study in Social Theory with Special Reference to a Group of Recent European Writers. 3. Printing, Glencoe 1964, p. 8 f.

[60] Ebenda, p. 11 ff.

einen der entscheidenden Wendepunkte der Entwicklung der Wissenschaft vom menschlichen Verhalten.

Wir wollen aber uns hier nicht mit dem eindrucksvollen Phänomen der Konvergenz der beiden Denkströmungen im Bereich der Sozialwissenschaften befassen. Vielmehr wollen wir den Versuch unternehmen, ein Begriffsschema zu entwickeln, das sowohl der Persönlichkeitstheorie als auch der Theorie des sozialen Systems gemeinsam ist. Da Freud und seine Schüler sich hauptsächlich auf die Analyse der Einzelpersönlichkeit konzentrierten, so haben sie nicht genügend die Implikationen der Interaktion des Individuums mit anderen Personen, die zusammen ein soziales System bilden, berücksichtigt.

Durkheim und die anderen Soziologen haben ihrerseits nur das soziale System als solches in den Mittelpunkt ihrer soziologischen Betrachtungsweisen gestellt und folglich die Implikationen der Tatsache, daß es die Interaktion von Persönlichkeiten ist, welche ein soziales System bildet, außer acht gelassen. Während Freud in den Kategorien eines Bezugsrahmens (frame of reference) dachte, der eine Person zu ihrer Situation oder Umwelt in Beziehung setzte, ohne dabei auf die besondere Bedeutung der sozialen Interaktion von Individuen als System einzugehen, stellt Parsons die Interaktion von Personen in das Zentrum seiner sozialpsychologischen Untersuchungen und gelangt zu der unausweichlichen Folgerung, daß nicht nur moralische Normen, sondern auch alle Bestandteile der gemeinsamen Kultur als Teil der Persönlichkeitsstruktur internalisiert werden.

c) Die Theorie der sozialen Objektbeziehungen (Freud, Parsons)

Um nachzuweisen, daß die Psychoanalyse einen grundlegenden Beitrag zur Soziologie geleistet hat, stellt Parsons in seinem Aufsatz „The Contribution of Psychoanalysis to Social Science“ die psychoanalytische Theorie von den Objektbeziehungen in den Vordergrund seiner Untersuchungen. Aufgrund der intensiven Beschäftigung mit der Psychoanalyse glaubt Parsons herausbekommen zu haben, daß Freud den positivistischen Triebdeterminismus durch die Theorie der sozialen Objektbeziehungen überwunden hat. Der Kern dieser Theorie liegt in solchen Begriffen wie Identifikation, Objektbesetzung, Verinnerlichung oder Introjektion.

Den Hauptbeitrag Freuds zur Sozialisationstheorie sieht Parsons in der Aufstellung der psychoanalytischen Theorie der Objektbeziehungen, die die Aspekte der Integration der Persönlichkeit in ein soziales System mit zunehmend differenzierter Struktur darstellt.

Die von Freud beschriebenen psychosexuellen Entwicklungsstufen werden von Parsons in seine Theorie der Sozialisationsphasen aufgenommen. Die allgemeine Sozialisationstheorie Parsons ergibt sich dann also aus der Übereinstimmung der psychoanalytischen Persönlichkeitstheorie (mit besonderer Berücksichtigung der psychosexuellen Phasen) mit dem Grundschema von Lernprozessen, das von Parsons als AGIL-LIGA bezeichnet wird. Diese Buchstaben sind Abkürzungen für: „Adaptive Function, Goal-Attainment Function, Integrative Function, Pattern-Maintenance and Tension-Management Function".

Während Freud den ganzen seelischen Entwicklungsprozeß als diskontinuierlich, als Folge von Konflikten, in deren Zentrum die infantile Sexualität und deren Objekte stehen, betrachtet, schildert Parsons die psychosexuellen Stadien als eine aufsteigende Phasenspirale, die durch die Integration des Kindes in ein soziales System mit zunehmend differenzierter Struktur und wachsender Komplexität entsteht.

d) Das Problem der sozialen Ordnung (Hobbes, Rousseau, Locke)

So versucht Parsons die Freudsche Sozialisationstheorie in seine eigene zu integrieren. Wie bereits erwähnt, übernimmt Parsons den psychoanalytischen Begriff des Über-Ichs, insofern dieser zur Lösung des Hobbesschen Ordnungsproblems beiträgt. Die Parsonssche Theorie des sozialen Handelns läßt sich als Versuch einer Lösung zum Problem der sozialen Ordnung verstehen. Dieses Problem wurde zuerst von dem bekannten englischen Philosophen Thomas Hobbes (1588 - 1679) in seinem Werk „Leviathan" gestellt und ausführlich behandelt. Bevor Hobbes die Frage beantwortete, wie eine Ordnung von sozialen Beziehungen in der Gesellschaft möglich sei, stellt er das Gegenbild der Ordnung in den Vordergrund seiner sozialphilosophischen Analysen. Er ging zunächst von der Annahme aus, daß sich die Menschen im ursprünglichen Gesellschaftszustand (Naturzustand) im Kampf aller gegen alle (bellum omnium contra omnes) befinden[61]. Nach Hobbes

---

[61] Vgl. dazu Thomas Hobbes, Leviathan. Or the Matter, Form, and Power of a Commonwealth, Ecclesiastical and Civil. Introduction by A. D. Lindsay. London/New York 1965, p. 67. Vgl. auch die deutsche Übersetzung von Dorothee Tidow mit einem Essay: „Zum Verständnis des Werkes", einem biographischen Grundriß und einer Bibliographie hrsg. von Peter Cornelius Mayer-Tasch. Leck/Schleswig 1965, S. 102.

liegt die Ursache dieses Ur-Konfliktes in den egoistischen Leidenschaften der Menschen. Wie kommt es aber, daß ein solcher Zustand, in dem jeder des anderen Feind ist (Homo homini lupus), schließlich zum friedlichen Zusammenleben der Individuen führt? Um sich vor den Folgen des ursprünglichen Krieges aller gegen alle zu schützen, müssen die Menschen eine Gesellschaft bilden, welche in der Lage ist, die Ordnung zu bewahren[62]. Im Gesellschaftsvertrag sieht Hobbes die Grundlage der Existenz von Gesellschaften überhaupt.

Ohne Gesellschaftsvertrag wäre also das kollektive Zusammenleben der Menschen äußerst problematisch, ja sogar unmöglich. Solange es keine übergeordnete Macht gibt, welche alle im Zaum halten soll, wäre die Aufrechterhaltung der Ordnung in der menschlichen Gesellschaft nicht denkbar. Die Menschen müssen sich also, wie Hobbes im Leviathan ausführt, zu Staaten zusammenschließen, um den sozialen Übeln entgehen zu können. Die Grundfrage, mit der sich Hobbes in seinem Werk beschäftigt, ist nämlich die, wie das Wesen des Staates aus der Natur des Menschen abgeleitet werden kann.

Die Hobbessche Version des Gesellschaftsvertrages unterscheidet sich von der Lockes und Rousseaus darin, daß der Vertrag bei dem ersteren, nicht zwischen den Bürgern und der herrschenden Gewalt, sondern zwischen den Bürgern selbst geschlossen wird[63]. Was die Gesellschaftstheorie Rousseaus hinsichtlich des Problems der sozialen Ordnung anbelangt, so beruht nach ihr der gesellschaftliche Zusammenhalt nicht auf Zwang oder auf der Souveränität des einen, der die Herrschaft ausübt, sondern auf einem freien Consensus, welcher eine höhere Einheit der Menschen gewährleistet. Rousseau sagt: „Allein die gesellschaftliche Ordnung ist ein geheiligtes Recht, das die Grundlage aller übrigen bildet. Dieses Recht entspringt jedoch keineswegs aus der Natur; es beruht folglich auf Verträgen[64]."

Während Hobbes bei seiner utilitaristischen Lösung des Ordnungsproblems aus den angenommenen egoistischen Leidenschaften (egoistic passions) der Individuen auf die Möglichkeit des Kampfes aller gegen alle schloß und die Notwendigkeit des Souveräns für den sozialen Zu-

[62] Ebenda, S. 98 f.

[63] Vgl. hierzu Bertrand Russell, Philosophie des Abendlandes. Ihr Zusammenhang mit der politischen und der sozialen Entwicklung. Zürich 1975, S. 561.

[64] J. J. Rousseau, Der Gesellschaftsvertrag. Oder die Grundsätze des Staatsrechts. (Du Contract Social ou Principes du Droit Politique). Stuttgart 1969, S. 30.

sammenhalt postulierte, ging Locke in seinen gesellschaftsphilosophischen Untersuchungen von der metaphysischen Annahme aus, daß die Menschen im Naturzustand (im Zustand der vollkommenen Freiheit: state of perfect freedom) friedlich zusammenleben können und daß die soziale Ordnung in einem solchen Zustand auch ohne eine übergeordnete Macht (Souverän) möglich sei.

Hier soll aber hinzugefügt werden, daß Locke, ausgehend von der Identität der individuellen Interessen im Naturzustand, keineswegs die Möglichkeit der Verletzung der menschlichen Rechte ausschließen will. Im Falle der Gesetzesübertretung ist jeder berechtigt, um der Aufrechterhaltung der Ordnung willen, den anderen zu strafen. „Ein jeder hat somit das Recht, diejenigen, die das Gesetz überschreiten, in dem Maße zu strafen, wie es nötig ist, eine neue Verletzung zu verhindern. Denn gleich allen anderen die Menschen betreffenden Gesetzen dieser Welt wäre das Naturgesetz nichtig, wenn im Naturzustand niemand die Macht hätte, dieses Gesetz zu vollstrecken, um den Unschuldigen zu schützen und den Missetäter in Schranken zu halten. Wenn aber jeder einzelne im Naturzustand einen anderen für jedes von ihm begangene Unrecht bestrafen kann, so können es alle tun. Denn was in diesem Zustand der vollkommenen Gleichheit, wo es von Natur weder Überordnung noch Rechtsprechung des einen über den anderen gibt, zur Vollstreckung dieses Gesetzes irgendeinem zu tun erlaubt ist, muß notwendigerweise auch das Recht aller sein[65]."

Aus diesen Ausführungen Lockes geht also eindeutig hervor, daß die Rechte des einzelnen im Zustand der vollkommenen Freiheit nicht durch eine höhere Macht oder Regierung, sondern durch die einzelnen selbst geschützt sind. Die Lockesche Konzeption des Naturzustandes unterscheidet sich doch von der Hobbes', da der erstere in seinen sozialphilosophischen Analysen an Stelle von bellum omnium contra omnes einen wohltätigen Zustand voraussetzt, der von der Vernunft beherrscht wird. Die Vernunft ist für Locke, nicht wie bei Hobbes, eine Dienerin der Leidenschaften, sondern das herrschende Prinzip der Natur selbst.

Die von Hobbes und Locke eingeführten Komponenten des Handelns konnten, wie Parsons im einzelnen nachgewiesen hat, keine be-

[65] John Locke, Über die Regierung. (The Second Treatise of Government). Übers. von Dorothee Tidow, mit einem Essay John Lockes: Der Weg zur Freiheit, einem biographischen Grundriß und einer Bibliographie. Hrsg. von Peter Cornelius Mayer-Tasch. (Rowohlts Klassiker der Literatur und Wissenschaft-Philosophie der Neuzeit, Bd. 8.) Leck/Schleswig 1966, S. 11 f.

friedigende Lösung des Problems der sozialen Ordnung anbieten. Nach Parsons blieb also die Lösung dieses Problems der angelsächsischen utilitaristischen Tradition gesellschaftswissenschaftlichen Denkens von Hobbes und Locke bis Spencer verwehrt. Abgesehen von der utilitaristischen Ideologie englischer Prägung vermochte auch die idealistisch-kollektivistische Denktradition in der deutschen Sozialphilosophie von Kant und Hegel bis zu Dilthey und Sombart keine vollständige Theorie des Handelns für die Erklärung der gesellschaftlichen Ordnung liefern. Diese Traditionen wurden in ihrer Wirkung erst mit der Entwicklung eines kohärenten theoretischen Systems, das als voluntaristische Handlungstheorie (Marshall, Pareto, Durkheim und Weber) zu bezeichnen ist, geschwächt.

Was den Positivismus anlangt, der sich im 19. Jahrhundert als ein sehr einflußreiches philosophisches System über den historisch früheren Utilitarismus hinausentwickelte, so liefert er für Parsons keine hinreichende Erklärung des sozialen Handelns. In seinem Streben um die Erläuterung des gesellschaftlichen Ordnungsproblems bleibt Parsons bei der Polemik gegen Positivismus, Utilitarismus und Idealismus nicht stehen. Vielmehr ist er bemüht, durch gründliche und intensive Studien die Konvergenz der Lehren von Marshall, Pareto, Durkheim und Weber in der voluntaristischen Handlungstheorie nachzuweisen. Von den vier genannten Autoren ist Durkheim für die Parsonssche Theorie des sozialen Handelns der wichtigste. Durkheim hat durch seinen Begriff des Kollektivbewußtseins einen maßgeblichen Einfluß auf Parsons ausgeübt. Die Durkheimsche Formulierung, daß die normative Integration durch Internalisierung moralischer Werte und sozialer Normen entsteht, hat sich bei der Lösung des Hobbesschen Problems als besonders nützlich erwiesen. Es gelingt dann Parsons durch die Anwendung der psychoanalytischen Erkenntnisse Freuds, der Lösung dieses Problems besonders gerecht zu werden. Bei der Konstruktion seiner allgemeinen, systematischen Verhaltenstheorie geht also Parsons über Durkheim zu Freud und übernimmt die wesentlichen Aspekte der Psychoanalyse.

VII. Schluß

Vor Freud war die Erforschung der menschlichen Seele Angelegenheit der Philosophen und der philosophisch ausgerichteten Psychologen. Diese führten alle Äußerungen des Seelenlebens auf Wahrnehmungsfunktionen des Bewußtseins zurück. Sie lehnten also die Idee eines Psychischen, das nicht bewußt ist, als eine Fiktion ab.

Freud setzt der Bewußtseinspsychologie seiner Zeit eine Psychologie des Unbewußten entgegen. Mit der Einführung der Konzeption des Unbewußten in die Psychologie hat er der herrschenden Vorstellung, nach der die Motive der Menschen rational aus ihren Handlungen abgeleitet werden können, ein Ende bereitet. Durch Anwendung der Technik der freien Assoziation und vor allem durch Analyse der Träume, der Fehlleistungen sowie der Zufallshandlungen gelangte er zu dem Ergebnis, daß Motive nicht das sind, was sie zu sein scheinen.

Die Unterscheidung zwischen Bewußtem und Unbewußtem ist die Grundvoraussetzung der Psychoanalyse. Das Wesen des Psychischen läßt sich, wie Freud ausdrücklich betont, allein durch die Daten des Bewußtseins nicht erfassen. Durch die Annahme der unbewußten Seelentätigkeit können nicht nur die pathologischen Vorgänge adäquater beschrieben, sondern auch die Phänomene der Hypnose und des Traumes vollständiger erklärt werden. Ganz abgesehen vom Pathologischen haben die unbewußten seelischen Prozesse enorme Einwirkung auf das menschliche Verhalten.

Die Kritiker der Psychoanalyse gehen von der Überzeugung aus, daß die Einführung der Konzeption unbewußter Prozesse in die Psychologie völlig überflüssig sei, und eine präzise Erklärung psychischer Phänomene nur im Bereich der Hirnphysiologie gesucht werden könne. Alles Seelengeschehen müsse auf Gehirngeschehen zurückgeführt werden. Nur durch Untersuchung des räumlichen Hirngeschehens sei es möglich, die Gesamtheit seelischer Erscheinungen zu explizieren.

Diese Argumente, die hauptsächlich von den Vertretern einer extrem gehirn-anatomisch orientierten Psychiatrie vorgebracht werden, basieren auf atomistisch-mechanistischen Denkweisen, welche den Tendenzen des positivistisch-naturwissenschaftlichen Zeitalters entsprechen. Das eigentliche psychologische Denken kann aber durch solche Betrachtungen, die hartnäckig nach der Lokalisation seelischer Eigenschaften und psychischer Funktionen in der komplexen Struktur des Gehirns suchen, nicht befriedigt werden.

Betrachtet man nun die Geschichte der Entwicklung der psychoanalytischen Theorien, so stellt man fest, daß Freud, der selbst mit der Physiologie und Anatomie des Gehirns vertraut war, physiologische Erklärungsversuche über seelische Prozesse durch psychologische Hypothesen ersetzte. Durch sorgfältige und auf Erfahrung gestützte Untersuchungen pathologischer Vorgänge erlangte Freud die Gewißheit, daß die Erklärungen auf hirnphysiologischer Grundlage keineswegs verläßlicher sind als die psychologischen Konstruktionen und Theorien. Die klinischen Beobachtungen ließen ihn also erkennen, daß nicht alle seelischen Störungen auf Gehirnerkrankungen zurückzuführen sind. Er wies vor allem auf die Symptome der Hysterie (Lähmungen, Verkrampfungen, Unempfindlichkeit, Zittern usw.) hin, welche keinem bestimmten hirnanatomischen Sektor angehören. Die Hysteriker verhalten sich so, als seien sie durch pathogen gewordene Vorstellungen angetrieben.

Diese und ähnliche Überlegungen, die auf rein psychologischen Beweisführungen beruhen, führten Freud dazu, seinen ursprünglichen Versuch, die psychischen Phänomene physiologisch zu erklären, aufzugeben. Gerade der Verzicht auf physiologische Explikationen zugunsten der psychologischen muß als der entscheidenste Wendepunkt in der Geschichte der Psychoanalyse betrachtet werden. Der wissenschaftliche Wert psychologischer Betrachtungsweisen unter Einschluß von Hypothesen über unbewußte seelische Vorgänge besteht vor allem darin, daß ein beträchtlicher Teil des menschlichen Verhaltens, der früher nicht erklärt werden konnte, jetzt erklärbar ist. Ohne Einbeziehung des Begriffs unbewußter seelischer Prozesse können die Kausalzusammenhänge, wo es sich um die komplexe Struktur der menschlichen Persönlichkeit handelt, nicht vollständig expliziert werden.

An verschiedenen Stellen seiner Werke hat Freud deutlich gezeigt, worin die Mängel der Theorien der Bewußtseinspsychologie bestehen. Diese gingen bei der Erforschung der Persönlichkeit nur von den Daten des Bewußtseins aus und ließen das Postulat unbewußter Seelentätigkeit außer acht. Im Gegensatz zu den herrschenden psychologischen Theorien seiner Zeit entwickelte Freud ein Modell, nach dem die Gesetzmäßigkeiten in den Beziehungen zwischen den Entwicklungsphasen der frühen Kindheit und der Verhaltensstruktur des Erwachsenen sorgfältig studiert werden konnten. Niemals hat aber Freud den Anspruch erhoben, im Besitze eines abgeschlossenen Lehrsystems zu sein. Vielmehr hat er die Vorläufigkeit und Modifizierbarkeit der meisten seiner Hypothesen betont und ihnen den Ausschließlichkeitscharakter abgesprochen.

Literaturverzeichnis

Teil I

Abraham, Karl: Psychoanalytische Studien zur Charakterbildung und andere Schriften. Herausgegeben und eingeleitet von Johannes Cremerius. Frankfurt a. M. 1969

Adler, Alfred: Über den nervösen Charakter. Grundzüge einer vergleichenden Individual-Psychologie und Psychotherapie. Mit einer Einführung von Wolfgang Metzger. Frankfurt a. M. 1972

— Menschenkenntnis. 6. Aufl., Zürich 1947

Adorno, Theodor W.: Die revidierte Psychoanalyse. In: Frankfurter Beiträge zur Soziologie, Bd. 10, Soziologica II. Reden und Vorträge von Max Horkheimer und Theodor W. Adorno. Frankfurt a. M. 1962

Alexander, F. G. und S. T. *Selesnick:* Geschichte der Psychiatrie. Ein kritischer Abriß der psychiatrischen Theorie und Praxis von der Frühgeschichte bis zur Gegenwart. Zürich 1969

Axelrad, Sidney: Comments on Anthropology and the Study of Complex Cultures. In: Psychoanalysis and the Social Sciences. Ed. by Warner Muensterberger and Sidney Axelrad. Vol. IV, New York 1955, p. 29 - 51

— Infant Care and Personality Reconsidered: A Rejoinder to Orlansky. In: The Psychoanalytic Study of Society. Ed. by Warner Muensterberger and Sidney Axelrad. Vol. II, New York 1962, p. 75 - 135

v. Baeyer, Walter und Wanda *v. Baeyer-Katte:* Angst. Frankfurt a. M. 1971

Balint, Michael: Einleitung in die Schriften Sándor Ferenczis zur Psychoanalyse. Frankfurt a. M. 1970

Bally, Gustav: Einführung in die Psychoanalyse Sigmund Freuds. München 1961

Becker, Alois M.: Das psychoanalytische Konzept der Charakterneurose. In: Neurose, Charakter, soziale Umwelt. Beiträge zu einer speziellen Neurosenlehre. Hrsg. von Hans Strotzka. München 1973, S. 45 - 58

Beloff, Halla: The Structure and Origin of the Anal Character. In: Freud and Psychology. Ed. by S. G. M. Lee and Martin Herbert. Bungay/Suffolk 1970, p. 121 - 148

Berkowitz, Leonhard: Aggressions-Auslöser, aggressives Verhalten und Katharsis von Feindseligkeiten. In: Texte aus der experimentellen Sozialpsychologie. Herausgegeben und eingeleitet von Martin Irle in Zusammenarbeit mit Mario von Cranach und Hermann Vetter. Neuwied/Berlin 1969, S. 154 - 187

Bernal, John Desmond: Wissenschaft (Science in History). Bd. 1, Hamburg 1970

— Wissenschaft (Science in History). Die wissenschaftliche und industrielle Revolution. Bd. 2, Hamburg 1970

Bernfeld, Siegfried: Sozialismus und Psychoanalyse. In: Psychoanalyse und Marxismus. Dokumentation einer Kontroverse. Einleitung von Hans Jörg Sandkühler. Frankfurt a. M. 1970, S. 46 - 56

Besançon, A.: Psychoanalytische Geschichtsschreibung. In: Geschichte und Psychoanalyse. Hrsg. von Hans-Ulrich Wehler. Köln 1971, S. 101 - 156

Bettelheim, Bruno und Morris *Janowitz:* Dynamics of Prejudice. A Psychological and Sociological Study of Veterans. New York 1950

Blum, Gerald S. und Daniel R. *Miller:* Exploring the Psychoanalytic Theory of the „Oral Charakter". In: Freud and Psychology. Ed. by S. G. M. Lee and Martin Herbert. Bungay/Suffolk 1970, p. 148 - 167

Bonaparte, Marie: Some Psychoanalytic and Anthropological Insights Applied to Sociology. In: Psychoanalysis and Culture. Ed. by George B. Wilbur and Warner Muensterberger. New York 1951, p. 145 - 150

Boyer, L. Bryce: Remarks on the Personality of Shamans: With Special Reference to the Apache of the Mescalero Indian Reservation: In: The Psychoanalytic Study of Society. Ed. by Warner Muensterberger and Sidney Axelrad. Vol. II, New York 1962, p. 233 - 255

Brenner, Charles: Grundzüge der Psychoanalyse. Frankfurt a. M. 1967

Brett, G. S.: History of Psychology. Ed. by R. S. Peters. London 1953

Brome, Vincent: Sigmund Freud und sein Kreis. München 1969

Bruner, Jerome S.: The Freudian Conception of Man and the Continuity of Nature. In: Readings in the Philosophy of the Social Sciences. Ed. by May Brodbeck. 4. Printing. London/Toronto/Ontario 1969, p. 705 - 711

Bychowski, Gustav: The Ego and the Introjects: Origins of Religious Experience. In: Psychoanalysis and the Social Sciences. Ed. by Warner Muensterberger and Sidney Axelrad. Vol. V, New York 1958, p. 246 - 280

— Diktatoren. Beiträge zu einer psychoanalytischen Persönlichkeits- und Geschichtsdeutung. Mit einem Vorwort von Alexander Mitscherlich. München 1965

Bychowski, Gustav: Dictatorship and Paranoia. In: Psychoanalysis and the Social Sciences. Ed. by Warner Muensterberger and Sidney Axelrad. Vol. IV, New York 1955, p. 127 - 135

Carnap, Rudolf: Der logische Aufbau der Welt. 3. unveränderte Aufl. *1966 *Hamburg

— Induktive Logik und Wissenschaft. In: Erkenntnisprobleme der Naturwissenschaften. Texte zur Einführung in die Philosophie der Wissenschaft. Hrsg. von Lorenz Krüger. Köln/Berlin 1970, S. 205 - 215

Caruso, Igor A.: Soziale Aspekte der Psychoanalyse. Stuttgart 1962

— Aggressivität oder „Todestrieb"? In: Fortschritte der Psychoanalyse. Internationales Jahrbuch zur Weiterentwicklung der Psychoanalyse. Hrsg. von L. Salzman, W. Schwidder und A. J. Westerman Holstijn. Bd. III, Göttingen 1968, S. 105 - 122

Condrau, G.: Das Leib-Seele-Problem im Licht der Psychoanalyse. In: Fortschritte der Psychoanalyse. Internationales Jahrbuch zur Weiterentwicklung der Psychoanalyse. Hrsg. von L. Salzman, W. Schwidder und A. J. Westerman Holstijn, Bd. III, Göttingen 1968, S. 30 - 40

Dahmer, Helmut: Libido und Gesellschaft. Studien über Freud und die Freudsche Linke. Literatur der Psychoanalyse. Hrsg. von Alexander Mitscherlich. Frankfurt a. M. 1973

Devereux, George: Charismatic Leadership and Crisis. In: Psychoanalysis and the Social Sciences. Ed. by Warner Muensterberger and Sidney Axelrad. Vol. IV, New York 1955, p. 145 - 158

Dollard, John und Neal E. *Miller:* Personality and Psychotherapy. An Analysis in Terms of Learning, Thinking and Culture. New York/Toronto/London 1950

Dollard, John, *Doob*, Leonhard W., *Miller*, Neal E., *Mowrer*, O. H. und Robert S. *Sears*: Frustration und Aggression. Übers. von Wolfgang Dammschneider und Erhard Mader. Weinheim/Berlin/Basel 1971

Dorsch, Friedrich: Psychologisches Wörterbuch. Hrsg. unter Mitwirkung von Werner Traxel. Einführung in die mathematische Behandlung psychologischer Probleme (Wilhelm Witte). 8., neubearbeitete und erweiterte Aufl. Hamburg/Berlin 1970

Doucet, Friedrich W.: Forschungsobjekt Seele. Eine Geschichte der Psychologie. München 1971

— Psychoanalytische Begriffe. Vergleichende Textdarstellung: Freud—Adler—Jung. München 1972

Dreikurs, Rudolf: Die Individualpsychologie Alfred Adlers. In: Die Psychotherapie in der Gegenwart. Richtungen, Aufgaben, Probleme, Anwendungen. Hrsg. von Erich Stern. Zürich 1958, S. 68 - 89

Erikson, Erik H. (1950): Kindheit und Gesellschaft. (Childhood and Society). Übers. von Marianne von Eckardt-Jaffé. 2., überarbeitete und erweiterte Aufl. Stuttgart 1965

— (1957): Trieb und Umwelt in der Kindheit. In: Freud in der Gegenwart. Ein Vortragszyklus der Universitäten Frankfurt und Heidelberg zum hundertsten Geburtstag. Frankfurter Beiträge zur Soziologie. Hrsg. von Theodor W. Adorno und Walter Dirks, Bd. 6, Frankfurt a. M. 1957, S. 43 - 65

— (1964): Einsicht und Verantwortung. Die Rolle des Ethischen in der Psychoanalyse. (Insight and Responsibility. Lectures on the Ethical Implications of Psychoanalytic Insight). Übers. von Marianne von Eckardt-Jaffé. Stuttgart 1966

Farber, I. E.: Personality and Behavioral Science. In: Readings in the Philosophy of the Social Sciences. Ed. by May Brodbeck. 4. Printing, London/Toronto/Ontario 1969, p. 145 - 179

Farell, B. A. (1951): The Scientific Testing of Psychoanalytic Findings and Theory. In: Freud and Psychology. Ed. by S. G. M. Lee and Martin Herbert. Bungay/Suffolk 1970, p. 371 - 382

— (1963): Psychoanalysis: The Method. In: Freud and Psychology. Ed. by S. G. M. Lee and Martin Herbert. Bungay/Suffolk 1970, p. 53 - 63

— (1963): Psychoanalytic Theory. In: Freud and Psychology. Ed. by S. G. M. Lee and Martin Herbert. Bungay/Suffolk 1970, p. 19 - 29

Fenichel, Otto: Perversionen, Psychosen, Charakterstörungen. Spezielle Psychoanalytische Neurosenlehre. Wien 1931

Fließ, Wilhelm: Der Ablauf des Lebens. Wien 1923

— Das Jahr im Lebendigen. Jena 1924

— Vom Leben und vom Tod. Jena 1924

Fodor, Jerry A.: Functional Explanation in Psychology. In: Readings in the Philosophy of the Social Sciences. Ed. by May Brodbeck. 4. Printing, London/Toronto/Ontario 1969, p. 223 - 239

Frazer, James George: The Golden Bough. A Study in Magic and Religion. Abridged Edition, London/Toronto 1967

Freeman, Thomas, John L. *Cameron* und Andrew *McGhie:* Studien zur chronischen Schizophrenie. (Chronic Schizophrenia). Mit einem Vorwort von Anna Freud, übers. von Thomas Frank. 2. Aufl. Frankfurt a. M. 1970

Freud, Anna (1936): Das Ich und die Abwehrmechanismen. München o. J.

Freud, Sigmund: Aus den Anfängen der Psychoanalyse (Briefe an Wilhelm Fließ, Abhandlungen und Notizen aus den Jahren 1887 - 1902). Frankfurt a. M. 1962

Freud, Sigmund (1894): Die Abwehr-Neuropsychosen. Versuch einer psychologischen Theorie der akquirierten Hysterie, vieler Phobien und Zwangsvorstellungen und gewisser halluzinatorischer Psychosen. Ges. Werke Bd. I, 2. Aufl. Frankfurt a. M. 1964

Freud, Sigmund und Joseph *Breuer* (1895 a): Studien über Hysterie. Frankfurt a. M. 1970

Freud, Sigmund (1895 b): Studien über Hysterie. Ges. Werke Bd. I, 2. Aufl. Frankfurt a. M. 1964

— (1896 a): Weitere Bemerkungen über die Abwehr-Neuropsychosen. Ges. Werke Bd. I, 2. Aufl. Frankfurt a. M. 1964

— (1896 b): Zur Ätiologie der Hysterie. Ges. Werke Bd. I, 2. Aufl. Frankfurt a. M. 1964

— (1898): Die Sexualität in der Ätiologie der Neurosen. Ges. Werke Bd. I., 2. Aufl. Frankfurt a. M. 1964

— (1900): Die Traumdeutung. Ges. Werke Bd. II/III, 4. Aufl. Frankfurt a. M. 1968

— The Interpretation of Dreams. Trans. and ed. by Zames Strachey. London 1954

— (1901): Zur Psychopathologie des Alltagslebens. Ges. Werke Bd. IV, 4. Aufl. 1964

— (1905 a): Drei Abhandlungen zur Sexualtheorie. Ges. Werke Bd. V, 4. Aufl. Frankfurt a. M. 1968

— (1905 b): Meine Ansichten über die Rolle der Sexualität in der Ätiologie der Neurosen. Ges. Werke Bd. V, 4. Aufl. Frankfurt a. M. 1968

— (1905 c): Bruchstück einer Hysterie-Analyse. Ges. Werke Bd. V, 4. Aufl. Frankfurt a. M. 1968

— (1905 d): Der Witz und seine Beziehung zum Unbewußten. Ges. Werke Bd. VI, 4. Aufl. Frankfurt a. M. 1969

— (1907): Zwangshandlungen und Religionsübungen. Ges. Werke Bd. VII, 4. Aufl. Frankfurt a. M. 1966

— (1908 a): Die „kulturelle" Sexualmoral und die moderne Nervosität. Ges. Werke Bd. VII, 4. Aufl. Frankfurt a. M. 1966

— (1908 b): Über infantile Sexualtheorien. Ges. Werke Bd. VII, 4. Aufl. Frankfurt a. M. 1966

— (1908 c): Charakter und Analerotik. Ges. Werke Bd. VII, 4. Aufl. Frankfurt a. M. 1966

— (1909): Analyse der Phobie eines fünfjährigen Knaben. Ges. Werke Bd. VII, 4. Aufl. Frankfurt a. M. 1966

— (1910 a): Über Psychoanalyse. Ges. Werke Bd. VIII, 4. Aufl. Frankfurt a. M. 1964

Freud, Sigmund (1910 b): Beiträge zur Psychologie des Liebeslebens. Ges. Werke Bd. VIII, 4. Aufl. Frankfurt a. M. 1964

— (1910 c): Über „wilde" Psychoanalyse. Ges. Werke Bd. VIII, 4. Aufl. Frankfurt a. M. 1964

— (1910 d): Eine Kindheitserinnerung des Leonardo da Vinci. Ges. Werke Bd. VIII, 4. Aufl. Frankfurt a. M. 1964

— (1911): Formulierungen über die zwei Prinzipien des psychischen Geschehens. Ges. Werke Bd. VIII, 4. Aufl. Frankfurt a. M. 1964

— (1913): Einige Bemerkungen über den Begriff des Unbewußten in der Psychoanalyse. Ges. Werke Bd. VIII, 4. Aufl. Frankfurt a. M. 1964

— (1913 - 1914): Totem und Tabu. Ges. Werke Bd. IX, 4. Aufl. Frankfurt a. M. 1968

— (1914 a): Zur Geschichte der psychoanalytischen Bewegung. Ges. Werke Bd. X, 4. Aufl. Frankfurt a. M. 1967

— (1914 b): Zur Einführung des Narzißmus. Ges. Werke Bd. X, 4. Aufl. Frankfurt a. M. 1967

— (1914 c): Der Moses des Michelangelo. Ges. Werke Bd. X, 4. Aufl. Frankfurt a. M. 1967

— (1915 a): Triebe und Triebschicksale. Ges. Werke Bd. X, 4. Aufl. Frankfurt a. M. 1967

— (1915 b): Die Verdrängung. Ges. Werke Bd. X, 4. Aufl. Frankfurt a. M. 1967

— (1915 c): Das Unbewußte. Ges. Werke Bd. X, 4. Aufl. Frankfurt a. M. 1967

— (1915 d): Zeitgemäßes über Krieg und Tod. Ges. Werke Bd. X, 4. Aufl. Frankfurt a. M. 1967

— (1916): Trauer und Melancholie. Ges. Werke Bd. X, 4. Aufl. Frankfurt a. M. 1967

— (1916 - 1917): Vorlesungen zur Einführung in die Psychoanalyse. Ges. Werke Bd. XI, 4. Aufl. Frankfurt a. M. 1966

— (1917 b): Eine Schwierigkeit der Psychoanalyse. Ges. Werke Bd. XII, 3. Aufl. Frankfurt a. M. 1966

— (1920): Jenseits des Lustprinzips. Ges. Werke Bd. XIII, 5. Aufl. Frankfurt a. M. 1967

— (1921): Massenpsychologie und Ich-Analyse. Ges. Werke Bd. XIII, 5. Aufl. Frankfurt a. M. 1967

— (1923 a): „Psychoanalyse" und „Libidotheorie". Ges. Werke Bd. XIII, 5. Aufl. Frankfurt a. M. 1967

— (1923 b): Das Ich und das Es. Ges. Werke Bd. XIII, 5. Aufl. Frankfurt a. M. 1967

Freud, Sigmund (1923 c): Die infantile Genitalorganisation. Ges. Werke Bd. XIII, 5. Aufl. Frankfurt a. M. 1967

— (1924 a): Der Realitätsverlust bei Neurose und Psychose. Ges. Werke Bd. XIII, 5. Aufl. Frankfurt a. M. 1967

— (1924 b): Neurose und Psychose. Ges. Werke Bd. XIII, 5. Aufl. Frankfurt a. M. 1967

— (1924 c): Der Untergang des Ödipuskomplexes. Ges. Werke Bd. XIII, 5. Aufl. Frankfurt a. M. 1967

— (1925 a): Selbstdarstellung. Ges. Werke Bd. XIV, 4. Aufl. Frankfurt a. M. 1968

— (1925 b): Die Widerstände gegen die Psychoanalyse. Ges. Werke Bd. XIV, 4. Aufl. Frankfurt a. M. 1968

— (1926 a): Hemmung, Symptom und Angst. Ges. Werke Bd. XIV, 4. Aufl. Frankfurt a. M. 1968

— (1926 b): Die Frage der Laienanalyse. Ges. Werke Bd. XIV, 4. Aufl. Frankfurt a. M. 1968

— (1927): Die Zukunft einer Illusion. Ges. Werke Bd. XIV, 4. Aufl. Frankfurt a. M. 1968

— (1928): Kurzer Abriß der Psychoanalyse. Ges. Werke Bd. XIII, 5. Aufl. Frankfurt a. M. 1967

— (1930): Das Unbehagen in der Kultur. Ges. Werke Bd. XIV, 4. Aufl. Frankfurt a. M. 1968

— (1932): Neue Folge der Vorlesungen zur Einführung in die Psychoanalyse. Ges. Werke Bd. XV, 4. Aufl. Frankfurt a. M. 1967

— (1933): Warum Krieg? Ges. Werke Bd. XVI, 3. Aufl. Frankfurt a. M. 1968

— (1937 a): Der Mann Moses und die monotheistische Religion. Ges. Werke Bd. XVI, 3. Aufl. Frankfurt a. M. 1968

— (1937 b): Brief an Romain Rolland. Ges. Werke Bd. XVI, 3. Aufl. Frankfurt a. M. 1968

— (1938): Abriß der Psychoanalyse. Ges. Werke Bd. XVII, 4. Aufl. Frankfurt a. M. 1966

Frey-Rohn, Liliane: Von Freud zu Jung. Zürich 1969

Fromm, Erich (1935): Theoretische Entwürfe über Autorität und Familie (Sozialpsychologischer Teil). In: Studien über Autorität und Familie. Mit Beiträgen von E. Fromm, M. Horkheimer, H. Mayer, H. Marcuse u. a. Forschungsberichte aus dem Institut für Sozialforschung. Bd. I, Paris 1936

— (1941): Die Furcht vor der Freiheit (Escape from Freedom). Frankfurt a. M. 1966

— (1947): Psychoanalyse und Ethik (Man for Himself). Übers. von Paul Stapf. 2. Aufl. Stuttgart/Konstanz 1954

Fromm, Erich (1932 - 1970): Analytische Sozialpsychologie und Gesellschaftstheorie (The Crisis of Psychoanalysis). Frankfurt a. M. 1970

— (1950): Psychoanalysis and Religion. 16. Printing, New Haven/London 1966

— (1955): Der moderne Mensch und seine Zukunft. Eine sozialpsychologische Untersuchung (The Sane Society). Übers. von Elisabeth Rotten. 4. unveränderte Aufl. 1970

— (1956): Die Kunst des Liebens. Berlin 1965

George, Alexander L. und L. *Juliette:* Psychoanalyse und historische Biographie. In: Geschichte und Psychoanalyse. Hrsg. von Hans-Ulrich Wehler. Köln 1971, S. 78 - 101

Graumann, Carl-Friedrich: Sozialpsychologie: Ort, Gegenstand und Aufgabe. In: Handbuch der Psychologie. Hrsg. von K. Gottschaldt, Ph. Lersch, F. Sander und H. Thomae. Bd. 7, Sozialpsychologie, 1. Halbband: Theorien und Methoden. Hrsg. von C. F. Graumann. Göttingen 1969, S. 3 - 81

Groddeck, Georg: Das Buch vom Es. München o. J.

Habermas, J.: Analytische Wissenschaftstheorie und Dialektik. Ein Nachtrag zur Kontroverse zwischen Popper und Adorno. In: Logik der Sozialwissenschaften. Hrsg. von Ernst Topitsch. Köln/Berlin 1965, S. 291 - 315

— Zur Logik der Sozialwissenschaften. Materialien. Frankfurt a. M. 1970

Hacker, Friedrich: Aggression. Die Brutalisierung der modernen Welt. Mit einem Vorwort von Konrad Lorenz. Wien/München/Zürich 1971

Harper, Robert A.: Psychoanalysis and Psychotherapy. Englewood Cliffs, N. J. 1959

Hartmann, Heinz, Ernst *Kris* und Rudolph M. *Loewenstein:* Some Psychoanalytic Comments on „Culture and Personality". In: Psychoanalysis and Culture. Ed. by George B. Wilbur and Warner Muensterberger. New York 1951, p. 3 - 32

Hartmann, Heinz: Ich-Psychologie. Studien zur psychoanalytischen Theorie. Übers. von Marianne von Eckardt-Jaffé. Stuttgart 1972

Hempel, C. G.: The Logic of Functional Analysis. In: Readings in the Philosophy of the Social Sciences. Ed. by May Brodbeck. 4. Printing, London/Toronto/Ontario 1969, p. 179 - 211

— Erklärung in Naturwissenschaft und Geschichte. In: Erkenntnisprobleme der Naturwissenschaften. Texte zur Einführung in die Philosophie der Wissenschaft. Hrsg. von Lorenz Krüger, Köln/Berlin 1970, S. 215 - 239

Holstijn, A. Westerman: Aggressivität, Destruktionstrieb, Sadismus, Todestrieb, Machtstreben. In: Fortschritte der Psychoanalyse. Internationales Jahrbuch zur Weiterentwicklung der Psychoanalyse. Hrsg. von L. Salzman, W. Schwidder und A. J. Westerman Holstijn. Bd. III, Göttingen 1968, S. 93 - 105

Holzhey, Helmut: Psychoanalyse und Gesellschaft — Der Beitrag Herbert Marcuses. In: „Psyche": Zeitschrift für Psychoanalyse und ihre Anwendungen. Hrsg. von Alexander Mitscherlich. Stuttgart, Jg. 24 (1970), S. 188 - 208

Homans, George C.: Was ist Sozialwissenschaft? Köln/Opladen 1969

Horkheimer, M. (1932): Geschichte und Psychologie. In: Kritische Theorie. Eine Dokumentation, hrsg. von Alfred Schmidt. Bd. I, Frankfurt a. M. 1968, S. 9 - 31

— (1932): Bemerkungen über Wissenschaft und Krise. In: Kritische Theorie. Eine Dokumentation, hrsg. von Alfred Schmidt. Bd. I, Frankfurt a. M. 1968, S. 1 - 9

Horkheimer, Max und Theodor W. *Adorno* (1947): Dialektik der Aufklärung. Philosophische Fragmente. Amsterdam 1947

Horkheimer, M. (1963): Über das Vorurteil. In: Arbeitsgemeinschaft für Forschung des Landes Nordrhein-Westfalen. Geisteswissenschaften, Heft 108. Hrsg. im Auftrage des Ministerpräsidenten Franz Meyers von Staatssekretär Leo Brandt. Köln/Opladen 1963

— (1968): Die Beziehungen zwischen der Soziologie und der Psychoanalyse aus der Sicht der Soziologie. In: Jahrbuch der Psychoanalyse. Beiträge zur Theorie und Praxis. Hrsg. von Käte Dräger, Alexander Mitscherlich, Horst-Eberhard Richter, Gerhart Scheunert und Edeltrud Seeger-Meistermann. Bd. V, Bern/Stuttgart 1968

Horney, Karen (1939): New Ways in Psychoanalysis. New York 1939

— (1951): Der neurotische Mensch unserer Zeit. Übers. von G. Lederer-Eckardt. München 1964

— Unsere inneren Konflikte. Neurosen in unserer Zeit — Entstehung, Entwicklung und Lösung (Our Inner Conflicts). Übers. von Gertrud Lederer-Eckardt. München 1973

Horowitz, Milton W.: Veränderungen kognitiver Strukturen als Funktion zugeschriebener Motive. In: Texte aus der experimentellen Sozialpsychologie. Herausgegeben und eingeleitet von Martin Irle in Zusammenarbeit mit Mario von Cranach und Hermann Vetter. Neuwied und Berlin 1969, S. 84 - 101

Howe, Louisa P.: Some Sociological Aspects of Identification. In: Psychoanalysis and the Social Sciences. Ed. by Warner Muensterberger and Sidney Axelrad. Vol. IV, New York 1955, p. 61 - 83

Hughes, H. Stuart: Geschichte und Psychoanalyse. In: Geschichte und Psychoanalyse. Hrsg. von Hans-Ulrich Wehler. Köln 1971, S. 31 - 53

Jacobi, Jolande: Die Psychologie von C. G. Jung. Zürich/Stuttgart 1959

James, William: The Varieties of Religious Experience: A Study in Human Nature. New York 1902

Jaspers, Karl: Allgemeine Psychopathologie. 7., unver. Aufl. Berlin/Göttingen/Heidelberg 1959

Jones, Ernest: Mother-Right and the Sexual Ignorance of Savages. In: International Journal of Psychoanalysis. Vol. VI, part 2, 1925

— Das Leben und Werk von Sigmund Freud. (The Life and Work of Sigmund Freud). Bd. I, Bern/Stuttgart 1960

— Das Leben und Werk von Sigmund Freud. Bd. II, Bern/Stuttgart 1962

— Das Leben und Werk von Sigmund Freud. Bd. III, Bern/Stuttgart 1962

— Essays in Applied Psycho-Analysis. Vol. I, New York 1964

— Was ist Psychoanalyse? Eine Einführung in die Lehre von Sigmund Freud. Mit einer Einleitung von A. Friedemann. München 1967

— Zur Psychoanalyse der christlichen Religion. Mit einem Nachwort von Helmut Dahmer. Literatur der Psychoanalyse. Hrsg. von Alexander Mitscherlich. Frankfurt a. M. 1970

Jung, C. G. (1913): Versuch einer Darstellung der psychoanalytischen Theorie. 2. Aufl. Zürich 1955

— (1916/1917/1920): Vorreden zu den „Collected Papers on Analytical Psychology". Ges. Werke Bd. 4, Zürich/Stuttgart 1969

— (1921): Psychologische Typen. Ges. Werke Bd. 6, Zürich/Stuttgart 1960

— (1924): Symbole der Wandlung. Olten 1971

— (1928): Über die Energetik der Seele. Ges. Werke Bd. 8, Zürich/Stuttgart 1967

— (1928): Die psychologischen Grundlagen des Geisterglaubens. Ges. Werke Bd. 8, Zürich/Stuttgart 1967

— (1928 - 1961): Zur Psychologie westlicher und östlicher Religion. Ges. Werke Bd. 11, Zürich/Stuttgart 1963

— (1928): Die Beziehungen zwischen dem Ich und dem Unbewußten. 6., revidierte Aufl. Zürich/Stuttgart 1963

— (1930): Seelenprobleme der Gegenwart. 5., vollständig revidierte Aufl. Zürich 1950

— (1931): Analytische Psychologie und Weltanschauung. Ges. Werke Bd. 8, Zürich/Stuttgart 1967

— (1934): Seele und Tod. Ges. Werke Bd. 8, Zürich/Stuttgart 1967

— (1935): Psychologischer Kommentar zum Bardo Thödol. Ges. Werke Bd. 11, Zürich/Stuttgart 1963

— (1936): Psychologische Determinanten des menschlichen Verhaltens. Ges. Werke Bd. 8, Zürich/Stuttgart 1967

— (1947): Theoretische Überlegungen zum Wesen des Psychischen. Ges. Werke Bd. 8, Zürich/Stuttgart 1967

Jung, C. G.: Symbolik des Geistes. Studien über psychische Phänomenologie, mit einem Beitrag von Riwkah Schärf. Zürich 1951

— Bewußtes und Unbewußtes. Fischer Bücherei: Nr. 175. Frankfurt a. M. 1957

Jurinetz, W.: Psychoanalyse und Marxismus. In: Psychoanalyse und Marxismus. Dokumentation einer Kontroverse. Einleitung von Hans Jörg Sandkühler. Frankfurt a. M. 1970, S. 66 - 137

Kant, Immanuel (1781): Kritik der reinen Vernunft. Hrsg. von Wilhelm Weischedel. Bd. III der Theorie-Werkausgabe. Wiesbaden 1956

— (1786): Metaphysische Anfangsgründe der Naturwissenschaft. Hrsg. von Wilhelm Weischedel. Bd. IX der Theorie-Werkausgabe, Wiesbaden 1957

Kneale, William Calvert: Scientific Method. In: Encyclopaedia Britannica, vol. 20, Chicago/London/Toronto 1960, p. 128 - 131

Kolnai, Aurel: Psychoanalyse und Soziologie. Zur Psychologie von Masse und Gesellschaft. Internationale Psychoanalytische Bibliothek Nr. 9. Wien 1920

Kroner, Bernhard: Massenpsychologie und kollektives Verhalten. In: Handbuch der Psychologie. Hrsg. von K. Gottschaldt, Ph. Lersch, F. Sander und H. Thomae. Bd. 7, Sozialpsychologie, 2. Halbband: Forschungsbereiche. Hrsg. von C. F. Graumann. Göttingen 1972, S. 1433 - 1511

Kunze, Heinrich: Soziologische Theorie und Psychoanalyse. Freuds Begriff der Verdrängung und seine Rezeption durch Parsons. München 1972

La Barre, Weston: Psychoanalysis in Anthropology. In: Psychoanalysis and Social Process. Ed. by Jules H. Masserman. New York/London 1961, p. 10 - 21

Laplanche, J. und J.-B. *Pontalis*: Das Vokabular der Psychoanalyse. Unter der Leitung von Daniel Lagache. Literatur der Psychoanalyse, hrsg. von Alexander Mitscherlich. Frankfurt a. M. 1972

Lasswell, H. D.: Psychoanalytic Conceptions in Political Science. In: Psychoanalysis and Social Process. Ed. by Jules H. Masserman. New York/London 1961, p. 60 - 81

Le Bon, Gustave (1895): Psychologie der Massen. Stuttgart 1957

Lepenies, Wolf: Melancholie und Gesellschaft. Frankfurt a. M. 1972

Levinson, Daniel J.: The Study of Anti-Semitic Ideology. In: The Authoritarian Personality. By T. W. Adorno; Else Frenkel-Brunswik; Daniel J. Levinson; R. Nevitt Sanford. Studies in Prejudice, ed. by Max Horkheimer and Samuel H. Flowerman. New York/Evanston/London 1950, p. 57 - 102

Lévi-Strauss, Claude: Das Ende des Totemismus. 2. Aufl. Frankfurt a. M. 1968

— Strukturale Anthropologie. Frankfurt a. M. 1969

Lindzey, Gardner und Calvins *Hall:* Psychoanalytic Theory and its Applications in the Social Sciences. In: Handbook of Social Psychology. Ed. by Gardner Lindzey, vol. I, 3. Printing, Massachusetts 1959, p. 143 - 181

Loewenstein, Rudolph M.: Psychoanalyse des Antisemitismus. (Psychoanalyse de l'Antisémitisme). Übers. von Lothar Baier. Frankfurt a. M. 1967

Lorenz, Konrad: Das sogenannte Böse. Zur Naturgeschichte der Aggression. 22. Aufl. Wien 1968

Lowenfeld, Henry: Freud's Moses and Bismarck. In: Psychoanalysis and the Social Sciences. Vol. 2, ed. by Géza Róheim. New York 1950, p. 227 - 293

McClelland, David C.: Die Leistungsgesellschaft. Psychologische Analyse der Voraussetzungen wirtschaftlicher Entwicklung. Hrsg. von I. Y. Wendt und G. Fleischmann. Stuttgart/Berlin/Köln/Mainz 1966

— Motivation und Kultur (The Roots of Consciousness). Übers. von Christine de Weck. Bern 1967

McDougall, William: An Outline of Psychology. 13. Edition, London 1949

— An Introduction to Social Psychology. 30. Edition, London 1950

Malinowski, Bronislaw: Magic, Science and Religion. With an Introduction by Robert Redfield. New York 1948

— Culture. In: Encyclopaedia of the Social Sciences. Vol. IV, 13. Printing, New York 1959, p. 621 - 646

— Geschlecht und Verdrängung in primitiven Gesellschaften. (Sex and Repression in Savage Society). Übers. von Hugo Seinfeld. Reinbek bei Hamburg 1962

Mannoni, Oscar: Sigmund Freud. Hamburg 1971

Marcuse, Herbert: Triebstruktur und Gesellschaft. Frankfurt a. M. 1965

— Kultur und Gesellschaft, Bd. 2, Frankfurt a. M. 1965

— Psychoanalyse und Politik. Frankfurt a. M. 1968

Marx, K. (1857 - 1858): Grundrisse der Kritik der politischen Ökonomie. Frankfurt/Wien o. J.

— (1859): Zur Kritik der politischen Ökonomie. Berlin 1968

— (1867): Das Kapital. Kritik der politischen Ökonomie. Bd. I, 10. Aufl. Berlin 1961

Mason, Stephen F.: Geschichte der Naturwissenschaft in der Entwicklung ihrer Denkweisen. Stuttgart 1961

Massing, Paul W.: Rehearsal for Destruction. A Study of Political Anti-Semitism in Imperial Germany. New York 1949

Matthes, Joachim: Religion und Gesellschaft. Einführung in die Religionssoziologie. Bd. I, Reinbek bei Hamburg 1967

Mead, George Herbert: Sozialpsychologie. Eingeleitet und herausgegeben von Anselm Strauss. Übers. von Dieter Prokop. Neuwied am Rhein und Berlin 1969

Mead, Margaret: Jugend und Sexualität in primitiven Gesellschaften. 3 Bde., Bd. 1: Kindheit und Jugend in Samoa (Coming of Age in Samoa). Bd. 2: Kindheit und Jugend in Neuguinea (Growing up in New Guinea). Bd. 3: Geschlecht und Temperament in drei primitiven Gesellschaften (Sex and Temperament). Übers. von G. Carnegie. München 1970

Merton, Robert K.: Social Theory and Social Structure. 9. Printing, London 1964

— Die Eigendynamik gesellschaftlicher Voraussagen. In: Logik der Sozialwissenschaften. Hrsg. von Ernst Topitsch. Köln/Berlin 1965, S. 144 - 165

Miller, N. E., R. S. *Sears,* O. H. *Mowrer,* L. W. *Doob* und H. *Dollard:* Die Frustrations-Aggressions-Hypothese. In: Die Motivation menschlichen Handelns. Hrsg. von Hans Thomae. Köln/Berlin 1965, S. 205 - 210

Mitscherlich, Alexander: Nachwort zu: Sigmund Freud, Das Unbewußte. Frankfurt a. M. 1960

— Auf dem Weg zur vaterlosen Gesellschaft. Ideen zur Sozialpsychologie. München 1967

— Aggression und Anpassung. In: Aggression und Anpassung in der Industriegesellschaft. Mit Beiträgen von H. Marcuse, A. Rapaport, K. Horn, A. Mitscherlich, D. Senghaas und M. Marković. Frankfurt a. M. 1968, S. 80 - 128

Mitscherlich, Alexander und Margarete *Mitscherlich:* Die Unfähigkeit zu trauern. Grundlagen kollektiven Verhaltens. München 1967

Mitscherlich, Alexander und Mario *Muck:* Der psychoanalytische Ansatz in der Sozialpsychologie. In: Handbuch der Psychologie. Hrsg. von K. Gottschaldt, Ph. Lersch, F. Sander und H. Thomae. Bd. 7, Sozialpsychologie, 1. Halbband: Theorien und Methoden. Göttingen 1969, S. 108 - 133

Mitscherlich, Alexander: Die Idee des Friedens und die menschliche Aggressivität. Frankfurt a. M. 1969

— Versuch, die Welt besser zu bestehen. Fünf Plädoyers in Sachen Psychoanalyse. Frankfurt a. M. 1970

Money-Kyrle, R. E.: The Anthropological and the Psychoanalytic Concept of the Norm. In: Psychoanalysis and the Social Sciences. Ed. by Warner Muensterberger and Sidney Axelrad. Vol. IV, New York 1955, p. 51 - 61

Mowrer, O. H.: Fixation and Regression. An Experimental Analogue of 'Regression' with Incidental Observations on 'Reaction-Formation'. In: Freud and Psychology. Ed. by S. G. M. Lee and Martin Herbert. Bungay/Suffolk 1970, p. 225 - 258

Muensterberger, Warner: The Creative Process: Its Relation to Object Loss and Fetishism. In: The Psychoanalytic Study of Society. Ed. by Warner Muensterberger and Sidney Axelrad, Vol. II, New York 1962, p. 161 - 186

— Remarks on the Function of Mythology. In: The Psychoanalytic Study of Society. Ed. by Warner Muensterberger and Sidney Axelrad. Vol. III, New York 1964, p. 94 - 98

— Psyche und Milieu. Ontogenetische Betrachtungen über Entwicklung und Enkulturation. In: Jahrbuch der Psychoanalyse. Beiträge zur Theorie und Praxis. Hrsg. von Käte Dräger, Alexander Mitscherlich, Horst-Eberhard Richter, Gerhart Scheunert und Edeltrud Seeger-Meistermann. Bd. V, Bern/Stuttgart 1968, S. 89 - 107

Nachmansohn, Max: Hauptströmungen der Psychotherapie der Gegenwart. München 1965

Nagel, Herbert: Claude Lévi-Strauss als Leser Freuds. In: Orte des wilden Denkens. Zur Anthropologie von Claude Lévi-Strauss. Hrsg. von Wolf Lepenies und Hanns Henning Ritter. Frankfurt a. M. 1970, S. 225 - 306

Neumann-Schönwetter, Marina: Psychosexuelle Entwicklung und Schizophrenie. Zur Theorie familialer Sozialisation in der bürgerlichen Gesellschaft. Frankfurt a. M. 1973

Newcomb, Theodore M.: Autistische Feindseligkeit und soziale Wirklichkeit. In: Texte aus der experimentellen Sozialpsychologie. Herausgegeben und eingeleitet von Martin Irle in Zusammenarbeit mit Mario von Cranach und Hermann Vetter. Neuwied/Berlin 1969, S. 195 - 224

Niederland, William G.: Some Ontogenetic Determinants in Symbol Formation. In: The Psychoanalytic Study of Society. Ed. by Warner Muensterberger and Sidney Axelrad. Vol. III, New York 1964, p. 98 - 111

Nietzsche, Friedrich: Umwertung aller Werte. Hrsg. von Friedrich Wurzbach, Bd. I, München 1969

Nolte, Helmut: Psychoanalyse und Soziologie. Die Systemtheorien Sigmund Freuds und Talcott Parsons'. Bern/Stuttgart/Wien 1970

Nowell-Smith, P. H.: Psychoanalysis and Moral Language. In: Readings in the Philosophy of the Social Sciences. Ed. by May Brodbeck. 4. Printing, London/Toronto/Ontario 1969, p. 711 - 719

Oppenheim, Paul und Hillary *Putnam:* Einheit der Wissenschaft als Arbeitshypothese. In: Erkenntnisprobleme der Naturwissenschaften. Texte zur Einführung in die Philosophie der Wissenschaft. Hrsg. von Lorenz Krüger. Köln/Berlin 1970, S. 339 - 372

Osborn, Reuben: Marxismus und Psychoanalyse. Eingeleitet von John Strackey. Frankfurt a. M. 1970

Parin, Paul und Fritz *Morgenthaler:* Ego and Orality in the Analysis of West Africans. In: The Psychoanalytic Study of Society. Ed. by Warner Muensterberger and Sidney Axelrad. Vol. III, New York 1964, p. 197 - 203

Parin, Paul, Fritz Morgenthaler und Goldy *Parin-Matthèy:* Fürchte deinen Nächsten wie dich selbst. Psychoanalyse und Gesellschaft am Modell der Agni in Westafrika. Frankfurt a. M. 1971

Parsons, Anne: Is the Oedipus Complex Universal? The Jones-Malinowski Debate Revisited and a South Italian "Nuclear Complex". In: The Psychoanalytic Study of Society. Ed. by Warner Muensterberger and Sidney Axelrad. Vol. III, New York 1964, p. 278 - 329

Parsons, Talcott (1937): The Structure of Social Action. A Study in Social Theory with Special Reference to a Group of Recent European Writers. 3. Printing, Glencoe 1964

— (1961): The Contribution of Psychoanalysis to Social Science. In: Psychoanalysis and Social Process. Ed. by Jules H. Masserman, New York/London 1961, p. 28 - 39

— (1964): Social Structure and Personality. 2. Printing, New York 1965

Pearson, Karl: The Grammar of Science. London 1949

Peto, Andrew: The Development of Ethical Monotheism. In: The Psychoanalytic Study of Society. Ed. by Warner Muensterberger and Sidney Axelrad. Vol. I, New York 1960, p. 311 - 377

Piaget, Jean: Erkenntnistheorie der Wissenschaften vom Menschen. Übers. von Erika Höhnisch. Frankfurt a. M./Berlin/Wien 1973

Popper, Karl R.: Die offene Gesellschaft und ihre Feinde. Falsche Propheten: Hegel, Marx und die Folgen. Bd. II, Bern 1958

— Conjectures and Refutations. The Growth of Scientific Knowledge. 2. Edition (revised), London 1965

— Prognose und Prophetie in den Sozialwissenschaften. In: Logik der Sozialwissenschaften. Hrsg. von Ernst Topitsch. Köln/Berlin 1965, S. 113 - 126

— Was ist Dialektik? In: Logik der Sozialwissenschaften. Hrsg. von Ernst Topitsch. Köln/Berlin 1965, S. 262 - 291

— Das Elend des Historizismus. 2., unveränderte Aufl. Tübingen 1969

Radcliffe-Brown, A. R.: The Study of Kinship Systems. (Reprinted from A. R. Radcliffe-Brown, Structure and Function in Primitive Society. Glencoe, Ill. 1952). In: Theories of Society. Foundations of Modern Sociological Theory. Ed. by Talcott Parsons, Edward Schils, Kaspar D. Naegele and Jesse R. Pitts. Vol. I, New York 1961, p. 278 - 296

Rapaport, David: Die Struktur der psychoanalytischen Theorie: Versuch einer Systematik (The Structure of Psychoanalitical Theory: A Systematizing Attempt). Stuttgart o. J.

Rattner, Josef: Individualpsychologie: Einführung in die tiefenpsychologische Lehre von Alfred Adler. München/Basel 1961

— Psychologie der zwischenmenschlichen Beziehungen. Eine Einführung in die neopsychoanalytische Sozialpsychologie von H. S. Sullivan. Entwicklungspsychologie, Psychopathologie. 2. Aufl. Olten und Freiburg im Breisgau 1969

— Tiefenpsychologie und Politik. Einführung in die politische Psychologie. Freiburg 1970

— Psychotherapie als Menschlichkeit. Olten und Freiburg im Breisgau 1972

Reich, Wilhelm (1929): Dialektischer Materialismus und Psychoanalyse. In: Psychoanalyse und Marxismus. Dokumentation einer Kontroverse. Einleitung von Hans Jörg Sandkühler. Frankfurt a. M. 1970, S. 137 - 189

— (1933): Charakteranalyse. 3. Aufl. Köln/Berlin 1971

— (1942): Die Funktion des Orgasmus. Sexualökonomische Grundprobleme der biologischen Energie. 4. Aufl. Köln/Berlin 1970

Reik, Theodor: Der eigene und der fremde Gott. Zur Psychoanalyse der religiösen Entwicklung. Literatur der Psychoanalyse. Hrsg. von Alexander Mitscherlich. Frankfurt a. M. 1972

Riesman, David: Freud und die Psychoanalyse. (Individualism Reconsidered). Übers. von Gert H. Müller, Frankfurt a. M. 1965

Roazen, Paul: Freud: Political and Social Thought. New York 1968

Robert, Marthe: Die Revolution der Psychoanalyse. Frankfurt a. M. 1967

Rogow, Arnold A.: Psychoanalyse, Geschichte und Politikwissenschaft. In: Soziologie und Psychoanalyse. Hrsg. von Hans-Ulrich Wehler. Stuttgart/Berlin/Köln/Mainz 1972, S. 124 - 155

Róheim, Géza: The Western Tribe of Central Australia: Childhood. In: The Psychoanalytic Study of Society. Ed. by Warner Muensterberger and Sidney Axelrad. Vol. II, New York 1962, p. 195 - 233

— The Western Tribe of Central Australia: The Alknarintja. In: The Psychoanalytic Study of Society. Ed. by Warner Muensterberger and Sidney Axelrad. Vol. III, New York 1964, p. 173 - 197

Rom, Paul: Alfred Adler und die wissenschaftliche Menschenkenntnis. Frankfurt a. M. 1966

Rosenzweig, Saul: The Idiocultural Dimension of Psychotherapy: Pre- and Posthistory of the Relations between Sigmund Freud and Josef Popper-Lynkens. In: Psychoanalysis and the Social Sciences. Ed. by Warner Muensterberger and Sidney Axelrad. Vol. V, New York 1958, p. 9 - 51

Russell, B. (1921): The Analysis of Mind. 7. Impression, London/New York 1956

Russell, B. (1931): The Scientific Outlook. 3. Impression, London 1954

— An Inquiry into Meaning and Truth. London 1965

— (1948): Human Knowledge. Its Scope and Limits. London 1948

— (1949): Macht und Persönlichkeit. (Authority and the Individual). Übers. von Karl König und Angelika Hübscher-Knote. 2. Aufl. Stuttgart/Berlin/Köln/Mainz 1967

Sandkühler, Hans Jörg: Psychoanalyse und Marxismus. Dokumentation einer Kontroverse. In: Psychoanalyse und Marxismus. Dokumentation einer Kontroverse. Einleitung von Hans Jörg Sandkühler. Frankfurt a. M. 1970, S. 7 - 46

Sanford, R. Nevitt, T. W. *Adorno*, Else *Frenkel-Brunswik* und Daniel J. *Levinson:* The Measurement of Implicit Antidemocratic Trends. In: The Authoritarian Personality. Studies in Prejudice. Ed. by Max Horkheimer and Samuel H. Flowerman. New York/Evanston/London 1950, p. 222 - 280

Sapir, I.: Freudismus, Soziologie, Psychologie. In: Psychoanalyse und Marxismus. Dokumentation einer Kontroverse. Einleitung von Hans Jörg Sandkühler. Frankfurt a. M. 1970, S. 189 - 247

Sartre, Jean-Paul (1948): Bewußtsein und Selbsterkenntnis. Die Seinsdimension des Subjekts. (Conscience de soi et connaissance de soi). Übers. von M. Fleischer und H. Schönbert. Reinbek bei Hamburg 1973

de Saussure, Raymond: Psychoanalysis and History. In: Psychoanalysis and the Social Sciences. Ed. by Géza Róheim. New York 1950, p. 7 - 67

Scharfenberg, Joachim: Sigmund Freud und seine Religionskritik. Göttingen 1968

Scheler, Max: Philosophische Weltanschauung. München 1954

— Die Wissensformen und die Gesellschaft. Bern/München 1960

Schmale Jr., Arthur H.: Needs, Gratification, and the Vicissitudes of the Self-Representation: A Developmental Concept of Psychic Object Relationships. In: The Psychoanalytic Study of Society. Ed. by Warner Muensterberger and Sidney Axelrad. Vol. II, New York 1962, p. 9 - 42

Schraml, Walter: Das dialektische Denken in der Psychoanalyse. In: Psychoanalyse, Marxismus und Sozialwissenschaften. Aufsätze. s'Gravenhage 1971, S. 123 - 135

Schwidder, Werner: Psychoanalyse und psychosomatische Medizin. Neue Ergebnisse und heutiger Stand der Forschung. In: Fortschritte der Psychoanalyse. Internationales Jahrbuch zur Weiterentwicklung der Psychoanalyse. Hrsg. von L. Salzman, W. Schwidder und A. J. Westerman Hostijn. Bd. III, Göttingen 1968, S. 11 - 30

— Neurose und Psychoanalyse. Sieben Aufsätze. Mit einem Vorwort hrsg. von Johann Zauner. Göttingen 1972

Skinner, B. F.: Kritik psychoanalytischer Begriffe und Theorien. In: Logik der Sozialwissenschaften. Hrsg. von Ernst Topitsch. Köln/Berlin 1965, S. 454 - 464

Spencer, Herbert (1854 - 1859): Essays on Education. London 1949

— (1862): First Principles. 6. Edition, London 1937

Sperber, Manès: Alfred Adler oder das Elend der Psychologie. Wien/München/Zürich 1970

Spiegel, John P.: Applications of Psychoanalysis in Sociology. In: Psychoanalysis and Social Process. Ed. by Jules H. Masserman. New York/London 1961, p. 39 - 49

— Die Beziehungen zwischen der Psychoanalyse und der Soziologie aus der Sicht der Psychoanalyse. In: Jahrbuch der Psychoanalyse. Beiträge zur Theorie und Praxis. Hrsg. von K. Dräger, A. Mitscherlich, H.-E. Richter, G. Scheunert und E. Seeger-Meistermann. Bd. V, Bern/Stuttgart 1968, S. 21 - 49

Spinoza (1677): Die Ethik. Schriften und Briefe. Hrsg. von Friedrich Bülow. Stuttgart 1966

Stafford-Clark, David: Was Freud wirklich sagte. Wien/München 1967

Stern, Max M.: Ego Psychology, Myth and Rite: Remarks about the Relationship of the Individual and the Group. In: The Psychoanalytic Study of Society. Ed. by Warner Muensterberger and Sidney Axelrad. Vol. III, New York 1964, p. 71 - 94

Stoljarov, A.: Der Freudismus und die „Freudo-Marxisten". In: Psychoanalyse und Marxismus. Dokumentation einer Kontroverse. Einleitung von Hans Jörg Sandkühler. Frankfurt a. M. 1970, S. 287 - 311

Strotzka, Hans: Übersicht über einige Grundlagen der speziellen Neurosenlehre. In: Neurose, Charakter, soziale Umwelt. Hrsg. von Hans Strotzka, München 1973, S. 10 - 45

Toman, Walter: Dynamik der Motive. Eine Einführung in die klinische Psychologie. 2. Aufl. Darmstadt 1970

Topitsch, Ernst: Sprachlogische Probleme der sozialwissenschaftlichen Theoriebildung. In: Logik der Sozialwissenschaften. Hrsg. von Ernst Topitsch. Köln/Berlin 1965, S. 17 - 37

— Das Verhältnis zwischen Sozial- und Naturwissenschaften. Eine methodologisch-ideologiekritische Untersuchung. In: Logik der Sozialwissenschaften. Hrsg. von Ernst Topitsch. Köln/Berlin 1965, S. 57 - 72

Waelder, Robert: Authoritarianism and Totalitarianism: Psychological Comments on a Problem of Power. In: Psychoanalysis and Culture. Ed. by George B. Wilbur and Warner Muensterberger. New York 1951, p. 185 - 196

Waelder, Robert: Characteristics of Totalitarianism. In: The Psychoanalytic Study of Society. Ed. by Warner Muensterberger and Sidney Axelrad. Vol. I, New York 1960, p. 11 - 26

— Die Grundlagen der Psychoanalyse. (Basic Theory of Psychoanalysis). Übers. von M. v. Eckardt. Frankfurt a. M. 1969

Wasserstrom, William: The Origins of Culture: Cooper and Freud. In: The Psychoanalytic Study of Society. Ed. by Warner Muensterberger and Sidney Axelrad. Vol. I, New York 1960, p. 272 - 287

Weber, Max (1904): Die „Objektivität" sozialwissenschaftlicher und sozialpolitischer Erkenntnis. In: Ges. Aufsätze zur Wissenschaftslehre. Hrsg. von Johannes Winckelmann. 3., erweiterte und verbesserte Aufl. Tübingen 1968, S. 146 - 214

— (1917): Der Sinn der „Wertfreiheit" der soziologischen und ökonomischen Wissenschaften. In: Ges. Aufsätze zur Wissenschaftslehre. Hrsg. von Johannes Winckelmann. 3., erweiterte und verbesserte Aufl. Tübingen 1968, S. 489 - 540

— (1920): Ges. Aufsätze zur Religionssoziologie. Bd. I, 5. Aufl. Tübingen 1963

Wehler, Hans-Ulrich: Zum Verhältnis von Geschichtswissenschaft und Psychoanalyse. In: Geschichte und Psychoanalyse. Hrsg. von Hans-Ulrich Wehler. Köln 1971, S. 9 - 31

Weissman, Philip: Why Booth Killed Lincoln: A Psychoanalytic Study of a Historical Tragedy. In: Psychoanalysis and the Social Sciences. Ed. by Warner Muensterberger and Sidney Axelrad. Vol. V, New York 1958, p. 99 - 119

— Psychoanalytic Comments on Modern Theater. In: The Psychoanalytic Study of Society. Ed. by Warner Muensterberger and Sidney Axelrad. Vol. II, New York 1962, p. 186 - 195

Wiegand, Ronald: Gesellschaft und Charakter. Soziologische Implikationen der Neopsychoanalyse. Von Erich Fromm über Karen Horney zu Harry Stack Sullivan. München 1973

Wilbur, George B.: A Psychoanalyst's Ruminations on an Epistemological Problem. In: Psychoanalysis and Culture. Ed. by George B. Wilbur and Warner Muensterberger, New York 1951, p. 295 - 319

Wohlgenannt, Rudolf: Was ist Wissenschaft? Braunschweig 1969

Wyss, Dieter: Die tiefenpsychologischen Schulen von den Anfängen bis zur Gegenwart. 2. Aufl. Göttingen 1966

Zeligs, Dorothy F.: The Role of the Mother in the Development of Hebraic Monotheism: As Exemplified in the Life of Abraham. In: The Psychoanalytic Study of Society. Ed. by Warner Muensterberger and Sidney Axelrad. Vol. I, New York 1960, p. 287 - 311

Teil II

Binswanger, Ludwig: Ausgewählte Vorträge und Aufsätze. Bd. I, Bern 1947

— Grundformen und Erkenntnis menschlichen Daseins. 5. Aufl. München/Basel 1973

Bochénski, I. M.: Die zeitgenössischen Denkmethoden. 2., neubearbeitete Aufl. München 1959

Boss, Medard: Psychoanalyse und Daseinsanalytik. Bern/Stuttgart 1957

Brentano, Franz: Psychologie vom empirischen Standpunkt. Hamburg 1955

Burgess, Ernest W.: The Influence of Sigmund Freud upon Sociology in the United States. In: The American Journal of Sociology. Vol. XLV, Chicago/Illinois 1939 - 40

Einstein, Albert: Bertrand Russell und das philosophische Denken. In: Mein Weltbild. Berlin 1955

Frankl, Victor E.: Der Wille zum Sinn. Ausgewählte Vorträge über Logotherapie. Mit einem Beitrag von Elisabeth S. Lukas. Bern/Stuttgart/Wien 1972

— Grundriß der Existenzanalyse und Logotherapie. In: Grundzüge der Neurosenlehre. Bd. 2. München/Berlin/Wien 1972

— Anthropologische Grundlagen der Psychotherapie. Bern/Stuttgart/Wien 1975

— Das Leiden am sinnlosen Leben. Psychotherapie für heute. Freiburg/Basel/Wien 1977

— Die Psychotherapie in der Praxis. 3., erweiterte und neubearbeitete Aufl. Wien 1975

Hehlmann, Wilhelm: Geschichte der Psychologie. Stuttgart 1963

Heidegger, Martin: Sein und Zeit. 11., unveränderte Aufl. Tübingen 1967

Heisenberg, Werner: Physik und Philosophie. Berlin 1959

Hobbes, Thomas: Leviathan. Or the Matter, Form, and Power of a Commonwealth, Ecclesiastical and Civil. Introduction by A. D. Lindsay. London/New York 1965

Husserl, Edmund: Ideen zu einer reinen Phänomenologie und phänomenologische Philosophie. Bde. III u. IV, Tübingen 1950

— Logische Untersuchungen. Bd. I, 5. Aufl. Tübingen 1968

Jaspers, Karl: Existenzphilosophie. 2. Aufl. Berlin 1956

— Philosophie I. Philosophische Weltorientierung. 4. Aufl. Berlin/Heidelberg/New York 1973

— Philosophie II. Existenzerhellung. 4. Aufl. Berlin/Heidelberg/New York 1973

Jaspers, Karl: Philosophie III. Metaphysik. 4. Aufl. Berlin/Heidelberg/New York 1973

Kiernan, Thomas: Psychotherapie. Kritischer Führer durch Theorien und Praktiken. Frankfurt 1976

Klages, Ludwig: Der Geist als Widersacher der Seele. München/Bonn 1960

Kovel, Joel: Kritischer Leitfaden der Psychotherapie. Frankfurt/New York 1977

Kunz, Hans: Die anthropologische Bedeutung der Phantasie. Basel 1946

Locke, John: Über die Regierung. Leck/Schleswig 1966

Palagyi, Melchior: Naturphilosophische Vorlesungen. Leipzig 1924

Panahi, Badi: Die Bedeutung der Psychoanalyse für die Sozialwissenschaften. Erlangen 1974

— Die Beziehungen zwischen Psychoanalyse und Sozialwissenschaften. Kronberg/Ts. 1977

— Die psychoanalytische Soziologie von Talcott Parsons. In: Sociologia Internationalis, Heft 1/2, 1974. Hrsg. von Hans Winkmann und Carle C. Zimmerman. Berlin 1977

Peseschkian, Nossrat: Positive Psychotherapie. Theorie und Praxis einer neuen Methode. Frankfurt 1977

Planck, Max: Sinn und Grenzen der exakten Wissenschaft. München 1971

Rousseau, J. J.: Der Gesellschaftsvertrag. Oder die Grundsätze des Staatsrechts. Stuttgart 1969

Russell, Bertrand: Philosophie des Abendlandes. Ihr Zusammenhang mit der politischen und der sozialen Entwicklung. Zürich 1975

Sartre, Jean-Paul: Das Sein und das Nichts. (L'Être et le Néant). Übers. von Justus Streller. Hamburg 1962

Scheler, Max: Die Stellung des Menschen im Kosmus. München 1947

Slavson, S. R.: Analytische Gruppentherapie. Theorie und praktische Anwendung. Frankfurt 1977

Spranger, Eduard: Lebensformen. Tübingen 1950

Sullivan, Harry Stack: Conceptions of Modern Psychiatry. Washington 1947

— Das psychotherapeutische Gespräch. Frankfurt 1976

FSC
www.fsc.org
MIX
Papier | Fördert
gute Waldnutzung
FSC® C083411

Kolibri 360 GmbH
Ferdinand-Jühlke-Straße 7
99095 Erfurt, Deutschland
produktsicherheit@kolibri360.de

Druck:
CPI Druckdienstleistungen GmbH
im Auftrag der
Kolibri 360 GmbH
Ferdinand-Jühlke-Str. 7
99095 Erfurt